——————— 예술 경영이 도입되면서 크라운해태의 조직과 구성원의 자질에도 많은 변화가 있었다. 제과라는 전통적인 틀에서 벗어난 새로운 변화를 직원들과 함께하는 예술을 통해 만들어낼 수 있었다. 앞으로 도시 공간, 사무 공간, 상업 공간에서도 창조적 혁신 DNA를 먼저 만들어내는 이들이 미래를 선점할 것이라 믿는다.　　　**윤영달**_(주)크라운해태 회장

——————— 탈그리드의 창조적 공간들은 보텀업(bottom-up) 방식으로, 규모는 작지만 도시 공간의 다가오는 변화를 주도할 것이다. 이미 구글, 페이스북, NHN 등 인터넷 회사들이 격자형 사무실 구조와는 사뭇 다르게 새로운 실험들을 하고 있다. 전 세계 도시 공간과 사무 공간의 창조적 진화는 이미 진행형이다.　　　**김진균**_서울대학교 건축학과 명예교수

——————— GAFA(Google, Amazon, Facebook, Apple) 사무실의 변화는 이내 우리 도시 공간의 변화로 이어질 것이고, 우리 도시 공공디자인의 미래도 사물인터넷과 스마트기기, 빅데이터로 연결된 이들 디지털 기반의 변화와 함께 진행될 것이다.

권영걸_(주)한샘 사장, 전(前) 서울대학교 디자인학부 교수

——————— 우리의 도시와 사무실에 새로운 창의적 폴리가 필요하다

는 생각에 적극 동감한다. 그리드를 탈출하며 다가올 변화와 혁신을 꿈꾸는 이들에게 이 책은 이미 온 미래의 단서를 들려주는 듯하다.

박양우_(재)광주비엔날레 대표

———————— 그리드의 파괴는 창조적 커넥션과 시너지라는 새로운 가치를 탄생시킨다. 많은 분들이 이 책을 통해 공간, 시간, 자원의 그리드가 파괴되면서 생성되는 변화와 혁신을 확인할 수 있기를 기대한다.

최규복_유한킴벌리 대표이사 사장

———————— 그리드 파괴라는 문제의식이 탁월하다. 경영학에서 상대적으로 관심을 받지 못했던 공간에 대한 저자들의 통찰은 뉴노멀 초경쟁 시대에 생존과 번영을 위해 반드시 필요한 소통과 창의력 향상에 신선한 대안을 제시해준다.

김남국_DBR · HBR KOREA 편집장

———————— 스티브 잡스는 살아 있을 때 번호판이 없는 자동차를 타고 다녔다. 실제로 그가 운전하던 차에는 번호판이 없었다. 그렇다고 그가 무면허 운전을 하거나 불법 차를 운전하고 다닌 것은 아니다. 그는 단지 세상의 규율과 통제 속에 살기를 거부했고, 남들과 똑같은 사고방식을 거부했던 것이다. 재미있는 것은 그가 번호판이 없는 차를 타고 다녔지만 그것은 불법이 아니었다는 점이다. 당시 캘리포니아 주법에 명시되어 있는, 새로 구입한 자동차에 6개월 동안은 번호판을 달지 않아도 된다는 규정을 이용한 것이다. 다시 말해서, 스티브 잡스는 세상의 통제와 규칙 속에 살지 않기 위해 똑같은 차를 6개월마다 새것으로 구입했다는 이야기가 된다. 에피소드처럼 보이는 이 사실은 단지 그가 돈이 많은 것을

자랑하려고 했던 행동처럼 보이지는 않는다.

나는 아직도 우리가 스티브 잡스를 이야기하고 있다는 것이 신기할 따름이다. 이미 고인이 되어버렸지만, 그가 만들어놓은 발자취는 쉽사리 지워지지 않는다. 난 이 책을 보면서 스티브 잡스가 어디에서부터 공간의 혁신을 꿈꿔왔는지 짐작해볼 수 있었다. 픽사에서부터 공간을 바꾸기 시작했고, 애플에 복귀하고 나서도 그의 공간 혁신은 계속되었다는 사실을 이 책을 보고 나서야 알았다.

물론 스티브 잡스는 공간에 대해서 아무런 개념이 없었을 수도 있다. 이 점에 대해서는 그 누구도 명확한 답을 내놓기 어려울 것이다. 잡스는 더 이상 말이 없기 때문이다. 나는 이 책의 저자들과 마찬가지로 스티브 잡스가 공간 혁신을 주도했고, 새로운 업무 공간의 미래 청사진을 가지고 있었다고 믿는다. 그가 죽기 직전까지도 손에서 놓지 않고 반드시 이루려고 했던 프로젝트는 '아이폰5'를 만드는 것도 아니고 '아이패드2'를 만드는 것도 아니었다. 바로 새로운 사옥 '스페이스십'을 만드는 일이었다. 그리고 그가 그 안에서 이루어질 혁신을 꿈꿨다는 이야기는 그가 죽고 난 뒤에도 속속 밝혀지고 있다.

나는 공간에 관심이 많다. 공간 중에서도 업무 공간에 특히 관심이 많다. 공간에서 수없이 많은 사람들이 서로 부딪치고 토론하며 새로운 것을 만들어내는 과정들을 지켜보면서 '공간을 바꾸면 사람이 바뀐다'는 것을 알게 되었다.

하지만 조직의 구성원으로 재직하고 있는 한 마음을 먹는다고 쉽게 상황을 바꾸거나 원하는 대로 이룰 수 있는 것은 아니다. 그리드를 파괴하는 것은 문화적인 측면의 변화를 가져와야 하기 때문에 리더의 용기가 필요한 법이다. 또 리더가 공간 혁신을 주도하고자 할 때 따라주는 구성원들도 있어야 한다.

나는 이 책이 공간 혁신의 시발점이 되기를 소망한다. 처음 이 책의 개요를 전해 들었을 때 나도 참여하고 싶은 마음이 간절했다. 기업 교육적인 측면이나 조직문화적인 측면에서 볼 때도 큰 변곡점으로 작용할 수 있는 테마라고 믿었기 때문이다. 어쨌든 그 시작이『그리드를 파괴하라』로 결실을 맺어 흐뭇하다.

기업들은 지금 당장 그리드를 파괴해야 한다. 더 지체하면 늦게 된다. 책에 언급된 것처럼 이미 전 세계의 상업 공간은 변하고 있고, 업무 공간은 구글, 아마존, 페이스북, 애플이 공간 혁신을 주도하면서 빠르게 바뀌고 있다. 각각 형태는 다르지만, 방향은 하나다. 그리드를 파괴하는 것이다. 이미 기업 교육의 여러 가지 측면들도 바뀌고 있다. 규제와 통제보다는 자율과 권한 위임이 더 맞는 시대이다. 내가 처음 사회생활을 할 때와 지금은 분위기가 달라도 너무 다르다.

나는 지금 당장 이 움직임에 편승해야 한다고 믿는다. 그래야 지금보다 더 나은 위치를 확보할 수 있을 것이다. 선택은 늘 자유이다. 하지만 지금 선택하지 않으면 가지고 있는 것들을 다 빼앗길지도 모른다.

김홍묵_SK아카데미 원장, 전국인재개발원장연합회 회장

──────『그리드를 파괴하라』는 획기적인 내용이다. 우리가 어떤 의도를 가지고 일을 하지만, 그것이 물리적 공간과 메타포적인 틀에 의해 지배를 받는다는 것을 일깨워주는 책이다. 기업의 인재개발원이나 교육기관에 근무했던 사람들이 공통적으로 하는 이야기는, 토의실의 환경을 어떻게 바꾸느냐에 따라 주도적으로 이야기를 이끌어가는 사람과 그 그룹의 토의 결과를 비교적 정확히 예측할 수 있다는 것이다. 주인의식

을 갖고 있다고 믿는 성인들에게 물리적 공간이 미치는 영향이 적지 않은데, 하물며 조직도와 규범, 규정이 조직의 성과에 미치는 영향은 지대할 수밖에 없다.

과거 테일러리즘과 포디즘이 인간의 동작 등을 분석하여 그리드를 만들었고, 그 결과 조직에 성과를 가져왔으나, 지금은 그 짜인 틀이 오히려 인간 본성과 조직 성과를 억압하고 있는 상황이다. 지금까지의 조직은 의사결정을 위해 필요한 정보나 자원을 최고경영진과 같은 제한된 그룹이 보유했으며, 조직 구성원들은 정보와 자원이 분배되는 방향과 정도에 따라 예측된 범위 내에서 움직이도록 훈련받아왔다. 관리되지 않는 비정형적인 행동은 조직의 방향과 맞지 않는 것으로 해석되어 권한을 행사했고, 당연히 조직은 위계적이고 딱딱해질 수밖에 없었다. 이러한 상황에서 강조되는 혁신이나 창의성은 엄밀히 이야기하면, 단지 그 단어를 사용하여 포장되기만 했을 뿐 기존 조직에 맞추어진 것이다. 여기에는 본질적인 혁신이나 창의적인 성과가 있을 수 없다.

이러한 속성을 가지는 현재의 조직은 이제 지속성장을 위하여 새로운 발달단계를 거쳐야 한다. 하지만 새로운 발달단계는 지금까지 논리적이라고 여겨왔던, 오로지 분해하고 분석하는 방향보다는 모든 것을 함께 어우르고 본질을 다룰 수 있는 통합적인 방법으로 접근해야 한다는 것이다. 그리드를 만들어 제한하는 것이 아니라 오히려 그것을 깨뜨려 인간 본성에 가깝게 풀어나가는 방식으로 방향을 잡아야 한다는 것이다. 누구나 사업을 시작하면 스스로 아이디어를 개발하고, 자금을 동원하며, 마케팅과 영업활동까지 닥치는 대로 할 수밖에 없을 것이다. 생존이라는 것 외에는 별다른 룰이 존재하지 않으며, 여기에 출퇴근 시간과 같은 규정이 없는 무율無律의 상태였을 것이다. 그리드가 존재하지 않는 상태이다. 그런데 그 사업이 번창하고, 조직이 커지면서, 무임승차자들에 대한 관리가 필요하다고 여겨지는 순간 룰이 만들어지고, 조직 구성원들은 무임승차자가 아니면서도 오로지 정해진 룰에 따라 움직이게 된다. 주어진 직무나 자신이 속한 부서의 역할에 맞게 출퇴근 시간 및 규정에 따라 자신의 일을 방어하고 풀어나가는 것이다. 타율他律에 의해 움직이는 것이다. 조직 전체의 생존과 관련 없이 모두가 그리드 속에서 생각하고 활동하기를 요구받고, 그렇게 굳어가는 것이다. 이렇게 짜인 틀에서 나오는 창의성과 혁신이 전체 조직을 위한 것이라 보기는 어렵고, 풍선의 밀어내기처럼 잠시 약한 옆의 틀로 넘어갔다 돌아오는 것이라 생각된다. 이렇게 타율적으로 움직이는 조직은 관리될 수는 있으나 창조적 생산성을 발휘하기에는 부족하기만 하다.

창조적 생산성을 발휘하려는 조직은 대응력이 빠르고 자율적이어야 한다. 문제가 발생하면 어디서 해결되어야 하는지를 찾기보다 누구든 먼저 해결하고, 또다시 개선되어야 할 문제를 찾아 나서야 한다. 이는 오로지 자율自律 조직에서만 가능한 일이다. 지금의 경영 환경에서 조직은 타율 단계에서 자율 단계로 넘어가야 하며, 주어진 환경에서 '열심히'가 아니라 창의력에 바탕을 둔 '성과'를 창출해야 한다. 그래야 새로운 성장이 가능하다.

그러나 권위와 틀에 의해 움직이던 타율 조직이 어느 한순간 그것을 없앤다고 해서 자율 조직이 되지는 않을 것이다. 오히려 거대하지만 무율 조직에 가까운 현상을 보일 수 있다. 무율과 자율은 그 조직이 보유하고 있는 역량, 지나온 히스토리 등에서 많은 차이를 보일 것이며, 이러한 차이가 미래를 비교적 안정적으로 개척하게 하기도 하고, 그렇지 못하게 할 수도 있다.

자율 조직이 되기 위해서는 구성원 모두가 공동의 목표를 인지해야 하고, 이를 향해 나아갈 수 있는 역량과 자유의지가 있어야 한다. 타율이 아니라 스스로 조직의 문제를 해결하기 위해 노력하며, 해결된 결과가 오롯이 '나'에게가 아니라 '조직'에 먼저 성과로 나타나도록 해야 하는 것이다. 가을에 내가 수확하지 않을 수 있다는 것을 알면서도 봄에 씨를 뿌려야 하는 수준이니, 조직 구성원에게 상당히 높은 성숙도가 요구된다고 할 수 있다.

결국 조직 구성원 간의 신뢰와 믿음이 두터워 권위에 의한 위계상의 신뢰 관계를 뛰어넘어야 한다. 이는 조직에서 누가 먼저 양보해야 한다는 것이 아니라, 조직 전체가 동시에 그러한 노력을 해야만 한다는 것이다. 조직에 새로운 신뢰 문화가 만들어져야 하되, 이를 위해서는 환경 변화부터 이루어져야 한다. 우리를 지배하고 있는 물리적인 구조뿐만 아니라 그리드를 깨주어야 한다. 애플의 신사옥 '스페이스십'이나 '페이스북 맨션스'도 기존의 그리드를 파괴함으로써 개인의 행복과 조직의 성과를 높이고자 하는 의도에서 만들어졌다고 생각된다. 가족 같은 문화와 분위기를 통하여 서로 신뢰를 얻고, 이를 기반으로 앞으로 나아가는 자율 조직이 필요한 때이다.

많은 기업들이 위기에 몰리면, 더 합리적으로 움직이려고 한다. 그런데 결국은 좀 더 숫자 위주로 경영을 하게 되고, 보수적으로 움직이며, 투입 비용을 줄이는 데 급급해 회복하지 못하는 상황에 이르기도 한다. 지속적으로 성과를 내기 어려운 최근의 경영 환경하에서 모든 조직이 반드시 읽어봐야 할 내용이다. **양기훈**_한국산업인력공단 NCS센터 원장

그리드를 파괴하라

그리드를 파괴하라

지은이   이동우, 천의영
펴낸이   최승구
펴낸곳   세종서적(주)

편집인   박숙정
편집국장 주지현
기획, 편집 윤혜자 정은미 이진아
디자인   조정윤
마케팅   김용환 김형진 황선영
경영지원 홍성우

출판등록 1992년 3월 4일 제4-172호
주소   서울시 광진구 천호대로 132길 15 3층
전화 영업 (02)778-4179, 편집 (02)775-7011
팩스   (02)776-4013
홈페이지   www.sejongbooks.co.kr
블로그   sejongbook.blog.me
페이스북   www.facebook.com/sejongbooks
원고모집   sejong.edit@gmail.com

초판1쇄 발행 2016년 1월 30일
    2쇄 발행 2016년 2월 29일

ⓒ 이동우, 천의영

ISBN 978-89-8407-540-5 03320

이 도서의 국립중앙도서관 출판예정도서목록(CIP)은 서지정보유통지원시스템
홈페이지(http://seoji.nl.go.kr)와 국가자료공동목록시스템(http://www.nl.go.kr/kolisnet)에서
이용하실 수 있습니다. (CIP제어번호 : CIP2016001379)

그리드를 파괴하라

창의력을 만드는 공간 혁신 전략

이동우 천의영

새로운 공간 철학이
당신의 미래를 변화시킨다

전 세계 스마트폰 제조사는 약 1,300개에 달한다. 아마도 당신이 알고 있는 예상치와 다를 것이다. 선두기업에 해당하는 애플Apple은 아이폰iPhone의 매출 비중이 전체 매출액의 70퍼센트에 달한다고 한다. 이것은 2007년 이후 최대치이다. 삼성전자의 영업 이익이 다소 감소하면서 스마트폰 위기설이 나오고 있는 상황과 비교하면, 애플의 고공행진은 특이한 현상이다. 또한 우리가 '대륙의 실수'라고 이름 붙인 샤오미Xiaomi는 중국 대륙에서 거둔 성공을 기반으로 전 세계로 움직이기 시작했다. 국내에도 이미 진출해, 관련 업계가 바짝 긴장하고 있다.

최근 펩시Pepsi는 펩시 로고가 있는 스마트폰을 출시하면서 브랜드가 가진 영역을 탈피하고 나섰다. 전 세계 스마트폰 시장이 치열하다는 점을 생각할 때, 펩시가 만든 스마트폰이 성공할 것인지에 대해서는 쉽게 말할 수 없다. 그러나 시장에서 적잖은 반향을 불러일으킨 것은 사실이다. 또한 같은 맥락에서 의류업체 자라ZARA가 전자제품을 생산할 수도 있다는 전망이 나오고 있다. 그야말로 카테고리와 브랜드가 파괴된 시장인 듯하다.

반면 아마존Amazon은 우주 발사체에서 로켓 재활용을 성공시키면서 본격적인 우주시대를 향한 행보를 앞당기고 있다. 이는 로켓 재활용을 통해 화성에 이주하겠다는 일론 머스크Elon Musk의 스페이스엑스SpaceX보다 한발 앞서 있다는 증거일 것이다.

구글Google은 자율주행 자동차에 본격 시동을 걸었다. 2013년 8월에는 논란이 많은 우버Uber에 2억 5,800만 달러(한화 약 2,800억 원)를 투자하면서 구글 자율주행 자동차를 세상에 내보내 앞으로 어떤 비즈니스 조합으로 움직일 것인지 짐작케 했다. 자율주행 자동차 혹은 스마트카 시장도 폭발 직전에 와 있다. 기존 자동차 제조사들은 이미 자율주행 자동차 모듈을 만들고 있거나 완성해가고 있고, 애플을 비롯한 ICT 기업, 우리나라의 삼성전자와 LG전자도 스마트카를 차세대 전략 사업으로 준비하고 있다.

한편 자동차 제조사들은 최근 공유경제 때문에 골치 아픈 상황이다. 자동차를 공유하는sharing 공유경제가 활성화된다면 자동차 판매량은 줄어들 수밖에 없다. UC 버클리 대학교의 연구 결과에 따르면 자동차 1대가 공유될 때 9~13대에 이르는 자동차가 도로에서 사라지게 된다. 그럼에도 불구하고 자동차 제조사들은 지금 공유경제에 뛰어들고 있다. 더 이상 제조사가 아니라 서비스 회사로 변화해야 할지도 모른다는 위협을 오히려 기회라고 생각하는 듯하다. 예컨대 BMW는 저스트파크JustPark를 비롯한 공유경제 기업들에 관여하고 있다. BMW는 샌프란시스코와 독일 여러 곳에서 고급 자동차 공유 회사인 드라이브나우DriveNow를 운영하고 있다. 드라이브나우는 각종 세금을 포함해 1분당 31센트를 받고 차량을 대여해준다. 이미 BMW 자동차와 미니 2,000여 대를 대여하고 있다. 드라이브나우는 자동차 제조사의 사업 모델을 크게 바꿀 출발점이 될 수도 있다. 왜 냐하면 BMW만의 움직임이 아니기 때문이다. 이미 강력한 경쟁사 인 독일의 다임러Daimler, 미국의 GM, 프랑스의 푸조Peugeot와 시트로 엥Citroën도 자동차 대여와 카풀을 각각 다른 형태로 시도하고 있다. 어느 사업 모델이 성공할지는 아무도 모르지만, 분명한 것은 자동차 제조사들이 공유경제를 심각하게 받아들이고 있다는 점이다.

물론 기존 자동차 대여 기업들도 보고만 있지는 않는다. 에이비스 버짓그룹Avis Budget Group은 2013년에 5억 달러를 쏟아부어 집카ZipCar 를 인수했다. 5억 달러, 즉 한화로 5,000억 원 이상의 자금을 투자한 다는 것은 두 가지 의미를 가진다. 두 회사는 같은 분야에서 조금 다 른 사업 모델이지만, 에이비스버짓그룹은 5,000억 원을 투자해도 집 카를 이길 자신이 없기 때문이고, 향후 사업 모델은 집카가 추구하 는 공유경제 모델로 이동할 것이라는 강력한 믿음이 있기 때문이다.

한편 호텔 업계는 어떨까? 에어비앤비AirB&B가 무서운 속도로 성 장하고 있지만, 아직 호텔 산업의 규모를 압도할 만큼은 아니다. 그 러나 이미 호텔업계에서는 에어비앤비 등을 경쟁상대로 지정하는 등 사무 공간에 초점을 둔 변화를 시도하고 있다. 예컨대 전 세계를 이동하면서 일하는 인력이 한 해에 13억 명에 이른다는 사실은 관 련 시장에 도전해볼 만한 가치를 제공해준다.

공유경제 비즈니스가 해결해야 할 문제도 많다. 예컨대 전 세계

각 나라와 도시들은 아직 공유경제를 인정하려고 하지 않는다. 공유경제를 대표하는 우버와 에어비앤비는 각 나라와 도시에서 관련 법규를 위반하고 있다며 반대 입장을 표명하는 경우가 많다. 그러나 대부분의 전문가들은 결국 공유경제가 승리할 것으로 예견하고 있다. 게다가 구글은 현재 공유경제 비즈니스를 검토 혹은 준비하고 있다고 알려져 있다. 구글이 공유경제 관련 비즈니스를 시작한다면, 전 세계는 한순간에 공유경제의 세상으로 빨려들어갈지도 모른다.

솔직히 말하자면, 그 무엇으로도 지금의 시대를 설명할 수는 없을 것 같다. 너무나 많은 산업 부문에서 경계가 무너지고 있기 때문이다. 스마트폰 제조사, 반도체 제조사, 자동차 제조사들은 이제 스스로 하나의 경쟁 카테고리를 만들어 진입하고 있다. 유통 회사가 스마트페이 시장에 진입하고 SNS 회사가 은행업에 진출하며 공유경제를 하겠다고 선언하고 있다. 이제는 그 누가 세계를 깜짝 놀라게 할 상품을 만들어냈다고 하더라도 놀랄 일이 별로 없어 보인다. 반면 고객들의 니즈는 극세분화되고 있다. 대량 생산과 대량 소비를 즐기던 소비자는 이제 이 세상에 존재하지 않는 듯 보인다. 그들은 지구라는 행성에서 자신에게 맞는 가장 독특한 상품을 찾아다닌다. 지구 반대편에서 구매해 자기 집으로 배송받는 일이 쉬워졌기 때문이다. 마음에 드는 물건이 없으면 스스로 만들기도 한다. 아이디어만 가지고 있다고 해도 두려워할 일이 아니다. 크라우드펀딩으로 투자받고 회사를 만들면 된다.

경제학의 선조들이 수요와 공급의 곡선을 주장했지만, 이제 전통적인 수요 공급 곡선을 주장하기는 힘들어 보인다. 오히려 고객의 니즈와 기업의 팔로우업 관계는 서로 반응하면서 무한대로 회전하는 인피니티 루프infinity loop를 형성하고 있는 듯하다.

그렇다면 무엇을 어떻게 준비해야 할까? 이 지점부터는 고민이 될 수밖에 없다. 소위 말해 MBA 지식을 앞세운 경영과학은 우리를 실패가 아닌 성공으로 이끌어낼 수 있을까?

영국 셰필드 대학교의 카말 버디Kamal Birdi 교수는 지난 22년 동안 308개 회사의 생산성을 추적해 연구 결과를 발표했다. 연구 결과는 충격적이었다. 전사적 품질경영, 적시 생산방식과 같은 경영도구들은 생산성 향상 효과를 유발하지 않았다. 경영도구들이 지속적이고 안정적으로 생산성을 개선했다는 증거를 찾을 수 없었다는 것이다. 따라서 우리가 지금껏 추구해온 MBA적 해법은 해답이 아닐 수도 있다.

이제는 다른 측면을 봐야 한다. 지금이 어려운 시대인 것은 맞다. 그러나 앞서가는 기업들이 없는 것은 아니다. 그렇다면 그들은 도대체 어떤 방식으로 일하고 있을까? 그들이 가진 공통점 중 하나는 열린 사고를 바탕으로 열린 공간에서 일하고 있다는 점이다. 즉 이 기업들은 그동안 관리와 통제의 대명사였던 그리드grid를 스스로 파괴하고 한 걸음 더 앞서기 위해 빠른 속도로 움직이고 있다. 그들은 속도가 규모를 이길 수 있다는 것을 이미 학습했고, 고객을 위한 상품과 서비스를 구현할 때 시간적 장애물을 가차 없이 제거하고 있는 것이다.

일본의 라인LINE 주식회사는 경영은 관리가 아니라고 생각한다. 지난 100년 넘는 기간 동안 관리와 통제는 기업 경영의 화두였지만, 그것이 오히려 혁신을 가로막아 관리의 고정관념에서 빠져나와야 한다고 믿고 있는 것이다. 이 회사가 중요하게 여기는 것은 고객에게 중요한 가치를 제공하는 것과 비즈니스의 속도를 높이는 것이다. 이것을 가로막는 것은 회사에서 중요한 일도 아니며, '업무'라고 생각하지도 않는다. 예컨대 직원들은 자유롭게 다른 부서의 사업에 참여할 수 있지만, 사업을 구속하는 사업계획서나 연공서열과 같은 것은 존재하지 않는다. 누구나 자유롭게 일할 수 있는 환경을 위해 물리적 혹은 제도적 장치들을 제거하고 있다.

어떤 리더십 전문가는 세상이 아무리 빠르게 변해도 일하는 방식은 변하지 않았다고 주장할지 모르겠다. 그들은 일하는 방식에서 변한 것은 없고 오로지 기술과 환경이 변하고 있다고 말한다. 따라서 우리는 여전히 리더십이 중요하며, 협력과 혁신이 중요하다고 말한다. 딱히 틀린 말은 아니지만, 왠지 지금 시대와 맞지 않는 교과서적인 개념이라는 생각을 지울 수가 없다. 물론 불변의 법칙으로 존재할 만한 것이 있을 수도 있다. 그렇지만 우리가 확인한 것은 엄청나게 많은 분야에서 일하는 방식이 바뀌고 있다는 점이다. 그럼에도 불구하고 앞서가는 그들은 조용하게 움직인다. 왜 자유로운 업무 공간을 만들고 있는지, 왜 지금 그것을 해야 하는지에 대해서 속 시원하게 말해주지 않는다.

"배수진을 쳐라."

여기서 우리가 바라보는 '배수진'은 바로 공간에 대한 구조를 바꾸는 것이다. 공간은 우리가 생각하는 것보다 우리를 훨씬 더 크게 바꿀 수 있고 영향을 줄 수 있다는 것을 알고 있기 때문이다. 지금 이 시대를 따라가거나 선도하지 않으면 크게 뒤처질 것이라는 미래에 대한 불확실성과 두려움은 누구에게나 있다. 이런 불확실성과 두려움이 때로는 우리를 더 나은 세상으로 이끌어주는 동력이 되기도 한다는 점은 이미 알고 있을 것이다. 용기를 가져라. 할 수 있다고 생각을 바꾸어라. 당신은 이미 엄청난 능력을 가진 능력자이기 때문이다. 여기에서 한 가지 필요한 지식을 알려드리고자 한다. 바로 배수진을 칠 수 있는 '그리드를 파괴하는 전략'이다.

왜 공간에 투자해야 하는가

"과장님, 자리 배치를 왜 이렇게 한 건가요?"

"그러게요. 제가 했는데, 원래 교육할 때는 이렇게 하거든요."

국내 S그룹 팀장들을 대상으로 한 강의를 앞두고 그룹 인재개발팀 K 과장과 나눈 대화이다. 강의장은 40명 정도 앉을 수 있도록 테이블을 3개씩 모아서 서로 그룹을 만들고 지그재그 형태로 배치되어 있었다. 기업에서는 교육을 할 때 책상 배치를 이렇게 하는 경우가 많다. 6명 정도가 한 그룹으로 되어 있기 때문에 그룹 토의를 하기에 편하다고 말한다. 왠지 이렇게 앉으면 좀 더 창의적인 토의를 할 수 있지 않겠느냐고 생각하는 것 같기도 하다.

대부분 그렇게 추측하곤 한다. 문제는 왜 이렇게 하는지, 언제부터 이렇게 해왔는지에 대해서는 각 기업의 교육 담당 책임자나 그들을 가르쳤던 대학교 혹은 대학원의 몇몇 교수들도 관심이 없거나 모르고 있다는 사실이다. 몇 군데 대기업의 교육 담당 책임자와 그들의 지도교수에게까지 이메일로 문의했으나 늘 같은 답변이었다. 우리가 볼 때 그들은 분명히 그리드를 파괴하는 구조를 만들어놓고 있었다. 하지만 자기들이 하고 있는 행동이 무슨 의미인지, 또 그로 인해 어떤 결과가 만들어지는지에 대해서는 모르는 것이다.

이 현상이 낯설지는 않다. 사람들은 대개 눈에 보이는 것만 믿는다. 보이는 것은 믿고 보이지 않는 것은 존재 자체를 부정하는 경우가 많다. 그렇지만 세상에는 보이지 않지만 일정한 규칙을 가지고 움직이는 경우가 많다. 그리드를 만드는 것처럼 도시가 가지고 있는 암묵적인 규칙은 그중 하나일 것이다.

강의장의 책상 배열에도 보이지 않는 비밀이 숨겨져 있다. 조금 전에 이야기한 S그룹의 교육 담당 과장이 자신의 직무에 대해서 무지하다는 지적의 말이 아니다. 그들은 나름대로 전문성을 가지고 있지만, 학문의 분화로 인해 다른 분야에서 일어나는 일들을 모를 뿐이다.

우리는 도시건축가와 저널리스트이다. 각자의 전문성 때문에 학교와 기업에서 강의를 하는 경우가 많다. 강의를 시작하기 전에 늘 강의장을 이루고 있는 공간의 구조가 먼저 눈에 들어온다. 어떤 강의장은 수십 년 전 초등학교 자리처럼 배치되어 있고, 어떤 강의장은 지하 회의실을 강의장으로 만들어놓은 곳도 있다. 어떤 기업의 연수원은 원래 회장의 별장을 강의장으로 이용하고 있어서 건물 구조 등이 연수원답지 않은 경우도 있다. 이런 곳에서 강의하다보면 지난날 이곳에서 개최되었을 회장님의 연회나 파티 장면이 그려지는 경우도 있다. 그중에서 최악의 경우는 회사에서 노사협상할 때 쓰는 테이블을 강의장에서 그대로 이용할 때이다. 넓고 긴 테이블에 편하지 않은 의자들이 배치되어 있어 한 줄로 이어 붙이면 거대한 남북정상회담 장소처럼 돌변한다. 강의를 하고 서로 교류하기에는 그야말로 최악의 구조인 셈이다. 반면 강의장 중에서 가장 비싼 곳은 호텔 그랜드볼룸 정도일 것이다. 그렇지만 그곳도 강의하기에 그리 좋은 장소는 아닌 것 같다.

우리가 강의 장소로 이야기를 시작한 것은 인생을 살면서 셀 수 없을 만큼 많이 '강의장'에 들어가기 때문이다. 초등학교 교실에서부터 대학교 강의실이나 기업 연수원에 이르기까지, 수없이 많은 강의 장소에 들어가봤을 것이다. 그러나 상당수 사람들은 그 구조에 별 감응이 없는 듯하다. 이것은 교육을 진행하는 학교의 교사나 교수 혹은 기업의 담당자, 교육을 받는 학생과 대학원생, 기업의 연수생까지 모두에게 해당되는 말이다.

기업 경영자들이 디자인과 구조에 관심 없던 시절에는 연수원을 대충 만들었다. 사람의 숫자와 공간의 크기만 생각한 경우도 많았다. 숙소와 교실 그리고 운동장과 식당이면 충분하다고 생각했을 것이다. 물론 최근에는 많이 개선되었지만, 아직까지 인간의 본질을 파악하고 구조적으로 잘 만든 기업의 연수원은 찾아보기 힘들다. 한마디로 연수원도 작은 도시라는 점에서 본다면, 어떤 구조가 만들어져야 하는지 짐작할 수 있을 것이다.

'인간'이라는 동물은 어떤 장소에서 어떻게 자리 잡느냐, 또 주변에 어떤 사람들이 있느냐에 따라 크게 달라진다. 극단적인 비유지만, 파리 샹젤리제 거리의 한 카페에 앉아서 지나가는 사람들을 바라보는 것과 서울 지하철에 앉아서 건너편에 앉은 사람을 바라보는 것은, 그 마음부터 다르다. 또 블랙 톤의 마감재와 천장이 높은 호텔의 연회장과 쾨쾨한 냄새와 묵직한 베이스 기타 소리가 울려 퍼지는 홍대 입구 지하 클럽은 매우 다르다. 도심의 시끄러운 카페와 산속에 위치한 한적한 별장에서는 당연히 집중도가 달라진다. 회사에 출근해서 매일 접하는 업무 공간도 마찬가지이다. 어떤 공간에서 일하느냐에 따라 일하는 사람의 마음은 달라질 수밖에 없다. 공간의 특성에 따라 업무 성과가 달라진다는 것은 우리가 감각적으로 느끼는 것을 넘어 이미 수많은 연구 결과에서 속속 드러나고 있다.

그래서 우리는 늘 의문이 든다. 인맥 관리를 위해서는 많은 투자를 하는데, 공간을 위해서는 왜 투자를 하지 않는 것일까? 왜 그렇게 공간에 무지한 것일까? 이렇게 기업 경영자들에게 이야기하면 그들은 늘 공간에 대한 투자를 더 해야 하는 것으로 오해한다. 그리고 우리가 생각했던 것과 전혀 다른 방향으로 움직이곤 한다. 사무실과 회의실을 멋지게 꾸미고, 비싼 테이블과 무거운 의자를 가져다놓는 것이다.

혁신을 이끄는 공간, 디스쿨

공간에 대해 아무런 철학과 가치가 없다면, 차라리 빈 공간으로 놔두는 편이 낫다. 스탠퍼드 대학교에는 일명 '디스쿨d.school'이라고 불리는 곳이 있다. 이곳은 그저 텅 빈 공간일 뿐이다. 좀 더 정확하게 표현하면 뮤지컬 무대 뒤 공간처럼 마감되지 않은 높은 천장에 조명과 기자재들이 있고 움직이는 벽이 존재한다. 조금 과장해서 '아무것도 없다'고 해도 틀린 말은 아니다. 그럼에도 불구하고 전 세계는 디스쿨이 혁신을 이끄는 새로운 공간으로 부상하고 있다며 주목한다.

도대체 그 비밀이 무엇일까? 결론부터 말하자면 이곳에서는 벽을 움직여 공간을 만들 수 있고, 움직이는 집기를 가져와 공간을 채울 수 있다. 학생들 입장에서는 오히려 불편한 공간이다. 그렇지만 이 공간을 채우고 있는 학생들은 서로 아이디어를 공유하면서 보다 창조적인 제품을 만들고 있다. 공간을 만드는 것은 불편하지만, 오히려 그 공간이 창조적인 작업을 하는 데 도움이 되고 있는 듯하다.

그렇지만 디스쿨은 우리 시대에 벌어지고 있는 그저 작은 변화의 단면일 뿐이다. 오히려 다른 기업들의 움직임이 더 심상치 않다. 조만간 애플은 스페이스십Spaceship이라는 신호탄을 쏘아 올릴 것이다. 우주선 모양의 이 신사옥은 스티브 잡스Steve Jobs가 생전에 준비하던 프로젝트라고 알려져 있다. 건축 비용도 만만치 않다. 애플의 현금 보유량은 150조 원 이상으로 추정되는데, '스페이스십'을 짓는 데 6조 원을 투자하고 있다. 완공되면 바닥 면적 기준으로 세계에서 가장 큰 건물인 펜타곤Pentagon이 그 1위 자리를 애플에게 넘겨주어야 할 것이다. 애플의 스페이스십이 단지 크다고 문제가 되는 것은 아니다. 주목할 점은 이들이 만들어놓은 기본 철학이다. 바로 창의력을 위한 기본 철학과 구조가 숨어 있다는 것이다.

마크 저커버그Mark Zuckerberg의 페이스북Facebook이 만들어놓은 캠퍼스에서도 이상한 분위기를 감지할 수 있다. 페이스북을 디자인한 건축가는 바로 프랭크 게리Frank Gehry이다. 프랭크 게리는 파리의 아메리칸 센터, 로스앤젤레스의 월트디즈니 콘서트 홀, 그리고 최근에는 루이비통 창조 센터를 설계했다. 건축에 관심 있는 독자라면 빌바오 구겐하임 미술관Bilbao Guggenheim Museo을 알고 있을 것이다. 이것 또한 그의 작품이다. 이 건물은 정말 특이하다. 티타늄판 구조물이 50미터 높이로 치솟은 기묘한 형상의 이 건물은 기둥을 쓰지 않은 철골 구조인데, 중심축인 아트리움에서 3층의 전시 공간이 동심원적으로 돌아 올라가면서 다시 여러 방향으로 크고 작은 위성 전시 공간이 뻗어나가도록 설계되었다.

프랭크 게리는 페이스북의 공간을 디자인하면서 벽도, 문도, 파티션도 없는 세계 최대 오픈 공간으로 만들었다. 4만 제곱미터에 이르는 단층의 커다란 원룸 형태로 지어진 공간으로 2,800명이 일할 수 있다. 또 신사옥 위에는 옥상 공원을 조성하고 800미터에 이르는 산책로를 만들어 400여 그루의 나무까지 심었다. 자연 지붕인 셈이다. 직원들이 서로 대화하고 사색하며 아이디어를 재충전할 수 있는 공간을 만들어놓은 것이다.

구글의 새로운 공간도 돋보인다. 구글의 신사옥은 거대한 투명 돔을 만들고 이곳에 움직일 수 있는 거대한 블록을 쌓아서 일종의 도시 형태를 만들고 있다. 만화영화에서 본 투명한 돔 구조를 생각했다면 그 상상이 현실화되고 있는 것이다. 내부 공간은 언제든지 재배치가 가능한 구조로 만들고, 주변 녹지공간은 지역 주민과 함께 사용할 수 있게 설계했다. 또 직원들 간의 소통을 위해 인피니티 루프 형태의 경사로를 설치해 사무실을 이동하는 직원들이 2분 30초 만에 다시 만날 수 있게 되어 있다. 이 설계는 토머스 헤더윅Thomas Heatherwick과 BIG가 설계했다.

아마존도 상상력의 끝판왕이다. 시애틀 도심에 신축된 신사옥에는 6,000제곱미터의 거대한 정글이 만들어지고 있는데, 이것은 싱가포르와 독일의 정원에서 영감을 얻었다.

구글, 아마존, 페이스북, 애플을 우리는 'GAFA'라고 부를 것이다. 도대체 GAFA에서는 무슨 일이 일어나고 있는 것일까? 실리콘밸리에 있는 첨단 ICT 기업들에서만 업무 공간이 독특하게 변화하고 있는 것은 아니다. 이미 전 세계 상업 공간이 기존 쇼핑 공간에서 탈피해 새로운 개념의 '몰링Malling'을 만들어가고 있다. 업무 공간에서 파티션이 사라지고 공간과 공간의 구획이 없어지듯이, 몰링에서는 쇼핑 공간과 엔터테인먼트, 커뮤니티를 위한 공간의 구분이 없어지고 있다. 도대체 무슨 일이 일어나고 있는 것일까? 이 변화와 S그룹 교육장에서의 책상 배치는 도대체 무슨 연관이 있는 것일까?

어떻게 미래를 바꿀 것인가

우리가 주목할 것은 이들이 만들고 있는 신기한 구조와 디자인 또는 첨단 마감재가 아니다. 이들은 서로 다른 구조를 가지고 있지만 동일한 규칙 안에서 움직이고 있다. 한마디로 '그리드 구조를 파괴'하고 있는 것이다. 그렇다면 '그리드'는 무엇인가? 익숙한 한자어로 말하면 '격자'를 뜻한다. 한마디로 바둑판과 같은 모양, 선과 선이 만나 직각을 이루고 직각 형태들이 모여 방대한 그리드를 형성한다. 지금까지 인류는 피지배 계급을 관리하고 통제하기 위해, 또는 사물이나 현상을 관리하기 위해 그리드 구조를 사용해왔다. 그리드 구조는 기원전 수천 년경 중국에 등장했던 도시에서부터 그리스 로마 시대, 가장 최근에는 미국의 전력 시스템으로 알려진 스마트 그리드까지 관리와 통제의 중요한 역할을 했다.

우리는 그리드와 탈그리드에 주목해서 GAFA가 만들어가고 있는 창의력의 근원점에 도달하고자 한다. 물론 전 세계에서 그들만이 알고 있는 사실은 아니다. 미국 실리콘밸리의 업무 공간에서부터 뉴욕 브루클린의 공장 지대, 그리고 이탈리아 밀라노의 상업 공간까지, 세계 전역에서 조금씩 등장하고 있다. 서울의 성수동에서도 새로운 움직임을 감지할 수 있다.

지금까지 GAFA를 비롯한 최첨단 ICT 기업들의 경영전략에 대해 다룬 전문 서적과 연구 자료가 많았다. 그러나 그 내용들은 외부적으로 발표된 것이거나 그 조직에 속해 있던 구성원들의 이야기를 취재해서 만든 것이 대부분이다. 따라서 근본적인 철학적 접근을 하지 못한 아쉬움이 있었다. 게다가 그들이 만들고 있는 구조의 중심에 건축 분야에서도 '분열증'으로 알려진 렘 콜하스Rem Koolhaas가 있기 때문에, 기존 세력에 반항하는 예외적인 움직임으로 보였을 가능성도 크다. 그렇지만 역사가 말해주듯이 예외적인 현상들이 모이면 그것이 대세가 되어, 결국 패러다임이 바뀌는 시점이 온다.

우리는 애플과 스티브 잡스가 영향을 받은 화가의 이야기에서 시작하고자 한다. 이를 위해 화가 마크 로스코Mark Rothko와 로스코 채플The Rothko Chapel을 살펴볼 것이다. 여기서 애플의 새로운 성공 철학의 기원을 엿볼 수 있다. 또 프랭크 게리가 만든 빌바오 구겐하임 미술관과 페이스북, 이탈리아 밀라노의 이탈리Eataly와 텐코르소코모10 Corso Como, 미국 뉴욕의 동강East River에서 일어나고 있는 혁신과 서울 성수동에서 감지되는 작은 변화에까지 가보고자 한다. 건축 분야에 관심이 있다면, 분열증으로 알려진 렘 콜하스와 편집증으로 알려진 페터 춤토어Peter Zumthor에 대해 들어보았을 것이다. 우리는 그들의 철학이 어떻게 다르며, 향후 분열증과 편집증이 어떻게 미래를 바꿀 것인가에 대한 공간 철학을 이야기하고자 한다. 새로운 공간 철학은 작은 규모의 회사에서부터 대기업, 더 나아가 지금 모습을 드러내기 시작한 초거대 도시와 국가의 새로운 운영 철학으로 이어질 수도 있다.

또 유한킴벌리가 그리드를 파괴하고 전사적으로 새로운 업무 공간을 창출한 배경과 효과를 확인해보고자 한다. 분명 이는 어느 기업이라도 시도할 수 있다는 자신감을 제공할 것이라고 믿는다.

하버드 대학교 경영대학원 교수인 클레이튼 M. 크리스텐슨Clayton M. Christensen은 기업을 위한 '파괴적 혁신'으로 유명했다. 그러나 최근 출간된 『이노베이터 메소드』에서 그는 "역사적으로 볼 때, 경영은 직선이나 직각에 관한 것"이라고 말하고 있다. 즉 문제가 표준에 딱 맞고 상호 의존성이 익히 알려진 경우엔, 오늘날 경영자가 활용하는 기존 비즈니스 기획 툴이 큰 도움이 되었다는 것이다. 반면 그는 "혁신은 불확실함과 비표준적 과정, 즉 곡선이나 비정상적인 각도에 관한 것이라고 규정짓고, 현재 나와 있는 경영 서적이나 툴들은 경영자들과 혁신가들이 직면한 새로운 문제점들에 대해 아직 이렇다 할 처방을 내리지 못하고 있다"고 지적하고 있다.

단언컨대, 우리는 지금까지 경영과학과 혁신이론이 기업의 미래를 지켜줄 것이라고 믿어왔으며, 당신도 이런 사회에서 성장하고 성공할 수 있다고 생각했을 것이다. 반면 GAFA의 업무 공간과 상업 공간의 구조가 변하고 있다는 것에는 관심을 갖지 않았을 것이다.

우리는 그동안 경영과학이 풀지 못했던 몇 가지 문제를 풀어줄 해법이 여기에 존재한다고 믿는다. 전 세계 곳곳에서 전통적인 시장을 해체하면서 그들이 가진 일터들의 형식과 공간을 무너뜨리고 지도에 없던 전대미문의 공간분화 실험을 통해 일터이자 놀이터를 만들고 있다. 그 공간은 놀이터이기도 하고 새로운 것을 만들어내는 창조 공간이기도 하다. 다시 말해서 한 공간을 무한 루프로 만들고 있는 애플, 열린 가변 공간을 추구하는 구글, 몰링형 업무 공간을 만든 페이스북, 새로운 공간을 만들어나가고 있는 밀라노의 텐코르소코모는 새로운 창조 시대로 연결된 관문을 열고 있다. 새롭게 등장하는 이들은 기존의 거대 기업이 이러한 변화를 느끼지 못하도록 조용히 전 산업 분야 밑에 전복의 터널을 파고 있는 것이다.

많은 사람이 융합과 연결의 시대라고 말한다. 융합이란 우리가 그동안 접하지 않았던 지식과 지식을 더하는 것 아닐까? 우리가 가진 도시건축적 상상력과 경영 이론이 이 시대를 멋지게 살아가는 모든 리더와 구성원들에게 새로운 세상을 볼 수 있는 프리즘이 되었으면 하는 바람이다. 지금부터 새로운 이야기를 시작해보자.

저널리스트 이동우
도시건축가 천의영

CONTENTS

PART 4 **창의력이 자본주의보다 위대하다**

PART 5 변화의 구조를 만드는 리더가 되라

시간이 말을 한다.

그 말은 말보다 알기 쉽고, 그 메시지는 크고 명료하게 전달된다.

시간이 전하는 말은 언어에 의한 말에 비해 의식적으로

조작되는 경우가 적기 때문에 그만큼 왜곡되는 일도 적다.

말이 우리를 기만하는 순간에도 시간은 진실을 외칠 수 있는 것이다.

『침묵의 언어』, 에드워드 홀Edward Hall

생존의
시점에서
기업은
왜 공간을
바꾸는가

PART 1

새로운 거대 권력: 스페이스십

IBM과 미국 펜타곤은 절대권력을 상징하는 이미지 그 자체였다. IBM은 표준화된 문화, 글로벌 업무 체계의 상징물이었다. 1980년대 IBM 전략사업부는 'Global'이라는 단어를 만들어 전 세계를 상대로 여론 몰이를 한 적이 있는데, 아메리칸 컴퍼니가 아닌 글로벌 컴퍼니로서의 입지를 다지기 위한 전략이었다고 해석되기도 한다. 무엇보다 당시 컴퓨터 산업에서 IBM의 입지가 독보적이었기 때문에 가능한 일이었을 것이다. 현재 중국 베이징 종합운동장 옆에는 IBM의 로고가 새겨진 건물이 우뚝 세워져 있다. 표준화된 업무와 글로벌 업무의 상징이 중국으로 건너간 것이다.

한편 미국 워싱턴에 위치한 펜타곤은 제2차 세계대전 중이던 1943년경에 세워졌다. 아직까지는 바닥 면적 기준으로 전 세계에서 가장 큰 건물이다. 이것은 규모가 보여주는 상징성의 대표이다. 현재도 치열한 경쟁에서 오래 살아남을 수 있는 기업의 상징은 규모가 커야 한다는 것인데, 당시에도 이런 의식이 팽배해 있었다. 지금까지도 군사력에서 가장 강력한 나라는 미국이며, 펜타곤이 이를 상징한다.

여기까지이다. IBM과 미국 펜타곤은 이제 애플이라는 초거대 기업의 등장과 함께 곧 절대권력의 이미지를 상실하게 된다. 애플은 이미 1984년에 빅브라더 IBM을 해머로 깨버렸고, 2016년에 완공될 애플 '스페이스십'은 바닥 면적으로 볼 때 지구상에서 가장 큰 건물이 될 것이기 때문이다. 따라서 미래에는 절대권력의 상징이 애플 스페이스십이 될 것이다.

우리는 '절대불변'이라고 생각하는 비즈니스 상식 몇 가지를 가지고 있다. 보통 사람들이 경제경영 분야에서 익숙한 테마 중에 '마케팅 불변의 원칙'과 '거대한 기업들이 성공한다'는 원칙을 생각해볼 수 있다. 그러나 최근 스탠퍼드 대학교 이타마르 시먼슨Itamar Simonson 교수가 지난 30년간 MBA에서 가르쳐왔던 마케팅 절대 이론들을 전면 부정하면서 '마케팅 불변의 원칙'도 예전 같지 않다. '거대한 기업들이 성공한다'는 원칙도 애플과 같은 회사들이 등장하면서 깨지고 있다. 여기까지 오는 데 200년이 걸렸다. 단언컨대, 그 상식을 깨는 신호탄 중 하나는 애플이 만들고 있는 '스페이스십'이 될 것이다.

시간을 거슬러 올라가보자. 우리가 가진 비즈니스 상식 중에서 가장 강력한 것은 막스 베버Max Weber가 만들어놓은 거대 권력이라는 상징이다. 막스 베버는 20세기 최고의 학자라고 일컬어진다. 그는 거대한 중앙권력을 행사할 수 있는 거대 기업이 자본주의에서 가장 성공할 수 있는 모델이라고 주장해왔다. 그리고 그가 죽고 2년 뒤, 그 내용이 『경제와 사회』라는 책으로 출간되었다. 결국 당시 거대함에 대한 주장 덕분에 미국에서는 제너럴일렉트릭General Electric(1892), 코카콜라Coca-Cola(1892), 펩시(1902), 제너럴모터스General Motors(1908) 등이 설립되었다. 그 후 이 모델들이 독일에 알려졌고, 곧이어 아에게AEG, 바이엘Bayer, 바스프BASF, 지멘스Siemens, 크루프Krupp 같은 거대 기업들이 생겨났으며, 일본으로 건너가 거대 기업들이 탄생한 배경이 되었다. 거대 기업들의 세상이 오면서 그 후 가족 기업은 찾아보기 힘들어졌다.

결국 규모를 키우는 것은 기업이 성공하기 위한 전제조건이 되었고, 거대함은 기업의 권력을 의미하는 말이 되었다. 기업들이 커야만 성공할 수 있다는 것은 기업들이 서로 대등한 위치에서 거래할 때보다 그 기능을 사내로 가져왔을 때 비용이 엄청나게 줄어든다는 것을 알았기 때문이다. 예컨대 거대한 석유업체가 원유를 가공하는 정유시설을 직접 소유하고 운송하는 시스템을 소유하고 싶어 하는 것은 그렇게 하는 것이 더 효율적이기 때문이다. 그것은 보통 사람들도 어렵지 않게 생각할 수 있다. 석유를 판매하는 회사가 시추기를 이용해 원유를 뽑아내 가공하고, 다시 저장하고 운송해 최종 소비자나 기업들에게 전달할 수 있다면, 그것보다 더 좋은 방법은 없을 것이다. 거꾸로 생각해보면 반대의 결과도 나올 수 있다. 만약 자신이 보유한 인프라보다 더 싼 가격에 더 효율적으로 운영할 수 있는 방법이 있다면 직접 소유하지 않고 서로 상생하는 것이 방법 아닐까. 실제로 애플과 같은 회사는 제조와 생산시설을 직접 보유하려고 하지 않는다. 이와 같은 것은 자라와 같은 대형 의류소매업체와 델DELL과 같은 컴퓨터업체도 마찬가지이다.

물론 이 상식은 기술이 발전하면서 한 번 더 바뀐다. 예컨대 일론 머스크의 스페이스엑스나 테슬라모터스Teslar Motors에서 찾을 수 있다. 즉 스페이스엑스의 경우에는 로켓을 만드는 데 필요한 부품의 90퍼센트를 자체 생산한다고 한다. 그리고 테슬라모터스는 리튬이온 배터리까지 자체 생산하겠다는 계획을 발표하고, 현재 네바다 주 스토리 카운티에 '기가 팩토리Giga Factory'를 건설하고 있다. 기가 팩토리가 완공되면 건물의 총면적은 약 14제곱킬로미터에 이를 예정이다. 그럼에도 불구하고 테슬라모터스, 스페이스엑스, 솔라시티Solar City 등 머스크 기업의 총구성원은 1만 5,000명 정도에 불과하다. 기술력은 엄청나고 인원은 적으며 모든 부품을 자체 생산한다는 점 때문에 머스크 기업을 단순한 벤처 기업으로 볼 수 없는 것이다. 게다가 자금력도 보유하고 있기 때문에 머스크의 기업을 공략하는 것은 쉬운 일이 아니다.

기업의 규모가 커야 성공할 수 있다는 고정관념은 이렇게 여러 번 바뀌고 있다. 그러나 아직까지 비즈니스 상식의 변화를 대수롭게 생각하지 않을 수도 있을 것이다. 애플이 전 세계에 처음 등장한 그날처럼 말이다. 1984년 1월 22일 제18회 슈퍼볼 경기가 열린 날, 3쿼터 초반에 갑자기 획기적인 광고 영상이 하나 등장했다. 누군가에게 조종당하는 대중이 등장하고 한 여성이 나와서 그들을 조종하는 독재자가 나오는 스크린을 향해 들고 있던 해머를 던진다. 그러자 화면이 깨지고, 다음과 같은 광고 카피가 등장한다.

1984년 1월 24일 애플 컴퓨터가 매킨토시를 소개할 것이며, 여러분은 왜 1984년이 조지 오웰의 소설 『1984』처럼 되지 않는지 알게 될 것이다(On January 24th, Apple Computer will introduce Macintosh. And you'll see why 1984 won't be like "1984").

미국에서는 매년 1월, 연중 가장 큰 스포츠 행사가 열린다. 바로 슈퍼볼이다. 미국인들의 특별한 슈퍼볼 사랑은 이미 널리 알려져 있다. 그렇지만 다른 나라에서는 슈퍼볼 경기의 결과보다 슈퍼볼 경기 시작 혹은 한 쿼터가 끝나고 다음 쿼터가 시작하기 전에 하는 광고에 더 큰 관심이 쏠리기도 한다. 최근 슈퍼볼 광고에 새로운 IT기기, 자동차의 새로운 모델 혹은 할리우드의 새로운 블록버스터가 단골손님으로 등장하는 것은 일종의 관례가 되었다. 슈퍼볼 경기에 광고를 내야만 화젯거리로 집중받을 수 있다는 말이다. 전 세계 스포츠 경기 중 가장 '핫'한 경기에서 광고를 내보내는 기업은 도대체 어디인가 하는 궁금증도 있을 것이다.

이 광고는 아직도 세간의 화젯거리가 되고 있고, 애플의 광고 메시지는 전설로 남아 있다. 애플의 이 광고는 1937년 영국에서 출생한 리들리 스콧Ridley Scott 감독이 제작했다. 스콧 감독은 1979년에 우리가 잘 알고 있는 영화 〈에이리언〉을 만들었고, 1982년에는 〈블레이드 러너〉를 제작하면서 화제의 감독으로 떠올랐다. 스콧 감독 덕분에 '슈퍼볼 경기에서 이런 광고를 내보낸 애플 컴퓨터는 도대체어떤 회사냐?' 하는 세간의 이목을 끄는 데 성공했을 것이다. 애플외에도 광고 덕분에 혜택을 본 사람이 있다. 광고 영상에서 해머를들고 등장한 전 원반던지기 선수 아냐 메이저Anya Major이다. 1966년영국에서 태어난 아냐는 키도 작고 몸집도 왜소한 편이다. 그런데이 광고에 참가한 모델과 배우들이 해머를 던지지 못해 광고 제작진이 급하게 주변 헬스클럽에서 캐스팅했다는 후문이 있다.

감독의 이야기나 여주인공 이야기보다는 영상이 보낸 메시지가더 큰 충격이었다. 당시 IBM은 펜타곤과 함께 절대권력 그 자체였기때문이다. 따라서 도대체 절대권력에 해머를 던진 건 누구냐는 질문과 궁금증이 쇄도한 것이다. 결국 1984년 1월 22일, 조지 오웰의『1984』처럼 만들지 않겠다면서 IBM이라고 하는 빅브라더에게 해머를 던진 애플은 그 후 30년 동안 무엇을 어떻게 해왔을까? 그것은우리가 지금까지 보아온 애플의 모습 그대로이다. 아마도 스티브 잡스라는 전설적인 인물이 있었기에 가능했을 것이다.

바닥 면적으로 전 세계에서 가장 큰 건물 1위 자리는 펜타곤에서곧 애플로 넘어가게 될 것이다. 바로 애플의 신사옥 스페이스십이다. 이 신사옥은 스티브 잡스가 생전에 준비하던 프로젝트였다고 알려져 있다. 스페이스십은 스티브 잡스가 그토록 만들고 싶어 하던업무 공간이었다. 건축 비용도 만만치 않다. 애플의 현금 보유량은150조 원 이상으로 추정되는데, 그중에서 사옥을 짓는 데 6조 원을 투자하고 있다. 현금 보유량이 상상을 초월하는 수준이니 그 정도는 투자할 수 있을 것이라고 생각할 수도 있다. 그렇지만 지금처럼 향후 불경기가 계속 이어질 것이라는 전망 속에서 가지고 있는 현금이 아무리 많더라도 건물에 투자한다는 것은 쉽지 않은 일이다. 게다가 우리가 살고 있는 이 시대는 과거의 유형자산보다 무형자산이 더욱 큰 가치를 가지고 있다. 대표적으로 인스타그램Instagram은 직원 12명의 소프트웨어 제작 회사인데, 10억 달러에 매각되지 않았는가. 따라서 건물에 투자하겠다는 것은 누가 봐도 이상한 행보이다. 구글, 애플과 같은 회사가 그런 것을 모를 리 없다.

그렇지만 애플은 총 6조 원을 투자해서 26만 제곱미터의 부지에 1만 4,000명이 동시에 작업할 수 있도록 하고, 재생 에너지를 사용하며, 애플이 잘 사용하는 곡면 유리로 건물의 전면을 채울 것이라고 한다. 전체 건물의 모양은 상상 이상이다. 마치 도넛과 비슷한 모형인데, 우주선을 닮기도 했다. 이 건물은 2016년에 완공될 예정이다. 그렇게 되면 우리 머릿속에 전 세계에서 가장 거대한 회사는 애플이라는 이미지가 남게 될 것이다. 사람들은 이 광경을 지켜보면서 1984년에 IBM을 조롱하며 등장한 애플도 결국 거대 기업에 불과한 것 아니냐며 볼멘소리를 하기도 한다. 이들은 또 애플이 거대 회사, 거대 기업이 성공한다는 법칙의 연장선상에 있다고 말하면서, 이 법칙은 깨지지 않을 것이라고 단언한다.

애플이 바닥 면적이 가장 큰 건물을 짓는다는 것은 맞는 말이다. 또 새로운 거대 권력이 된 것도 맞다. 그렇지만 애플의 구조는 지금 우리가 알고 있는 거대한 권력의 구조와 확연히 다르다. 그것은 바로 애플이 사람을 대하는 방식에서 드러난다. 애플이 스페이스십을 계획하면서 가장 비중을 둔 것은 바로 업무를 하는 방식이라고 한다. 바로 공동작업collaboration과 유동성fluidity이다.

사실 애플은 현재까지도 프로젝트 중심으로 일을 해왔다. 그래서 이른바 '조직도'를 가지고 있지도 않다. 그 때문에 애플을 분석하는 사람들은 애플에서 퇴사한 사람들을 대상으로 일일이 인터뷰를 해가며 프로젝트 조직도의 윤곽을 그려볼 뿐이었다. 그럼에도 불구하고 애플이 만들어놓은 조직의 구조는 아직까지 베일에 싸여 있다. 이것은 애플의 신상품 이미지가 외부로 잘 공개되지 않는 이유이기도 할 것이다.

스페이스십이 완공되면 애플의 구성원들은 정해진 자리가 아니라 계속 움직이면서 일하게 될 것이다. 애플은 회사 조직도도 없으니 일하는 형태를 쉽게 추측할 수 없을 것이다. 그렇지만 한 가지는 분명하다. 지금까지 전통적으로 대기업들이 채택해온 그리드 구조, 그러니까 관리와 통제를 위한 구조는 아니라는 것이다.

소통과 화합의 장소: 로스코 채플

스티브 잡스가 만든 혁명이 사실은 한 예배당에서 시작되었다는 가정을 만들어본다면 어떨까? 그 시작이 또한 우리가 찾으려고 하는 그리드를 파괴하는 철학적 기반의 큰 부분을 차지하고 있다면? 만약 이 가정이 확인될 수 있다면 스티브 잡스가 만들려고 했던 스페이스십은 단순히 규모만 큰 건물이 아닐 것이다.

스티브 잡스의 철학과 스페이스십의 구조와 형태를 이해하기 위해서는 마크 로스코를 알아야 한다. 스티브 잡스는 죽기 전 마지막 해에 마크 로스코에 관한 책을 꼼꼼히 읽었다고 한다. 그가 마크 로스코의 책을 보며 무슨 생각을 했는지는 알 수 없지만, 적어도 스티브 잡스의 철학이 마크 로스코의 철학과 다르지 않았다는 것은 짐작할 수 있다. 말 그대로 "복잡한 사고의 단순한 표현"이다. 이 말은 로스코가 외친 철학이지만, 스티브 잡스는 그의 철학을 애플 제품에 그대로 투영시켰다. 마찬가지로 "단순함은 궁극의 정교함이다"라는 레오나르도 다빈치Leonardo da Vinci의 말을 스티브 잡스가 자주 인용했다는 것도 그가 생존했을 때 마크 로스코의 철학에 얼마나 심취했는지 이해할 수 있는 대목이다. 스티브 잡스에게 영감을 선사한 마크 로스코는 도대체 어떤 인물일까? 그는 화가였다. 그렇지만 그에게는 화가 그 이상의 무언가가 있다.

미국 텍사스 주 휴스턴의 뮤지엄 빌리지Museum Village에는 메닐 컬렉션The Menil Collection, 메닐 컬렉션과 디아예술센터Dia Center for the Arts의 공동 프로젝트인 사이 톰블리 갤러리Cy Twombly Gallery, 회화로 출발된 모든 종교를 위한 공간인 로스코 채플, 메닐가의 아들이 렌조 피아노Renzo Piano에게 영향을 받아 건축을 공부하고 디자인한 작고 아름다운 비잔틴 프레스코 채플 뮤지엄Byzantine Fresco Chapel Museum,

댄 플래빈Dan Flavin의 설치미술관 등 크고 작은 여러 동의 건물이 작은 미술관 동네를 이루고 있다.

이 마을은 원래 조용한 주택가였다. 그러나 문화가 결핍되어 있는 텍사스 주에 예술을 심으려는 존 드 메닐John de Menil과 도미니크 드 메닐Dominique de Menil 부부의 노력으로 재탄생했다. 메닐 부부는 전 세계를 돌아다니며 종교 지도자들을 만났다. 종교 지도자들은 메닐 부부에게 서로 다른 종교를 한 장소에서 형상 없이 나타내면서 인간에 대해 통찰하고 소통과 화합이 이루어지는 장소를 만들 수 있기를 바랐다. 그런 고민 끝에 만들어진 것이 바로 로스코 채플이다. 이곳은 십자가도 목사도 신부도 없는 예배당이다. 단지 20세기 추상표현주의의 거장인 마크 로스코의 그림 14점이 있을 뿐이다. 로스코 채플은 메닐 부부가 함께 노력한 가장 중요한 마지막 노력의 결실이라고도 할 수 있다. 어쩌면 이는 앙리 마티스Henri Matisse가 만든 프랑스 방스의 로사리오 성당Chapelle de Rosaire과 르 코르뷔지에Le Corbusier가 만든 롱샹 교회Chapelle Notre-Dame-du-Haut de Ronchamp에 비견될 수 있을 것이다. 그렇지만 분명히 그로부터 적지 않은 영향을 받지 않았을까.

메닐 부부가 로스코 채플을 계획할 당시, 마크 로스코는 1950년대 가장 영향력 있는 미국 화가 중 하나였다. 메닐 부부는 그에게 이 명상의 공간meditative space을 만들고 통제할 수 있는 권한과 임무를 부여했다. 메닐 부부는 이 프로젝트에 유명한 건축가 한 명을 더 추천해서 공동작업을 하게 했다. 그렇지만 모든 일이 그렇듯이 최고의 전문가들이 모인다고 항상 좋은 결과가 나오는 것은 아니다. 건축가 필립 존슨Philip Johnson과 마크 로스코는 서로 주장이 강해 적절한 팀이 되지 못했다. 상당한 시간을 투자했지만 서로를 비난하는 해프닝으로 시간만 허비하는 결과를 낳았다.

건축가 필립 존슨과 마크 로스코는 성장 배경이나 성격 등 모든 면에서 달랐다. 존슨은 귀족적인 환경에서 안정적으로 성장한 반면, 로스코는 1903년 러시아 드빈스크 태생으로 1913년 오리건 주 포틀랜드로 이주한 이민 가정의 자녀였다. 그의 성공을 비춰본다면 평범한 가정환경에서 태어나 오랜 생존 투쟁을 겪고 뒤늦게 예술가로 성장한 사람이었다. 어쩌면 애초부터 성장 배경이나 사고방식이 달랐기 때문에 두 사람이 이 프로젝트에서 의견 일치를 보기는 힘들었을 것이다.

우여곡절 끝에 1964년 가을부터 프로젝트가 시작된 것으로 보인다. 필립 존슨은 그해 10월 1일부터 이듬해 2월까지 계속적으로 평면, 단면을 스케치하며 사각형의 평면에서 팔각형의 평면으로 점차 진화시켜나갔다. 이것이 완성된 평면의 기초가 되었을 것이다. 같은 시기 뉴욕 69번가의 로스코 스튜디오에서는 이 채플의 실물 모형을 만들고 회화가 설치되는 구조와 천장에서 내려오는 자연광까지 완벽하게 재현하고 있었다. 실제 건축물과 동일한 조건에서 프로토타입을 제작한 것이다. 결국 의견 충돌이 해결되지 않아, 필립 존슨은 1967년 이 일에서 손을 떼고 1970년에 하워드 반스톤Howard Barnstone과 유진 오브리Eugene Aubry에 의해 만들어진 팔각형의 단층 평지붕

건물로 마무리되었다.

로스코 채플은 범종교의 예배당이면서도 미술관, 포럼 광장 등 다양한 기능을 수용한다. 이곳은 예술과 종교와 건축이 함께 어우러지는 장소로, 무료이며 모든 종교와 일반에 개방되어 있다. 그렇지만 무료로 개방되어 있기 때문에 많은 사람이 오는 것은 아니다. 이곳에서는 종교를 떠나 자기 자신을 마주할 수 있다. 넬슨 만델라^{Nelson} ^{Mandela}나 달라이 라마^{Dalai Lama}, 스티브 라이^{Steve Reich} 등 수많은 사람이 이곳을 방문했다.

로스코 채플은 아직 안정되지 않은 새로운 모임들을 위한 집회 장소가 되기도 하고, 이미 여러 종교 집회 등을 통해 영적인 랜드마크가 되기도 했다. 특히 이 채플은 인권과 평등, 사회정의를 위해 공헌한 개인 또는 단체에 상을 수여하기도 한다고 알려져 있다. 로스코는 "내 그림 앞에서 울고 있는 사람들은 내가 그림을 그릴 때 느꼈던 종교적 체험과 똑같은 체험을 공유하는 사람들이다. 내 그림에서 관습적인 회화의 재현적 내용을 피하려고 한 것은 화가와 생각, 생각과 관찰자 사이의 모든 장애물을 제거한 순수하고 필수불가결한 내용만을 전달하기 위함이다"라고 이야기하며 회화의 정신성을 추구하고 있다. 물론 이 그림을 그렸던 마크 로스코와 그를 철학적으로 존경했던 스티브 잡스는 이 세상에 존재하지 않는다. 그러나 신기하게도 로스코 채플이 만들어진 지 수십 년이 지난 지금도 최첨단 기업인 애플의 철학적 기반을 제공하고 수많은 사람에게 영감을 준다는 사실은 로스코 채플을 새로운 시각으로 보게 만든다. 과연 스티브 잡스는 로스코 채플에서 무엇을 본 것일까? 애플 스페이스 십은 어떤 철학으로 만들어진 것일까? 우리는 잠시 철학적 논의를 해보려고 한다.

로스코 채플에서 중요한 것은 로스코가 그린 채플 내부 공간의 그림과 그림이 놓여 있는 구조에 있다. 이 그림들은 총 3개의 삼면화 triptych와 5개의 그림으로, 총 14개의 피스로 구성되어 있다. 각 평면이 팔각형을 이루는 극좌표축을 형성하므로 그림의 감상은 단일한 회화 면의 경험과 함께 각 그림이 만나는 상호작용 관계를 경험하게 한다. 즉 이곳은 외부로부터 닫힌 내부 구조로 만들어져 있고 공간도 크지 않기 때문에, 이 안에 존재하는 회화 하나하나에서 느낄 수 있는 경험 그리고 이 공간과 배경은 그야말로 하나가 되어버린다. 건축적으로 표현한다면, 내부 설치의 개념으로 구성composition과 배열configuration의 이분 구조와 단일성singularity과 복수성multiplicity의 분화된 의미사변형semiotic square 구조가 만들어져 있는 것이다. 또한 모노크롬monochromes과 블랙 피겨black figures, 단일 판넬과 삼면화를 시스템적으로 팔각형의 극좌표축 속에 배치하고 있다. 이는 회화의 정신성을 추구하던 마크 로스코가 단순해 보이는 빛과 색의 관계를 로스코 채플의 색면 회화를 통해 다양한 '빛의 전달 수단vehicles of light'이자 말과 사물이 형성된 기표와 기의의 의미 분화를 전달하는 동력 장치로까지 승화시키고 있는 것이다.

건축철학적인 부분이 어렵지만 한 걸음 더 들어가보자. 여기서 말하는 '의미사변형'이란 무엇일까? 이 부분을 주의 깊게 살펴볼 필요가 있다. 이 해답을 찾기 위해서는 먼저 브렌달Brendal이 엘름슬레우Hjelmslev와 함께 1931년 코펜하겐 언어학파를 창설하고 주장했던 '언리학言理學'을 살펴봐야 한다. 그들은 한 개의 단어에 여러 가지 의미가 존재하기 때문에 인간의 사고는 변화할 수 있고 사회는 진보한다고 생각했다. 오해나 오독 또는 다른 해석은 사회를 그만큼 역동적으로 만든다고 본 것이다. 원래 인간의 먼 조상들은 해와 달, 산과 바다, 남자와 여자 등 단순한 대립으로만 원시적인 의사소통을 해왔다. 이렇게 원시적일 때는 '예'와 '아니요'의 단순한 몸짓이 커뮤니케이션의 전부였을 것이다. 이렇게 해서 모든 사물을 구분하는 '경계'가 생겨나게 되었지만, 언어가 만들어지고 사회가 발달하면서 '예'와 '아니요' 식의 이항 대립쌍으로는 자신들의 의견이나 생각을 제대로 표현할 수 없었을 것이다. 쉽게 말해서 당신이 하루 종일 할 수 있는 말이 '예'와 '아니요'뿐이라면 얼마나 답답할지 생각해보라. 결국 1930년대에 이르러서야 언어에 대한 연구가 진행되었다. 단어에는 대립적인 것뿐만 아니라 여러 가지 의미가 있을 수 있다는 것을 인정한 것이다. 지금 생각해보면 너무나 당연한 논리지만, 불과 100년도 안 된 과거에는 이런 발견도 철학적으로 매우 중요했을 것이다.

파리 기호학파의 창시자인 알지르다스 쥘리앵 그레마스Algirdas Julien Greimas는 1930년대 언어학파의 주장을 토대로 수정제안을 만들었다. 그것이 바로 그레마스의 '기호학적 사변형carré sémiotique'이다. 즉 '임의의 의미론적 범주에 대한 논리적 분절의 시각적 표상'으로 일종의 '관계 이론'을 주장한 것이다. 그레마스의 구성적 모델은 한 의미에 대해 정반대 의미를 갖는 의미의 대립을 보여주는 것이다. 예컨대 이 모델에서는 'A의 반대 개념은 B이다'라고 설정할 수 있다. 그렇지만 실존할 수도 있고 아닐 수도 있는 C와 D가 나타나면 생각이 복잡해진다. 그레마스는 이 A, B, C, D를 사각형으로 배치하고 각각 대각선끼리 존재하는 의미들이 서로 모순관계를 만들어낸다고 했다. 결국 단순해 보이는 이 사각형 안에서는 모순 관계와 반대 관계 또는 함의 관계가 만들어진다.

복잡하지만 한번 이해하면 간단하니 다시 한 번 살펴보자. 예를 들어 '사람'에 대한 이야기를 인용해서 적용해보면 다음과 같다. 우선 기호학적 사변형을 이용해 이야기할 때는 '초기 대립쌍'을 찾아야 하며, 이를 사람과 기계로 대립시킬 때는 '주체-반주체'의 축과 '비반주체-비주체'의 축이 있다. 이 두 축을 서열 축이라 하고, 왼쪽 항과 오른쪽 항의 두 개 축은 '주체-비반주체', '반주체-비주체'의 축이며, 이 두 축이 범주 축이 된다. 여기서 '사람'의 부정형은 '로봇'이고 '기계'의 부정형은 '인조인간'이 된다. 이 부정형들은 실제로 존재할 수도 있고 그렇지 않을 수도 있는 논리적 역개념의 산물이다. 인조인간 '안드로이드'는 공상과학 소설에 처음 소개되었으나, '600만 불의 사나이', '터미네이터' 등과 같이 구체적인 형태로 등장하는 현상을 생각하면 이해하기 쉽다.

종합적으로 보면, 기호학적 사변형은 각 단어 간 의미 분절의 관계 특성을 설명하는 모델이다. 주체와 비주체의 관계, 반주체와 비반주체의 관계는 모순 관계의 특성을 보여주고, 주체와 비반주체, 반주체와 비주체는 상호 보완적인 관계 특성을 보여준다. 결국 인간은 이러한 관계 특성을 통해 그 행위의 공간 속에 4가지 다른 형태로 나타날 수 있다. 즉 현상적 인간과 기계로서의 인간, 로봇으로서의 인간, 안드로이드로서의 인간이 그것이다. 따라서 기호학적 사변형 속의 의미소이자 행위소를 차지하는 인간은 하나의 개념적 허상에 불과하며, 실체로서의 인간은 사변형 위에 분화된 채 존재한다고 볼 수 있다. 다시 말해 인간이라는 고정적인 관념은 분열 또는 해체되는 것이다.

이와 같은 논리 체계를 최근 등장하는 새로운 업무 공간에 적용해보자. 일터와 놀이터라는 두 개의 초기 대립쌍이 만들어지고 이를 주체-반주체와 반주체-비주체의 관계로 나누어 생각해보면, 일터이자 놀이터인 공간과 일터도 아니고 놀이터도 아닌 공간들이 무수히 생겨나면서 새로운 공간과 조직 형식들이 만들어지게 된다. 구글, 아마존, 페이스북, 애플이 만들고 있는 업무 공간들은 이제까지 전통적인 시장을 해체하면서 그들이 가진 일터들의 형식과 공간을 해체하고 지도에 없던 전대미문의 공간 분할 실험을 통해 일터이자 놀이터인 공간을 만들고 있는 것이다. 그렇지만 그 공간은 동시에 새로운 시장의 수익원이 된다. 즉 이 공간이 놀이터인지 일터인지 구분하지 못한다고 하더라도 실제로는 이익을 만들어내는 '일터'로 기능한다는 것이다. 현실에서는 이런 현상이 가속화되고 있다. 한 공간을 무한 루프로 만들고 있는 애플, 열린 가변 공간을 추구하는 구글, 몰링형 업무 공간을 만든 페이스북은 이를 통해 새로운 창조성과 동시에 기존 거대 기업의 기초 밑에 전복의 터널을 파고 있다. 우리는 그 터널 위에 살고 있는 셈이다.

쇼핑 공간의 변화를 가져온 몰링

갑자기 철학적인 논의가 등장해 혼란스러운가? 공간과 건축을 이야기하다보면 철학적 함의를 피할 수 없다. 그렇지만 지금 우리가 이야기하려고 하는 이탈리와 텐코르소코모를 보면 적어도 두 가지를 이해하게 될 것이다. 첫째, 업무 공간뿐만 아니라, 우리가 생활하면서 만나게 되는 상업 공간에서도 이미 그리드가 파괴되고 있다. 둘째, 그리드가 파괴되는 것은 공간에 숨어 있는 건축학적 철학 혹은 이데올로기가 변하는 것이므로 우리가 반드시 알아야 한다.

업무 공간의 변화와 달리 상업 공간의 변화는 한마디로 설명할 수 있다. "쇼핑이 아니라, 몰링이다." 몰링은 미국이나 유럽, 아시아의 대형 복합 쇼핑몰들이 강조하는 마케팅 전략이라고 볼 수 있다. 마케팅 분야에서는 이미 광고나 홍보 효과가 예전 같지 않다는 주장이 제기된 지 꽤 오래되었다. 몰링화는 현대 사회가 획일화되어가면서 연령, 성별, 학력, 소득 수준 등으로 분류하던 기준에서 고정관념이 깨지고 인구통계학적 분류가 더 이상 유효하지 않기 때문에 일어난 차선책으로 볼 수도 있다.

　이유야 어찌 됐든 분명한 것은 대형 복합 쇼핑몰들은 이미 이런 변화를 주면 매출이 오른다는 확신을 가지고 있었다는 것이다. 즉 업무 공간에서의 그리드 탈출이 칸막이벽을 없애고 대규모 업무 공간의 그리드가 파괴되면서 칸막이가 사라지고 있는 것처럼 고급스러운 진열과 가격 파괴의 일반 상업 메커니즘을 넘어서는 새로운 방식의 체험형 복합 상업 공간이 만들어지고 있다는 의미이다.

　필요한 물건만 구입하러 가는 것이 아니라 원스톱으로 사람도 만나고, 식사도 하고, 오락을 즐기거나 산책 후에 책 등 필요한 물건을 구입해서 집으로 오는 일체형 복합매장으로 진화하기 시작했다. 따라서 백화점이 미술관과 결합하거나 도서관, 심지어 전시관, 실험실과도 결합하기 시작했다. 물론 단순하게 설명하면 당신은 대형 백화점이나 대형 마트에 존재하는 문화센터를 생각할지도 모르겠다. 그렇지만 이것은 단순히 고객을 불러오는 유인책 또는 시간 때우기용 임시방편에 불과한 경우가 더 많다. 우리가 지금 이야기하는 변화는 조금 더 적극적인 개념을 의미한다.

　예컨대 서울 을지로 롯데백화점 내 에비뉴엘 명품관 6층에 위치한 롯데시네마는 최근 공간 구조를 크게 바꾸었다. 영화관 매표소 공간을 줄이고 그 자리에 쇼핑 공간이 들어선 것이다. 이렇게 그리드 구조를 파괴해 도무지 쇼핑 공간인지 영화관인지 구분이 되지 않는다. 이런 변화는 여의도 IFC몰에 위치한 CGV도 마찬가지이다. IFC몰과 CGV가 어우러져 있어서 영화를 보고, 쇼핑을 하고, 식사를 하고, 차를 마시는 과정들이 분리되어 있지 않다. 영화 티켓을 끊고 기다리는 동안 쇼핑도 하고 식사도 할 수 있다. 영화관 입구와 연결된 통로에는 낡은 피아노와 통기타가 놓여 있다. 연주하고 싶은 사람은 누구나 즐기라는 것이다. "Play me, I'm yours." 발상이 정말 놀라울 따름이다.

최근 내부 공사를 마친 삼성동 코엑스몰도 마찬가지이다. 전면적으로 그리드 구조를 깨고 구부러진 골목길 형태로 이루어져 있다. 마치 프랑스 파리의 가장 사랑스러운 거리인 마레 지구를 걷는 것처럼, 고객들은 걷다가 쇼핑을 하고, 앉아서 브런치를 즐길 수도 있다. 유일한 불만은 하늘이 보이지 않는다는 것인데, 코엑스몰 중간에 하늘을 볼 수 있도록 유리로 만든 큰 공간이 있으니 그것으로 아쉬움을 달랠 수도 있다.

이제는 쇼핑 말고도 다양한 체험을 할 수 있는 가로형 몰street mall이나 종합 쇼핑몰이 등장하기 시작한 것이다. 이렇게 몰링을 하는 소비자를 '몰고어mall-goer'라고 부른다. 쇼핑은 대개 구매활동에 초점을 두게 된다. 백화점이나 할인점을 기준으로 본다면 구매활동에는 1.7명 정도의 동반인이 2시간 정도 체류하는 것이 보통이다. 또 남성보다는 여성을 중심으로 한 상권이 형성된다.

반면 몰링은 코엑스몰에서 보는 바와 같이 놀이 활동을 염두에 두고 만들어져 있다. 그들은 가족이나 친구들, 평균 2.5명을 동반하고 약 4~5시간 머무르니 복합 유통 장르를 통한 남녀 동반 글로벌 상권을 형성할 수 있는 것이다.

결국 GAFA의 업무 공간과 마찬가지로 작은 상업 공간들도 자신들의 가게만이 아니라, 주변의 상업 공간들과 조화를 이루느냐가 매우 중요하다. 즉 함께 그룹을 형성하여 어떤 가로형 몰이나 이색 장터의 창발형 복합 상업 클러스터를 만들어내느냐에 따라 향후 상권 규모가 결정될 수 있다. 서울 강남 신사동의 가로수길이나 홍대입구의 상권이 이렇게 성장한 대표적인 사례이다. 장진우 골목, 경리단길, 연남동 연트럴 파크 또한 이러한 창발형 복합 상업 클러스터로 성장한 중요한 사례가 된다.

한편 이탈리를 보면 그로서런트Grocerant=Grocery+Restaurant 개념이 명료하게 드러나 있다. 2015년 '지구의 먹거리feeding the planet'라는 주제로 열린 밀라노 엑스포에도 이탈리는 그 지역의 20개 명소 식당이 함께 참여했다. 그로서런트는 자네 모리스Janae Morris의 견해처럼 대개 집에 가져가 쉽게 먹을 수 있도록 준비되어 있다. 그러나 때로는 즉석에서도 가능한 '준비된 식사prepared meals'를 파는 잡화가게인 그로서리에 식당의 개념이 합쳐진 복합 구매식당의 공간으로 정의될 수 있다.

밀라노 포르타 누오바 지역의 이탈리는 중앙의 아트리움을 중심으로 좌우의 에스컬레이터, 엘리베이터와 2층의 공연무대 그리고 아트리움 주변에 다이닝 및 매대 공간을 만들어놓았다. 1층의 일부 또는 상부의 자동차 예술작품 등 단순 판매에서 공연과 식사가 함께 이루어지는 '일상 파티everyday party' 장소도 만들어놓았다. 사람들의 마음속에 잠재된 것처럼 매일 저녁 파티에 참석해서 맛있는 식사를 하고 싶은 욕망을 상품 구매과 고급스러운 식사, 트렌드 학습이라는 일상 행위로 전환해 상품화한 공간이라고 할 수 있다. 혹자는 지나친 상품화를 경계하고 비난하겠지만, 자본과 상품은 인간의 잠재된 본성과 함께 끊임없이 새로운 표현형의 돌연변이들을 만들어내고, 이것이 사회 주류의 이데올로기와 맞을 때 상품으로 정착해가는 것 아닐까?

　결국 옛 5일장에 주막과 남사당패 놀이, 막국수와 좌판이 어우러지던 읍내 장터의 풍광을 현대적 공간 안에 옮겨놓은 셈이다. 그렇다면 우리 선조들은 이미 몰링의 개념을 이해하고 있었던 것일까? 어쨌든 현대 사회에서는 커다란 시장형 레스토랑 속에 식당과 카페, 물품 매대, 빵집, 요리학교, 테이스팅 룸 등을 넣어 먹을거리와 볼거리, 배울 거리를 함께 복합화한 장소가 그야말로 대세이다. 「뉴욕 타임스」의 표현에 따르면, 이탈리는 거대 상점megastore 형식으로 유럽식 오픈 마켓과 건강 음식 슈퍼마켓, 고급 푸드코트, 새 시대 학습센터a New Age learning center를 결합한 새로운 판매 형식이라고 이야기하고 있다.

　이탈리는 2004년에 오스카 파리네티Oscar Farinetti가 설립했다. 그는 일반 전기제품 쪽의 사업가로, 슬로푸드와 협업하여 이를 만들었다. '이탈리'라는 이름은 브랜드 전략 컨설턴트였던 첼레스티노 초카Celestino Ciocca가 2000년에 만들어 도메인을 등록한 신조어로, 2004년에 구매했다. 이후 2007년 튜린의 링고토 역 주변에서 시작해 2010년 메디스 스퀘어 파크 주변에 약 4,600제곱미터의 뉴욕 매장이 개장한 이후 도쿄, 로마, 시카고, 밀라노, 한국 판교까지 급격하게 그 영역을 확장하고 있다. 조만간 뮌헨, 상파울루, 보스턴에도 개장할 예정이다.

테크르소코모도 비슷한 복합 매장 형식이지만, 음식보다는 갤러리와 디자인 패션 물품이 주를 이룬다. 1990년 갤러리 운영자이자 잡지 편집 발행인이던 카를라 소차니Carla Sozzani가 밀라노 포르타 누오보에 설립했다. 처음에는 예술 갤러리와 서점으로 시작했지만, 1991년에 디자인과 패션 매장이 추가되고, 1998년에 카페, 2003년에 객실 3개의 작은 호텔, 2009년에 루프가든이 개장하면서 예술작품, 패션, 음악, 디자인, 요리, 문화가 복합되는 체험 판매형 고급 아울렛으로 성장했다. 로고는 미국의 아티스트 크리스 루흐Kris Ruhs가 디자인했고, 일본 도쿄에 콤데 가르송Comme des Garçon과 함께 매장을 열었다. 이후 2008년에 제일모직과 함께 청담동 매장, 2011년에 에비뉴엘 매장, 2013년에 상하이 매장을 열었다. 특히 청담동 매장은 가수 싸이의 노래 〈젠틀맨〉 뮤직비디오 촬영 장소로 사용되면서 유명세를 탔다.

소차니는 원래 패션 잡지 『보그Vogue』 이탈리아판 스페셜 이슈 편집장으로 있으면서 많은 예술가, 특히 사진가들과 교류하며 다양한 감각의 시야를 넓혀왔고, 1986년 『엘르Elle』를 창간한 뒤 1990년에 밀라노의 현주소에 자기 이름의 갤러리를 내고, 이후 크리스 루흐와 협업하면서 책 편집 일과 사진 카탈로그 등을 출간했다. 이후 패션/디자인 스토어와 3실 호텔로 확장하면서 새로운 형식의 테크르소코모의 복합 문화 공간을 만들어냈다. 주목할 점은 작고 독특한 시각이 글로벌 아이디어 집단과 결합해 협업하고, 도시의 그리드를 파괴하며, 이제까지 없던 새로운 형식의 탈그리드 복합 공간을 만들어내고 있다는 것이다. 철학적으로 표현하면, 이들은 상품이라는 형식으로 탈영토화하고 있으며, 끊임없이 탈기관화된 신체body without organs를 만들어내고 있다. 또 스티브 잡스가 만든 업무 공간의 변화처럼 업무 공간도 놀이 공간도 아닌, 의미를 구분할 수 없는 '몰링'의 형태로 진화하고 있는 중이다.

당신은 이미 이 변화된 구조 안에 살고 있으며 사람들과 함께 식사하고 차를 마시며 영화를 보고 시간을 보내고 있다. 그렇게 온갖 자유를 누리던 당신이 출근했는데 사무실이 마치 그리드에 갇힌 것처럼 소통이 안 되는 공간이라면 기분이 어떨까? 더 이상 설명하지 않아도 곧 공감하게 될 것이다.

공간 규칙의 소리 없는 혁신

변화는 원래 소리 없이 등장해 알아차리기 어렵다. 변화하는 상황을 늘 예의주시하고 있어야 하는데, 그 일이 쉽지 않다. 반대로 변화가 일어나는 것을 모든 사람이 알아차리고 준비한다면 변화와 혁신이라는 단어는 존재하지 않을지도 모른다.

사람들이 변화를 알아차린다는 현상에는 일정한 법칙이 존재한다. 심리학과 물리학을 모두 섭렵한, 이른바 정신물리학자들은 이 법칙을 최소 식별 차이 또는 JND Just Noticeable Difference라고 부른다. 그들의 정의에 따른 '최소 식별 차이'란 인간이 변화를 발견하고 인식할 수 있는 정도의 변화량을 말한다. 현상이나 물질의 변화에 따라 나름의 법칙이 존재할 것이다. 그러나 자극의 종류마다 일정한 변화율 이상의 변화가 있어야만 사람들은 감지할 수 있다. 여기서 중요한 것은 비율이다. 예컨대 새로운 건물을 짓고 있을 때 3층에서 4층으로 올라가면 12퍼센트 높아진 것이기 때문에 쉽게 감지할 수 있다. 그렇지만 100층짜리 건물을 지을 때 99층에서 100층으로 올라가면 1개 층의 높이가 최소 식별 차이에 이르지 못하므로 감지하지 못한다. 또 자라나는 아이들은 매일 보면 변화가 느껴지지 않지만 오랜만에 보는 사람들이 아이들에게 부쩍 컸다고 이야기하는 것도 같은 맥락이다. 오랜만에 아이들을 본 사람들은 이미 최소 식별 차이를 넘어선 변화를 알아차린 것이지만, 매일 아이들을 보는 사람들은 그 변화의 차이를 모르는 것이다. 따라서 이 법칙은 우리가 미세하게 변하는 것은 잘 알아차리지 못한다는 것을 증명해준다.

공간 규칙의 변화도 마찬가지이다. 우리가 살고 있는 생활 공간에 그리드 구조가 처음 도입된 것은 무척 오래전 일이다. 그리고 현대 사회에서 공간을 분할하고 분할된 공간에서 창작 활동을 하게 된 시초는 1929년 바르셀로나 파빌리온 Barcelona Pavilion까지 거슬러 올라가야 한다. 이미 그때부터 공간 나누기가 시작되었다고 볼 수 있다. 그러나 그리드를 업무 공간에 적용해서 이를 상품화한 사람은 바로 로버트 프롭스트Robert Propst이다. 그는 대학에서 미술을 가르치던 중 1950년대 말 미국 미시간 주에 본사를 둔 가구 제조 회사 허먼 밀러Herman Miller의 연구부장으로 특별 채용되었다. 그때 프롭스트를 채용한 허먼 밀러의 창업자 D. J. 디프리DePree는 회사에 도움이 되는 일이라면 무엇이든 개발해도 좋다는 의견을 전달했다. 그때 그는 사무실 가구를 새롭게 발명해야겠다는 아이디어를 떠올렸다.

프롭스트가 허먼 밀러에 입사할 때의 상황을 상상해보자. 제2차 세계대전이 끝나기 전 세계가 전후 복구 사업에 한창이었고 인구도 그다지 많지 않았기 때문에 개인 공간의 필요성이라는 인식은 한참 뒤떨어진 상태였다. 사무실의 책상은 마치 공장의 작업 현장을 확장한 것처럼 줄줄이 빽빽하게 놓여 있고 소통 공간이나 개인 공간이 존재하지 않았을 가능성이 크다. 특히 개인 공간의 필요성에 대한 인식이 1970년대 에드워드 홀Edward Hall을 비롯한 문화인류학자들의 주장에서 비롯되었으니, 업무 공간에서 가구를 새롭게 구성하겠다는 프롭스트의 생각은 당시로선 참신한 아이디어로 인식되었을지 모른다.

프롭스트는 당장 이 아이디어를 현실화하는 작업에 착수했다. 그는 직원들이 일하는 모습을 관찰하고 직접 면담을 통해 사무실에서 일하는 사람들의 욕구를 파악한 뒤 이 내용을 가지고 심리학자, 건축가, 수학자들에게 조언을 구했다. 마침내 그가 내놓은 해결책은 액션 오피스Action Office라는 개념이었다. 책상과 작은 테이블을 결합해 사무실에서 일하는 사람들이 그 위에 과제물을 펼쳐놓거나 근무 시간 동안 편하게 앉아서 일할 수 있는 공간을 만든 것이다. 또한 이동 가능한 세트의 조합으로 이루어져 있어 어떤 사무실의 크기라도 여러 사람이 자신만의 개인적인 공간을 만들 수 있도록 했다. 프롭스트는 1964년에 액션 오피스라는 이름으로 유명 경제경영지에서 호평을 받고 유력한 산업 부문의 상을 수상하기도 했다. 그러나 액션 오피스는 비즈니스적으로는 실패작으로 판명 났다. 당시 대부분의 기업들은 액션 오피스라는 아이디어가 구현된 업무 공간에 투자하기를 꺼려했다.

4년 뒤에 프롭스트는 액션 오피스의 새로운 버전을 들고 나타났다. 명칭은 '액션 오피스 2'였다. 지금 우리가 알고 있는 사무실의 큐비클 구조라고 생각하면 된다. 그렇지만 그가 업그레이드해서 만든 구조는 인간적인 측면에서 볼 때 진보된 형태가 아니었다. 액션 오피스의 장점이었던 직원들의 넓은 공간, 그리고 다양한 작업대 상판과 자기 스스로 공간을 디자인하던 방식은 사라져버리고 효율성이 자리를 잡았다. 즉 저렴하고 조립하기 쉬운 세트의 조합이 등장하면서 수직 파티션이 만들어지고 이를 통해 개인 공간을 분할하게 된 것이다.

액션 오피스 2가 이론적으로는 각 개인들에게 쾌적한 업무를 제공할 수 있는 것처럼 보이지만 모든 제품이 그렇듯 처음 의도대로 실현되는 것은 아니다. 현장에서의 액션 오피스 2는 프롭스트의 의도와 다르게 적용되기 시작했다. 기업들은 작은 공간에 더 많은 직원을 밀어 넣기 위해 프롭스트의 파티션을 사용하기 시작했고, 이로 인해 각 개인들의 자유를 확보하는 공간이 아니라 개인들을 통제하고 관리하는 공간으로 바뀌었다. 기업들은 이런 공간으로 직원들을 관리하고 통제하면서 성과를 내려고 했다. 그 결과 오늘날 미국에서는 업무 공간의 70퍼센트 가까이가 액션 오피스 버전을 사용하고 있다고 한다.

이런 현상을 지켜본 프롭스트의 기분은 어땠을까? 1998년에 프롭스트는 "모든 조직이 지적이고 진보적이지는 않다. 똑같은 장비를 가지고 지옥을 만들어내는 무신경한 사람에 의해 운영되는 기업이 많다. 그들은 좁아터진 큐비클을 만들어 그 안에 사람들을 집어넣는다. 쥐구멍 같은 척박한 공간이다"라고 말했다. 허먼 밀러에 와서 액션 오피스를 만든 것을 후회했다는 말이다. 지금 그는 이 세상에 존재하지 않는다.

누군가가 세상에 영원한 것은 없다고 했던가. 로버트 프롭스트가 만든 업무 공간의 그리드 구조를 깨는 변화는 소리 없이 나타났다. 2004년 5월 시애틀 중앙도서관Seattle Central Library, SCL이 조용히 건립되었다. 그런데 이 도서관이 건축의 변화에 끼친 파장이 예사롭지 않았다.

근대 건축 이후 지어진 주목할 만한 도서관 프로젝트를 꼽으라면, 루이 칸Louis Kahn이 설계한 미국 동부의 필립스 엑서터 아카데미 Phillips Exeter Academy 도서관과 프랑스 미테랑 대통령의 그랜드 프로젝트의 일환으로 도미니크 페로Dominique Perrault가 설계한 파리 센 강가의 프랑스 국립도서관, 이토 도요伊東豊雄가 설계해 세계적인 건축 구조의 혁신을 불러일으킨 일본 센다이 미디어테크Sendai Mediatheque 등이 주로 거론된다. 이들 중 특히 센다이 미디어테크는 디지털화, 정보화 사회로 변화하는 가운데서 지역의 공공도서관이 어떤 형태로 변신해야 하는지 새로운 전형을 제시했다. 센다이 시는 일찍부터 퍼지 이론을 도입한 전철을 상용화했고, 새로운 변화를 통해 도시를 업그레이드시킨 선도적인 일본의 동북부 도시이다. 센다이 미디어 테크는 '미디어테크'라는 새로운 프로그램을 통해 공공도서관을 시민의 미술관이자 도서관, 교육실, 만남의 장소가 될 수 있는 복합 공간으로 탈바꿈시켰다. 이러한 프로그램의 변형과 디지털 기재에 의한 공간의 압축과 재구성은 시애틀 중앙도서관의 형태와 건축 구성에 결정적인 영향을 미쳤다.

시애틀 중앙도서관은 세계적으로 유명한 건축가 렘 콜하스가 설계를 맡았다. 그는 파리의 프랑스 국립도서관 현상 설계(1989)와 쥐시외Jussieu 대학 도서관 현상 설계(1993) 등을 통해 박스 속 빈 보이드의 '사이 공간in-between space'을 설계한 것으로 잘 알려져 있다. 그는 시애틀 중앙도서관에서 경사판의 산책로인 '스파이럴spiral 공간'을 만들면서 근대 건축 이후 지어진 새로운 도서관의 또 다른 아이콘이 되도록 했다.

시애틀 중앙도서관은 구조적인 측면에서 볼 때 예사롭지 않은 변수이다. 즉 인류가 만들어놓은 그리드를 파괴한 새로운 실험이라고 판단할 수 있다. 2004년 5월 23일 새로 개장한 시애틀 중앙도서관

마치 서고에 진열된 책들의 간수처럼 책을 진열하고 찾고 다시 진열하는 일을 반복해야 한다. 믹싱 챔버는 여러 사서와 시민들이 최대한 상호 교류할 수 있도록 유도하는 공간이다. 서로 다른 전문가들이 모여 정보를 주고받고 논의할 수 있도록 설계되었다. 결국 시애틀 중앙도서관에 들어간 시민들은 헤아릴 수 없이 많은 책의 중압감에 눌리고 이리저리 헤매다가 나오는 것이 아니라, 진정으로 정보와 교류하고 사서들과 대화할 수 있는 것이다. 결국 렘 콜하스의 디자인 철학으로 만들어진 시애틀 중앙도서관은 도서관장의 절대적인 지지와 시민들의 전폭적인 격려에 힘입어 '모두를 위한 도서관'이라는 가치를 실현해냈다.

허버트 머스챔프Herbert Muschamp는 「뉴욕 타임스」에 기고한 글에서 미국 도시들이 이처럼 과감한 공공건물을 짓는다면 해가 서쪽으로 지지 않을 것이라며 역설적인 칭찬을 늘어놓았다. 그는 30년 동안 건축 분야에 대한 칼럼을 쓰면서 이 도서관이야말로 가장 혁신적인 건축물이고, 이를 리뷰하는 것 자체가 자신에게 큰 영광이라고 극찬했다. 물론 이렇게 특이한 건축물이 만들어지기까지 수많은 난관이 있었을 것이다. 그럼에도 불구하고 이를 지원해 완성시킨 OMAOffice for Metropolitan Architecture의 프로젝트 책임자 조슈아 라뮤스Joshua Ramus에서 도서관 행정 디렉터 질 진Jill Jean에 이르기까지, 그들의 훌륭한 조연 역할에 찬사를 보낼 수밖에 없다.

그러나 그들은 시애틀 중앙도서관이 건축물의 새로운 세상을 열었다는 것을 미처 몰랐을 것이다. 그만큼 의미가 깊다는 뜻이다.

기업이 만들어가는 새로운 공간

애플의 아이콘인 스티브 잡스는 이 시대를 사는 모두가 인정하는 혁신의 아이콘이다. 그렇지만 그가 만들어놓은 업적을 생각해보면 '돌연변이'라는 표현을 사용하지 않고서는 설명하기 힘든 부분들이 존재한다. 한편 건축 분야에서는 시애틀 중앙도서관을 설계한 렘 콜하스를 혁신의 아이콘이라고 할 수 있다. 이들에게는 돌연변이, 즉 뮤테이션이라는 개념을 사용하지 않으면 설명이 안 되는 부분들이 있다.

렘 콜하스는 1944년 네덜란드 로테르담에서 태어나 여덟 살부터 열두 살 때까지 인도네시아에서 성장했다. 콜하스의 아버지는 로테르담 좌파 신문의 편집장이었고, 어머니는 의상 디자이너였다. 따라서 콜하스는 가정환경에서부터 이데올로기적 갈등과 충돌이 있었을 것이라고 짐작할 수 있다.

콜하스는 네덜란드로 돌아와 「헤이그 포스트The Hague Post」 신문기자로 활동하기도 했는데, 1960년대에는 저널리스트와 시나리오 작가로 일을 시작했다. 그렇지만 1969년 르네 달더René Daalder 감독과 함께 아프리카에서 첩이 된 네덜란드 소녀를 다룬 판타지 영화 〈화이트 슬레이브White Slave〉가 흥행에 실패하자 직업을 바꾸기로 결심했다. 그 후 런던의 AA스쿨에서 건축을 공부하면서 건축에 입문했다. 1972년에 학위를 취득한 그는 '엑소더스Exodus'라는 계획안을 만들어 자신의 건축관을 형상화했다. 그런 뒤 미국으로 건너가 뉴욕의 건축에 매료되었다. 거대 도시의 문화가 건축에 미치는 영향에 심취된 것이다. 그 영향에 힘입어 『정신착란증의 뉴욕Delirious New York』을 출간하기도 했다.

1975년에 자신이 구축한 이론을 실천적으로 구현하기 위해 유럽으로 돌아와 젱겔리스Zenghelis 등 동료 건축가와 함께 런던에 OMA라는 설계사무소를 개설했다. 이들은 '연구와 실무'를 동시에 추구한다는 취지를 가지고 있었다. 이후 S, M, L, XL, 뮤테이션스, 도시 프로젝트 1, 2Project on the City 1, 2, 콘텐트Content 등 다양한 출판물과 함께 자신의 생각과 건축적 깊이를 계속적으로 심화시켜오고 있으며, OMA의 거울반사 이미지인 AMO를 탄생시켜 도시 건축에 대한 보다 체계적인 연구와 출판 작업을 병행하고 있다.

OMA는 현재 로테르담에 위치한 사무실이 중심 역할을 하고 있다. 직원들은 대부분 40대 이하의 젊은 층으로 구성되어 있으며, 100여 명의 스태프가 주당 80시간 이상 고강도 작업을 하는 것으로 알려져 있다. 콜하스는 무뚝뚝할 뿐 아니라 건축주에게 까다로운 조건을 강요하거나 고집해, 프로젝트 중단 비율이 상당히 높다. 그 때문에 그가 설계하는 건축물의 20퍼센트 정도만 완공되는 것으로 알려져 있다. 애플의 스티브 잡스에게 각인된 이미지와 너무나 유사하지 않은가?

건축비평가 라스 레럽Lars Lerup은, 다른 건축가들은 상업적인 도시를 배경으로 한 체스 판의 프로 선수 혹은 무대장식가로 자리를 잡아가고 있다고 비판하면서, 콜하스는 건축을 위한 가능성을 모색하는 마지막 저항군의 하나로 남아 있으며, 건축주의 요구를 순순히 들어주지 않는다고 말한다. 또 콜하스는 단순한 상업주의 건축가에서 벗어나려고 끊임없이 노력하고 있다는 평가도 받고 있다. 이런 특성을 인정받는 콜하스에게 어려움이 없었을 리 만무하다. 그렇지만 중국 베이징의 중국국영방송 CCTV 사옥 설계 공모전에 당선돼, 현재 OMA는 전 세계적으로 가장 강력한 영향력을 가진 아틀리에형 설계 집단의 한 모델이 되고 있다.

특히 한국에는 서울 이태원의 삼성리움미술관 한 동과 전체 코디네이션을 진행하면서 알려졌다. 그의 작업에서 대표적인 특징은 건축물의 기준층을 거부하는 것이다. 특히 초고층 건물에서 기준층이 무수히 반복되는 것을 거부하고 베이징 CCTV 사옥에서 보듯 각층을 다르게 해 새로운 가능성의 건축을 꿈꾸며 역사 이래 주어진 건축적 그리드를 파괴하고 있는 것이다.

같은 맥락으로 시애틀 중앙도서관도 그리드를 파괴한 건축물이다. 그는 도서관 설계 및 공간 구성 방식에서 그리드를 선택하지 않았다. 그 대신 부분과 전체의 관계에 주목했다. 즉 일반적인 건축물들이 전체를 구성하고 부분을 주어진 틀 안의 요소로 삽입해 나누어놓는 방식을 선택하고 있기 때문이다. 예컨대 보통 오피스 건축물을 생각해보자. 오피스 건축물은 대체로 시루떡 같은 슬래브 투 슬래브Slab To Slab의 박스가 있고, 각 층을 부서 기능이 요구하는 프로그램 면적에 따라 배분하는 톱다운top-down 방식이 있다. 그러나 콜하스는 그렇게 구성하지 않았다. 건물 전체를 5개의 프로그램 덩어리와 믹싱 챔버, 리빙룸 등의 사이 공간으로 나누고, 이들 덩어리를 조망점에 따라 빌딩 코드가 허용하는 한 자기표현이 가능하도록 튀어나오게 한 다음, 이를 건축 구조로 만들어냈다. 보텀업bottom-up 방식의 설계를 현실화한 것이다. 즉 전체에서 할당된 부분이 아니라 부분의 합으로서 전체를 공간 구조와 외형의 핵심 인자로 만들어 믹싱 챔버의 새로운 비정형 공간을 만들어낸 것이다.

물론 부분이 중심이 되는 건축적 사례로는 가나자와 21세기 미술관Kanazawa 21st Century Museum도 생각해볼 수 있다. 이제까지의 미술관과 달리 큐레이터 유코 하세가와Yuko Hasegawa와 건축가 가즈요 세지마Kazuyo Sejima는 각 미술품의 전시 공간을 미술품에 가장 잘 맞는 크기와 높이의 맞춤형 화이트박스로 만들어 배열하고 가장 잘 수용한 원형 유리 외피의 단층형 미술관을 탄생시켰다. 그들은 이제까지의 미술관 전람에서 보여주던 일방통행식 순로가 아니라, 여러 방향으로 열린 통로를 만들었다. 그곳을 다시 찾았을 때는 정형화된 사고에 익숙한 일본의 보수적 관람자들이 혼란을 겪지 않도록 권장 관람로가 마련되어 있었다.

그렇지만 가나자와 21세기 미술관이 기존 건물에 미술품 전시실을 맞추거나 박스형의 신축 공간에서 공간을 분할해 전시장을 만들던 구조와 근본적으로 다른 선택이었던 것은 분명하다. 이것은 근본적으로 톱다운 방식이 아니라, 보텀업의 리프로그래밍reprogramming 과정이라고 할 수 있다. 여기서 '리프로그래밍'이라는 것은 새로운 재조직화 과정을 통해 건축과 도시가 부분의 합을 통해 전체를 재

구성하고 새로운 총합의 세계를 만들어내는 것을 의미한다.

문제는 도서관과 미술관에서 보였던 독특한 행보들, 즉 새로운 총합을 만들어내는 리프로그래밍 작업들이 기업이 만들어가는 공간에도 나타나고 있다는 것이다. 즉 기업들에서 회의실 구조를 바꾸고 벽을 허물며 책상의 기본 배치를 바꾸고 건물을 리모델링하기 시작했다. 여기에 앞장선 회사는 구글과 애플을 비롯해 SAS, 페이스북, 웨그먼스Wegmans 등 초일류 기업들이다. 이런 행보는 우연일까? 보통 사람들에게 기업들의 이런 행동은 생존이 필요한 시점에 '과연 이런 일을 해야만 할까?'라는 의구심이 들게 하는 현상일 수도 있다. 아니면 1900년대 초반 미국 뉴욕에서 시작된 높은 건물 세우기의 일환처럼 새롭고 이상한 건물 짓기를 하고 있는 것일까?

실제로 울워스Woolworth는 1913년에 세워졌으며, 크라이슬러Chrysler는 1930년에, 엠파이어스테이트Empire State 빌딩은 1931년에 세워졌다. 아직까지 이 건물들은 국가적 수준에서 외부의 인정과 선망을 촉구하는 상징물이라고 인식되는데, 이런 성향은 전염성이 강하다. 이제는 두바이와 상하이 같은 도시에도 급부상하는 경제력을 과시하기 위해 높은 건물이 세워지고 있다. 홍보와 지위의 상징을 만들고 싶어 하는 것이다. 그렇지만 이런 과시욕은 미국을 떠난 지 오래되었다. 미국에만 높은 건물이 있다면 최고 최대 건물을 계속 만들겠지만, 아시아를 포함한 전 세계에 이런 건물들이 즐비하다면 높고 큰 건물로 과시욕을 부릴 이유가 없는 것이다.

그러므로 자연스럽게 이런 생각을 해볼 수 있다. 거기엔 뭔가가 있지 않을까? 제아무리 실리콘밸리에 있는 초일류 기업이라지만 그들이 믿고 보는 것에는 무언가 우리가 잘 알면서도 활용하지 못했던 어떤 개념이 있는 것 아닐까?

그들의 행동을 조금 더 살펴봐야겠다. 구글 구성원들은 회사 전체를 일종의 캠퍼스라고 부른다. 그곳에는 마사지숍, 미용실, 각종 병원, 식당, 외국어 강좌 학원, 헬스장 등이 마련되어 있다. 심지어 볼링장, 농구 코트, 아이스링크, 실내 암벽 등반, 비치발리볼이 가능한 코트까지 준비되어 있다. 그리고 구글의 모든 구성원은 무료로 이용할 수 있다. 회사 안에 이 모든 것이 있다는 것이 상상되는가? 구성원들에게는 어쩌면 천국과 같은 곳일지도 모른다.

문제는 구글만 그런 것이 아니라는 점이다. SAS에는 테니스장과 사우나, 수영장 및 병원과 상담실이 마련되어 있다. 다른 기업에 비해 세심한 준비를 거쳐 마련한 상담 시설에서는 재무 설계는 물론 가족 문제 상담까지 이루어져 구성원들의 모든 고민을 해결해준다고 한다. 페이스북도 마찬가지이다. 구성원들은 마치 도시에 살고 있는 것처럼 자전거를 타고 이동하며 무료로 운영되는 이발소와 세탁소, 카페 등을 이용할 수 있다. 그리고 2,800명에 이르는 직원이 한 공간에서 칸막이도 없고 방도 나뉘어 있지 않은 오픈된 공간에서 자유롭게 일한다. 애플과 아마존은 신사옥을 건설 중인데, 지금까지 밝혀진 바로는 애플과 아마존이 만들고 있는 건물과 구조도 이와 다르지 않다.

도대체 이 첨단 회사들이 앞다투어 새로운 구조를 만드는 이유는 무엇일까? 먼저 생산성이라는 측면에서 생각해볼 수 있다. 구태의연하지만 테일러리즘 차원에서 생각해보는 것이다. 가령 '근로자들'의 시간을 줄여야만 생산성이 올라가기 때문에 생활에 필요한 회사 밖에서의 활동을 최대한 회사 안으로 끌어들인다면 결과적으로 구성원들의 시간 손실을 줄이고, 자연스럽게 회사의 매출도 올라갈 것이라고 생각할 수 있다. 물론 논리적으로는 설득력이 있지만, 요즘처럼 똑똑한 젊은이들이 판치는 세상에서 이런 얄팍한 수는 금세 읽히고 만다. 진정성이 없기 때문이다. 결국 SNS를 타고 수없이 회자되면서 '그 회사의 속내는 이런 것이더라' 하는 소문과 악성 댓글만 무성할 것이다. 그렇게 되면 그 기업의 운명은 끝이다. 소셜미디어를 설계하고 운영하는 그들이 이런 사실을 모를 리 없다.

그렇다면 이 현상을 다른 방향에서 접근해보자. 기업이 진심으로 직원들을 위해 복지 차원에서 만들어놓은 시설들일까? 여기에도 여전히 의문점이 남는다. 아무리 매출과 이익이 올라간다고 해도 기업은 절대 돈이 안 되는 일에 투자하지 않는다. 우리는 아직 기업들의 배려적인 센스가 거기까지 발전했을 것이라고는 생각하지 않는다. 직원들의 복지 향상을 위해서 수조 원을 들여 건물을 짓는다는 것부터가 난센스이다.

우리는 그들이 새로운 건물을 짓고 새로운 구조를 만들면서 지금까지 세상에 존재하지 않았던 기업문화를 만들고 있는 것은 자율성과 다양성을 확보하려는 목적에서 선택한 행동이라고 믿는다. 이 행보는 생산성과도 직결된다. 즉 구성원들의 자율성과 다양성이 확보되어야만 기업의 창의성이 높아지고, 생산성이 높아지면 결속력과 구속력, 역설적이지만 충성심까지 생긴다는 것을 이미 간파한 것이다. 아직 믿어지지 않는가? 그렇다면 지금부터 알게 해드리겠다.

투자자들도 이 사실을 파악한 것 같다. 공간과 기업의 혁신에 대해 컨설팅을 하고 있는 론 프리드먼Ron Friedman에 따르면, 2004년 당시 파르나소스 인베스트먼트Parnassus Investment는 『포천』지가 선정한 우량 기업들을 대상으로 펀드를 만들었다. 이 펀드는 같은 시기에 S&P 지수가 5.58퍼센트에 불과할 때 9.63퍼센트의 수익률을 기록했다. 그런데 신기하게도 2004년은 구글플렉스가 처음 문을 열었을 때라는 점, 그리고 이 펀드에 속한 대부분의 회사가 앞서 살펴본 것처럼 새로운 구조를 만들고 있다는 점을 생각해보면 '여기에는 뭔가가 있다'는 의혹이 없어지지 않는다.

열린 공간의 혁명
—— —— ——

사람들은 공간에 대해 아주 완고한 사고방식을 가지고 있다. 이를 테면 보통 기업에서는 회의를 하려면 항상 회의실부터 찾는다. 회의실에 들어가야만 비로소 '회의'가 된다고 생각하는 것이다. 그래서 대기업에서 방문객이 많을 때면 항상 회의 공간이 부족하다며 아우성이다. 교육을 받을 때는 교육장을 찾아가야 한다는 생각도 같은 맥락이다. 기업 연수원이라는 것이 아직까지 필요한 이유는 이런 고정관념이 여전히 존재하기 때문일 것이다. 일을 할 때도 마찬가지이다. 책상과 의자가 있어야 하고 조용해야 한다. 게다가 내가 작업하는 화면을 누군가가 지켜볼 수 있는 오픈된 공간에서 일하는 것은 대부분 제대로 된 업무 공간이 아니라고 생각하는 경향이 크다. 물론 최근에는 젊은 벤처 회사에서부터 탈구조주의 현상을 보이고 있지만, 아직도 대부분의 기업문화에서는 공간에 대해 보수적이고 완고한 사고방식을 가지고 있다.

그렇다면 우리는 원론적으로 이런 질문을 해볼 수 있겠다. 공간이 바뀌면 도대체 우리에게 어떤 일이 일어날까? 공간을 만드는 것 자체가 그렇게 중요한가? 스탠퍼드 대학교 디스쿨에서 그 실마리 하나를 찾을 수 있다. 스탠퍼드 대학교에서는 공학, 경영학, 디자인학이 모이는 다학제 교육 프로그램을 만들었는데, 바로 스탠퍼드 대학교 하소 플래트너 디자인 연구소Hasso Plattner Institute of Design, 약칭 디스쿨d.school이다. 이곳에서는 오페라 가수와 인류학자가 한 팀이 되어 프로젝트를 만들고, 지질학자와 물리학자가 팀을 만들기도 한다. 학문의 교차로이자 허브인 셈이다. 디스쿨은 미래 혁신가를 양성하기 위해 모든 학문을 융합하고, 학생, 교수, 산업 간의 긴밀한 협력을 강조해 프로토타입을 만들며, 이를 통해 거시적인 문제를 해결하기 위해 출발했다.

최근 디스쿨을 방문한 한국 기자들에게는 사진 촬영을 금지했다. 외부 유출을 꺼려하는 것이다. 그렇지만 디스쿨의 공간은 워낙 단조로워서 사진으로 설명되어야 하는 공간이 아니라고 생각한다. 다시 말해 '디스쿨'의 교육 공간은 열린 공간으로 구성되어 있어서 효율적이고 간결하다. 좀 과장해서 말하면 아무것도 없다. 예컨대 특정한 용도의 스튜디오가 필요하다면 넓은 공간의 벽면을 움직여서 천장 구조물을 따라 패널을 밀면 된다. 필요에 따라 공간의 크기를 자유롭게 조절할 수 있다. 크레인을 동원하지 않더라도 몇 사람이 힘을 모으면 쉽게 해결할 수 있다. 디스쿨의 기자재에는 모두 바퀴가 달려 있어 웬만한 공간은 15분 정도면 재배치할 수 있다. 기존 강의장이나 사무실에서 고정되어 있는 책상과 의자 그리고 고정되어 있는 화이트보드와는 너무나 다른 시스템이다. 디스쿨에서는 단순히 책상을 놓고 의자에 앉아 컴퓨터를 보면서 혼자 작업하는 것이 아니라, 화이트보드를 움직여 아이디어를 논의할 수 있는 공간이다. 한마디로 열린 공간인 셈이다.

디스쿨에서는 다양한 수업이 운영된다. 수업이 진행되는 두 시간 동안 같은 공간에서 강의가 이루어지기도 하고, 프로젝트용으로 바뀌기도 하며, 보고하고 인터뷰할 수 있는 공간으로 바뀌기도 한다. 때로는 수업을 마치고 프로토타입 제품을 만들 수 있는 공장으로 변신하기도 한다. 이런 공간을 뭐라고 불러야 할까? 그냥 공터?

디스쿨의 성공을 한마디로 요약할 수는 없다. 우선 디스쿨은 큰돈을 들이지 않고 생각하는 방식을 전환해서 문제의 해결 방안을 찾아내는 방법론을 알고 있는 공간이다. 즉 다양한 배경의 사람들이 아이디어를 서로 교환하고 발전시킬 수 있게 하는 공간인 것이다. 그렇지만 디스쿨을 살펴보면 특별한 것이 없다. 굳이 표현하자면,

뮤지컬이나 오페라 공연이 개최되는 공연장의 무대와 뒤 공간을 포함한 것처럼 생겼다고 해야 할 것이다. 공간을 그대로 놔두면 그저 빈 공간일 뿐이지만, 그 공간을 어떻게 채울 것인지 아는 사람들이 모이면 바로 창의적인 공간이 된다.

디스쿨에서는 수없이 많은 시제품이 만들어진다. 이유는 간단하다. 시제품을 만들어야만 다른 사람이 자신의 아이디어에 관심을 보이고 의견을 제시한다는 것을 알기 때문이다. 그래서 디스쿨 학생들은 자신의 아이디어를 시제품으로 만들기 위해 종잇조각을 이어붙이기도 하고 짧은 연극을 통해 왜 이 프로젝트를 시작했는지 공유하기도 하며 영상을 만들어 배포하기도 한다. 디스쿨은 서로 다른 의견과 아이디어를 나누고 이야기할 수 있는 광장을 만들어놓은 것이다. 서로 학문과 전문 분야는 다르지만, 평평한 바닥과 높은 천장을 공유하면서 학문의 벽과 사회적 지위를 허물어 아이디어와 아이디어가 충돌하는 광장을 만든 것이다. 즉 이런 광장에 있는 사람들은 평등하다는 느낌을 받게 되므로 누구나 프로젝트에 기여할 수 있는 공간인 것이다.

공간을 바꾸면 우리에게 어떤 일이 일어날까? 스탠퍼드 대학교 디스쿨과 반대로 우리나라 최고경영자 과정이 열리는 기관들을 찾으면 하나같이 비슷한 형태의 공간에서 강의를 듣게 된다. 그들에게 강의는 유희이면서 즐거움이고 사람들을 만나는 네트워킹 장소가 된다. 그래서 넓은 호텔식 그랜드볼룸에서 진행하기도 하고, 별도의 교육장을 만들어서 교육하기도 한다. 그렇지만 대개 이런 공간에는 수백만 원씩 하는 편안하고 안락한 소파형 의자들이 놓여 있는 것을 자주 볼 수 있다. 이런 공간을 설계한 사람들의 의도가 없는 것은 아니다. 전쟁터와 같은 비즈니스 현장에서 하루를 보낸 CEO들에게 더할 나위 없이 안락한 의자와 훌륭한 식사를 제공하려는 것이다. 그렇게 하면 과연 도움이 될까? 정말로 CEO들이 원하는 것은 좋은 쿠션과 안락한 의자, 계단식 강의장에서 강사가 준비한 강의 슬라이드를 보면서 유희 같은 강의를 듣는 것일까?

공간을 제대로 디자인하면 그 안에 있는 사람들의 행동을 촉발시킬 수 있다. 스탠퍼드 대학교 디스쿨은 학생들이 스스로 자신들의 아이디어를 시도해볼 수 있는 공간으로 만들어져 있다. 아이디어를 시제품으로 만들고 서로 공유하며 다시 아이디어를 덧붙여 전혀 새로운 것을 만들어내기도 한다. 그래서 디스쿨은 일부러 오래 앉아 있기 불편한 의자로 만들어져 있다. 앉아 있기보다는 이동하면서 새로운 아이디어를 만나고, 자신의 생각을 발전시키고 공유하라는 것이다. 물론 개인 공간을 위한 파티션은 존재하지도 않는다. 프롭스트가 만든 칸막이는 디스쿨에서 존재 가치가 없기 때문이다.

디스쿨의 공간은 호텔이나 기업 연수원처럼 잘 정리되어 있지도 않다. 그래야 마음껏 뜯어고칠 수 있고 자기들에게 맞는 공간을 창출할 수 있다고 본 것이다. 물론 디스쿨이 이런 철학을 만들게 된 것은 역사적인 이유도 있는 것 같다. 디스쿨은 원래 스탠퍼드 대학교 캠퍼스 내에서 자리를 제대로 정하지 못해 처음에는 컨테이너에서 시작했고, 6년 동안 세 번이나 자리를 바꿔야만 했다. 덕분에 디스쿨의 설립자들은 완성되지 않은 공간에서 작업하게 되면 현실에 만족하지 않고 계속 뭔가 바꾸고 일을 벌여야 할 것 같은 기분이 든다는 것을 깨달았다. 만약 애초부터 디스쿨이 강의실에서 강의를 듣고 토론만 하는 공간이었다면 지금과 같은 혁명을 일으키지 못했을지도 모른다.

그리드 구조의 역사

    우리는 그리드가 만들어낸 도시 속에서 살고 있다. 도시는 대부분 그리드 구조로 만들어져 있기 때문이다. 도시의 모든 블록은 그리드로 만들어져 있고, 그 블록 안에는 공간의 효율성을 높이기 위해 대부분 정사각형 혹은 직사각형의 건물들로 채워져 있다. 빈 공간이 있다면 그것은 누군가에 의해 의도되었거나 아직 개발되지 않은 공간일 뿐이다. 대도시에서 교통의 요지로 꼽히는 곳은 그리드 구조로 되어 있음을 알 수 있다.

    회사의 사무실도 마찬가지이다. 사무실은 사각형 구조로 그리드 모양이고 조직 배치도 칸막이로 만든 그리드 구조를 가지고 있다. 각 팀별로 간판이 있고 누가 봐도 구별되는 구획으로 나뉘어 있다. 심지어 조직도를 이미지로 그릴 때도 우리는 그리드 구조를 사용한다. 이미 우리의 머릿속에 그리드 구조가 자리하고 있는 것이다.

    지구에 존재하는 많은 도시는 똑같은 모습이다. 어떤 도시학자들은 이런 현상을 두고 추하고, 영혼이 없고, 그곳에 사는 사람들에게 영감을 주지 못한다며 한탄하기도 한다. 도시들은 교통과 공간의 효율성을 위해 그리드로 만들어졌을 뿐 문화적 특성이나 지역적 특성을 반영되지 않는다는 것이다. 그럼에도 불구하고 그리드 구조 도시는 역사적으로 계획도시의 전형적인 모습이고 전 세계에서 공통적으로 나타난다. 왜 그럴까?

인간은 원래 이렇게 생긴 그리드 구조의 도시에 살도록 만들어진 존재일까? 지금까지는 이런 질문을 생각해보지 않았을 것이다. 단언컨대, 지금까지 그리드 구조의 도시가 대세였던 것은 수많은 사람을 통제하고 관리하기 위해 그보다 나은 선택이 없었기 때문이다. 운동장에 모인 수많은 사람에게 마음대로 서 있으라고 하면 줄이 맞지 않아서 통제하기 힘들다. 그렇지만 앞뒤좌우로 줄을 맞춰 서면 아무리 많은 인원이라도 누가 딴 짓을 하고 있는지 쉽게 알 수 있다. 그리드는 아마도 그런 역할을 하지 않았을까? 그렇지만 그리드가 누군가를 통제하고 관리하기 위해 만든 가장 효율적인 도구라고는 그 누구도 말하지 않았다.

그렇다면 도대체 이 그리드는 언제, 누가 만들었을까? 사실 이 질문에 쉽게 대답할 수 있는 도시역사학자의 기록을 찾아보기는 힘들다. 이유는 두 가지이다. 하나는 기록이 없기 때문이다. 르네상스 시대가 도래한 13세기 이전의 인류는 창조적 발명에 대한 기록을 하지 않았다. 발명을 대단하게 여기지 않았던 것이다. 그래서 발명과 발견 기록들은 대부분 르네상스 시대 이후에 나타나기 시작했다. 또 다른 이유는 그리드 구조를 처음 만든 사람이 없기 때문이다. 즉 정치 다이어그램과 자연 발생적 도시에 의해 자연스럽게 발생했을 가능성을 배제할 수 없다는 말이다.

우선 그리드 구조의 도시가 언제부터 생겨났는지 찾아보자. 도시 역사에서 그리드의 흔적은 수천 년 전에 만들어진 이집트의 도시에서부터 발견할 수 있다. 고대 도시는 현대 도시처럼 정확한 그리드를 추구하지도 않았고 구체적이지도 않았기 때문에 그리드를 왜 만들었는지, 어떻게 만들었는지 추정하기는 쉽지 않다.

그렇지만 그 뒤에 나타나는 고대 그리드 도시를 살펴보면 몇 가지 이유에서 만들어졌다는 것을 알 수 있다. 첫 번째는 정치적인 다이어그램으로서 작용하는 그리드 구조의 도시이다. 쉽게 말해서 그리드는 사람을 통제하고 다스리기 위한 제도적 구조였다. 이는 중국의 도시에서 가장 먼저 발견할 수 있다. 중국은 가장 먼저 국가 체제를 만든 나라이다.

로마의 건축가로 알려진 마르쿠스 비트루비우스 폴리오Marcus Vitruvius Pollio가 인간의 신체를 측정하고 인간에게 맞는 공간을 디자인하고 있을 때, 이미 중국은 역대 왕조의 도성 건설에 대한 기본서인 『주례 고공기周禮考工記』를 만들었다. 『주례 고공기』에 따르면 도성은 방형方形의 성城으로, 사방이 9리里인 성이 되어야 한다. 도성의 각 면마다 3개의 성문을 두어 도성에는 12개의 문이 있었다. 남북 방향으로 9개의 도로를 두고, 동서 방향으로도 9개의 도로를 두었다. 즉 9경9위九經九緯였다. 또 각각의 성문에는 세 갈래의 평행도로를 내어 사람들은 왼쪽 길로 나가고 오른쪽 길로 들어갔으며, 수레는 중앙 도로를 따라 통행하도록 했다. 이것이 경도 9궤經途九軌이다. 동서남북의 도로에는 9궤가 가능하도록 했는데, '궤'는 수레바퀴 넓이를 말하며, 대체로 1궤는 8척이다. 9궤란 72척으로, 도로의 폭은 12보步인 셈이다. 1보는 1.4미터이므로 도로의 폭은 약 17미터로 상당히 넓은 편이었다. 좌조우사左祖右社, 즉 태묘는 동쪽에 두고, 사직단은 서쪽에 건설해 서로 좌우 대칭이 되도록 했다. 또한 면조후시面朝後市, 즉 조정은 궁정의 남면에 두고, 시장은 왕궁의 북쪽에 두어, 조정은 전면에, 시장은 후면에 오도록 했다.

중국에서 가장 빛났던 도시는 바로 장안長安이다. 지금은 산시 성의 성도 시안에 불과하지만 3,000년 전 주 왕조의 도읍으로 건설된 이후 진나라와 수나라, 당나라를 포함한 13개 왕조의 수도였고, 실크로드의 시작점이었으며, 당 시대에는 세계 최대 도시였다. 당시 인구는 100만 명으로 추산되는데, 어떤 자료에는 서울 도심 5개 구 정도 크기에 200만 명이 살았다는 기록도 있다.

장안은 『주례 고공기』를 약간 변형해서 만들었다고 표현되기도 하지만, 장안은 꽤나 정확하게 설계된 계획도시에 해당한다. 아마도 이것은 『주례 고공기』가 만들어지기도 전 장안의 옛 모습이 원칙에서 어긋나 있었기 때문 아닐까. 장안은 실제로 엄청난 도시였다. 사각형의 도시 평면(9.7×8.7킬로미터)은 모두 그리드 구조로 되어 있고, 궁궐과 관아는 정확한 위치를 계산해서 배치되었다. 왕이 주로 행차했던 주작대가朱雀大街는 도시를 동서로 분할했는데, 길이 5.3킬로미터, 폭 155미터에 이른다. 그리고 당 고종 때 세워진 대명궁大明宮 앞에 뻗어 있는 단봉대가丹鳳大街는 그 폭이 무려 180미터에 달했다. 주작대가와 단봉대가, 그 넓은 길은 오로지 황제를 위한 것이었다. 황제의 행차에는 수많은 군사와 의장대가 동원됐다. 당 무종이 성문 밖으로 행차할 때는 20만 명의 호위병이 도로를 메우고 평민들의 통행을 차단했다는 기록도 있다. 또 커다란 직선 도로는 도시를 9개의 그리드로 구분했는데, 이 9개는 다시 200개 이상의 골목길로 나뉜다.

평민들 입장에서 볼 때 장안은 절대로 자유로운 도시가 아니었을 것이다. 특히 주거와 상업 공간은 궁궐이나 사찰 같은 공간과 달리 철저하게 통제되고 감시되었다. 당시 장안에서는 상업을 천대시했기 때문에 궁궐이나 상류층에 물품을 조달하는 것 이상으로는 그 기능을 생각하지 않았다는 추정도 있지만, 제한된 구역 안에서 생계를 위한 상업 활동은 허용했을 것이다. 다만 장안은 지정된 장소에서 지정된 물품만 팔 수 있었기 때문에 그만큼 통제가 중요했다는 점을 시사한다. 중앙 권력에 의해 상업 행위의 영업시간에서부터 모든 상행위를 관찰했다는 것이다.

장안에서는 건축도 자유롭지 못했다. 이는 그리드 구조를 갖고 있는 도시들의 특징 중 하나이다. 그리드 구조에서 도로를 만나는 건물의 모양은 철제히 통제를 받았다. 이것은 각 개인의 자유로운 건축적 상상력보다 우주론적, 기하학적인 도시 계획인 그리드 구조가 더 상위 개념이었다는 것을 의미한다. 이것은 바로크 시대를 대표하는 프랑스 파리에서 개별 건물들이 자유롭지 못한 것, 또 미국에서 만들어진 그리드 구조의 도시에서도 나타나는 규제와 같은 맥락이다.

그리드 구조가 등장한 두 번째 이유는 거대 권력이 침략을 통해 식민지를 만들 때 질서정연한 정주 환경을 만들기 위해 수행했던 역사에서 찾아볼 수 있다. 다시 우리는 고대 역사로 한 걸음 더 들어가야 한다. 바로 고대 그리스이다. 기원전 6세기까지 그리스는 식민지로서의 도시들을 만들어왔다. 당시 식민지는 그리스어로 아포이케apike라고 불렀다. 식민지는 단순하게 통치를 받는 속국이 아니었다. 만약 한 지역이 감당할 수 없을 만큼 인구가 증가하면 이들을 식민지로 보냈다.

코린토스는 고대 그리스의 도시국가이자 현대의 도시이다. 그리스 중남부의 펠로폰네소스 반도에 위치한 코린토스는 과거에 코린토 혹은 코린트, 나중에는 '고린도'라고 불렀다. 성경에 나오는 사도 바울의 활동 무대로 유명했다. 그리스는 코린토스를 위해 시칠리아 식민지 시러큐스를 만들었고, 또 시러큐스의 인구가 증가하자 서쪽으로 식민지 에이크래Acrae와 카마리나Camarina를 만들어왔다. 그들에게 식민지는 문화적으로나 종교적으로 아무런 의미가 없는 존재였다. 단지 도시가 팽창하기 위해 필요했을 뿐이다. 그래서 이 도시들을 유기적 도시로 만드는 것은 허락되지 않았다. 다시 말해 단순하기 짝이 없는 그리드 구조로 만들었다는 것이다.

우리는 여기서 중요한 인물을 살펴봐야 한다. 바로 기원전 5세기

경 밀레투스Miletus의 히포다무스Hippodamus이다. 도시를 연구하는 역사학자들은 히포다무스가 그리드 구조의 도시 계획을 만들었다고 주장하는 연구 자료를 어렵지 않게 찾아볼 수 있다. 역사기록적인 측면에서는 그렇게 볼 수도 있겠다. 그렇지만 그가 생존하기 전부터 이미 그리드형 도시는 존재해왔다는 것을 부인할 수 없을 것이다. 이집트 메소포타미아의 도시가 그리드 구조였고, 인더스 문명의 고대 도시도 기원전 수천 년 경부터 그리드 구조의 도시를 가지고 있었기 때문에 히포다무스가 그리드의 창시자라고 하기엔 어려움이 있다.

그렇지만 히포다무스가 살았던 기원전 5세기, 그리스가 특별한 상황에 놓였었다는 점을 상기한다면 히포다무스를 사뭇 다르게 볼 수도 있다. 당시 페르시아 전쟁으로 그리스의 오랜 도시들이 파괴된 상태였기 때문에 이 도시들을 다시 재건해야 하는 상황이었다. 여기에는 정치적인 목적과 상업적인 목적, 또 이들을 관리하는 공공시설과 주거지역 및 종교지역까지의 배치도 고려해야 했다. 그리고 이런 조치는 무엇보다 빠르게 진행해야 했을 것이다. 이런 목적의식 때문에 히포다무스가 주장했던 그리드 도시는 중요한 해법이 되었다. 그로부터 100년 뒤에 태어난 아리스토텔레스Aristoteles가 히포다무스를 찬양하면서 그가 도시를 분할하는 방법을 발견했다고 기록한 문헌도 있다. 그만큼 당대의 히포다무스는 꽤나 혁신적이고 중요한 인물이었을 것이다.

히포다무스는 당대의 유명인들이 그랬듯이 철학자이면서 기상학자, 수학자이고 물리학자이기도 했다. 또 아리스토텔레스의 칭찬대로라면 당시 제정 중이었던 헌법에 가장 적합한 제안을 하기 위해 스스로 정치를 하지 않았던 정치가이기도 했다고 알려져 있다. 그는 그리드 구조의 도시를 만들면서 단순히 선 긋기만 한 것이 아니다. 선을 긋는다고 해서 모든 운영 시스템이 정상적으로 돌아가지는 않는다. 하드웨어에 해당하는 건물을 세우고 선 긋기가 끝나면 이 공간을 움직일 수 있는 소프트웨어가 필요한 법이다. 이때 히포다무스는 도시의 계급을 장인, 농부, 군인으로 나누고, 토지 또한 세 부분으로 나누었다. 성직자를 위한 토지, 군인들을 위한 공공용, 나머지는 농부들이 소유할 수 있도록 개인용으로 제공했다. 결국 히포다무스는 장인, 농부, 군인을 정확하게 구분된 구획 안에서 거주할 수 있도록 한 것이다. 고대 그리스 시대에는 이런 모습을 이상적인 국가라고 표현했다. 이상적인 통치 시스템이라고 본 것이다. 히포다무스 덕분인지 그리스 해안과 구릉에는 자연스럽게 생성되고 배치된 집들과 유기적 도시의 모습이 사라지고 대신 밀레투스, 프리엔, 오린투스 등과 같은 그리드 구조를 가진 도시가 등장했다.

그리드 구조가 등장한 세 번째 이유는 그리드 구조가 바로 근대화의 도구로 사용되었다는 것이다. 그렇다고 산업혁명 정도의 시대를 의미하는 것은 아니다. 무질서했던 기존 상황과 달리 체계를 정비했다는 것이다. 바로 로마 시대이다.

로마를 살펴볼 때는 도시의 구조보다 군대의 구조를 봐야 한다. 로마의 군단에 소속된 군사들은 외국에서 오랫동안 주둔해야 했기 때문에 무엇보다 표준화된 계획들이 필요했다. 로마 보병군단은 기원전 2세기 폴리비우스Polybius가 표현한 것처럼 초기 도시의 배치 계획과 같이 만들어졌다. 그는 군단의 막사를 넓은 광장에 도시의 건물처럼 세우고 막사 사이로 길을 만들었는데, 이것을 모두 그리드 구조로 만들어야 한다고 했다. 로마 군단이 일사분란하게 움직이고 단결된 형태로 적군에게 맞서기로 유명했던 것은 바로 이런 군영의 규칙과 질서가 한몫했을 것이다. 이와 같은 규칙은 기원전 1세기에 등장한 마르쿠스 비트루비우스 폴리오 시대에 절정에 달했다.

비트루비우스는 인간의 건축 역사에서 빼놓을 수 없는 인물이다. 그는 카이사르Caesar와 함께 전장을 다니며 군영을 세우고 식민 도시를 만들었으며, 로마 건축과 인류 건축의 기원이 된『건축십서』를 썼다. 결국 로마는 그리스의 도시계획법에 기본을 두고 발전해나갔지만 그리스인들과 다르게 도로를 포장하고 상하수도를 체계화하는 등 기본적인 토목 공사를 도시 계획에 포함시켰다. 도시를 그리드 구조로 구성하고 극장과 사원, 공중목욕탕과 원형경기장을 구축했으며, 귀족들이 주거지로 사용했던 도무스domus와 공공장소, 유명한 언덕의 경사면에는 인슐라insular를 만들었다.

돌이켜보면 로마는 도시의 새로운 질서와 규칙을 만든 것이나 다름없다. 그전에는 불규칙했던 도시의 형태들을 로마의 방식대로 만들었던 것이다. 물론 도시의 그리드 구조는 시간이 지나면서 변형되기도 했다. 예컨대 과거 로마의 중심부에 있던 수만 채의 인슐라도 지금은 2층 주택으로 변경되어 예전의 모습을 찾아보기 어렵다.

반면 로마의 영향을 받은 영국 콜체스터, 글로스터, 링컨과 같은 로마 군사 식민지에는 도로의 선형이 아직도 보존되어 있다. 이탈리아와 아프리카에도 로마 특유의 그리드 형태의 흔적이 아직 남아 있다. 그렇지만 과거에 로마는 유기적인 도시로 남겨놓을 수 있는 작은 지방은 그대로 두었다고 한다. 작은 지방 도시까지 신경 쓰고 싶지 않았을지도 모른다. 어찌 됐든 로마는 식민지와 지방의 수도, 각국의 정부가 있는 도시 국가의 수도를 모두 그리드 구조로 만들었다. 이는 통치를 위해 피할 수 없었던 숙명의 건설 사업이었던 것이다. 시간이 지나서 우리는 이 목적을 로마의 기준에 맞춘 근대화라고 표현할 수도 있지만, 과거로 돌아간다면 로마 군대에 짓밟힌 흔적인 셈이다.

도시는 왜 그리드 구조에 열광했는가

영화 〈그녀〉는 충격이었다. 영화가 선택한 시대는 우리가 살고 있는 현재보다 조금 앞선 미래이다. 그리워하는 사람에게 혹은 고마운 사람에게 손으로 편지를 써서 보내는 것도 하나의 서비스가 된 시대. 그것마저 대행업체 담당자가 컴퓨터 앞에서 말하면 컴퓨터가 사람의 목소리를 텍스트로 바꿔 마치 손으로 쓴 것처럼 필기체로 써 내려간다. "프린트"라는 말 한마디만 하면 컴퓨터는 '손으로 직접 쓴 것과 같은 편지'를 출력하는 시대가 영화의 배경이다. 영화의 주인공은 이렇게 남들의 마음을 대신해 편지를 써서 보내주는 일을 한다. 그러나 그는 결혼에 실패하고 오히려 사람과 가까워지는 것조차 두려워한다.

이 영화에는 반전이 있다. 사실 '그녀'는 사람이 아니다. 바로 사람처럼 말하고 감정을 느끼고 질투하는 'OS1'이라는 새로운 운영체제이자 비서이며 주인공의 애인 역할로 등장한다. 그렇지만 이 설정이 낯설지 않은 시대가 설정되어 있다. 그 도시에 사는 수많은 사람은 '사람'을 만나 사랑하려 하지 않고 외로울 때 컴퓨터의 운영체제를 찾고 컴퓨터와 대화하기를 좋아한다. 그 대화는 하루 종일 이루어지기도 한다. 영화를 보고 있노라면 우리가 '사랑'이라고 부르는 그 감정은 도대체 무엇일까 다시 생각하게 한다.

영화에 나온 도시 이야기를 해보자. 영화는 중국 상하이를 배경으로 선택했다. 특히 주인공이 공허한 마음을 달래기 위해 처음 '그녀'를 만난 장소가 상하이 지하철 7호선 종점 화무루 역에서 가까운 '주메이라 히말라야 아트센터Jumeirah Himalayas Art Center'이다. 건물 외벽과 로비 공간이 아주 독특하다. 영화감독은 그 건물이 미래적이라고 느꼈던 모양이다. 그렇지만 냉정하게 생각해보면 그런 건물은 전 세계 유명한 도시에서 어렵지 않게 찾아볼 수 있다. 독특한 것은 맞지만 굳이 중국에서만 찾을 수 있는 건물은 아니라는 말이다. 감독은 건물이 아니라 그가 살았던 도시에 방점을 두지 않았을까? 상하이는 20세기 후반 갑작스럽게 떠오른 중국 경제를 상징하는 도시이다. 상하이에서는 과거의 유적을 찾기보다 잘 만들어진 도시 형태와 하늘을 찌를 듯 올라선 건물들이 눈에 들어오는 것이 자연스럽다. 쉽게 말해 군더더기가 하나도 없다.

만약 이 영화를 사랑과 낭만이 가득한 도시라고 생각하는 파리, 공원이 많은 런던 혹은 8월의 축제가 열리는 스코틀랜드 에든버러나 영화 〈로마의 휴일〉을 생각나게 하는 로마에서 촬영했다면 어떤 느낌이었을까. 상하이는 말로 표현하긴 어렵지만 어딘가 비인간적이고 외로우며 각박하고 경직되어 있는 도시여서 'OS1'이라는 운영 체제를 사랑할 수밖에 없다는 설정을 해놓은 것 아닐까. 그렇기에 상하이는 적절한 선택처럼 보인다.

당신은 어떤 도시를 좋아하는가? 뉴욕이나 워싱턴 DC, 시카고, 필라델피아와 같은 북미 도시를 좋아하는가? 아니면 니스, 파르마, 뮌헨, 리옹, 파리, 피렌체 등 유럽의 도시를 좋아하는가? 아니면 작은 골목길들이 엉켜 있는 서울 강북의 삼청동 골목길을 좋아하는가, 강남의 테헤란로를 좋아하는가? 서로 대비되는 도시들은 무척 다른 느낌일 것이다.

도시의 형태는 두 가지로 구분할 수 있다. 하나는 인간이 만든 구체적인 계획과 설계도에 의해서 만들어진 도시이다. 앞서 이야기한 상하이는 만들어진 도시에 해당된다. 영화 〈그녀〉에 나온 것처럼 최첨단 디자인 요소를 적용해서 만든 도시 같지만 상하이는 정확하게 계산된 계획도시라고 봐야 한다. 이런 도시는 어떤 권력 혹은 의도된 계획에 의해서 한순간에 만들어지고, 이 패턴은 영원히 유지된다는 특성이 있다. 아랍에미리트의 두바이도 창조적 도시라고 불린 적이 있으나 두바이는 분명한 계획도시이고, 미국 워싱턴 DC도 마찬가지이다. 서울로 본다면 강남 지역이 이렇게 만들어진 도시 구역이라고 할 수 있다.

그리고 또 다른 도시의 형태는 우연히 생겨나고 만들어진 자연 발생적인 도시이다. 어떤 권력에 의해서 만들어진 것이 아니라 시간의 흐름과 지형 또는 정착민들에게 영향을 받으면서 일상생활을 위한 도시로 변해가게 된다. 대개 그 모습은 불규칙하고 유기적인 형태를 띤다. 넓은 길도 있지만 주로 좁고 구불구불한 길들로 이어져 있고, 가다가 막혀서 돌아 나와야 하는 경우도 있다. 서울 삼청동에서 볼 수 있는 북촌 마을 지역이 대표적인 예라고 할 수 있다.

사람들은 보통 이 두 가지 도시의 형태 중 하나를 선호한다고 말할 수 있다. 우선 서울에 살고 있는 사람들로 생각해본다면 강남보다 강북을 좋아한다고 말하는 사람들이 있다. 그들은 구불구불한 골목길을 좋아하고, 어디서 나타날지 모르는 새로운 공간 찾기를 즐긴다. 또 길이 막히고 길 찾기가 어렵다고 말하지만 나름대로 매력이 있고, 길을 어느 정도 알고 있으면 덜 막히는 길을 찾아 돌아갈 수도 있다고 말한다. 이들은 잘 정리된 도시의 질서보다 불규칙적이지만 새로운 것을 찾을 수 있는 도시를 좋아하는 것이다.

반면 계획적으로 만들어진 강남을 좋아한다고 말하는 사람들도 많다. 그들이 강남을 좋아하는 건 바로 질서라는 관점에서 강남이 생활하거나 일하기 쉽기 때문이다. 바로 도시의 질서가 존재하기 때문인데, 질서는 규제를 따라오게 한다. 어느 지역은 주거지역으로 분류되고, 어느 지역은 업무지역으로 분류된다. 이처럼 강남은 계획적으로 만들어졌기 때문에 동서남북을 잘 모르더라도 길을 잃어버릴 가능성이 적다. 교통량이 많아도 비교적 길이 덜 막힌다. 효율성으로 따지면 자연 발생적인 도시가 의도적으로 만든 도시를 따라잡을 수 없다.

도시를 좋아한다고 말하고 도시로 여행 다니기를 좋아하는 사람들은 질서정연한 도시의 특성을 선호하는 경우가 많다. 잘 정리된 도로와 가로수가 나열되어 있는 길을 중심으로 펼쳐진 다양한 고층 건물은 탄성을 자아내기도 한다. 여기에 수많은 자동차와 상점, 카페, 그리고 그 거리를 가득 메운 사람들은 도시만의 특별한 느낌을 준다. 우리는 파리 샹젤리제 거리에서 개선문을 바라보며 걸어 올라가다가 카페에 앉아 지나가는 사람들 보기를 좋아하고, 생제르맹데프레에서 프랑스 작가들이 앉아 글을 썼던 카페를 찾아다닌다. 또 스파이더맨이 하늘을 질주하던 뉴욕의 도시를 좋아한다고 말하고, 영화 〈버드맨〉에 나온 뉴욕의 타임스스퀘어 광장에 가보고 싶어 한다.

그렇지만 누군가의 목적에 의해서 만들어진 도시의 비밀을 알게 되면 도시의 다른 모습이 보이기도 한다. 윌리엄 펜William Penn의 저주를 살펴보자. 미국 필라델피아의 도시 구조를 그리드로 만든 사람이 바로 윌리엄 펜이다. 그는 영국에서 태어나 영국 국교회 가정에서 자라났다. 서른세 살 때 종교적인 문제로 영국에서 이단으로 몰리자 동료들과 함께 미국으로 이주했다. 이때 그의 아버지가 영국

국왕 찰스 2세에게 빌려준 돈 대신 식민지 남서부의 광대한 영토를 받았는데, 이 지역이 현재의 펜실베이니아 주가 되었다. 사실 펜실베이니아Pennsylvania라는 명칭도 윌리엄 펜의 펜Penn과 숲을 뜻하는 라틴어 실바니아Sylvania가 합쳐진 단어이다. 펜은 이 지역에서 정부 형태의 조직을 처음으로 구성했으며, 여기서 제정된 법령들은 미국 독립전쟁 이후 미국 헌법의 기초가 되었다.

윌리엄 펜은 도시 형태를 만드는 것에도 적극적으로 개입했다고 한다. 그는 공동으로 사용되는 도로선을 유지해야 한다고 강조하면서 도로를 따라 늘어서 있는 건물들은 정확한 간격과 도로 점유에 대한 규칙을 지키라고 강조했다. 이것은 마치 18세기에 바로크 도시를 만든 사람들이 도로변에 위치한 건물들에 강요한 규칙과 동일했다.

1871년 필라델피아에는 새로운 시청 건물이 건립되었다. 시청의 높이는 548피트(약 167미터)로 당시 세계에서 가장 높은 건축물이었으며, 시청의 첨탑 끝부분에는 37피트(약 10미터) 크기로 만든 윌리엄 펜의 동상이 세워졌다. 그러고는 건축 당시 신사협정에 의해 시내 중심지에 윌리엄 펜 동상보다 높은 구조물을 건축할 수 없도록 구두로 약속되었다.

이 약속은 116년 동안 이어져오다가 1987년에 깨졌다. 그해 3월, 필라델피아에 945피트(약 288미터) 높이의 원 리버티 플레이스 빌딩이 세워진 것이다. 이후 메이저리그의 필라델피아 필리스Philadelphia Phillies, 미식축구의 필라델피아 이글스Philadelphia Eagles, 농구의 필라델피아 세븐티식서스Philadelphia 76ers, 아이스하키의 필라델피아 플라이어스Philadelphia Flyers 등 필라델피아 시를 연고지로 하는 모든 프로스포츠 팀이 21년간 단 한 차례도 우승하지 못하는 불운이 계속되었다. 이것은 '윌리엄 펜'의 저주라고 불리는데, 윌리엄 펜이 자기보다 높은 건물이 세워지면서 필라델피아 연고 팀에 저주를 걸었다는 이야기로 발전한 것이다. 실제로 1871년에 세워진 건물의 548피트라는 숫자는 필라델피아 필리스 출신으로 명예의 전당에 이름을 올린 마이크 슈미트Mike Schmidt의 통산 홈런수와 일치하기도 했다.

세월이 한참 흘러 2007년에 윌리엄 펜의 저주가 풀리기도 했다. 2007년 6월에 975피트(약 297미터) 높이의 컴캐스트센터가 세워지면서 시내 최고층 기록을 경신했는데, 이때 저주를 해소하기 위해 인부 두 명이 빌딩의 가장 높은 위치에 윌리엄 펜의 작은 동상과 함께 독립 당시의 성조기와 나무를 세워두었다. 얼마 후 동상이 도난당하자 월드시리즈를 앞두고 급히 4인치(약 10센티미터)의 작은 윌리엄 펜 인형을 대신 세워두었다. 결국 이런 행동이 효과 있었는지 2008년 10월 29일, 필라델피아 필리스가 2008년 월드시리즈에서 우승함으로써 필라델피아 연고 팀이 25년 만에 처음으로 우승하게 된다.

도시를 계획된 것과 유기적인 것으로 구분하기는 어렵지 않다. 그렇지만 시대가 변하면서 원래 만들어진 도시의 형태가 사람들과 시대의 발전에 따라 변하는 것 또한 막을 수 없는 일이다. 보스턴 구시가지 옆에 그리드 모양으로 만든 깔끔한 도시의 형태가 자리하고 있는 것도 이와 같은 이유이며, 인도의 델리가 구시가지와 신시가지가 명확하게 구분되는 모양으로 만들어져 있는 것도 같은 이유이다. 도시의 역사를 모르는 사람들은 구시가지에 비해 잘 정리된 도시가 살기 편하고 쾌적하다고 생각할 것이다. 그러나 편리함과 달리 불규칙적이고 유기적인 도시의 형태가 똑같은 모양으로 만들어진 도시, 다시 말해 계획된 도시보다 더 아름답다고 생각하는 경향이 예술가들과 일반인들 사이에서 널리 퍼져 있는 것이 사실이다. 그럼에도 불구하고 도시의 역사에서 우리가 반드시 알아야 하는 구조가 있다. 그것은 바로 그리드 모양의 도시이다.

관리와 통제의 구조

그리드의 역사를 이야기하자면 도시의 그리드 구조를 빼놓을 수 없다. 도시는 철저한 계획에 의해서 만들어지기 때문이기도 하지만 실로 엄청난 사람들을 수용해야 하는 거대한 생명체와도 같은 존재이기 때문이다. 도시는 아무 생각 없이 만들어지지 않는다. 끈질긴 고민과 생각을 하나의 디자인 철학에 담아 예술적으로 만든 인간의 행위에 대한 결과가 그 안에 있다고 믿는다. 이제는 도시가 말을 할 차례인 것이다. 도시는 왜 생겨날 수밖에 없었고, 도시가 추구하려고 했던 것은 무엇인지 말이다.

중국의 역사에서 드러나는 도시에는 우리가 찾는 그리드가 만들어진 배경이 존재한다. 쑤저우蘇州는 중국 춘추전국시대 오나라의 수도였다. 기원전 514년에 오왕 합려가 나라를 세우면서 성을 쌓아 만든 도시이다. 당시에는 '오현'이라고 불렸다. 수나라 시대로 접어들자 오현에 대운하가 개통되면서 양쯔 강 유역에서 가장 먼저 개발된 강남의 무역과 행정 중심지로 발전했다. 또한 '쑤저우'라는 이름으로 개명되면서 성을 둘러싼 운하를 공사하고 군사적, 상업적 전략 도시로 거듭났다.

1229년에 만들어진 도시계획 도면에서 드러난 쑤저우는 우리가 현재 살고 있는 도시와 유사한 구조를 가지고 있다. 바로 그리드 모양을 띠고 있는 것이다. 어쩌면 가장 최초의 그리드 모양 도시일지도 모른다. 그 덕분에 도시 역사학자들은 쑤저우를 매우 중요하게 생각하는 것 같다. 그렇지만 쑤저우가 현대 도시에서 발견되는 완벽한 그리드 모양을 가지고 있는 것은 아니다. 남북으로 이어져 있는 운하가 6개 있고, 동서로 흐르는 운하가 14개 있다. 운하는 모두 성을 관통하고, 모든 도로는 운하와 평행하거나 직각으로 이어져 있다. 운하가 있기 때문에 이 성을 도시공학적으로 명쾌하게 해설하기란 쉽지 않다. 성안에는 운하를 건널 수 있는 다리가 약 300개 존재하고, 도로는 서로 만나면서 직각을 이루기도 하지만, 구부러져서 복잡한 구조를 띠는 경우도 있다. 그렇지만 이 도시는 철저한 계획 하에 정확하게 계산되어 만들어졌다. 관공서들의 배치도 산발적으로 이루어진 것이 아니라 일정한 지역에 모여 있는 것으로 볼 때 통치 구조를 정교하게 만들었을 것으로 추측할 수 있다. 오랜 고대 도시가 이렇게 만들어졌다는 것 자체가 신기할 따름이다.

이런 환경을 종합해볼 때, 쑤저우는 세로로 약 10킬로미터, 가로로 약 5킬로미터에 이르는 큰 도시였으며, 도시 전체가 운하로 둘러싸여 외부로부터의 공격에 완벽하게 방어할 수 있었다. 과거에 이런 도시가 존재했다는 것이 매우 흥미롭다.

우리가 쑤저우를 도시역사학자들의 이야기를 토대로 이해한다면 여기에서 더 이상 논의할 필요가 없다. 다시 말해서 쑤저우는 그리드 모양의 도시가 중국에서 처음 시작되었음을 증명해줄 것이다. 이는 도시의 기원과 설계의 정통성을 연구하는 도시역사학자들에게 매우 중요한 문제일 수도 있다. 실제로 지금 우리가 살고 있는 도시의 형태가 그리드 모양을 하고 있는 것은 고대 중국에서부터 시작되었으며, 이는 서구 문명의 역사에서도 수없이 확인된다. 다시 말해 유럽에서는 그리스 로마 시대를 거쳐 중세 시대에 그리드가 완성되었고, 이는 유럽의 강대국들이 식민지를 건설하면서 나타났다. 또 미국은 건국 초기부터 전 국토를 그리드로 채워버렸다.

결국 이것을 조금 더 확대해석한다면, 그리드 형태의 도시야말로 인간에게 있어 정주지의 기본적인 구조라고도 이야기할 수 있을 것이다. 그리고 쑤저우는 도시 구조에 왜 그리드가 필요한지와 관련된 수많은 논쟁에 반박할 수 없는 정통성을 제시하는 기준이 될 수 있다. 이렇게 결론을 맺고 나면 우리는 더 이상 논의를 할 수가 없다. 왜냐하면 그 영역은 오롯이 도시역사학자 또는 도시공학자들의 논쟁거리이기 때문이다.

우리는 이 문제를 다른 차원에서 해석할 수도 있다. 즉 적어도 몇 가지 질문을 떠올려보는 것이다. 우선 도대체 중국인들은 왜 그리드 구조의 도시를 만들었을까? 도시는 왜 그리드 구조를 가져야만 했을까? 우리가 도시의 역사와 관련해서 중요한 포인트를 놓치고 있는 것은 아닐까?

미시간 주립대학교 지리학과 하름 J. 데 블레이Harm J. de Blij 교수는 유라시아 지역에서 수천 년간 일어난 일을 살펴보면 흥미로운 지리적 질서를 확인할 수 있다고 했다. 그에 따르면 서구 문명은 초기의 이집트에서 크레타로, 다음에는 그리스와 로마로, 마침내 서유럽에 이르기까지, 위도를 따라 점점 올라가면서 지배 세력의 승계가 이루어졌다. 다시 말해, 북아프리카의 이집트에서 알렉산드리아와 그리스와 페르시아로, 다음에는 로마와 지중해 제국으로, 그리고 궁극적으로는 서유럽과 전 세계의 식민지에 이르면서 발달한 것이다. 그다음부터는 지배 세력의 승계가 경도 방향으로 진행되었다. 영국에서 독일로 또 구소련으로 이동한 것이다. 이와 같은 논리로 본다면 인류 문명의 기원을 이집트로 생각하고 있는 것이 일반적이다.

여기에서 빼놓은 지역이 있다. 바로 중국이다. 중국 땅은 오래전부터 인류가 생존을 위해 살아온 지역이다. 중국의 왕조는 오늘날 북중국의 평원에 위치한 중국의 수도와 멀지 않은, 황허 강과 웨이허 강이 합류하는 지점에서 시작되었다. 무려 80만 년 전으로 거슬러 올라간다. 호모 에렉투스가 살았고, 아프리카에서 온 호모 사피엔스도 그 지역에서 뿌리를 내렸다. 비옥한 토지 덕분에 조와 벼의 재배가 일찍부터 이루어졌고, 기원전 5000년경은 야금술이 발달한 양사오 문화 시기였으며, 기원전 3000년경에는 성벽을 둘러싸고 사회 계층을 이룬 룽산 문화가 나타났다. 우리가 보통 알고 있는 중국의 고대 국가인 한, 은, 주(동주와 서주)는 그 이후에 나타났다.

그렇다면 국가는 왜 생겨났을까? 이것은 "도시가 왜 생겨났을까?"라는 질문만큼이나 아직도 의견이 분분하다. 정치학자인 찰스 틸리Charles Tilly는 유럽의 국가 건설이 유럽 군주들의 전쟁 수행 필요성에서 비롯되었다고 주장하기도 했다. 물론 이 주장에 대해 라틴 아메리카에서는 그런 식의 상관성이 드러나지 않았다는 이유로 갑론을박이 존재한다. 반면 중국에서는 기원전 770년 동주 시대가 시작될 때부터 진 왕조가 생겨날 때까지 약 500년 동안 끝없는 전란의 시대였다. 어느 학자는 춘추전국시대 294년 동안 중국 땅에 위치한 나라들 사이에 1,211차례나 전쟁이 있었다고 한다.

그만큼 당시 중국은 매우 폭력적이었다. 오래된 조사에 따르면 진나라는 전체 인구의 20퍼센트까지 군대로 동원할 수 있었다고 한다. 반면 로마는 1퍼센트, 스파르타를 비롯한 그리스 동맹국은 5퍼센트 정도를 군사로 징병할 수 있었다. 또한 춘추전국시대의 인명 피해 수준은 상상을 초월한다. 기원전 293년, 중국에서는 한 전투에서 24만 명의 병사가 전사했고, 다시 260년 후에는 45만 명이 전사했다고 전해진다. 진나라는 기원전 300년경에 타국의 병사를 150만명 이상 숨지게 했다는 기록도 가지고 있다. 이는 서구 문명의 역사에서 볼 수 있는 숫자와 차원이 다르다. 일찍이 세계의 제국주의에 정통했던 나폴레옹은 중국은 잠자고 있는 거인이며, 이를 깨우는 자는 후회하게 될 것이라고 경고한 적이 있지 않던가.

거대한 중국의 이야기에 한 걸음 더 들어가보자. 왜냐하면 이 역사에서 그리드 구조가 만들어진 배경이 존재하기 때문이다. 이미 언급했듯이 춘추전국시대 치열한 전투는 몇 가지 양상을 남겼다. 첫째, 군사 조직에서 제도 혁신을 이루었다. 귀족을 중심으로 운영했던 전차 부대에서 보병과 기병으로 발전하게 된다. 둘째, 징세와 호구조사를 했다. 중국에서는 기원전 600년에 이미 호구 조사를 바탕으로 세금을 징수했다는 기록들이 있다. 셋째, 관료제가 등장했다. 관료제라는 말은 1745년 프랑스의 뱅상 드 구르네Vincent de Gournay가 처음 사용하고 독일의 사회학자 막스 베버가 전개한 것으로 유명하지만, 스탠퍼드 대학교 프랜시스 후쿠야마Francis Fukuyama 교수는 중국이 근대 관료 제도를 발명했다고 주장한다. 즉 친족이나 가산제적 연고가 아니라 능력을 기반으로 뽑은, 정년이 보장되는 공무원 행정 조직은 중국에서 처음 나타났다는 것이다. 또 관료제는 주대 중국의 혼란 속에서 예기치 않게 만들어지기 시작했으며, 전쟁을 위해 세금을 더 거둬야 한다는 필요성에 부응한 것이라고 주장한다.

우리가 앞서 이야기한 쑤저우는 바로 이때 만들어진 도시이다. 춘추전국시대, 한창 전쟁으로 끊임없이 싸워야 했던 바로 그 시기에 절실히 필요해 만들었을 것이다. 특히 오나라는 호수와 습지가 많았기 때문에 도시에 운하를 흐르게 하고 성벽을 둘러친 뒤 그리드 모양으로 만들어야 했다. 또 그들은 이 도시에서 군사 조직의 혁신을

꾀하고 징세와 호구조사를 할 수 있는 관료제를 만든 것이다. 도시
는 그들이 그렇게 할 수 있는 혁신과 안보의 테두리였던 셈이다.

정치학자 제임스 C. 스콧James C. Scott은 모든 국가에는 한 가지 공
통된 성향이 있다고 말했다. 그것은 바로 사회를 통제하려는 성향이
다. 다시 말해서 사회의 각 부문을 첫눈에 알아볼 수 있게 만들고 싶
은 욕구는 모든 국가에 존재한다. 모든 국가는 구부러진 골목길과
허름한 거리, 그 주변에 저절로 생겨나는 낡은 집들을 없애버리고
기하학적으로 구획된 거리로 바꿔놓으려고 한다. 이것은 고대 중국
인들이 사회를 통제하기 위해 쑤저우를 반듯한 모양으로 만든 것과
다르지 않다. 바로 이것이 그리드 구조가 등장한 배경이 된다.

인간을 규격화, 표준화하는 테일러리즘과 포디즘

일반적인 의미에서 '조직'은 무엇을 말하는 것일까? 조직은 집단
이라는 말과 비슷해 보이지만 집단과 다른 성향을 가진다. 조직은
목적성으로 분류할 수 있다. 보통 여론조사를 할 때 '아파트의 25세
이하 인구'라고 정의하는 것은 '집단'으로 표현할 수 있지만, '조직'
이라고 표현하지는 않는다. 그 '집단'에 소속된 사람들은 공통된 목
적성이 없기 때문이다. 물론 과거보다는 현대 사회에 들어오면서 집
단과 조직의 구분이 어려워진 측면도 있다. 가령 온라인 게임에서
형성되는 '길드'와 리눅스 개발 커뮤니티들은 분명한 조직을 가지

고 있지 않다. 그렇지만 그들이 마치 조직과도 같이 움직이는 것을 보게 된다. 그럼에도 불구하고 그들은 '직원'이라는 단어를 사용하지 않는다. 분명, 수익을 목적으로 만들어진 '회사'라는 조직은 독특한 측면이 있는 셈이다.

조직은 목적성을 위해 관리와 통제를 해야 하는 집단일까? 아니면, 자유롭게 일할 수 있도록 해야 할까? 높은 성과와 목적을 달성하기 위해 조직이 일반적으로 선택해야 하는 방법은 무엇일까? 아직까지 이 부분에 대해서 쉽게 결론을 내릴 수는 없을 것이다. 인류는 조직을 운영하기 위해서 지금까지 수없이 많은 시행착오를 겪어왔다. 무엇보다 큰 변화가 있었던 것은 바로 산업혁명의 시대였다. 사람들은 대부분 산업혁명에 기술의 혁신만 이루었다고 생각하지만 경영방법에서 더 큰 변화가 있었다. 지금 현대 기업들의 운영 방법은 이 당시에 만들어진 것이라고 봐야 한다. 그것이 바로 테일러리즘Taylorism과 포디즘Fordism이다.

1856년에 태어난 프레더릭 윈슬로 테일러Frederick Winslow Taylor는 부유한 가정에서 태어난 모범생이었다. 성적이 우수해 당시 하버드나 MIT에도 입학할 수 있었다. 아버지가 변호사 출신이었으니 그도 변호사가 되는 길을 선택할 수 있었을 것이다. 그러나 아직까지 정확한 이유는 밝혀지지 않았지만, 테일러는 1874년에 공부를 포기하고 공장 노동자가 되고 싶다고 선언했다. 이 선언으로 인해 지난 150여 년 동안 수많은 기업이 혜택을 봤다는 것을 부정할 수 없다.

테일러에겐 특별한 점이 하나 있었다. 그는 성과에 대한 집착이 극단적일 정도로 심했다. 테일러는 자기가 생활하는 모든 것을 수치화해서 가장 적은 노동으로 이동할 수 있는 거리, 또 시간 단축에 대해 연구하는 것을 즐기곤 했다. 아마도 이런 호기심들로 인해 당시 공장에서 일어나는 일련의 작업 과정들이 그의 관심을 끌었던 것으로 보인다. 산업혁명이 시작되면서 증기기관으로 움직이는 공장의 모습들은 인간이 처음 보는 광경이었을 것이다.

반면 그가 선택한 공장 노동자 생활은 순탄치 않았다. 가정형편이 어려웠던 다른 노동자들과 달리 테일러의 집안은 매우 잘살았다. 테일러는 부유한 집안 출신이라는 점을 숨기기도 어려웠고 다른 노동자들과 함께 어울리지도 못했다. 게다가 테일러는 다른 동료들의 노동 습관이 비효율적이고 나태하다면서 날선 비판을 일삼아 따돌림을 받기 일쑤였고, 늘 외톨이 신세가 되었다.

그러던 중 테일러는 공장 감독관에게 일종의 제안을 했다. 처음에는 공장의 금속 절단 방법을 연구해보겠다고 제안해 6개월 동안 효율적인 금속 절단 방법과 시간에 따른 성과를 연구하기도 했다. 즉 절삭 도구를 바꿔가면서 어떤 도구가 효율적인지, 또 어떤 각도와 시간이 효율적인지 조사한 것이다. 테일러는 여기서 멈추지 않았고, 공장 노동자들에게도 관심을 가졌다. 공장에서 일어나는 업무 처리에 필요한 순수 시간을 계산하고 노동자들이 작업대에서 하루 동안 얼마 이상의 성과를 내야 하는지 계산하기 시작한 것이다. 예컨대 한 사람이 나사 하나를 돌려 박는 데 걸리는 시간이 30초라면, 그는 1시간 동안 120개의 나사 작업을 완료해야 하고, 9시간이라면

1,080개를 완료해야 한다는 식의 계산을 한 것이다. 이를 위해서 그는 작업의 모든 부분이 어떻게 실행되어야 하는지 정확한 신체 움직임을 포함한 자세한 작업 표준화를 만들고 노동자는 그 표준작업을 따르게 해야 한다고 생각한 것이다. 말 그대로 노동자는 아무런 생각도 하지 말고 일해야 하고, 관리자는 생각하면서 노동자들을 관리 감독하는 존재로 구분한 셈이다.

여기에 중요한 경영의 요소가 등장한다. 노동자들로 하여금 규정을 지키게 하려면 당근과 채찍이 필요하다는 것이다. 그렇게 해야만 동기 부여가 이루어진다고 생각했다. 물론 테일러의 이런 접근 방식은 노동자들 사이에서 원망과 분노를 샀다. 그렇지만 당시 산업혁명에서 테일러가 주장한 관리감독 방법은 효율성을 크게 극대화시켜 경영자에게 큰 이익을 안겨주었기 때문에 노동자들의 주장이 받아들여질 여지는 없었다. 실제로 당시 500명이 하던 작업을 150명으로 줄인 공장들이 나타나고, 공장 규모를 더 키우면서도 효율성을 극대화하는 기업들도 나타났다.

결국 테일러는 30대 중반에 이르러 경영 컨설팅 회사를 만들었고, 『과학적 관리법』을 비롯한 여러 권의 베스트셀러를 집필하기도 했다. 프레더릭 테일러는 1915년에 세상을 떠났다. 그렇지만 테일러의 사상은 전 세계로 널리 퍼지고 과학적 경영은 곧 효율성과 동의어가 되었다. 그리고 우리는 이것을 아직까지도 활용하고 있다. 바로 '테일러리즘'이다.

산업혁명은 인류에게 풍족한 생활을 선사했지만, 그때부터 사람 관리란 곧 시간 관리였던 것이다. 사람들은 그들이 움직이게 하는 기계 장치의 정확성과 규칙성에 따라 맡은 일을 수행해야만 했는데, 어떤 의미에서 보면 사람들이 기계와 같은 존재가 되어간 것이다. 물론 경영적인 측면에서 본다면 과학적 관리법이지만, 당시 노동자 계급에서 본다면 기계의 부속품에 불과한 취급을 받았다는 점을 인정하지 않을 수 없다. 그 때문에 테일러리즘하에서 노동자가 해박한 지식을 가지고 있거나 창의적인 것은 그렇게 달갑지 않았다. 그리고 이러한 관념이 아직까지 남아 있는 산업 분야가 많다.

포디즘도 같은 맥락에 해당한다. 포디즘은 자동차 생산 공장의 컨베이어벨트 시스템에서 유래한 것으로, 조립 라인 및 연속공정 기술을 이용한 표준화된 제품의 '대량 생산과 대량 소비의 축적 체제'를 일컫는 말이다. 헨리 포드가 'T형 포드' 자동차 생산 공장을 지은 이래, 산업 사회는 컨베이어벨트 시스템이 도입된 공장을 채택하기에 이른다. 그리고 이러한 포드 모델과 같은 기계화된 대량 생산 체제를 '포디즘'이라고 한 것이다. 포디즘의 이론적 기반은 테일러리즘이다. 공장에서 지시한 대로 움직이는 기계적 인간이 필요했기 때문이다.

테일러리즘과 포디즘은 규격화 또는 표준화된 인간을 바탕으로 만들어진 경영 방법이다. 조직을 구성하는 구성원들은 회사 또는 조직이 만든 규율에 따라 움직여야 하고 업무와 직급에 따라 행동의 원칙이 정해지며, 특별한 인재라고 하더라도 정해진 규율과 원칙을 지켜야 한다는 이념이 뿌리박혀 있다. 테일러리즘이 만들어지고 지난 150년 넘는 동안 우리는 테일러리즘이 만든 산업계에 들어가기 위해 열심히 공부하며 살아야 했다. 물론 냉정한 자본주의 논리로 본다면 나쁘다고만 할 수는 없다. 공부를 열심히 한 사람에게는 누군가의 지시를 받고 일할 수 있는 '노동자'의 기회가 주어지고, 더 뛰어난 성과를 내는 사람에게는 노동자들을 관리 감독할 수 있는 권한을 준 것이다. 덕분에 기업과 고용주는 더 우수한 인재를 확보할 수 있고 이를 통해 더 앞서나가는 발판이 된 셈이니, 나쁜 거래 조건은 아니다.

우리가 지금까지 이야기한 그리드는 테일러리즘과 포디즘에 아주 적절한 시스템이었을 것이다. 같은 크기의 그리드에 사람을 수용하듯 각자 정해진 공간에서 생활하게 하고 정해진 방법대로 커뮤니케이션해야 하며, 직급과 직위에 맞는 규율을 지켜야 하는 것이었다.

물론 지금까지의 역사를 살펴볼 때, 우리 스스로 테일러리즘을 극복하려고 한 적이 없었던 것은 아니다. 여기에 변화가 있었던 것은 일본 토요타의 생산 시스템이다. 이것은 기업을 경영하는 경영자들에게 이미 잘 알려진 사실이다. 토요타의 생산 시스템은 1970년대에 들어서서 전 세계에 알려졌는데, 작업자들로 하여금 그들 나름의 고유한 업무 방식을 만들고, 회사는 이것을 지지하는 형태로 작업을 했다. 물론 당시에는 이런 작업이 효율적이라고 알려졌는데, 토요타의 생산 시스템이 어느 정도 변화를 준 것은 인정해야만 할 것이다. 그렇지만 이런 시도가 전 산업계에 걸쳐 대규모로 일어나지는 못했다.

테일러리즘은 최첨단 기업에도 적용되고 있다는 이야기가 있다. 예컨대 구글에는 인간분석 팀이 존재한다. 그들의 목적은 하나이다. 더 생산성이 높아지려면 어떻게 해야 하는가를 연구하는 것이다. 일각에서는 구글에서 만든 인간분석 팀도 결국 진보된 테일러리즘이라고 비난한다.

하지만 구글의 선택도 충분히 공감이 간다. 인간의 행동을 예측한다는 것은 인류 역사상 가장 오래된 희망사항이었지만, 조직을 구성하고 있는 구성원들의 마음을 제대로 들여다본 적은 없었기 때문이다. 그나마 기술이 발달하면서 최근에 들어서야 구체화되고 있다. 비즈니스에서도 인간 행동 예측 기법이 가히 혁명적으로 일어나고 있다. 바로 빅데이터 분석 툴이다.

우리는 테일러리즘을 둘러싼 조금 더 깊은 근본적인 이유를 살펴봐야 한다. 역사적으로 인간 행동을 예측해야 하는 상황이 벌어질 수밖에 없는 이유가 분명히 존재하기 때문이다. 바로 인구의 증가이다. 그리고 이것은 그리드 구조를 만들어서 관리와 통제를 할 수밖에 없었던 역사의 유물이기도 하다.

개인의 권력이 비즈니스 환경을 바꾼다

인구가 증가한 양상에 대해서 제대로 파악하고 나면 우리가 풀지 못했던 거대한 문제들의 해법이 보이기 시작한다. 우리가 이야기하고 있는 그리드 구조와 통제, 관리의 논리, 그리고 향후 만들어가야 할 공간에 대한 철학에 대해서도 마찬가지이다. 즉 우리가 살고 있는 지구에 인구가 언제, 어떻게 증가했는지는 매우 중요한 문제이다.

지금으로부터 불과 2세기 전인 1820년까지만 해도 우리 행성의 인구는 10억 명이 넘지 않았다. 여기에 10억 명을 더 보태는 데 1세기 이상 걸렸다. 인류가 그 역사를 시작해서 1820년에 도달한 인구만큼 1820년에서 1930년 사이에 더 증가한 것이다. 이것만으로도 인구 폭발을 말하기에 충분하다. 바로 이 시기에 인류는 산업혁명과 막스 베버, 프레더릭 윈슬로 테일러의 등장을 지켜봐야만 했다.

그렇지만 이 정도 인구 증가는 시작에 불과했다. 1930년경부터 1960년이 밝기 전까지 10억 명이 더 누적되었고, 그로부터 15년 뒤인 1975년에 40억 명을 넘어서면서 전 세계적인 경보음이 울리기 시작했다. 그리고 이 속도는 여기서 멈추지 않았다. 2000년을 돌파하면서 지구의 인구는 60억 명에 이르렀고, 2011년에는 70억 명이 넘었다. 10억 명이 늘어나는 데 불과 11년밖에 걸리지 않은 것이다. 언제쯤이면 80억 명이 넘어설까? 예상대로라면 2030년 정도 될 것이라고 한다.

인구가 늘어난다는 사실을 이야기할 때 우리는 늘 도시와 환경에 대한 문제만 생각하는 경향이 있다. 예컨대 영국인들은 차를 마시면서 하루를 시작하는 경우가 많다. 그렇다면 런던 시민들이 하루 동안 마시는 차와 커피의 양은 얼마나 될까? 도시건축가 찰스 랜드리 Charles Landry에 따르면, 2.5미터 깊이로 50미터 길이의 수영장 8개 레인이나 되는 올림픽 규격 수영장 8개에 물을 채울 수 있다고 한다. 그리고 그 양은 더 늘어가고 있다. 하루에 1억 6,500만 컵을 마신다는 것이다. 1년이면 620억 컵이며 올림픽 규격 수영장 2만 3,000개에 물을 채울 수 있는 양이다. 이 많은 양의 물을 끓이기 위해서는 1,300만 톤의 석유 에너지가 필요하다. 영국인들이 마시는 차에 들어가는 우유와 크림의 양도 엄청나다. 영국에서 소비되는 전체 우유의 양 중에서 25퍼센트가 차로 소비되는데, 런던이라는 도시에서만 연간 약 70만 톤에 해당하는 우유와 크림을 소비한다.

런던에서만 이와 같은 현상이 벌어지는 것은 아니다. 도시는 우리가 상상하는 것 이상으로 많은 양의 물류가 필요하다. 도시는 모든 것을 먹어치우고 소비한다. 탐욕스럽게 먹고 쏟아내는 일종의 거대한 짐승과도 같다. 그래서 프랑스 사회학자 장자크 루소Jean-Jacques Rousseau는 도시는 인류가 뱉어낸 가래침이라고 말하지 않았던가. 이런 생각을 뒷받침하는 근거는 제시하기도 쉽다. 우리가 하루 동안 사용하고 버리는 쓰레기의 양을 생각해보는 것이다. 1,000만 명 혹은 2,000만 명이 되면 그 양이 어느 정도일지 생각해보면 된다.

현재 지구에는 어느 정도의 인구가 살고 있을까? 1900년대 초반에는 전 세계 인구의 10퍼센트 정도인 1억 6,000만 명이 도시에 살았다고 추정된다. 제2차 세계대전이 끝나고 나서는 34퍼센트인 7억 3,000만 명이 도시에 거주했다. 지금은 전 인류의 52퍼센트 이상이 도시에 살고 있는 것으로 추정하고 있다. 우리나라는 약 5,100만 명의 인구 중에서 91퍼센트가 도시에 살고 있으며, 중국도 52퍼센트의 인구가 도시에 살고 있다. 유럽 전역으로 본다면 75퍼센트가 넘는다. 그리고 대도시는 계속 늘어나고 있다. 현재 인구 100만 명 넘는 도시는 전 세계적으로 326개 정도 되며, 2025년에는 무려 650여 개에 이를 것이라고 한다. 거대 도시megacity도 계속 증가할 것이다.

그러나 인구가 늘어나는 것을 숫자로만 생각해서는 안 된다. 즉 이 작은 행성에 10억 명이 더 추가되는 데 불과 150년 만에 100년 이상에서 15년으로 줄어들었다는 현상과 인구 60억 명에서 70억 명으로 늘어나는 데 11년밖에 걸리지 않았다는 사실에 주목해야 한다. 폭발적으로 늘어나는 인구, 부족한 공간, 쏟아지는 수많은 인재, 분명 이런 요소들은 기업가들에게 호재로 작용했을 것이다. 우선 폭발적으로 늘어나는 인구는 기업들에 안정적인 수익원이 되어주었다. 서구의 역사는 중산층의 성장과 함께 늘어나는 제품 소비, 바로 신흥 시장에 집중해왔다. 실제로 미국과 서구의 대기업들은 이처럼 성장하는 시장에 의존해서 많은 수익을 거두었다. 사람들이 마트에서 구매하는 필수품과 대부분의 소비재를 만드는 거대 회사들은 이런 배경을 틈타 크게 성공해왔다. 또 늘어나는 인구에서 수없이 많은 인재를 채용할 수 있는 기회는 기업들에 관료제라는 도구를 선사했고, 여기에 테일러리즘과 포디즘은 적절한 타이밍에 등장해준 이념 도구였다.

마지막으로 부족한 공간에 대해서도 같은 맥락의 해법이 필요했다. 이때 그리드는 효율성과 성장의 도구로 비즈니스에서 발탁된다. '지구'라는 행성에서 인간들이 수천 년 전부터 만들고 활용해왔던

'그리드'라는 시스템이 감시하고 통제, 관리하기에 용이한 도구로 작용했던 것이다.

그러나 어느 순간부터 상황이 바뀌기 시작했다. 똑똑한 개인들이 부상하기 시작한 것이다. 똑똑한 개인들에게는 산업혁명 때부터 주장되어온 당근과 채찍 전략이 효과 없다. 그리고 새로운 인류가 나타나고 있음에도 불구하고 대부분의 사람들은 이로 인해 어떤 변화가 어떻게 올 것인지는 말하지 않는다. 물론 그 이유 중 하나는 앞으로 펼쳐질 엄청난 미래에 대한 무지 때문일지도 모른다. 지금의 현상을 직시해야만 한다. 인류가 지금처럼 기술 변화와 인구 변화로 인한 수많은 변화의 경계선에 선 적은 없었다. 우리의 발아래에서 지면이 움직일 정도라고 해도 과언이 아니다. 기술과 커뮤니케이션의 빅뱅과 더불어 인간의 본질이 바뀌고 있는 것이다. 무엇보다 정신적, 육체적 능력에서 과거 인간의 한계가 사라지고 있다. 수십억 명의 개발도상국 국민에게 "10~20년 전만 해도 상상할 수 없던 더 부유한 신시대가 밝아오고 있다"는 말은 이제 진부한 상투어가 아니다.

기술과 커뮤니케이션의 발달로 인간의 본질은 바뀌고 있고, 다시 인간은 인간이 머무르는 공간과 일터, 비즈니스 환경에 이르는 모든 것을 바꾸고 있다. 우리는 이 현상을 조금 더 깊이 들여다볼 필요가 있다. 개인의 힘이 커지고 있다는 첫 번째 명백한 징후는 부가 증가한다는 사실이다. 이는 점점 증가하는 세계 중산층에게서 뚜렷이 나타나는데, 그들은 지금 구조적 변화를 겪는 중이다. 다음 몇십 년에 걸쳐 세계 인구 중 다수는 빈곤하지 않을 것이며, 서구 국가는 물론 전 세계 대다수 국가에서 중산층이 경제적, 사회적으로 가장 중요한 집단으로 부상하고 있다. 이것은 현실이다.

그런데 이 중산층을 규정하는 법칙이 흥미롭다. 일반적으로 1인당 소비를 언급하지만 세계의 미래 모형에서는 구매력 평가 비율을 기준으로 가구당 1일 지출액이 10.50달러에 해당하는 사람들을 중산층으로 정의하고 있다. 골드만삭스도 이와 유사하게 정의했는데, 연간 1인당 국내총생산 6,000~3만 달러를 중산층으로 정의하고 있다. 이런 추세로 본다면 2030년경에는 세계 인구의 절반 이상이 중산층이 될 것이라고 한다. 또한 2030년 세계 인구는 83억 명에 달할 전망인데, 이 중에서 중산층은 40억 명 이상이 될 것이다.

중산층의 성장과 함께 살펴볼 것은 정보기술의 발달이다. 오늘날 정보기술이 중대한 민주화 세력의 근간이 되고 있다는 것에는 대체로 이견이 없다. 과거에는 대기업과 정보기관만 정보를 보유했지만, 이제는 상황이 달라졌기 때문이다. 정보 분석과 통합 능력을 개인이 보유하고 있다는 것이다. 이것은 불과 몇 년 전 미국 대통령이 가지고 있던 정보력보다 더 크다. 단지 각 개인들이 그것을 몰라서 활용하지 않을 뿐이다. 물론 정보력이라는 것에는 양날의 칼이 존재한다. 정부는 개인의 행동을 예측하는 빅데이터 기술을 보유하고 있는데, 이를 통해서 중산층을 압박할 수도 있을 것이다. 반대로 개인은 그 통제를 벗어날 수 있는 기술을 갖게 될 수도 있다.

기술은 또 다른 위험 요소도 가지고 있다. 로봇의 인지 능력을 개선하려면 많은 연구가 필요하지만 2030년에는 초현대적이고 파괴적인 시스템이 등장할 것이다. 이로써 완전 자동화가 실현될 경우 저임금 국가로의 제조 아웃소싱보다 비용 효율성이 뛰어나 특정 산업에서 노동 시장 전체를 날려버릴 가능성도 있다. 개발도상국에서도 로봇이 전자 분야의 육체노동을 대체해 임금이 낮아질지도 모른다. 예를 들어 폭스콘Foxconn(중국 소재 애플 제품 제조사)은 몇 년 안에 노동력의 80퍼센트를 로봇으로 대체할 계획을 세웠다고 알려졌다. 폭스콘은 노동 비용이 증가해 낮은 임금으로 믿을 만한 노동자를 확보하기가 점점 어려워질 것이라고 전망하기 때문이다. 이 문제는 역설적이다. 기업에는 인재를 선택할 수 있는 기회가 늘어났지만, 반대로 중국 노동자들은 더 많은 임금을 요구하면서 오히려 기업이 첨단기술에 투자해서 노동자가 필요 없는 공장 시스템을 만들고 있기 때문이다.

중산층과 관련해서 반드시 고려해야 할 사항은 중산층이 관련 국가의 성장 엔진으로 작용할 것이라는 점이다. 역사적으로 보면 물리적 자본, 시설, 장비, 주택, 인력, 교육, 건강 등에서 중산층이 강한 영향력을 행사한다는 것을 알 수 있다. 그렇다면 중산층 성장에 대한 것을 철학적으로는 어떻게 바라봐야 할까?

17세기 영국 내전 시대에 살았던 철학자 토머스 홉스Thomas Hobbes는 『리바이어던』이라는 불후의 명작을 저술했다. 이 책에서 홉스는 상당 부분을 할애해 불화와 내전이라는 악을 피하려면 강력한 중앙권력이 필요하다는 사실을 입증하고 있다. 그러나 그로부터 1세기

후에 살았던 이마누엘 칸트Immanuel Kant는 외부 권력의 명령을 받지 않고 자율적으로 생각해야 한다고 믿었다. 그는 프랑스 혁명과 미국 독립 혁명, 그리고 더 큰 자율권을 확보하고자 영국과 맞서 싸운 아일랜드의 활동을 지지했다고 한다. 그로부터 200년이 지나, 이제 개인들이 부상하고 있다.

지난 2006년 『타임』지는 당시 블로그blog나 유튜브YouTube, 마이스페이스MySpace 등의 미디어를 통해 폭발적으로 영향력을 키워가던 '당신You'을 올해의 인물로 선정했다. 그로부터 10년이 지난 지금, 디지털의 성장과 스마트폰의 보급으로 우리의 일상은 획기적으로 바뀌었고, 브랜드 컨설팅 회사들은 새로운 비즈니스 패러다임의 등장을 알리며 '당신의 시대Age of You'를 선언했다. 때를 같이해서 소비자는 더 이상 브랜드의 이름이나 품질을 보고 지갑을 열지 않는다. 상품을 만지고 느끼는 소비자의 경험도 보다 스마트하게 발전해 선두 기업들은 구글이나 애플, 페이스북, 아마존 등의 사용자들이 누구든 어디에 있든 이력과 위치를 기반으로 제품과 이벤트, 서비스를 맞춤형으로 제공하고 있다. 브랜드는 데이터 속에서 인간을 확인하고 진정으로 이해하여 그야말로 개인화되고 조직된 경험을 창조해야 하며, 사용자를 고객으로 만들어야 생존할 수 있는 것이다.

개인의 힘이 증가하고 있다는 두 번째 명백한 징후는 브랜드의 역사를 통해 쉽게 이해할 수 있다. 브랜딩Branding이라는 용어는 원래 소유권을 표시하기 위한 조악한 인증이었다. 말 그대로 달군 도장을 소가죽에 찍는 것이 브랜딩이었다. 이는 마케팅 분야에서 사소한 이야깃거리에 지나지 않지만, 브랜딩의 기술과 과학이 얼마나 먼 길을 걸어왔고, 얼마나 발전했는지 깨닫게 한다.

브랜드의 발자취를 잠깐 살펴보자. 제2차 세계대전 후 가축의 소유권을 확인하기 위해 새겼던 도장은 정체성의 시대라고 명명된 시기를 지나면서 차별화와 인증의 강력한 상징으로 발전했다. 그렇지만 브랜드의 변화는 여기서 멈추지 않았다. 1980년대 말부터 시작된 가치의 시대에는 브랜드의 무형적 요소에 대한 의구심이 완전히 사라지면서 브랜드가 분명한 가치를 갖게 되었다. 그래서 선도적 기업들은 브랜드를 비즈니스 자산으로 인식하면서 엄청난 광고비를 집행했던 것이다. 그 후 시대에는 상품과 서비스가 기하급수적으로 증가했고, 소비자들에게 만족스럽고 차별화된 경험을 제공하는 과정에서 브랜드가 담당하는 역할을 기업들이 깊이 공감하면서 새로운 시대가 시작되었다. 마케팅 분야에서는 이 시대를 경험의 시대라고 부른다. 그렇지만 이것이 끝은 아니다.

현재 브랜드는 이 모든 것을 뒤로하고 '개인의 시대'라고 말할 수 있다. 개인의 시대가 된 것은 다분히 디지털 기기를 앞세운 ICT 기업들이 개인들을 스마트 환경에 노출시킨 것을 이야기하지 않을 수 없다. 개인들은 이 스마트 기기를 이용해서 강력한 정보력으로 무장하고 자신의 목소리를 높이게 되었으며 장소와 시간에 구애받지 않고 커뮤니케이션할 수 있는 능력을 갖게 된 것이다. 결국 지금은 1인 미디어 시대로 접어들었고, 공중파 TV의 권력마저 분열되는 현상을 만들고 있다.

이런 환경을 만들어놓는 선두주자는 역시 구글, 아마존, 페이스북, 애플인 GAFA이다. 이들은 눈에 띄는 특징 한 가지를 가지고 있다. 바로 한 번의 로그인으로 각 브랜드 공간 내에서 고객 맞춤형 생태계를 제공한다는 것이다. 그러나 이러한 개인화 경향이 IT 기업에만 국한된 것은 아니다. 알리안츠Allianz, 구찌Gucci, 피자헛Pizza Hut, 무지MUJI 등 보험, 헬스케어, 소비재, 외식 산업 등에서도 언제 어디서든 소비자가 원하는 맞춤형 서비스를 제공하기 위한 노력을 게을리하지 않고 있다. 이유는 간단하다. 부상하고 있는 개인의 권력이 비즈니스의 모든 구조를 바꾸고 있기 때문이다.

자본을 위한 그리드, 자본에 의한 그리드 파괴

첫째, 실시간 감시와 실시간 반응에 대한 조사가 가능해야 한다. 이것이 제대로 작동하려면 핵심부에서부터 주변부에 이르기까지 조직 곳곳에 민감한 장치가 있어야 한다. 둘째, 예측이다. 수요와 공급에 맞는 정확한 예측이 가능해야 한다. 셋째, 고립 혹은 비동조화이다. 문제가 발생하면 그 부분을 고립시켜야만 전체 시스템에 문제가 생기지 않는다.

이 세 가지 원칙은 어디에 해당하는 것일까? '회사' 또는 '조직'이라고 대답할 수도 있겠지만, 틀렸다. 바로 미국이 만들고 있는 미래형 전력망의 3대 원칙이다. 그것도 미국과학기술원National Academy of Engineering이 '엔지니어링 부문에서 이룩한 20세기 최고의 업적'이라고 표현한 북미 지역 현대 전략망의 시스템에 대한 원칙이다. 이들은 그것을 '스마트 그리드Smart Grid'라고 부른다. 실시간 감시 시스템과 수요 예측 시스템 그리고 고립화시키는 작전은 어느 지역에 문제가 발생하더라도 신속하게 대응할 수 있다는 것이다.

미국이 이렇게 '스마트 그리드' 시스템을 만들려고 계획한 것은 최근에 일어난 전대미문의 전력사고 때문이다. 2003년 8월 14일 아주 평범한 날, 전력사고가 일어났다. 테러가 일어난 것도 아니었다. 미국 오하이오 주 한 송전선에서 합선이 일어났는데, 해당 지역 담당자에게 문제를 알리는 시스템마저 먹통이 되고 말았다. 합선이 일어난 줄도 모른 채 전력은 계속 공급되었고 송전선은 이를 감당할 수 있는 한도를 넘겨버렸다. 결국 두 시간 만에 오하이오에 있는 모든 송전선이 기능을 상실했고, 이 사태는 미국 8개 주에 거주하는 4,500만 명에게 피해를 준 북미 역사상 최대 최악의 정전 사태로 기록되었다. 그날 저녁이 되자 항공과 철도를 비롯한 모든 공공 교통 시설의 운행이 중단되고 미성년자들에게는 통행금지령이 내려지기도 했다. 이는 가장 크게 일어났던 전력 사고로 기록되고 있다. 결국 미국 정부는 이 경험 이후 '스마트 그리드' 시스템을 준비하게 된 것이다.

따라서 이제 우리는 이런 가정을 세울 수 있다. 그리드 구조의 장점을 100퍼센트 활용한다면 사람을 관리 통제할 수 있을 뿐 아니라,

사물과 시스템까지도 관리할 수 있다는 것이다. 그렇다면 그 효율성의 밑바탕에 흐르는 논리 구조는 과연 무엇일까?

그리드와 관련한 해답은 어쩌면 '자본'이라는 거대한 이데올로기에서 찾을 수 있을지 모른다. 다시 말해 그리드 구조가 만들어진 것은 애초부터 자본의 축적과 유지를 위해서이다. 그 후 오랜 시간 동안 소리 없이 인간 세계에서 굴림해온 것도 사실이다. 그렇지만 모든 것이 그렇듯 언젠가는 효력을 상실할 때가 오게 마련이다. 즉 자본이라는 이데올로기에 의해 그리드가 만들어졌다면 다시 자본이라는 논리에 의해 그리드가 파괴될 수도 있는 것 아닌가?

우선 그리드 구조가 어떻게 역사에서 자리 잡게 되었는지 살펴보자. 역사적으로 다음 두 가지 법이 그리드를 고착시켰다고 볼 수 있다. 그것은 바로 서인도법과 미국의 연방토지법이다. 서인도법의 시작은 1493년으로 거슬러 올라간다. 당시 스페인은 서인도 제도의 산토도밍고에 어느 정도 그리드 패턴이 구축된 계획도시를 만들기 시작했다. 과거 로마가 식민지를 지배하면서 만들기 시작한 그리드 구조의 역사처럼 말이다. 키토, 리마, 부에노스아이레스, 보고타, 칠레의 산티아고, 발파라이소 등 남아메리카의 중요한 도시는 1534년부터 1544년까지 10년 동안 그리드로 만들어진 것이다. 이들 도시들은 각 지역 도시 계획 프로그램의 일환으로 만들어진 것이 아니다. 도시들은 사람과 시스템을 법적으로 규율하고 통제하기 위해 각각의 특색을 폐기해버렸다. 결국 도시의 행정 규제 시스템도 도시계획의 기능적인 측면만 부각하면 개성이 사라지게 된다. 이렇게 뉴스페인의 도시들은 스페인 법원의 명령에 따라 설계된 것이다. 결국 1573년 펠리페 2세는 르네상스 사상의 진수인 서인도법을 시행하기 시작했다.

미국의 연방토지법도 서인도법과 같은 패턴을 따른다. 모든 도시계획은 그리드로 만들어야 한다는 것을 확실히 선언해버린 것이다. 미국의 국경이 최종적으로 정해질 때까지 그리드로 만든 도시는 동부 해안의 구 식민지와 서부 태평양 사이의 전 대륙에 걸쳐 만들어지게 된다. 이 모든 그리드는 왜 생겨났을까? 자본이다. 즉 자본이 등장하면서 그리드가 생겨났다고 해도 과언이 아닐 것이다.

앞서 이야기했듯이 18세기 산업혁명기에 들어서면서 관료제가 등장하기 시작했다. 관리자는 생각하고, 노동자는 일을 해야 했다. 당시 프레더릭 윈슬로 테일러가 태어나면서 당근과 채찍이 공존하는 경영의 방법이 태어났다. 그는 아직도 '경영의 아버지'라고 불리지만, 그가 아니었더라도 누군가는 만들었을 법한 경영 이념일지 모른다. 그렇게 해서 태어난 거대 기업들은 인류가 경험해보지 못했던 어려운 선택을 제공했다. 즉 자본에 의해서 만들어진 조직의 문화는 곧 대기업들이 앞장선 산업혁명에 각 개인이 동참해야만 안정적인 직장 생활이 가능해졌다는 것을 의미하며, 개인은 이 대열에 참여할지 말지 결정해야 했다.

넓고 윤택한 사무 환경과 냉난방이 가능한 사무실, 적절한 휴가 시스템과 노동조합은 근로자로서의 자부심을 느끼게 하는 데 충분한 역할을 해왔다. 대형 마트에서는 풍족한 생활을 누릴 수 있었으며, 발달된 대중교통과 사회보장 시스템은 가족을 부양하고 사회활동을 즐기며 미래를 설계하는 데 있어서 적어도 열심히 일만 하면 된다는 생각을 심어 주었다. 이 행렬에 동참하기 위해서는 열심히 공부해야 했고, 인구가 많은 아시아 지역을 비롯해서 선진국들은 자신의 재능과 열정을 인정받기 위해 더 좋은 대학을 선호했다. 그래야만 성공할 수 있고, 성공하면 이 행렬의 가장 앞에 서게 될 것이라고 믿었다. 여기에는 적어도 몇 가지 사회적인 상식이 존재했다. 이 상식은 산업혁명기에 가속화된 것이 틀림없지만 적어도 지난 200년 동안 불문율로 여겨져왔다.

첫 번째 상식은 우리의 성공에 대한 것이다. 공부를 열심히 하고 자본주의가 만들어놓은 궤도를 좇아가면 물질적인 풍요를 얻을 수 있다는 믿음이다. 이에 대해 자본주의는 지난 200년 동안 단 한 번도 의심하지 않게 만들어주었다. 열심히 노력하는 자에게는 거기에 맞는 보상이 따라온다는 것을 모두가 확인해왔기 때문이다. 두 번째 상식은 앞선 믿음에 따르는 규칙에 대한 것이다. 이것은 생각보다 중요하다. 자본주의 사회에서 성공하기 위해서는 자본을 소유한 자들이 설정한 규칙을 잘 따르겠다는 약속을 지켜야 한다는 것이다. 학교에서는 학교의 규칙을 따라야 하고, 회사 또는 조직에는 각각 정해진 규율이 있어 '근로자'들은 이 규칙에 수긍하고 성실하게 그 규칙을 따라야 한다.

자본주의의 밑바탕에는 항상 관리와 통제라는 그리드가 존재한다. 그리고 우리는 이 구조주의 철학 안에서 생각하도록 길러졌다고 해도 과언이 아니다. 물론 자본주의와 그리드가 사회의 구조를 만들고 여기에서 성공하는 사람이 산업 사회의 리더로 올라가는 구조도 인간이 만든 것임에 분명하다. 스스로 이익을 위해 선택한 것이고, 그리드가 가진 효율성이 매우 좋았기 때문에 아마도 다른 선택의 여지는 없었을 것이다. 그렇지만 모든 구조에서는 살아남는 사람이 있고 살아남지 못하는 사람이 있다. 역사적으로 보면 살아남는 종족은 우성으로 받아들여지고, 살아남지 못하는 종족은 열성으로 받아들여진다. 그리드 구조는 이렇게 닫힌 채로 사회의 계급을 더 나누면서 극단화되리라 생각하는 것도 자연스러운 발상일지 모른다.

여기서 큰 변화가 일어나기 시작했다. 지금까지 그리드가 만들어 놓은 게임의 규칙이 바뀌고 있는 것이다. 다시 말해서 자본주의에 의해 그리드가 파괴되고 있는 것이다. 즉 그리드는 과거 역사에서부터 항상 사람을 통제하고 규율하며 관리할 수 있는 기본적인 구조로 사용되어왔지만, 역설적이게도 자본을 위해 만들어진 그리드는 자본에 의해 깨지고 있다. 산타페 연구소에 따르면 조직은 관료 체제를 유지하는 데 더 많은 자원을 투입하고, 일 자체에는 갈수록 적은 자원을 투자하고 있다. 특히 2만 3,000개의 기업을 조사한 결과 기업의 규모가 커지면서 직원 한 명이 창출하는 수익은 더 줄어든다는 사실이 밝혀졌다. 직설적으로 말해, 대기업들은 크고 멍청한 회사가 되어가고 있다. 막스 베버가 주장한 큰 기업만 살아남는다는 대전제가 깨지고 있는 것이다.

기업 입장에서는 어떤 대안을 만들어야 할까? 규모를 줄여야 할까? 규모를 줄이는 것은 해답 중 하나일 것이다. 2008년 기준으로 600만 개의 미국 기업 중 직원 수가 1만 명 이상인 기업은 981개에 불과했다. 절반 이상이 4명 이하의 벤처나 소호 기업이었다. 2012년에는 국세청에 등록된 비영리단체의 수가 160만 개를 돌파했다. 매출 10만 달러 넘는 단체는 25퍼센트, 1,000만 달러 넘는 단체는 4퍼센트, 5,000만 달러 넘는 단체도 수백 개에 이른다. 좋은 일을 하는 작은 단체들도 빠르게 늘어나고 있는 것이다. 큰 기업이 성공한다는 원칙은 이미 사라져버렸는지도 모른다.

그다음으로 선택할 수 있는 대안은 무엇일까? 바로 그리드를 파괴하는 것이다. 실제로 일부 기업들은 전통적으로 가지고 있는 관리와 통제의 원칙을 과감하게 버리기 시작했다. 이유는 간단하다. 남들과 다른 경쟁력을 갖추기 위해서, 즉 새로운 자본주의 논리에 의해서 파괴되고 있는 것이다.

먼저 기업들은 운영 시스템의 방향을 바꾸기 시작했다. 조직의 구성원들에게 같은 크기의 공간을 제공하고 같은 규율과 원칙을 적용하면서 성과를 측정했던 기업들에도 변화가 일어나기 시작한 것이다. 물론 지식 경제의 등장과 함께 직장 내 업무가 엄청나게 복잡해지고 있다는 사실에서도 영향을 받았을 수 있다. 어쨌든 각 구성원들의 성과를 측성하기란 점점 불가능해져가고 있다. 어도비Adobe는 2012년에 전 구성원의 성과 측정을 전면 폐지했다. 때를 같이해서 미국 듀크 대학교의 행동경제학과 댄 애리얼리Dan Ariely 교수는 '높은 급여가 직원의 성과를 개선시킨다'는 내용에 대해 연구한 결과 높은 보너스를 지급하면 오히려 성과가 떨어진다는 결론을 얻었다.

같은 변화는 일본에서도 일어나기 시작했다. NHN 일본 라인LINE 주식회사는 경영에서 가장 중요한 것이 비즈니스의 속도와 고객이 원하는 것을 제공하는 것이라고 여긴다. 우선 비즈니스의 속도를 높이기 위해 필요 없는 것들을 제거하기 시작했다. 일반적으로 기업들이 만들고 있는 사업계획서, 비전 선포, 연공서열식 사고방식과 급여 체계까지 폐지해버렸다. 또 속도를 높이기 위해 회의 문화를 없애고 대신 모든 의사결정 권한을 이양하고 있다. 기업 경영에서 관리와 통제 대신 자유를 선택한 것이다.

이들은 고객이 원하는 것을 제공하기 위해서도 불필요한 것들을 제거하면서 파격적인 행보를 이어가고 있다. 즉 조직에서 팀 간 경쟁은 고객이 원하는 것이 아니기 때문에 하지 않는다. 다른 기업이나 상품과의 차별화도 바라지 않는다. 차별화는 고객이 원하는 것이 아니라는 철학 때문이다. 고객이 원하는 것은 가치이지 다른 상품과의 차별화가 아니라는 말이다. 게다가 구성원들이 일하는 방식도 바뀌고 있다.

대개 기업들이 직원들에게 업무를 지정해주고 성과를 내게 하는 것이 일반적인데, 라인 주식회사에서는 그렇게 하지 않는다. 일을 스스로 찾아야 하는 것이다. 다른 팀, 다른 부서에서 추진하고 있는 프로젝트가 재미있고 자기가 잘할 수 있을 것 같으면 참여하는 것이 당연한 문화처럼 여겨진다. 이 회사의 운영방식을 보면 경영철학이 무엇일까 하는 생각을 가질 수도 있다. 그러나 간단하다. 그리드를 파괴한 것이다.

그리드를 파괴하는 행보가 돌연변이 같은 회사에서 나타나는 것은 아니다. 이미 많은 기업이 지금까지 우리가 성과 향상을 위해 만들어놓은 수많은 구조를 파괴하고 있다. 우리가 잘 아는 기업으로는 픽사Pixar를 시작으로 애플, 구글, 페이스북, 아마존, 넷플릭스, 테슬라와 같은 기업을 들 수 있다. 그들은 그리드를 파괴하고 직원들에게 자유를 선사하며 회사의 운명을 그들에게 걸고 있다. 즉 그리드의 영향력으로부터 벗어나기 위해 탈구조주의를 믿는 사람들이 성공 대열의 선두에 서 있는 것이다. 이들은 인간을 분류하고 관리 통제하려고 드는 그리드의 시도를 방해하거나 끊어내는 전술을 개발하고 있다. 그러려면 현대 기업문화의 가장 귀중한 수단인 그리드를 포기하고 공적 담론에서 소외될 위험을 감수해야 할지도 모른다.

사실 그리드가 만들어놓은 구조는 그 영향력이 광대하고 강력하다. 게다가 그리드는 수많은 시간을 거치면서 복잡계를 형성하고 있어서 이를 만들어내는 데 일조했던 구조주의 전문가조차 이해하지 못할 때가 있었을 것이다. 이해하지 못하는 그리드에 의해 움직이는 세상에서 윤리적, 성찰적으로 행동하기는 쉽지 않다.

멜빈 크랜즈버그Melvin Kranzberg는 "기술은 좋지도, 나쁘지도, 중립적이지도 않다"고 말했다. 바꿔 말하면 그리드는 좋지도, 나쁘지도, 중립적이지도 않다. 그리드에는 감정이 없기 때문이다. 그리드는 가치 판단을 내리지도 못한다. 혁신을 만드는 것은 시스템이 아니라 결국 사람이다. 그리드가 좋은지 나쁜지 판단하는 것도 바로 사람이어야 한다. 지금이 바로 그때이다. 자본주의에 의해 만들어진 그리드 구조가 깨지고 있다. 물론 수십 년이 지난 후에 비즈니스 역사는 다르게 해석될지도 모른다. 그러나 중요한 것은 지금 이미 그리드가 파괴되고 있고, 우리는 그 지각 변동이 일어나고 있는 상황에 놓여 있다는 사실이다.

창의력의 산실은 공간부터 다르다

전병근 「궁극의 인문학」 저자

　디스쿨d.school은 미국 샌프란시스코에 있는 스탠퍼드 대학교 캠퍼스 내에 설치된 디자인스쿨이다. '창의적인 아이디어의 산실'로 세계적인 명성을 자랑한다. 고효율 LED 전등 'd라이트'와 뉴스 애그리게이션 앱인 '펄스'가 이곳에서 탄생하면서 주목받기 시작했다.

　디스쿨의 '스쿨school'이란 흔히 우리말로는 대학원이라 부르는 과정에 해당한다. 그러나 디스쿨은 다른 전문대학원인 로스쿨이나 비즈니스스쿨, 엔지니어링스쿨과 달리 정식 학위가 없다. 자발적으로 지원해서 들어온 학생들이 함께 섞여서 공부한다. 필수 과목도 없다. 그렇지만 목표는 선명하다. 현실에서 직면한 과제들을 해결하기 위한 방법을 찾아내는 것이다.

　내가 그곳을 직접 방문한 것은 2014년 1월이었다. 애초의 출장 복적은 창의적 사고의 구루인 톰과 데이비드 켈리 형제의 인터뷰를 위해서였다. 형제가 함께 새로 쓴 책이 국내에 번역된 것이 계기였다. 그 무렵만 해도 디스쿨이 국내에 제대로 알려지기 전이었다. 현장을 취재한 방문기도 없었다. 나도 그곳에 가기 전까지는 잘 알지 못했다.

데이비드와 톰 형제는 창의적인 사고의 전도사들로 각기 이름이 높다. 데이비드 켈리David Kelley(65세)가 형이고 톰 켈리Tom Kelley(60세)가 동생이다. 인터뷰 상대는 톰으로 예정돼 있었지만 사실은 형 데이비드의 지명도가 좀 더 높았다. 데이비드는 디자인 컨설팅 기업인 IDEO의 창업자로 유명하다. 톰은 IDEO의 공동 파트너이면서 저술과 강연으로 지원하고 있었다. IDEO는 세계 굴지의 기업들은 물론, 국내의 현대카드와 삼성전자에 대한 디자인 프로젝트로도 잘 알려져 있다. 데이비드의 또 다른 작품이 바로 디스쿨이다.

켈리 형제의 이력은 특이하다. 그들이 책에 소개한 일화 중에는 이런 대목이 나온다. 어느 날 형이 갑작스레 후두암 선고를 받았다. 의사는 생존율이 40퍼센트라고 했다. 동생은 브라질 상파울루에서 강연을 하던 중 이 연락을 받고 곧장 형에게로 날아갔다. 2007년 4월이었다.

고통스러운 투병이 시작되었다. 화학요법에 이은 방사선 치료, 모르핀 투여에 이르기까지 모든 방법을 동원했다. 수술 후 마침내 회복 기미가 보이기 시작했다. 그때 두 사람은 다짐했다. 완치되면 서로가 잊지 못할 추억 두 가지를 꼭 만들자고. 하나는 형제만의 여행, 또 하나는 세상을 위한 공동 프로젝트였다.

기적처럼 후두암이 꼬리를 감췄다. 형제는 일본으로 1주일 여행을 다녀왔다. 첫 번째 약속의 이행이었다. 그리고 2013년에 함께 책을 한 권 펴냈다. 바로 『유쾌한 크리에이티브』였다.

이 책에는 디스쿨의 사례가 많이 인용돼 있다. 디스쿨은 데이비드 자신이 오래전부터 설파해온 '디자인적 사고'를 직접 가르치고 확산시키기 위해 시작한 프로그램이다. 공식 명칭은 좀 길다. Hasso Plattner Institute of Design at Standford(스탠퍼드 대학교 하소 플래트너 디자인 연구소). 이름 앞쪽에 붙은 '하소 플래트너'는 독일의 기업용 소프트웨어 제조업체인 SAP의 창업자 이름이다.

스탠퍼드 대학교 교수였던 데이비드는 일찍부터 기존 대학 학과들과 다른 실험적인 교육 과정을 만들고 싶어 했다. 다양한 전공의 학생들이 창조력을 키우고, 새로 습득한 기술로 현실 문제를 해결할 수 있는 장이 대학 내에 있었으면 했다. 그곳에는 과학자와 경영자, 변호사, 엔지니어 등 배경이 다양한 학생들이 함께 모이는 통섭의 공간이어야 했다

데이비드는 언젠가 다른 업무로 하소 플래트너를 만난 자리에서 자신이 품고 있던 실험학교에 대한 구상을 털어놨다. 하소는 그 자리에서 망설임 없이 수표책을 집어 들어 지원금을 써 넣었다. 디스쿨의 시작이었다. 2005년의 일이다.

나는 톰과 인터뷰를 마친 뒤 디스쿨에 대한 취재를 하고 싶다고 말했다. 그러나 학기가 끝나 사실상 휴교 상태인 데다 예정되지 않은 일이라며 난색을 표했다. 내가 방문이라도 하게 해달라고 청하자 그가 장소를 알려줬다.

다음 날 스탠퍼드 대학교 캠퍼스로 향했다. 디스쿨은 별도의 건물

을 차지하고 있지 않았다. 물어물어 찾아갔더니 공대 연구동 중 한 곳에 자리 잡고 있었다. 입구도 여느 강의동과 차이가 없다. 1층 현관을 지나 안으로 들어서자 천장이 높은 뻥 뚫린 공간이 눈에 들어왔다. 입학이나 졸업식, 강연처럼 전체 행사가 있으면 모이는 장소 같았다.

한쪽에 반짝반짝 광택이 나는 자주색 자동차가 눈에 띄었다. 몸체에는 대문자 S를 넣은 원문자가, 문짝에는 소문자로 d.school이라고 적혀 있었다. 한눈에 뭔가를 구현하고 만들어내는 제작소라는 느낌이 들었다.

전체적으로 디스쿨은 두 층을 자유롭게 활용해 창고형 매장이나 공구점 같은 분위기를 풍겼다. 눈을 들어서 보니 저쪽 맞은편 벽에 크지 않은 글씨로 슬로건이 적혀 있었다. "Make Stanford Weird." 직역하면 '스탠퍼드를 괴상하게 만들어라'쯤 되는데, '통념에서 벗어나 파격을 서슴지 마라'라는 주문 같았다. 이 학교의 창의적인 기운을 느낄 수 있었다.

안으로 들어가니 리셉션 부스랄까 과사무실 같은 공간이 보였다. 사방 벽에 눈길이 가 닿는 곳마다 사람들의 얼굴 사진이 오밀조밀하게 붙어 있었다. 마치 벌집 같았다. 명함 크기만 한 즉석 폴라로이드 사진을 촘촘히 붙여놓은 것이었다. 들여다보니 현재 디스쿨에 등록된 학생들의 사진인 모양이었다. 저마다 함박웃음을 지은 얼굴 밑에는 이름과 전공이 적혀 있었다. 경영학, 정치학, 인류학, 사회학, 역사, 철학 등 얼핏 봐도, 생각할 수 있는 전공은 다 들어 있는 것 같왔다. 이 다양한 전공자의 아이디어가 뒤섞이는 용광로 같은 곳이 디스쿨이겠다 싶었다.

원래 정식 투어 프로그램도 있다는데, 나는 이날 예정에 없던 방문객이어서 그런 안내를 받지는 못했다. 방학 중이어서인지 사람들도 별로 없었다. 혼자 걸어 들어가서 둘러봤다. 2층에 올라가니 진면목을 볼 수 있었다. 공간 전체가 하나의 작업장 같았다. 방학 중이라고는 하지만 조금 전까지도 뭔가 한창 일을 벌이다가 잠시 해산한 듯한 기색이었다.

초입에는 마치 어느 미국 가정의 차고(보통 정비나 작업실을 겸한) 같은 공간이 자리 잡고 있었다. 온갖 기계 공구가 벽에 걸려 있고, 한쪽에는 각종 부품이 든 박스들이 쌓여 있었다. 조금 더 들어가니 무슨 실험실 같은 공간이 나왔는데, 한편에 도르래 장치가 매달려 있었다.

더 들어가니 곳곳에 이동식 게시판이 서 있고, 화이트보드에 크기부터 색깔까지 다양한 포스트잇이 은행잎처럼 붙어 있었다. 화이트보드의 여백이나 포스트잇에는 휘갈겨 쓴 단문과 수식, 도안들로 채워져 있었다. 중간중간에 붙어 있는 사진들도 다양했다.

공간 곳곳에는 필기구와 보조 도구들이 마치 구급약 상자처럼 비치돼 있었다. 생각이 떠오를 때마다 써서 붙이고, 모형을 만들어보는 것 같았다. 화이트보드를 겸한 패널에는 바퀴가 달려 있는 게 특징이었다. 공간을 그때그때 필요에 따라 분할하고 활용할 수 있게 되어 있었다.

방학이어서 아무도 없는 줄 알았는데, 저쪽 구석에서 웃음소리가 들려와 조심스레 다가가봤다. 별도의 차단 벽이나 문도 없어 쉽게 안을 넘겨다볼 수 있었다. 일종의 개방식 세미나실이라고나 할까. 그곳에 서너 명이 서서 이야기를 나누고 있었다. 가운데 있는 책상 위에는 건축 사무실에서 볼 수 있는 미니어처가 놓여 있었다.

잠깐 그곳 학생들과 인사를 나눈 뒤 뭘 하고 있었는지 물었다. 한 학생이 대학 캠퍼스 리모델링에 대한 설계안을 논의하는 중이라고 말했다. 나와 초면인데도 마치 같은 세미나 팀원이라도 되는 듯이 돌아가면서 신나게 자기 나름의 생각들을 들려줬다. 심지어 누군가는 네 생각은 어떠냐고 묻기까지 했다. 하마터면 거기에 잡혀 시간을 보낼 뻔했다. 그만큼 그들은 이질적인 구성원과의 즉석 소통에도 아무런 거리낌이 없었다. 이곳 지원자들의 성향과 평소 학교 분위기를 알 만했다.

디스쿨은 개방과 자율이 특징이다. 창의력의 비결을 알고 그대로 적용한다. 스탠퍼드 대학원생이면 전공을 불문하고 등록할 수 있다. 재학생은 학비가 무료이다. 어느새 소문이 퍼져 많은 외부 기업 임직원이나 연방/지방 공무원들도 연수를 자원해 모여든다고 했다. 강좌는 제목부터 파격적인 뉘앙스를 물씬 풍긴다. 그중 하나가 '극저가 제품 디자인Design for Extreme Affordability'이다.

이 강좌를 통해 인큐베이터 기능을 하는 초저가 신생아용 침낭 '임브레이스'(2007), 전기 없는 농촌에서 촛불 대신 쓸 수 있는 고효율 LED 전등 'd라이트'(2006), 뉴스 애그리게이션 앱인 '펄스'(2010)

가 탄생했다.

디스쿨이 추구하는 정신이 무엇인지, 이들이 말하는 창의력의 비결이 무엇인지는 톰과의 인터뷰에 잘 나타난다. 그중 일부를 소개하면 다음과 같다.

창의력이 중요하다는 말은 누구나 한다.
당신의 메시지는 어떤 차이점이 있는가?

"창의성은 누구나 타고난다. 유치원만 가봐도 알 수 있다. 어릴 때는 모두가 창의적이다. 문제는 많은 사람이 창의력을 제대로 발휘하지 못하고 있다는 사실이다. 데이비드는 디스쿨에서 스탠퍼드 대학원생들에게 디자인적 사고에 대해 가르치기 시작했다. 처음에는 어려울 것이라 생각했지만, 그렇지 않았다. 그들 모두가 이미 창의성을 갖고 있었기 때문이다. 약간의 실습과 격려만으로 그들의 상상력과 호기심, 용기가 얼마나 빨리 되살아나는지 놀라움을 금할 수 없었다. 마치 자기도 모르게 주차 브레이크를 걸고 달리다가 어느 순간 그걸 깨닫고 브레이크를 풀어 자유롭게 달리는 것과 같다."

'창의적 자신감'을 끌어내기 위해
'유도된 숙련'이 필요하다고 했다. 그게 뭔가?

"스탠퍼드 대학교 심리학과 앨버트 밴듀라Albert Bandura 교수가 공포증 치료 과정에서 개발한 개념이다. 가령 뱀에 대한 공포증을 치료하려면 인내심이 필요한데 단계적으로 조금씩 치유된다. 처음부터 옆방에 뱀이 있는데 가자고 하면 질색한다. 그래서 단계별로 접근한다. 처음에는 유리창 너머로 뱀을 잡고 있는 남성을 보게 해 아무 일도 일어나지 않는 걸 알게 하면 안도한다. 그런 다음 뱀이 있는 방의 열린 문 앞에 서라고 한다. 이런 식으로 여러 단계를 지나면 결국 뱀 바로 옆에 서게 되고, 마지막엔 뱀을 만질 수 있게 된다. 놀랍게도 이렇게 치료된 환자들은 부수적 변화도 얻는다. 대중 앞에서 두려움 없이 얘기하거나, 직장에서 새로운 가능성을 찾게 됐다고들 한다. 살아가는 내내 안고 가야 할 것 같았던 한 가지 공포증을 극복한 경험이 자신의 능력에 대한 믿음 체계까지 바꾼 것이다. 밴듀라는 이 믿음을 '자기 효능감'이라고 불렀다."

창의적인 아이디어를 얻기 위한 실례를 든다면?

"나는 많이 읽는다. 매일 아침 두 가지 신문 외에 22종의 잡지를 구독한다. 고객, 동료와 식사를 하면서 새로운 정보와 아이디어를 얻는다. 혼자 식사할 때도 테드TED 같은 동영상을 본다. 지금까지 본 테드 비디오가 800건 정도 된다. 어제도 쿠바에서 플로리다까지 헤엄쳐서 온 64세 여성 다이애나 나이어드편을 봤다.

창의력의 불꽃이란 지속적이고 반복적으로 배양해야 하는 무엇이다. 평소에도 여행객처럼 주변을 새로운 눈으로 봐라. 불꽃이 마법처럼 켜지기를 기다리지 말고, 새로운 아이디어와 경험에 자신을 노출시켜라.

문제는 그러다보면 큰 문제에 대한 깊은 생각을 못한다는 점이다. 그렇기 때문에 사색의 시간도 필요하다. 아이디어가 내면에서 피어오르도록 할 시간 말이다. 나는 하루 시작 첫 5분간 명상에 잠긴다. 스마트폰도 끄고 마음속의 명상 버튼을 누른다. 그러면 '이완된 주의집중'을 통해 창의적 사고에 잠길 수 있다. 완전히 마음을 비운 명상 상태와 어려운 수학 문제를 풀 때 높은 집중 상태의 중간쯤 된다.

어떤 번뜩이는 통찰을 얻는 순간은 오히려 마음이 적당히 풀려 있을 때이다. 샤워를 하거나 산책할 때, 장거리 운전을 할 때 좋은 아이디어가 떠오르는 것도 그 때문이다. 누구나 하루 중 어떤 시간은 뇌(사고)가 자유롭게 표류하도록 둘 필요가 있다. 마음을 적당히 풀고 별로 상관없어 보이는 생각들을 연결하다보면 의외의 아이디어가 떠오를 때가 있다."

뭔가 큰 것을 만들고 싶다면 일단 만들기 시작하라고 했다.
무작정 시작하는 게 능사인가?

"어떤 일이든 시동을 걸기가 어려운 법이다. 경영인이 새 프로젝트에 착수할 때, 작가가 빈 페이지를 볼 때가 그렇다. 중요한 것은 우선 출발해야 한다는 것이다. 최선이 되겠다는 욕망은 출발하는 데 장애물이 된다. 어느 도예 선생이 자신의 학생을 두 집단으로 나눴다. 한 집단에는 최종 작품의 질에 맞춰 점수를 매길 것이라고 했다. 그리고 다른 집단에는 최종 작품의 양을 기준으로 평가하겠다고 했다. 그들은 수업시간마다 도자기를 집어던지듯이 끊임없이 만들어냈다. 학기말 평가에서 최고의 작품은 모두 양에 치중한 학생들에게서 나왔다. 양은 물론 질적인 측면에서도 많이 만들어본 학생들의 작품이 더 좋았던 것이다."

직업을 택할 때 '겉보기엔 좋지만
실상은 좋지 않은 것'의 덫을 피해야 한다고 했다.
혹시 경험에서 얻은 교훈인가?

"사람에겐 달러도 중요하지만 하트heart도 중요하다(하트는 인간성과 행복, 정서적 웰빙을 나타낸다고 책에 설명돼 있다). 나와 형은 인생에서 전환점이 있었고, 하트를 택했다. 형은 카네기멜런 대학교 전기공학부를 졸업한 후 보잉사에 입사해 747 점보제트기 만드는 일을 했다. 그렇지만 열정을 느끼지 못했다. 나도 처음엔 버클리 대학교 MBA를 나와 경영 컨설턴트로 일했다. 5년간 보수도 실적도 아주 좋았다. 그러나 가슴이 뛰지 않았다. 금전적으로는 자극적이었지만 감성적으로 보상이 없었다. 형은 IDEO를 창업했고 나는 나중에 합류했다. 지금 일은 항상 우리를 몰입시키고 변화시킨다. 그럼으로써 우리는 세상에 더 의미 있는 기여를 할 수 있다고 믿는다.

돈과 행복의 상관성은 어떤 한계점을 넘어서면 격감한다. 좋은 사람이, 좋은 기업이 되기 위해서는 목적을 가져야 한다. 실리콘밸리에서 구직자에게 돈만 이야기한다면 다른 데로 가고 말 것이다.

예일 대학교에서 조직행동론을 가르치는 에이미 브르제스니에브스키Amy Wrzesniewski 교수에 따르면, 사람들은 자신의 일을 직장job, 경력career, 소명calling 중 하나로 본다. 직장으로 보는 이에게는 일이 돈 버는 수단일 뿐이고, 경력으로 보는 사람은 더 좋은 직위, 더 큰 사무실, 더 많은 월급을 얻는 데 집중한다. 그들은 실적을 중시하지만 더 깊은 의미를 추구하지는 않는다. 소명으로 보는 사람은 일을 다른 목적을 위한 수단이 아니라 보상으로 본다."

그들의 노선이 너무 잘 닦여 있어서 고정된 길이 되어버렸고,

그리하여 그 노선에 집착한 나머지 제약의 도전에 응전하지 못하는 것이다.

우리가 직면하는 가장 심각하고 곤혹스러운 제약은

외부에서 오는 것이 아니라 내부에서 오는 것이다.

내부의 제약은 우리가 문제를 해결하는 과정에서 개방적이 되고

융통성 있게 되는 것을 제한한다.

『제약의 마법』 애덤 모건Adam Morgan, 마크 바든Mark Barden

그리드
파괴로
창의력을
높여라

PART 2

그리드가 존재하지 않는 거대 공간: 페이스북

"여기가 페이스북, 우리의 헤드쿼터입니다."

2015년 9월 14일 페이스북의 CEO 마크 저커버그는 페이스북에 자신이 직접 촬영한 3분 51초짜리 라이브 영상을 올렸다. 이 영상은 2014년 7월에 오픈한 커뮤니케이션 서비스인 '페이스북 맨션스'로 촬영했다. 그동안 저커버그는 페이스북의 신사옥 사진들을 올리곤 했는데, 이번에는 '페이스북 본사에서의 첫 라이브 비디오'라는 제목의 영상을 올리면서 미국 캘리포니아 주 실리콘밸리에 있는 페이스북 본사 내부를 직접 공개한 것이다.

저커버그가 촬영한 영상에는, 사무실에서 자유롭게 캐주얼 셔츠나 후드티를 입은 직원들이 모니터를 보면서 일에 몰두하고 있다. 장면은 마감되지 않은 것 같은 높은 천장에서 곧장 책상으로 이어져 내려오는데, 천장만 본나면 공사 중인 건물에 페이스북이 입주했다고 해도 믿을 만하다. 저커버그는 대충 놓은 것 같은 흰 책상들을 가리키면서 페이스북의 본사라고 소개한다. 화면에는 전체가 넓고 높은 공간에 칸막이도 거의 없고 기둥만 보인다. 그나마 칸막이가 존재하는 유일한 공간은 회의실이다. 그렇지만 자세히 보면 두 면만 유리로 칸막이가 되어 있을 뿐이다. 과연 이걸 칸막이라고 부를 수 있을까 싶을 정도이다. 저커버그는 "사람들을 가깝게 만들고 서로 대화하도록 하면 더 나은 협력을 가져온다. 이것이 우리가 최고의 서비스를 제공하기 위한 열쇠"라고 설명한다.

저커버그의 자리는 어떨까? 저커버그의 책상도 별반 다르지 않다. 그의 책상도 다른 직원들과 마찬가지로 사무실 한복판에 있다. 세계 최고의 CEO 자리도 없고 별도의 방 같은 건 존재하지도 않는다. 그저 평범한 자리일 뿐이다.

세계 최고 기업 중 하나인 페이스북의 최고경영자가 이렇게 허물없는 모습을 보이면 '겸손하다' 혹은 'SNS 기업이라 역시 다르다' 등의 표현을 하기 마련이다. 최근 저커버그 부부는 딸의 출산을 기념하면서 자신들이 가진 재산 중 99퍼센트에 이르는 52조 원을 사회에 기부하겠다고 발표했다. 지금까지 성공한 기업의 CEO들이 보였던 행보와는 판이하게 다르다.

그렇지만 페이스북의 공간 설계에는 눈여겨봐야 할 부분이 있다. 페이스북 신사옥에는 그리드가 존재하지 않는다. 책상의 배열도 불규칙적이고, 칸막이도 존재하지 않으며, 공간 구획도 없다. 우리가 알고 있는 기존 칸막이 구조와 보통 '사장님'들의 공간 규칙과 다르다. 쉽게 말해 저커버그는 직원들을 통제하고 관리하려는 구조를 선택한 것이 아니라, 오히려 자유롭게 사고하도록 모든 고정관념을 파괴한 공간을 만든 것이다.

페이스북의 신사옥에서는 몇 가지 특징을 발견할 수 있다. 첫째, 벽도 문도 파티션도 없는 세계 최대 오픈 공간이라는 점이다. 페이스북은 4만 제곱미터 규모의 단층 건물로, 커다란 원룸 형태의 세계 최대 오픈 공간이다. 축구장 7개가 들어갈 정도의 크기라고 하는데, 협업을 중시하는 저커버그의 요구였다고 한다. 그래서 2,800명의 직원이 하나로 뻥 뚫린 초대형 사무실에서 근무한다. 직원들의 책상은 부서별로 옹기종기 모여 있다. 저커버그는 "우리의 목표는 우리 팀들이 얼굴 맞대고 모여서 함께 협업할 수 있는, 세계에서 가장 큰 오픈 공간을 만드는 것이었다"라고 말한다. 둘째, 업무 공간의 높이이다. 신사옥의 높이는 21미터로, 밖에서는 낮아 보이지만 내부의 천장 높이는 무려 8미터나 된다. 이 정도면 천장이 낮아서 받는 스트레스는 전혀 없다. 셋째, 스스로 자기 공간을 꾸밀 수 있게 해주었다는 점이다. 저커버그는 직원들에게 집에서 장식품이나 가구, 포스터 등을 가져올 것을 권장한다. 직원들에게 스스로 표현할 기회를 주고, 다양한 생각으로 페이스북을 채워나가자는 취지이다. 또 자신의 주변 환경에 대한 공간을 인식하고 주인의식을 가지게 하려는 목적이다. 단순히 "이 회사의 주인은 당신이다"라는 상투적인 슬로건을 걸고 있는 회사들과 다른 차원의 접근법이다. 넷째, 신사옥 위에 실치한 옥상 공원과 800미터에 이르는 산책로이다. 페이스북 건물 위 야외 정원에는 400여 그루의 나무가 심어져 있다. 자연 지붕인 셈이다. 페이스북 직원들은 이 공간에서 대화하고 사색하며 아이디어를 재충전하곤 한다.

페이스북은 단순히 넓고 높은 탁 트인 공간만을 만든 것이 아니다. 우리는 페이스북 밑바탕에 흐르는 운영 철학을 봐야 한다. 그중 하나가 부트캠프Bootcamp이다. 페이스북이 인재를 채용해서 키워내는 일에 대해서는 밝혀진 것이 전혀 없다. 그 중심에는 항상 저커버그가 있었다. 저커버그는 비좁은 사무실에서 직원들과 함께 몸을 부대끼며 일하곤 했다. 그렇게 해야만 자신의 확신과 페이스북의 전략을 공유하고, 이 절차를 거쳐야만 페이스북이 진심으로 움직일 수 있다고 본 것이다. 그러나 이제 회사가 너무 커져버렸다. 저커버그는 모든 직원에게 개인적으로 영향을 미치기 어렵다고 판단해 체계적인 수단을 만들었다. 그것이 바로 부트캠프이다.

부트캠프는 일종의 신입사원 인큐베이터 같은 시스템이다. 페이스북의 엔지니어나 제품 개발자들은 입사한 뒤 6주 동안 부트캠프라는 시스템에서 생활해야 한다. 이때는 구체적인 직무가 결정된 것도 아니고 직책이 존재하지도 않는다. 부트캠프는 인사 담당이 아니라 엔지니어들이 전적으로 기획하고 만들어가는데, 그 기간 동안 관리자들은 신입사원이 맡을 역할에 대해 생각해보는 것이다. 그렇지만 부트캠프가 단순히 직책을 부여받는 중간 정착지는 아니다. 더 중요한 목표는 페이스북의 마음가짐을 각 신입사원들에게 심어주는 것이다. 바로 '빠르게 움직여서 깨부셔라Move fast and break things' 라는 신념을 따르도록 하는 것이다. 물론 다른 기업에도 부트캠프와 같은 프로그램이 없는 것은 아닐 것이다. 예컨대 보통 대기업은 자체 연수원을 보유하고 있고, 그 안에서 며칠 동안 생활하면서 똑같은 단체복을 입고 운동하며 그리드와 같은 강의장에 들어가 강의를 듣고 같은 구호를 외쳐댄다. 이제 페이스북과 보통 연수원들의 다른 점을 이해할 수 있을 것이다.

인간의 에너지로 채워지는 공간의 발견: 프랭크 게리

페이스북과 저커버그의 공간을 이야기하면서 빼놓을 수 없는 인물이 있다. 바로 프랭크 게리이다. 프랭크 게리를 살펴봐야 하는 가장 중요한 이유는 그가 페이스북을 설계 디자인한 건축가이기 때문이다.

특별히 프랭크 게리가 설계한 빌바오 구겐하임 미술관은 기억해둘 만하다. 후안 카를로스Juan Carlos 스페인 국왕은 '20세기 인류가 만든 최고의 건물'이라고 극찬하기도 했다. 이 미술관이 있는 빌바오는 15세기 이래 제철소, 철광석 광산, 조선소 등이 즐비한 공업도시였다. 그렇지만 1980년대 들어 빌바오 철강산업이 쇠퇴하고 바스크 분리주의자들의 테러가 잇따르면서 도시의 기능이 점차 침체되어갔다. 1991년 바스크 지방정부는 빌바오가 몰락의 늪에서 벗어날 수 있는 유일한 방법은 문화산업이라고 판단해, 1억 달러를 들여 빌바오 구겐하임 미술관을 유치했다. 바스크 지방정부는 프로젝트의 재원을 담당하고 프로젝트를 소유하는 한편, 구겐하임 재단은 미술관을 운영하고 주요 소장품을 제공하기로 협정을 맺고 프랭크 게리의 설계로 7년 만에 완공되었다.

건물은 정말 특이하다. 티타늄판 구조물이 50미터 높이로 치솟은 기묘한 형상의 이 건물은 기둥을 쓰지 않은 철골 구조로, 중심축인 아트리움에서 3층의 전시 공간이 동심원적으로 돌아 올라가면서 다시 여러 방향으로 크고 작은 위성 전시 공간이 뻗어나가도록 설계되었다. 이러한 구조는 보는 사람의 위치에 따라 다양한 형태를 드러낸다. 19개의 전시실은 작고한 작가들의 작품을 전시하는 상자 모양의 방 8개를 제외하면 모양이 제각각이다.

모든 예술은 시대를 반영한다. 사람들은 건축이 디자이너만의 상상력으로 만들어진다고 이야기한다. 그렇지만 건축가들은 시대를 나타내는 재료를 선택하고 동시대를 살고 있는 사람들의 생각과 마음을 담아내야 한다. 그래서 건축가들의 작품을 예술의 경지라고 할 것이다. 그렇다면 프랭크 게리가 설계한 빌바오 구겐하임 미술관과 페이스북의 신사옥을 어떤 관점에서 바라봐야 할까? 50미터 높이의 티타늄판 구조로 만든 빌바오 구겐하임 미술관과 마감 공사도 제대로 되지 않은 것 같은 페이스북의 신사옥은 분위기가 너무나 다르다. 이렇게 아무 관련 없는 것처럼 보이지만, 우리가 지금껏 알고 있는 전통적인 구조주의에서 벗어난다는 관점에서 보면 빌바오 구겐하임 미술관과 페이스북의 신사옥은 모두 탈구조의 철학을 가지고 있다. 페이스북의 신사옥은 그야말로 미완성인 것 같지만, 스탠퍼드 대학교 디스쿨이 그랬듯이 텅 빈 공간, 그리드가 사라진 공간을 사람들이 채워서 에너지를 만들고 있는 것이다.

프랭크 게리는 1929년 캐나다 토론토 태생으로 열일곱 살 때 미국 로스앤젤레스로 이주해 1954년 그곳에 있는 남가주 대학USC 건축과를 졸업했다. 1956년과 1957년에는 하버드 대학교에서 도시설계를 공부한 후 개발업자인 그루엔 사무실Gruen Associates에서 10여 년간 근무한 뒤 건축사무실을 개설했고, 현재 전 세계에서 디자인 프로젝트를 진행하고 있다. 특히 파리의 아메리칸 센터, 로스앤젤레스의 월트디즈니 콘서트 홀, 독일의 비트라 디자인 뮤지엄, 파리의 루이비통 창조 센터는 물론 페이스북의 신사옥을 설계한 창조적 혁신가로 알려지고 있다.

캐럴 번스Carol Burns는 게리의 작업이 분석적 사고critical thinking라기보다는 주제별 사고topical thinking라고 특징짓는다. 번스는 주제별 사고에서 주제의 개념이 상황적이고, 지역적이며, 특정한 조건들을 위해 설계되었다고 이야기한다. 게리는 이러한 주제별 사고의 특성 면에서 분석적이기보다는 상황적인 논리에서 출발해 기존의 미학적 관점에 대한 분명한 반대 입장을 이야기하곤 한다. 예를 들어 "완결된 건물보다 골조 구조가 훨씬 더 시적이다"라고 말하는 것이다. 이는 기존의 세련되고 안정된 미감과 반대되는 또 다른 미감에 대한 이야기이다.

게리의 작품에는 이런 또 다른 미감의 하나로 보이는 건축물의 디테일에 대한 '의도적인 미완결성intentional incompleteness of things'과 '원재료의 표현적 가능성expressive potential of raw structures'에 대한 생각이 있다. 이는 자신이 이야기하듯 회화적 표현방식을 건축에 도입해보려는 시도의 일환으로 느껴지는데, 게리는 이렇게 설명한다. "나는 미완성의 것에 많은 관심을 가지고 있다. 잭슨 폴록Jackson Pollock이나 윌렘 드 쿠닝Willem de Kooning, 폴 세잔Paul Cézanne의 그림 속에서 발견되는 그런 질감 같은 것이다. 회화 속에는 마치 붓 터치가 금방 이루어진 듯한 즉각성immediacy이 있다. 건축물은 어떻게 하면 그러한 과정 중인 듯한 느낌을 보여줄 수 있을까? 그러한 것이 내가 거친 목구조 등을 사용하게 된 배경이다." 이러한 점에서 게리가 기존 미학에 반대하는, 아니면 적어도 간과하고 등한시했던 미감에서 출발하고 있다는 것을 알 수 있다. 또한 현장에서의 보텀업 이슈들을 문제화하며 자신의 건축 언어로 쟁점화하고 있는 것이다.

게리의 작업에는 로스앤젤레스라고 하는 도시의 지역적 특성을 받아들여 출발한 점이 또한 의미 있다. 미국의 뉴욕 맨해튼과 로스앤젤레스는 고층의 수직적인 개발과 저층의 수평적인 구조의 극단적인 개발의 예를 보여주고 있다. 자동차 교통과 익명성으로 특징 지어지는 광활한 부정형의 도시가 사막에 물을 끌어들임으로써 탄생한 도시가 바로 로스앤젤레스이다. 특히 이 지역은 비가 많이 오지 않고 연중 날씨가 초여름의 기온인데, 게리 건축물의 재료에서는 이런 기후적 특성이 많이 나타난다. 번스도 게리의 작품을 이해하기 위해서는 오늘의 로스앤젤레스를 주목해야 한다고 말했다. 즉 수평으로 펼쳐져 강력한 물리적 요소가 없는 대규모 부정형 도시라는 점, 또 탈중심화된 후기 산업사회 도시라는 점, 위대한 미국 사회 속 만인의 장소라고 불리며 차량교통으로 연결되는 익명성의 도시라는 점, 마지막으로 해안과 평원 사이에 위치한 도시적 특성을 지적하고 있다. 이러한 지역적 특징들과 건축가의 사실적 조건들을 수용하는 작업 특성들이 나타나면서 게리 작품의 기본 구상을 형성했다. 게다가 '자유'라는 캘리포니아만의 새로운 건축 스타일이 페이스북의 사옥으로 완성되면서, 이는 다시 실리콘밸리에 근거지를 둔 기업들에도 적지 않은 영향을 주고 있다. 삼성전자도 2015년 9월 실리콘밸리에 DS부문 미주총괄 신사옥을 완공했는데, 이 프로젝트는 NBBJ사가 설계하고 웹코 빌더스Webcor Builders사가 건설했다. 총 2,000명을 수용할 수 있는 이 건물에는 실리콘밸리의 다른 기업들과 마찬가지로 야외정원, 체육시설 등 각종 편의시설이 추가된 것으로 알려져 있다.

흥미로운 점은 게리의 건축물이 소위 '도시 같은 건축village or city like building'을 만들어낸다는 점이다. 즉 건물 하나를 10개의 오브제로 나누어서 디자인해, 그의 건축을 도시 또는 마을 같은 건물이라고 한다. 이러한 예는 프랭크 게리가 설계한 인디애나 애버뉴 주택에서 잘 이해할 수 있다. 3개의 커다란 박스 형식으로 된 이 주택의 재료를 살펴보면 녹색 아스팔트 싱글과 플라이우드 원목, 하늘색 스턱 코로 마감했다. 한 주택에서는 베이윈도의 특징을, 다른 주택에서는 굴뚝 같은 요소를, 또 다른 주택에서는 특이한 가계단으로 형태 요소를 잡고 있다. 이렇게 함께 지어지는 한 동의 새 건물에 각각 다른 테마와 재료를 사용하는 것이 당시로서는 프랭크 게리가 제기하고 있는 도전적인 이슈였을 것이다.

한 도시의 맥락이나 일관성 대신 각 건물의 독자성과 개성을 중시하는 부분이 모여 전체를 형성하는 보텀업 형식의 시작이라고 보아도 좋을 것이다. 즉 게리는 건축물을 설계하면서 하나의 건축물로 도시를 새롭게 건축하는 것이 가능함을 본 것이다. 또한 그는 여기서 멈추지 않고, 거꾸로 한 건축물의 독특한 설계 변화로 일어나는 도시의 변화가 작은 건축물 안에서도 가능하다고 본 듯하다. 다시 말해서 페이스북의 신사옥은 이 건물 자체를 하나의 도시로 가정하고 그 안에서 만들어지는 작은 공간들을 도시의 각 요소로 본 것이다. 결국 그 안에서 사람들이 자유롭게 움직이면서 만들어내는 변화가 텅 빈 공간으로 이루어진 페이스북을 새롭게 변화시킬 수 있다고 여긴 것이다. 프랭크 게리에게 페이스북이란 회사는 하나의 도시처럼 보였던 것 아닐까?

마크 저커버그가 상상한 것은 함께 일하는 광장이었다. 그의 상상력은 전 세계에서 가장 넓은 단층 공간이 현실이 된 토대가 되었다. 물론 겉에서 보기엔 신기하고 용기 있는 발상 같을 것이다. 또한 프랭크 게리가 설계자로 참가한 것도 건축 분야에서는 화제 중 하나이다. 여기서 주목할 점은 프랭크 게리가 만든 빌바오 구겐하임 미술관과 페이스북은 전혀 다른 구조물이라는 점이다. 그렇지만 지금까지의 고정관념을 깨고 새로운 시대를 열고자 한 철학은 탈구조주의라는 측면에서 동일하다.

그렇다면 이와 같은 탈구조주의는 언제부터 생겨났을까? 또 페이스북처럼 공간을 파괴하는 기업들의 움직임은 시대적인 반항아 같은 이미지로 남게 되면서 비즈니스 전반에 영향을 주지 못하게 될까? 이제 우리는 이 문제의 해답을 찾아야 할 것 같다.

창조적 DNA를 만드는 그리드 파괴의 힘

현대 건축에서는 언제부터 그리드 구조를 파괴하려고 시도했을까? 그 역사를 알아보려면 맨 먼저 프랑스 파리의 과거로 가야만 한다. 현대 건축에서 공간의 조직화와 형태 구성 사이에서 새로운 충격을 주었던 혁명적 사건은 1983년 프랑스 파리 19구역의 라빌레트 공원Parc de la Villette 재개발에 대한 국제 설계 경기에서 베르나르 추미Bernard Tschumi의 안이 당선된 것이다. 결국 라빌레트 공원은 베르나르 추미의 설계대로 1987년에 완공되었다.

추미는 이 현상안을 제출하기 전에 해체주의 철학자 자크 데리다Jacques Derrida에게 의견을 구해가면서 디자인 안을 구체화했다. 당시 '해체주의'라는 이름으로 분류, 일반화되기도 했던 이러한 경향은 정형화된 '관계의 그리드'를 벗어나 도시와 건축을 구성하는 요소들의 관계를 해방시키고 새로운 관계를 발견하고자 했던 최초의 시도로 알려져 있다.

그의 철학적 관점에 대해서 한 걸음 더 들어가보자. 추미는 『건축과 분리Architecture and Disjunction』라는 책에서 건축의 공간과 그것이 담는 프로그램 사이에는 어떠한 직접적인 상관관계도 없다고 이야기했다. 이는 특정한 공간, 형태와 기능 사이에 일대일 대응 관계는 있을 수 없다는 뜻이다. 다시 말해 하나의 기능에는 그 최적의 공간과 형태가 존재할 것이라는 가정에 기반을 두었던 근대 건축적 사고와 정면으로 반대되는 개념이다. 그제야 건축에서 공간이라는 개념과 그 사용(프로그램)은 상호 배타적으로 독자적인 영역임을 인식하게 되었고, 둘 사이의 이른바 인과관계는 어디까지나 이데올로기적 산물일 뿐 실제적인 연결은 무작위적이며 유동적이라는 점을 알게 된 것이다.

이 논리를 기호학적인 분석틀로 생각해보자. 공간이라는 것은 건축의 기표signifier가 될 것이요, 프로그램은 그 기의signified가 되는데, 여기서 기표와 기의의 관계는 고정적인 것이 아니라 유동적이고 생성적이다. 바로 이 점에서 새로운 창조적 도시와 업무 공간 조직이 기표와 기의의 정해진 고정 관계가 아니라 애플의 인피니티 루프처럼 회전하면서 새로운 무한 생성형 오피스를 만들어낼 수 있게 된다. 또 구글처럼 커다란 텐트형 루프 아래 조립식으로 쉽게 조합해 공간을 구축하는 개방형 가변 오피스를 만들 수도 있고, 페이스북처럼 커다란 산책로를 따라 이동하는 몰링형 오피스를 만들어내는 근거가 되는 것이다.

라빌레트 공원 프로그램은 일반적인 공원에 요구되는 것들로, 어떤 장소를 단순 점유하는 점적인 행위, 스포츠와 같이 넓은 면을 필요로 하는 면적인 행위, 그리고 이런 다양한 지점들을 연결하는 선적인 행위로 나누어진다. 따라서 전체 공원의 공간은 점, 선, 면의 새로운 중첩 그리드 시스템으로 구성되어 있다. 이 중 첫 번째의 점적인 행위는 궁극적으로 공원에 요구되는 프로그램을 10×10×10미터의 입방체(폴리)로 120미터 간격으로 뿌린 것이다. 여기서 베르나르 추미의 폴리들은 기호학적으로는 기표지만 기의는 아니다. 즉 하나의 지시자일 뿐 어떤 고정적 기능과 의미를 수용하지 않겠다는 일종의 열린 구조체이다. 이러한 폴리는 원래 추미가 런던의 AA건축학교에서 가르치며 의식의 흐름 수법으로 알려진 소설가 제임스 조이스James Joyce의 『피네간의 경야』를 읽고 런던의 코벤트 가든에 만들게 했던 일종의 허튼짓 파빌리온folly이다. 베르나르 추미는 발음이 같은 이 폴리folly와 광기를 뜻하는 폴리folie의 이중적 의미를 적절히 활용하면서, 런던이라는 역사적 켜로 짜인 기존 도시 문맥의 한계를 뛰어넘으려 했다. 즉 구조화된 도시 공간에 놓여 있지만 이를 뛰어넘는 비구조화된 활성화 장치가 현대적 의미의 폴리라고 생각할 수 있다. 우리가 그리드를 파괴하는 창조적 공간 조직의 한 대안으로 이를 주목하는 이유도 여기에 있다.

우리가 주목해야 할 것은 라빌레트 공원이 도살장으로 쓰이던 기존 공간과 파리라는 도시 텍스트의 역사적 의미 구조 그리드를 전복하기 위해 의도적으로 주변과 아무 관계 없는 반문맥적anti-contextual 공간을 형성하고 있다는 점이다. 또한 일단 공원이 만들어진 후 공원에서 일어나는 변화는 건축가의 손을 떠나 사용자들에 의해 자유롭고 주체적이며 자생적으로 이루어지도록 했다. 이는 작가가 만든 텍스트가 일단 창조된 순간부터 작가의 손을 떠나 독자의 독해에 의해 재생산되는 리라이터블 텍스트rewritable text가 된다는 철학자 롤랑 바르트Roland Barthes의 주장과 상통하는 것은 아닐까? 이것 역시 페이스북의 신사옥에서 직원들에 의해 각자의 공간이 새롭게 완성되거나 채워지는 창발의 형식과 무관하지 않다.

두 번째는 일본 내해의 섬 나오시마直島이다. 2001년 즈음 렌조 피아노가 설계한 도쿄 긴자의 메종 에르메스Maison Hermès가 오프닝을 하던 때였다. 이미 프랑스의 문화 애호가들에게 나오시마는 한 번은 가봐야 하는 장소가 되었다. 이때는 지추 미술관Chichu Art Museum(2004)도 없었고 베네세 하우스 뮤지엄Benesse House Museum(일본의 유명한 건축 디자이너 안도 다다오安藤忠雄가 설계한 세계 최초의 미술관이 있는 호텔)과 호텔 오발Hotel Oval, 가도야角屋 등 하우스 프로젝트 몇 개가 전부였다. 그렇지만 벌써 베네세 하우스 비치와 테라스, 숍, 스파, 파크는 물론 이우환 뮤지엄과 안도 뮤지엄까지 추가되었으니 가히 놀라운 성장이라 할 수 있다.

원래 나오시마 섬은 구리 제련소가 있어 폐기물로 얼룩진 땅이었다. 인근의 섬 이누지마에는 현재까지 구리 제련소의 흔적이 남아 있고, 섬들의 일부는 본토의 쓰레기 폐기물을 매장하던 곳이기도 하다. 아직도 섬에 가면 주민대책위원회의 반대 플래카드를 쉽게 찾아볼 수 있다. 어쩌면 이런 버려진 땅에서 청소년들이 캠프를 하며 자연을 체험하고 온전히 자연을 통해 치유받는 안식의 섬으로 만들겠다는 가능성을 본 것 자체가 난센스라고 할 수 있다.

이곳에서 새로운 창의력을 꿈꾼 사람은 베네세Benesse 출판그룹

후쿠다케 소이치로福武總一郎 사장이다. 그는 '자연과 인간, 예술이 함께 숨 쉬는 문화의 섬으로 가꾸자'라는 생각으로 건축가 안도 다다오를 이 섬으로 이끌었고, 어디에도 없던 새로운 땅으로 재탄생시켰다. '이 섬이 애초부터 낙원이었다면 후쿠다케는 후쿠다케가 아니다'라는 말이 있다. 그만큼 반전 과정이 쉽지 않았음을 방증하는 말이기도 하다. 그는 섬나라인 일본이 물의 민족임을 간파하고 온천의 목욕 문화뿐 아니라, 섬의 물과 바다를 통해 일상으로부터 벗어나 예술과 자연을 담아가는 새로운 섬 문화를 만들었다. 2010년부터는 나오시마뿐 아니라 주변의 여러 섬이 모여 세토우치 트리엔날레를 기획했고, 건축가 세지마 가즈요妹島和世와 큐레이터 유코 하세가와Yuko HASEGAWA의 아트 하우스 프로젝트, 레이 나이토內藤礼와 류에 니시자와西沢立衛의 테시마 아트 뮤지엄, 히로시 삼부이치三分一博志의 이누지마 제련소 프로젝트 등 여러 예술 콘텐츠가 함께 참여하면서 가히 예술을 통한 새로운 창조 공간의 실험이 가능한 예술 섬 천국이 되었다. 우리가 이를 주목하는 것은 이곳의 DNA들이 어쩌면 구글, 아마존, 페이스북, 애플과 같은 회사들의 창조적 DNA와 생산 양식 면에서 상당히 유사하기 때문이다.

물론 후쿠다케 회장 혼자만의 창의력으로 만든 것은 아닐 것이다. 전해지기로는 후쿠다케 회장이 프랑스 남부에 있는 마니스의 뱅스 채플이나 미국 휴스턴의 드 메닐 컬렉션이 있는 로스코 채플 등에서 작지만 예술이 결합된 작은 종교시설을 보고 영향을 받았다고 한다. 원래는 미술관을 지을 계획이었으나 일본의 해상국립공원보

호법에 따르면 이 지역에 미술관만을 독자적으로 지을 수 없고, 숙박 기능을 갖추도록 했다. 따라서 게스트 룸이 있는 미술관으로 기획하게 되었고, 이름 또한 미술관도 호텔도 아닌 '베네세 하우스'이다. 당시 놀랍게도 해상국립공원 내 모든 숙박시설은 경사지붕이 있는 옛날 여관 모양을 따르도록 규정하고 있었다. 그러나 안도 다다오는 땅속에 건물을 둠으로써 자연지형이 건물의 외부가 되도록 하는 건축적 해결을 통해 오히려 자연지형을 훼손하지 않고 대지와 밀착된 현재의 미술관을 만들어낼 수 있었다. 객실도 미술품이 공간 마감의 일부로 되어 있어 솔 르윗Sol LeWitt이나 리처드 롱Richard Long, 데이비드 트렘렛David Tremlett의 그림과 함께 하루를 보낼 수 있게 해주는 특별함을 제공한다.

전 세계는 최근에 작은 섬에 위치한 테시마 아트 뮤지엄을 주목하고 있다. 건축가 니시자와와 예술가 레이 나이토의 협업으로 하나의 미술품만 전시하는 테시마 아트 뮤지엄은 약 4~5미터 높이의 40×60미터 콘크리트 셀 구조로, 로마 판테온 이후 기둥과 문이 없는 대규모 단일 공간을 만들고 있다. 외부와 내부 공간의 구분이 없고, 미술과 건축이 하나로 승화되어, 개장 2주일 만에 1만 1,000여 명이 이 작은 섬의 뮤지엄을 방문했다고 하니 가히 놀라운 일이 아닐 수 없다.

이곳에서 느낄 수 있는 바람과 작은 물방울의 일생은 오래도록 마음을 흔들어놓는다. 더욱 놀라운 것은 물방울만이 아니라 아주 낮은 셀 형태로 오픈된 공간이 많은 구조이다. 반은 밖으로 반은 안으로 넣은 상태에서 하늘을 보며 바람을 느낄 수 있다. 이곳에선 자연과 하나가 될 수 있다. 이곳을 방문하고 나면 다른 곳에서는 그 경험을 지울 만한 설렘을 찾기 힘들지 모른다.

마지막으로 공유하고 싶은 곳은 '시마 키친Shima Kitchen'이라는 작은 레스토랑이다. 섬에서 사람들이 떠나가며 빈집이 여러 채 생겨났다. 건축가 아베 료安部良는 지역 주민들과 협력해 테시마 아트 뮤지엄을 찾는 사람들을 위한 먹거리에 주목해 지역 주민들이 만든 요리의 신선한 식감에 동경 마루노우치 호텔 주방장의 안목을 반영한 요리를 만들도록 기획했다. 주민들은 이 지역의 새로운 요리를 만드는 전문 요리사가 되고 신선한 먹거리로 이곳에 와야만 맛볼 수 있는 요리를 만들었다. 게다가 외부 마당을 이용해 흥미로운 공연도 펼치고, 외부 구조도 비계봉*의 단순한 연결 방식이지만 전문성이 느껴지도록 동경예술대학 건축과의 구조자문을 받았다.

예술 작업과 주민이 제공하는 신선한 음식, 문화 공연이 어우러지는 아주 특별한 공간으로 재탄생한 이 작은 섬은 방문자들로 인해 새로운 활력이 넘치고 있다. 물론 이러한 실험들이 언제까지 지속될지는 알 수 없다. 그렇지만 이들 실험이 보여준 새로운 잠재성에 주목해야 한다. 상생과 자연 그리고 창조적 에너지를 새로운 공간 조직화의 힘으로 가져오고 있다. 이런 변화들은 구글과 페이스북, 애플의 사옥 구조 속에도 스며들고 있다. 결국 누군가가 만든 이데올

---

* '아시바(あしば)'라고 불리는 가설건물용 비계를 만드는 데 쓰이는 5센티미터 정도의 쇠파이프이다.

로기 안에서 관리와 통제를 받는 것이 아니라, 그들이 꿈꾸고 원하는 대로 공간을 만들어나가는 것이다. 구글이나 페이스북의 사옥은 공간 조직을 통해 이러한 가능성의 에너지를 사원들에게 심어주고 싶어 할지도 모른다. 200년 전 산업혁명 시대라면 상상을 초월할 만한 이야기이다.

스타트업 공간 활용법: 카우앤독, 발리

전 세계 스타트업의 새로운 사업들은 기존 대기업들이 하던 방식과 다르게 사업을 운영하는 경우가 많다. 기존 거대 세력을 이기기 위해서는 어쩔 수 없는 선택이었을 것이다. 기존 방식대로 일한다면 자본과 규모 면에서 대기업들에 이길 수 없기 때문이다. 다른 측면에서는 세상의 일하는 방식이 바뀌었기 때문일 것이다. 과거에는 지금의 스타트업 기업들처럼 아이디어를 공유하지 않았다. 상명하달식 명령 체계가 작동하고 제품을 만들어 광고하고 판매하면 그중 몇 명은 제품을 구매할 것이라는 단순한 생각들이 존재했다. 그러나 이제 그런 세상은 더 이상 오지 않는다.

서울도 이 변화에서 예외가 아니다. 이른바 '스타트업'들을 위한 공간, '카우앤독cow & dog'이다. 카우앤독은 2015년 1월에 오픈했다. '개나 소나 다 일한다'는 의미이기도 하지만, '협업co-work'과 '좋은 일을 한다do good'의 합성어이기도 하다. 이 공간을 부르는 이름처럼 기존 지배세력보다는 아이디어가 톡톡 튀고, 재미있고 긍정적인 사고방식을 가진 인재들을 위해 만든 공간이다. 그러나 역설적이게도 '개나 소나'를 연상시키면 누구에게나 창업 기회가 열려 있고, 그 주인공은 '당신'이 될 수도 있다는 상상을 하게 한다.

카우앤독은 서울 성수동에 위치하고 있다. 사람들의 인식 속에 성수동은 허름한 공장 단지여서 첨단 ICT 기업이 자리하기에는 부적합하다고 생각할지 모르지만, 요즘엔 달라지고 있다. 교통도 편리할 뿐 아니라, 강남이나 강북의 중심 지역보다 상대적으로 저렴한 임대료는 카우앤독이 자리 잡은 요인 중 하나일 것이다. 또 지하철 2호선을 따라 연결된 대학 캠퍼스들은 카우앤독이 젊은 혁신가들을 불러 모을 수 있는 장점이다. 일반인들에게 잘 알려진 카 셰어링 회사 '쏘카'도 성수동에 위치한 카우앤독 4층에 입주해 있다.

카우앤독을 살펴볼 때는 협업이라는 단어에 주목해야 한다. 아이디어 넘치는 사람들의 협업을 목적으로 만들어진 공간이기 때문이다. 물론 사무실이 사무실이지 협업을 위한 사무실이 뭐가 다르냐고 볼멘소리를 할 수도 있다. 또 기존 회사에서 하는 모든 업무가 협업 아니냐고 할 수도 있겠지만, 실제로 대기업의 업무 공간은 협업을 제대로 하지 못하는 경우가 많다. 그것은 기업의 문화와 업종에 대한 특수성도 존재하겠지만, 상당 부분 공간이 만들어놓은 한계 때문이다. 사람들은 자기 나름대로 일하고 싶은 방식이 있다. 집중할 때는 서서 일하는 사람도 있고, 걸으면서 아이디어를 찾는 사람도 있다. 사람들과 수다를 떨면서 아이디어를 번뜩 떠올리기도 하지만,

혼자 음악을 들으면서 아이디어를 찾는 경우도 많다. 아이디어 하나를 찾는 데도 이렇게 수많은 방법이 존재하는 것이다. 그렇지만 기존 대기업의 그리드 구조에서는 그렇게 하는 것이 쉽지 않다. 촘촘한 칸막이 형태로 만들어져 있어서 사무실에서 시끄럽게 떠든다는 것이 쉽지 않다. 외부인이라도 오면 칸막이 너머에서 고개를 들고 관심을 갖는다. 그리드 구조에서 외부인은 낯선 사람인 것이다. 이런 분위기에서 새로운 아이디어를 들고 이리저리 뛰어다니며 사람들과 이야기하는 것을 상상하기란 왠지 낯설다.

　카우앤독은 각각의 공간에서 각자 일하는 방식을 만들 수 있도록 공간이 설계되어 있다. 조용히 일하고 싶은 사람과 함께 회의해야 하는 사람들까지 다양한 공간을 마련해둔 것이다. 이곳을 설계한 디자이너는 작은 업무 방식의 변화가 엄청난 영향을 줄 수 있음을 알고 있는 것이다. 그래서 이곳 2층에는 혼자 업무를 보는 공간부터 비밀스러운 통화를 할 수 있는 부스, 12인용 회의실과 콘퍼런스 룸까지 마련되어 있다.

　새로운 방식으로 일하는 것은 여전히 그리드에 익숙한 사람들에게 낯선 구조일 수 있다. 구조에 갇혀 있다보니 탈구조의 세상은 어색하고 정돈되어 있지 않은 공간처럼 보일 것이다. 그렇지만 이것은 소셜미디어가 움직이는 방식과 매우 유사하다. 소셜미디어에서 개인들은 흩어져 있다가도 플랫폼을 공유하면서 그룹으로 등장해 의견을 나눌 수 있다. 하나의 그룹에만 속해 있는 것은 아니다. 필요에 따라 다른 그룹에서도 활발하게 활동할 수 있다. 그룹을 옮겨 다니면 이 그룹의 아이디어를 다른 그룹의 아이디어에 붙여 새로운 아이디어로 만들 수 있다는 장점이 있다.

소셜미디어처럼 움직이는 사람들을 위한 공간을 어떻게 만들 수 있을까? 예컨대 같은 공간에 있더라도 서로 이야기를 주고받지 말아야 할 때가 있고, 분리된 공간에 있더라도 다시 모여 이야기를 나눠야 할 때가 있다. 대기업들은 그렇게 하고 있다고 말할지 모른다. 넓고 쾌적한 사무실, 사계절 동일한 온도와 습도를 유지하고 있으니 이처럼 일하기 좋은 업무 공간은 없을 것이라고 단언할지 모른다. 그러나 그들의 구조 속에 들어가보면 급하게 논의해야 하는 상황에서 회의실을 예약하고 정해진 시간에 모여 회의하게 되면 늦어도 너무 늦다. 또 그리드에 갇힌 구조는 혼자 자료를 정리하기에는 좋을지 몰라도 새로운 아이디어를 만들고 다른 사람들과 공유하기가 불가능하다. 카우앤독에서는 소셜미디어처럼 움직이는 개인들을 위해 공간을 잘 배려해두었다. 단순히 카페처럼 만들어놓으면 개별적으로 자기 업무만 보는 카페 공간과 다를 바 없겠지만, 이곳에서는 혼자 일하다가 다른 사람과 협력해서 일할 수 있는 공간들이 적절해 보인다. 얼핏 보면 카페 공간 같기도 하지만, 카페와 달리 아이디어를 공유할 수 있는 플랫폼으로서의 공간처럼 인식된다.

가구들도 마찬가지이다. 앞서 이야기한 디스쿨에서는 모든 기자재를 15분이면 움직일 수 있고 업무 공간을 재편할 수 있다고 언급한 바 있다. 카우앤독에서도 마찬가지이다. 공간과 마찬가지로 1층 카페형 협업 공간은 매우 개방적이다. 높은 천장 아래에 위치한 가구들은 용도와 상황에 맞게 변형이 가능하다. 한 줄로 이어진 연석 테이블도 가능하지만, 마름모꼴의 특이한 형태로 연결할 수도 있다. 협업에서 중요하게 관찰하고 적용해야 하는 것은 사람과 사람 간의 거리 감각이다. 너무 가까우면 친밀한 거리로 인식되어 업무가 제대로 진척되지 않을 수 있다. 또 상대방도 불쾌감을 느껴 같이 일하는 것에 큰 부담을 가질 수 있다. 반대로 사회적 거리 이상으로 멀어지면 공적인 거리가 되어 의미 전달이 잘 되지 않을 수 있는 것이다. 사람들이 공간에서 편하게 이야기하기 위해서는 이 거리감각을 제대로 활용할 수 있도록 배려해야 한다.

이런 공간이 서울에만 존재하는 것은 아니다. 공간은 세계 어디에나 만들어질 수 있다. 인도네시아의 섬 발리로 가보자. 발리에서는 최근 '디지털 노마디즘Digital Nomadism'이 최대 화두이다. 왜 발리일까? 인도네시아의 1만 8,000개 넘는 섬 중에서 발리는 독특한 문화와 높은 예술적 감각이 만들어낸 분위기를 갖고 있기 때문일 것이다. 또 이미 해외 관광객들이 오가면서 발리만의 장점을 보았기 때문일 것이다. 그렇지만 앞으로는 디지털 노마디즘이 발리에만 국한되지 않을 것이다. 쾌적한 공간과 인터넷이 제공되며 저렴한 생활비가 확보된다면 전 세계 그 어디든 가능하다.

10여 년 전에 디지털 노마드족이 생겨날 것이라는 예견이 있었다. 그 후 시사교양 프로그램이나 몇몇 잡지에서 디지털 노마디즘을 표방한 개인들을 다루었지만, 이렇게 우리의 삶에 가까이 다가온 것은 최근 일이다. 스마트폰과 디지털 장비로 중무장하고 전 세계로 퍼져 일하고 있는 사람들이 생겨난 것이다. 대표적인 곳이 발리이다. 이들은 최첨단 ICT 기업이 둥지를 튼 샌프란시스코와 유럽의 중심지가 아닌 발리를 선택했다. 이들은 나름대로 확실한 이유를 가지고 있다. 첫째, 저렴한 생활비와 활동비이다. 유럽에서 유럽 사람들의 첫 번째 이동지는 당연히 '런던'이다. 덕분에 런던의 렌트 비는 상상을 초월한다. 글로벌 기업들이 포진해 있는 샌프란시스코도 마찬가지이다. 그렇지만 이제 인터넷이 연결되면 어디서든 업무가 가능하다. 둘째, 삶의 질과 가치이다. 발리에서는 도시에서 상상할 수 없는 비용으로 여유로운 생활을 누릴 수 있다. 사람으로 가득한 버스와 지하철에서 시간을 보내는 대신, 발리에서는 나름대로 여유시간을 찾고 일에 몰두할 수 있다.

지금 우리는 수많은 사람의 다른 사고방식과 아이디어 처리 방식, 각기 다른 업무 스타일을 포용해야 하는 시점에 와 있다. 단순히 과거에는 관리와 통제로 그리드에 '수용'하는 것이 목적이었다면 이제는 상황이 달라진 것이다. 그들은 주관이 뚜렷하고 굴레에 머무르지 않는다. 지금 서울 성수동과 인도네시아 발리에서 일어나고 있는 변화는 빠른 속도로 번져갈 것이다. 그렇다면 당신은 무엇을 준비하고 있는가?

스탠퍼드 대학교 공과대학 경영학과 로버트 서튼 교수에 따르면, 세계에서 가장 유명한 디자인 컨설팅 회사인 IDEO의 CEO 팀 브라운Tim Brown은 마치 접수창구와 같은 곳에서 일하고 있다. 원래는 번듯한 개인 사무실을 갖고 있었다. 그렇지만 어느 순간부터 그는 사무실을 나와 말단직원의 자리와 같은 곳에서 일한다. 거기엔 개인 공간도 확보되지 않고 누가 방문했을 때도 제재할 수 없는 위치이다. 그는 스스로 회사에서 가장 공개된 사람으로 남기로 했다는 것이다. 이것은 본사에서만 취하는 행동이 아니다. 런던, 시카고, 뉴욕, 보스턴, 상하이, 샌프란시스코 등 IDEO의 지사를 방문할 때도 마찬가지이다. 그는 사람들 한가운데에서 일한다. 그들이 어떻게 일하고, 어떤 고충이 있으며, 누구와 함께 일하는지 보고 싶은데, 꽉 막힌 공간에서는 아무것도 하지 못한다는 것이다.

팀 브라운을 비롯한 모든 임원은 사람들이 뒤엉켜서 고민하고 비틀고 비판할 때 최선의 아이디어가 나온다고 믿는다. 반면 지위의 차이나 사람들 사이의 물리적 장벽은 창의적 절차를 방해한다고 생각한다. 지금 앞서가는 회사는 그리드를 파괴하고 오픈된 공간에서 일하고 있다.

시끄러운 공간이 때로는 집중력을 높인다

성수동의 카우앤독이나 그리드를 파괴한 회사들에 대해서 보통 기업인들은 과연 어떻게 생각할까? 그들의 선입견은 '업무 공간은 업무 공간다워야지 너무 번잡스럽거나 시끄럽다'라고 생각하는 경우가 많다. 이를테면 업무 공간은 조용하고 집중해서 일할 수 있는 환경이어야 한다고 생각하는 것이다. 물론 그 의견에 지금 당장 반대 입장을 제시할 생각은 없다.

최근 들어 분명하게 밝혀진 사실이 하나 있다. 바로 조용한 공간은 오히려 불안감을 안겨준다는 것이다. 아무 소리도 들리지 않는 적막한 공간에 있어본 독자들이라면 그 기분이 어떨지 짐작할 수 있을 것이다. 인간의 뇌와 감각은 포식자들을 잘 감지하기 위해 발달되었다. 그래서 우리는 완전히 조용한 공간에 있을 때 주변을 잘 인식하도록 발달된 것이다. 한마디로 예민해진다. 청각기관이 과잉 반응하면서 평소라면 그냥 무시했을 소리도 갑자기 크게 들리는 것이다. 밤에 자려고 누웠는데, 시계 초침 소리가 커서 잠 못 든 경험이 누구나 한번쯤 있을 법하다.

최근에는 소음과 창의력의 상관관계에 대해 실험한 결과들이 속속 드러나고 있다. 그 연구들의 공통점을 이야기하자면, 완전한 고요는 정확성과 실수를 요하지 않는 작업에는 도움이 되지만 창조적인 작업에는 오히려 도움이 되지 않는다는 것이다. 그렇다면 우리가 쉽게 찾을 수 있는, 즉 소음이 적당한 공간은 어디일까? 바로 카페이다.

최근 코피스Coffice족이란 단어가 등장했다. 충분히 짐작할 수 있는 말이다. 말 그대로 커피와 사무실의 합성어인데, 쉽게 말해 카페에서 책을 보거나 공부하거나 일하는 사람들을 말한다. 이들이 카페를 주로 찾는 이유는 분명하다. 무선 인터넷을 활용할 수 있고, 적당한 조명과 쾌적한 환경, 높은 천장 그리고 무엇보다 적당한 소음이 존재하기 때문이다. 물론 카페가 가진 장점 중 대부분은 대학 도서관이나 공립 도서관도 제공할 수 있다고 생각할 것이다. 맞다. 그렇지만 적당한 소음만은 일반 도서관이나 사무실이 해결하지 못하는 부분이다. 대부분 공공 공간에서 지켜야 하는 가장 일반적인 규칙은 '조용하게' 지내야 한다는 것이기 때문이다.

미국 소비자 연구 저널The Journal of Consumer Research에 적당한 소음이 창의력을 더 키워준다는 일리노이 주립대학교의 연구보고서가 알려진 적이 있다. 보고서에 따르면 가장 창의력이 높은 소음은 바로 70데시벨이다. 이는 보통 대도시 거리나 거실에서 텔레비전을 볼 때 발생하는 소음 정도인 셈이다. 그렇지만 여기서 더 조용해지는 50데시벨 수준이거나 85데시벨로 더 시끄러워지면 일의 능률도 떨어지고 창의력도 저하되는 것으로 나타났다. 아무 소리도 들리지 않는 조용한 공간에서는 집중도가 급상승해 오히려 여러 분야를 통찰적으로 생각할 수 없기 때문이다. 즉 문제에 너무 집중하면 오히려 문제가 풀리지 않고 머리만 복잡해지는 환경이 만들어진다.

흥미로운 것은 스마트폰에서 찾을 수 있는 적당한 소음을 만들어내는 애플리케이션도 존재한다는 점이다. 바로 코피티비티coffitivity이다. 2014년에 오픈한 이 서비스는 전 세계적으로 서울에서 등록한 사용자가 가장 많고, 다음으로는 뉴욕, 런던, 로스앤젤레스, 시카고 순이라고 한다. 이 애플리케이션을 이용하면 아침 시간 카페에서 나오는 소음을 스마트폰으로 들을 수 있다거나 점심시간 식당의 소음을 들을 수 있다. 물론 실제로 들어보면 소음의 정도는 비슷하지만 기분은 같을 수 없다.

카페 공간에 대한 이야기가 나왔으니, 유용한 공간의 지식을 공유하고자 한다. 요즈음 어떤 카페에 들어서면 오래 앉아 있기 어려울 정도로 옆 테이블 또는 멀리 있는 테이블의 이야기까지 들리는 경우가 많다. 시크하고 멋진 인테리어에 이끌려 들어섰지만 울리는 소음을 오래 견디지 못하고 이내 일어서야만 했던 경험이 많을 것이다. 대개 좁고 긴 직사각형 공간인 경우가 많다. 마주 보는 대벽이 형성되어 있고, 마감재가 유리나 석재인 경우 서로 소리를 반사하며 잔향Reverberation 시간이 길어지고 공간 내에서 느끼는 소음에 대한 피로도가 크게 증가한다. 이는 요즘 유행하는 전 세계 프랜차이즈 카페에서도 흔히 발견된다. 디자인이 시크하고 바닥 에폭시 마감에 거울과 유리 창문으로 마감되어 있어 소리가 계속 반사된다. 온통 반사재일 뿐 흡음 성능을 가진 마감재가 없다.

잔향 시간은 음향 심리를 좌우하는 중요한 요소이다. 일단 생산된 소리가 바로 감쇄되지 않고 반사와 에코, 흡음 등을 통해 공간에 남아 있는 것이다. 여기서 흡음은 카펫이나 패브릭 보드 등 마감재가 담당한다. 가구, 커튼, 사람까지 영향을 준다.

물론 작은 공간에서는 그다지 큰 문제가 되지 않을 수 있다. 적당한 잔향 시간은 소리를 풍부하게 만들어주기도 하기 때문이다. 그러나 공간이 일정 규모 이상 커지거나 음향의 질이 중요한 콘서트홀 등에서는 이러한 잔향 시간 문제가 중요하게 부각된다. 실내에 일정한 음을 발생시키다가 음원을 정지시켜도 음이 잠시 남는 여운 또는 울림 현상을 '잔향'이라고 한다. '잔향 시간'은 그 길고 짧은 것을 나타내는 양을 말한다. 즉 음원을 정지시킨 후 실내 음의 밀도가 처음의 100만 분의 1, 즉 60데시벨 감쇠되기까지의 시간으로 정의하고 있다. 적당한 잔향 시간은 대화의 이해도를 증가시키고 음악을 풍요롭게 하기 때문에 실내 음향 설계에 빼놓을 수 없는 요소로 인식된다. 공간의 용도, 공간의 용적에 따라 '최적 잔향 시간'을 권장하고 있는데, 강연이나 회의에 사용되는 장소는 잔향 시간이 짧고, 음악에 사용하는 장소는 잔향 시간이 긴 것이 특징이다.

일반적으로 소리의 속도는 340m/s로 알려져 있으므로 1/20초가 되는 17미터 이상의 실내 공간에서부터 맞대벽이 있는 경우에는 문제가 발생한다. 즉 작은 에코가 늘어나 잔향 시간이 커지고, 이에 따라 잔향 시간을 조절하기 위해 흡음재의 비율을 높이거나 하여 잔향 시간을 조절하는 것이 필요하다. 특히 최근에 우리가 즐겨 찾는 카페나 레스토랑의 경우 디자인과 유지 관리를 고려해 보통 마감 재료들이 유리, 철, 콘크리트, 석재 등의 반사재로 처리된다. 그 때문에 어떤 공간에서는 쉽게 피로를 느끼고 발음의 명료도나 소리 구분의 인지도가 낮아져 대화하는 데 불쾌감을 느낀다는 것이 정설이다. 따라서 공간별로 적절한 흡음재나 다공질 재료를 보완해 잔향 소음을 줄이고 보다 쾌적한 음향 환경을 만드는 것이 필요하다.

이런 음향의 효과를 반대로 이용하는 경우도 있다. 쉽게 말해서 카페 운영자는 고객이 와서 커피를 마시는 것은 좋아하지만 너무 오래 머무르는 것은 바라지 않는다. 이렇게 손님이 너무 많이 오래 머물 경우, 카페 운영자는 어떻게 하고 있을까? 경우에 따라서 그들은 편안한 환경보다는 등받이가 없거나 약간 높은 스탠딩의 불편한 의자들을 좀 더 배치해 고객들이 머무르는 시간을 줄이고, 고객 순환이 빨라지도록 의도하는 경우도 있다. 또한 음향 효과를 이용하는 방법도 있다. 예컨대 카페 공간의 흡음재 비율을 줄이고 반사재로 마감하면 카페는 적은 소리로도 시끄러워지기 때문에 고객들이 쉽게 지쳐 장시간 머무르면서 대화를 나누는 것이 불가능해진다.

음향 효과는 공간을 설계한 사람의 의도에 따라 다른 결과를 불러올 수도 있다. 낯선 만남들이 이루어지는 미국의 바나 시끄러운 클럽의 경우에는 적당한 백그라운드 뮤직이나 인근의 소음을 조금 더 키워 대화자들이 아직 친해지기 전이라도 일부러 아주 가까운 개인적인 거리에서 귓속 대화를 하도록 유도하는 경우도 있다. 이런 경우 타인에 대한 친밀감을 쉽게 느끼고 합법적으로 개인화된 공간을 타인들이 보는 공개된 공간에서 침입할 수도 있다. 금요일 밤에 클럽이나 재즈 바를 찾는 이유는 시끄러운 소음을 빌미로 개인화된 소리의 만남을 통해 도시적 외로움을 달래거나 낯선 만남의 설렘을 느끼고 싶어서일 것이다. 그러니까 쉽게 친해지고 싶은 상대방이 있다면 일부러 시끄러운 공간을 찾는 것도 방법이 될 것이다. 다만 편해 보이는 카페에 거금을 들여 들어섰지만 편안하지 않다면, 다시 찾거나 글을 쓰는 여유와 사색의 공간이 되기는 힘들어 보인다. 여전히 우리가 주목해야 할 것은 공간의 소리를 어떻게 우호적으로 만드느냐 아닐까.

브레인스토밍이 성과를 가져온다는 착각에서 벗어나라

창조와 혁신은 기업들이 풀어야 할 영원한 숙제이다. 창조적 아이디어가 있으면 성공하고 그렇지 않으면 경쟁에서 뒤처진다는 생각은 누구나 갖고 있다. 문제는 창조적 생각을 어떻게 만들 것인가, 그리고 창조적 생각을 만들어내는 조직을 어떻게 운영할 것인가에 대한 고민이다. 그렇지만 이 부분에 대한 해법은 쉽지 않다.

기업들은 창조적 아이디어를 만드는 데 브레인스토밍brainstorming 방법을 사용하는 경우가 많다. 그리드 구조에서 창조적인 아이디어가 발현되지 않으니까 궁여지책으로 사용하는 셈이다. 어떤 기업들은 브레인스토밍을 잘하기 위한 교육 과정을 만들어서 전 직원을 가르치기도 하고 일상생활에서 브레인스토밍을 사용하겠다며 노력하는 기업도 많다. 결론부터 이야기해보자. 브레인스토밍은 쓸모없는 방법이다.

브레인스토밍이라는 말은 1950년대 광고 회사 임원이었던 알렉스 F. 오스본Alex F. Osborn이 만들어서 전파시킨 개념이다. 브레인스토밍은 뇌를 사용해서 창의적 문제를 폭풍처럼 공격하는 것이라는 의미로 붙인 이름이다. 즉 회의에 참가한 여러 사람이 특공대가 되어 동일한 목표물을 과감히 공격한다는 것이다.

알렉스 F. 오스본은 함께 근무하는 광고 회사의 부하직원들의 창의성이 뒤떨어진다고 불만이 많았다. 알렉스 F. 오스본은 어떻게 하면 직원들이 창의적인 아이디어를 낼 수 있을까 항상 고민했다. 그런데 어느 날 여러 명이 함께 아이디어를 내어 광고를 만들던 중 집단의 창의성은 광고 품질을 높이고 그만큼 좋은 광고를 많이 만들어낼 수 있다는 사실을 파악했다. 그는 이 문제에 대해서 좀 더 연구한 뒤 창의적 사고를 할 수 있는 일반 과정을 만들어냈고, 이것을 모든 유형의 문제에 적용할 수 있을 것이라며 호언장담하기 시작했다. 그에게는 창의적 문제를 해결할 수 있는 알라딘의 요술램프가 바로 '브레인스토밍'이었던 것이다.

1953년에 출간된 『당신의 창의력Your Creative Power』에서 그는 처음으로 '브레인스토밍'이라는 용어를 사용했고, 이는 서구 사회에 널리 전파되기에 이르렀다. 결국 브레인스토밍은 아이디어를 만들어주는 보증수표로 자리하면서 미국 산업 사회에서 확실한 성공을 가두었다. 브레인스토밍의 효과로 미국 재무부 직원들이 집단으로 모여 40분 동안 저축채권을 판매할 103가지 아이디어를 생각해낸 사건은 큰 성공 신화로 꼽힌다. 듀폰, IBM, 미국 정부를 포함한 기업과 기관들이 브레인스토밍 기법을 따르기로 하면서 수많은 비즈니스에서 만병통치약으로 자리하게 된 것이다.

그 후 브레인스토밍과 유사한 사고 개념들이 많이 등장했다. 예컨대 수평적 사고 방법, 디자인 사고, 트리즈, 전자적 브레인스토밍 등은 그 후 개발된 방법론들이지만, 이들의 뿌리는 모두 브레인스토밍에 기인한다. 그렇지만 20세기 말에 이르면서 아무도 브레인스토밍을 누가 만들었는지 묻지 않게 되었다. 브레인스토밍 자체가 창의적 아이디어를 만드는 동사이자 명사 또는 은유의 표현으로 굳어졌기 때문이다.

그러나 아직도 기업들은 창의적 문제 해결을 위해 브레인스토밍을 비롯한 유사 개념들에서 문제의 해법을 찾으려 한다. 이들은 창의성이 발현될 수 있는 프로세스를 확립하고 나면, 집단에 속해 있는 개인들은 각자의 아이디어를 서로 조립해서 새로운 아이디어 혹은 해법을 찾을 수 있다고 말한다. 이들의 논리에 따르면 누가 창의성을 갖고 프로젝트를 진행할 것인가는 중요하지 않다. 그들에게는 '어떤 프로세스'로 해결할 것인지가 중요하다.

그렇다면 브레인스토밍은 과연 효과가 있는 것일까? 이 부분에 대해서는 아무도 언급하지 않지만, 이것을 연구한 학자들이 있다. 연구 결과에 따르면 집단적으로 일한 사람들은 혼자 일한 사람들보다 아이디어를 더 산출하지 못했고, 아이디어 수준도 더 낮았다. 이와 같은 연구는 계속 이어져, 집단의 규모가 커지면 커질수록 생산성이 오히려 감소한다는 사실을 밝혀냈다. 결론은 다양한 크기의 집단을 대상으로 실험한 결과, 집단 브레인스토밍은 창조적 사고를 저해한다는 것이다.

우리는 창조성에 대한 심각한 오해 몇 가지를 가지고 있다. 우선 아이디어는 그렇게 중요한 것이 아니다. 브레인스토밍은 아이디어를 떠올리는 행위 자체만 창조 행위라고 생각하는 경향이 있다. 그렇지만 정작 중요한 것은 아이디어를 현실화시키는 개인들의 노력이다. 또 아이디어 하나만으로는 다른 사람들이 볼 때 이해가 잘 안될 수도 있다. 우리는 앞서 디스쿨에서 각 팀들이 프로토타입을 만들기 위해 종잇조각을 이어붙이기한다는 이야기를 했다. 그렇게 프로토타입 제품을 만들어야만 팀원과 그것을 보는 사람들이 평가한다는 것이다. 아이디어는 씨앗과 같아서 그것이 어떤 것으로 성장할지는 아무도 모른다.

다른 오해도 있다. 창조는 특별한 사람만 할 수 있다고 생각하는 것이다. 이른바 창조는 비범한 인물이 비범한 행동을 통해서 만들어낸 비범한 결과물이라는 주장이나 편견을 설명하려는 데서 만들어진 실수이다. 역사적으로 창조는 그렇게 비범한 사람들이 만들어낸 결과물이 아니었다는 증거가 수없이 많다. 게다가 인류는 역사에서 창조를 그렇게 중요하게 생각하지도 않았다. 이 점을 아는 것은 매우 중요하다. 사물인터넷 개념을 처음 만든 케빈 애슈턴Kevin Ashton에 따르면, 1300년대 말까지는 누가 무엇을 발명 혹은 발견했는지에 대한 기록을 하지 않았다. 이것은 역사를 기록하지 않아서가 아니라, 창조를 대단하게 여기지 않았기 때문이다. 예컨대 이것이 우리가 1440년 독일에서 인쇄술을 발명한 사람이 요하네스 구텐베르크Johannes Gutenberg라는 사실은 알지만, 1185년 영국에서 풍차를 개발한 사람이 누구인지는 모르고, 1250년 볼로냐 산도메니크 성당에 십자가상을 그린 사람이 지운타 피사노Giunta Pisano라는 사실은 알지만, 1110년 키예프 성 미하일 대성당의 성 데메트리우스 모자이크를 만든 사람이 누군지는 모르는 이유이다.

창조에 대한 생각은 르네상스 시대부터 바뀐다. 창조는 특별한 천재들만 할 수 있는 것이며, 이는 그들의 전유물이라는 것이다. 창조 행위는 천재에게만 국한되어 있다는 르네상스 시대의 믿음은 17세기 계몽주의, 18세기 낭만주의, 19세기 산업혁명 시대를 거치는 동안 계속 이어졌다. 21세기 중반이 되어서야 모든 사람이 창조를 할 수 있다는 대안적 입장이 초기 뇌 연구를 통해 처음으로 등장하기 시작한 것이다.

이때 기억해야 하는 학자가 바로 엘렌 뉴웰Allen Newell이다. 그는 원래 산림감시원이 되려던 꿈을 포기하고 과학자가 되었다. 그는 물리적인 것들만 존재하는 세상에서 인간의 정신은 어떻게 만들어졌을까에 대해 연구한 학자였다. 그 연구를 진행하던 중 창조 행위는 천재들만 할 수 있는 특별한 일이 아니라는 것을 깨달은 최초의 과학자가 된 것이다. 그는, 창조란 그저 일종의 특별한 문제 해결 행동뿐이며, 여기에 재능은 필요하지 않다고 주장했다. 즉 창조 및 비창조 사고와 관련된 과정에 관한 실질적인 데이터를 살펴보면 두 가지 사고 사이에서 특별한 차이점을 발견할 수 없다는 것이다. 그래서 그는 소위 말해 전문가와 비전문가를 구분하는 것도 불가능하다고 여긴다. 창조는 천재들만 하는 것이 아니며, 누구나 할 수 있지만 얼마만큼 많은 시간을 들여 고민하고 노력했는지가 중요하다는 말이다.

우리가 알고 있는 기업들은 대개 위기에 몰리면 더 합리적으로 움직이기 위해 노력한다. 조금 더 숫자 위주로 경영하게 되고 전략적이기보다는 보수적으로 운영한다. 그래서 혼자 의사결정을 내리는 경우보다 집단적으로 의사결정을 내리고 집단에서 만들어진 아이디어는 좋다는 편견을 가지고 있다. 여기에서 기업들이 생각하는 '인간'을 이야기할 필요가 있다. 기업은 보편적인 인간을 규정하고 인간은 합리적으로 움직일 거라는 가정하에 모든 일을 진행한다. 사람들은 합리적이며 충분한 정보에 따라 의사결정을 만들 수 있고 고객도 합리적이기 때문에 좋은 정보를 제공하면 고객들도 움직일 것이라고 생각한다. 그렇지만 과연 그럴까. 사람은 그렇게 합리적이지 않다. 그것은 내부에 있는 직원이나 기업들이 상대해야 하는 고객도 마찬가지이다.

멀티태스킹은 거짓말이다

그리드는 누가 뭐래도 부정할 수 없는 한 가지 장점이 있다. 바로 효율성이다. 그리드로 만들어진 도시도 창의적이지 못하다는 것을 알고 있지만, 그리드를 포기할 수는 없다. 교통을 비롯한 수많은 관리에서 효율성을 포기할 수 없기 때문이다. 이것은 인간이 존재하는 모든 공간 규칙에 해당한다. 우리가 살펴본 것처럼 20세기 최고의 발명품이라고 일컬어지는 미국의 전력 시스템도 그리드로 만들어져야 관리가 가능한 것이다.

역사적으로 그리드에 속한 개인은 그리드를 통제하는 지배세력이 요구하는 효율성에 부응해야만 했다. 18세기 산업혁명 때 살았던 사람들은 시계처럼 움직이면 그것으로 충분했다. 프레더릭 테일러는 기계 작동 시간을 측정하고 이를 다시 인간에게 적용했다. 그 때부터 노동자가 시계처럼 정확히 움직여준다면 그가 그 자리에 존재하는 이유가 되었던 셈이다. 그리하여 출근부가 생겼다. 사람 관리란 곧 시간 관리로 여겨져왔다. 산업혁명이 한창일 때 사람들은 출근하면 종이에 구멍을 내어puncture 자기 출근부를 기록했다. 여기에서 유래한 단어가 바로 시간을 잘 지킨다는 의미의 'punctual'이다. 마치 사람을 기계처럼 움직이게 하고, 그렇게 해야 생산성이 높아진다고 본 것이다.

이 고정관념은 지난 200년 동안 이어져왔다. 그렇지만 모든 업무 환경이 디지털로 바뀌면서 문제가 발생했다. 효율성과 생산성의 의미가 달라진 것이다. 쉽게 말해 과거에는 기계처럼 움직이면 그만이었지만, 이제는 창의적인 생각과 아이디어를 만들어야 하고, 수많은 커뮤니케이션에 대응해야 하며, 자기가 차지한 그리드에 해당하는 잉여 이익을 만들어야만 그 자리를 차지할 수 있는 존재 가치가 부여된다. 다소 냉정하게 들리는가? 아니다. 산업혁명 이후 200년이 지났지만, 아직까지도 회사의 매출을 근무하는 '종업원' 숫자로 나누어서 평가하는 기업들이 적지 않다는 사실을 직시했으면 좋겠다.

게임의 룰이 바뀐 것이다. 이제 조직의 생산성에 기여해야 하는 '종업원'들은 멀티태스킹mutitasking을 해야만 한다. 자기가 맡은 본연의 업무가 있어도 수없이 날아오는 이메일과 문자, 전화에는 적시에 대응해야만 한다. 또 소셜미디어에서 끊임없이 진행되는 논쟁에 참여하고 실시간으로 업데이트되는 뉴스에 관심을 가져야만 한다.

정치, 사회, 엔터테인먼트, 과학 뉴스 등은 끊이지 않는다. 서던캘리포니아 대학교에서 실시한 연구에 따르면 시간이 흐를수록 우리는 더 많은 정보를 접하게 되어 있다. 즉 미국 기준으로 본다면 1986년 미국인들은 평균 40개의 신문에 해당하는 정보와 뉴스를 접한 것으로 파악되었지만, 18년이 지난 2006년에 조사한 바로는 174개 정도의 신문 정보와 뉴스를 접한 것으로 파악되었다.

인간의 뇌는 이렇게 방대한 정보를 입력해도 괜찮은 걸까? 문제는 그렇지 않다는 데 있다. 수많은 정보를 접하는 것에는 대가가 따른다. 인간의 집중력에는 한계가 있기 때문에 우리는 '집중력'이라고 하는 중요한 자산을 포기해야만 한다. 수전 스트레인지Susan Strange 가 말한 것처럼 인간에게는 원래 필수 요소가 네 가지 있다. 바로 '안보, 자원, 돈, 지식'이다. 수전 스트레인지는 그중에서 지식이 가장 중요하다고 이야기했다. 그렇지만 우리는 지금 지식을 쌓을 수 있는 중요한 자원 하나를 잃어버리고 있다. 멀티태스킹을 하는 대신 '집중력'을 잃어버리고 있는 것이다.

과거 인간에게는 집중력이라는 중요한 자산이 있었다. 그리스에서 소크라테스가 웅변술을 가르칠 때 제자들은 그의 말을 듣고 그대로 외워서 전달할 수 있는 능력을 의심하지 않았다. 그래서 그의 말을 기록해서 기억하는 제자들을 호되게 다루었다고 전해진다. 그가 책을 남기지 않은 것도 그런 이유이다. 1,000년 전에도 우리의 뇌는 1,000행이나 되는 시를 외워두었다가 기억 속에서 다시 꺼내 암송할 수 있는 능력을 기본으로 갖추고 있었다. 그렇지만 기록 매체가 등장하면서 우리의 뇌는 더 퇴화하기 시작했다. 책이 만들어지면서 책을 통해 이야기를 전해주므로 암기할 필요가 없어졌다. 그리하여 암기 능력 대신 오랜 시간 고독하게 정신을 한 군데 집중하거나 긴 논쟁의 맥락을 놓치지 않고 따라가는 새로운 강력한 능력이 생겼다. 또한 생각하는 능력이 커지면서 민주주의 등과 같이 깊은 사고가 담긴 개념이 대중에게 널리 퍼졌다.

하지만 우리 뇌가 조용히 앉아 사색하거나 오랜 시간 깊은 사고 과정을 따라가는 능력을 잃어버리고 있다는 점은 기억해야 한다. 바로 멀티태스킹이다. 멀티태스킹은 거짓말이다. 인간은 그렇게 여러 분야에 동시에 집중할 수가 없다. 런던 대학교 정신의학연구소에서 발표한 인포마니아 연구에 따르면 다른 창의적 작업을 하는 동안 이메일을 확인하면 순간 아이큐가 10점 떨어진다. 이 수치는 36시간 동안 잠을 자지 못했을 때의 수치이며 마리화나를 피웠을 때보다 두 배 많은 수치이다.

우리의 조상들이나 오늘날의 우리는 모두 24시간, 즉 1,440분을 가지고 있다. 그러나 우리에게는 정보가 훨씬 많으며, 덕분에 주의력 또한 훨씬 더 많이 분산된다. 사람이 주의를 지속하는 강도와 시간은 분명히 한정되어 있다. 정보는 늘어났는데 사람의 뇌에는 한계가 있다는 두 가지 사실 때문에 우리는 생활습관을 바꿀 수밖에 없었는데, 꼭 좋은 방향으로 바뀐 것만은 아니다. 정보의 홍수를 좇아가기만 하는데도 멀티태스킹을 해야 한다.

물론 멀티태스킹이 나쁘지 않다고 이야기하는 사람들도 있을 것이다. 그렇지만 연구 결과를 보면 그렇지 않다. 멀티태스킹을 하고 주의를 분산시키는 경향은 부정적인 결과를 가져온다. 캘리포니아 대학교 어바인 분교에서 정보학을 강의하는 글로리아 마크Gloria Mark 박사에 따르면, 일단 주의가 다른 곳으로 쏠리면 당초에 하던 작업으로 돌아가는 데 최대 23분이 걸린다. 그리고 사람은 평균 3분마다 주의가 분산되므로 여기에서 빠져나오기가 매우 어렵다.

멀티태스킹을 하는 사람은 문제가 심각하다. 습관적으로 멀티태스킹을 하는 사람들은 작업과 작업 사이를 왔다 갔다 하는 일에 좀 더 능숙하리라고 생각하겠지만, 그것은 사실이 아닐지도 모른다. 스탠퍼드 대학교의 아이얼 오퍼Eyal Ophir 교수가 최근에 수행한 연구에 따르면 대량의 미디어 콘텐츠를 소비하는 이른바 헤비 멀티태스커들은 쓸데없는 정보에 쉽게 눈을 돌릴 뿐만 아니라, 옆길로 샌 뒤 당초의 작업으로 돌아오는 데도 보통 사람들보다 현저히 느린 모습을 보였다. 유타 대학교에서 실시한 별도의 연구 결과는 멀티태스킹의 달인이라고 자처하는 사람들이 사실은 310명의 연구 대상 중 가장 서투른 멀티태스커임을 보여준다. 헤비 멀티태스커들은 스스로 가벼운 멀티태스커라고 부르는 사람들보다 주의 분산을 차단하는 능력이 현저하게 떨어졌다.

결국 주의력이 희소 자원이 되었을 뿐만 아니라, 우리의 습관 또한 주의를 집중하는 능력을 떨어뜨리는 쪽으로 변해가며 끊임없이 방향을 바꾸기도 한다.

일부 회사들은 이메일이 없는 시간 혹은 회의 없는 날을 만들어서 시행하기도 한다. 인텔Intel, 딜로이트앤투시Deloitte &Touche 같은 회사들은 이메일이 없는 날을 시험 시행하기도 했다. 특히 인텔은 두 지사에서 화요일 오전 4시간 동안 이메일 없는 시간을 도입해 큰 성과를 거두었다. 이렇게 이메일을 하루 두 차례만 확인하라고 충고하는 회사들의 경우 내부 갈등이 사라지고 업무 집중도가 높아지고 있다는 관측은 이미 여러 군데에서 확인되고 있다.

구성원을 성장시키는 기업문화를 만들어라

창의력을 만들어내는 파괴적 공간이 들어서는 현상이 지금까지 우리가 보았던 현상과 다르다는 사실을 깨달아야 한다. 텅 빈 공간을 움직일 수 있는 벽과 기자재로 채운 디스쿨과 단층의 넓고 큰 공간을 2,800명의 구성원들로 채우고 칸막이와 방을 구분하지 않고 수평조직을 만든 페이스북과 가깝게는 성수동에 위치한 카우앤독은 단순히 사무실을 '디자인적'으로 예쁘게 꾸미고 창의력을 발휘할 수 있도록 했던 과거의 몇몇 시도들과 차원이 다르다. 그들은 규정되지 않은 공간을 만들고 그 안에서 전통적으로 내려왔던 규칙들을 파괴하고 있다. 이런 움직임은 이제 시작에 불과하다.

모든 기업이 이렇게 용기 있는 선택을 하기는 어렵다. 현실적인 장벽이 많은 탓이다. 그렇다면 대안은 무엇일까? 기업에서는 교육을 통해 구성원들을 시대에 맞도록 성장시키고 창의력을 만들어내게 하고 스스로 변화할 수 있는 기회를 제공하고 있을까?

　기업은 권리, 의무, 책임, 권한의 범위를 상세하게 규정한 구체적
인 직무와 감독, 복종과 명령의 일원화라는 투명한 시스템이 뒷받침
되어야 한다. 조직은 문서를 통한 의사소통과 기록, 그리고 직무별
로 갖추어야 할 필요조건과 역량에 따른 인력 개발과 훈련을 중요하
게 다루어야 한다. 즉 직무별, 직급별 교육체계가 수립되어야 하며,
모든 승진자는 해당 직무를 잘 수행할 수 있도록 교육되어야 한다.
관료 조직이 내부적으로 잘 돌아가려면 무엇보다 구성원들 각자의
사회경제적 신분이나 종교, 정치적 관계를 불문하고 모든 사람에게
일관되고 포괄적으로 동일한 규칙을 적용해야 한다. 따라서 채용,
직무, 승진은 과거처럼 가족관계나 사적인 인맥이 아니라 능력과 경
험을 기반으로 이루어져야 한다.

-모이제스 나임, 『권력의 종말』

이것은 기업의 조직에 대한 교육과 내부 규정에 대한 이야기이다.
과연 어느 시대에 맞는 기업에 대한 내용일까? 21세기를 이끌어가
는 첨단 ICT 기업들의 이야기일까? 아니다. 1800년대 초반 막스 베
버가 『경제와 사회』에서 상세히 기록한 조직과 규율, 권력에 대한
내용에 바탕을 두고 있다. 막스 베버는 근대 사회 권력의 핵심은 관
료 조직이라고 믿었다. 그것이 인간이 성취한 가장 발달한 형태의
조직이자 자본주의 발전에 가장 적합한 형태라고 했다.

그로부터 200년이 흘렀다. 우리는 아직도 막스 베버가 주장한 대로 직급별로 갖춰야 할 역량을 세분화해서 정리한다. 그리고 여기에 맞는 교육을 제공하고 책임과 권한을 부여한다. 해당 직무를 잘 완수하면 승진 제도를 두어 더 높은 책임과 권한을 갖게 하고 관료제 상층부에 이르도록 교육을 시킨다. 계층별로 나누고 교육시키고 각각 다른 책임과 업무, 권한을 갖는 것, 이런 분류 체계를 위해 인간에게는 오래전부터 그리드가 존재했다. 로마 시대에는 그리드로 나누고 계층을 구분해 각 그리드에 살게 했고, 전쟁터에서도 그리드로 만들어진 막사에서 생활하고 전력에 따라 다르게 배치했다. 역사에서 사람들을 나누고 분류하는 데 그리드가 없었던 적은 존재하지 않는다.

2003년 마이크로소프트는 한 작은 회사가 가진 인터넷 검색과 광고 시장을 빼앗기 위해 110억 달러라는 자금을 쏟아부었다. 그렇지만 그 작은 회사는 자신들이 가진 기술력에 더 집중했고, 결국 마이크로소프트의 공세는 수포로 돌아갔다. 이 작은 회사의 이름은 바로 '구글'이다. 현재 구글은 40여 개국에 5만 명 가까운 종업원을 거느린 500억 달러 규모의 회사로 성장했다. 구글은 인터넷 검색과 검색 광고에서 비디오와 그 밖의 디지털마케팅으로 사업을 다각화했고, PC 중심에서 모바일 중심으로 전환하는 데 성공했으며, 하드웨어 장치를 이상적으로 결합하는 제품을 생산하기도 했다. 심지어 무인 자동차까지 제작 중이다.

흥미롭게 볼 것은 2003년 마이크로소프트가 공격할 당시 구글은 그 무엇도 준비하지 않았다는 점이다. 아니, 하지 못했다는 것이 정확할 것이다. 그들은 마이크로소프트의 대응에 맞서는 계획을 만들었지만, 거기에는 재정 계획이나 수익원 창출 계획도 없었고, 사용자나 광고주, 협력업체가 무엇을 원하는지 또는 이들이 세분화된 시장에서 어떻게 변할 것인지에 대한 시장조사도 없었다. 구글 광고 제품을 어떻게 팔 것인지에 대한 논의나 유통 경로 전략도 없었다. 도대체 이 자신감은 어디에서 기인한 것일까?

구글은 '사악해지지 말자Don't be evil'를 모토로 하고 있지만, 기업 문화의 근간에는 '자유'라는 개념이 뿌리 깊이 박혀 있다. 그렇지만 기업에서 구성원들에게 자유를 준다는 것은 쉬운 일이 아니다. 보통은 자유를 적게 제공하고 관리와 통제를 하면 기업이 성공할 것이라고 생각하는 경영자가 훨씬 많을 것이다. 이런 운영 방법은 쉽다. 업무를 제공하고 동시에 당근과 채찍을 동원하는 것은 비교적 쉬운 일이다. 그렇지만 이런 일이 반드시 효과적인 것은 아니다. 셰필드 대학교의 카말 버디 교수와 연구원들은 22년 동안 308개의 회사를 조사해서 각각의 생산성을 비교 연구한 결과를 발표한 적이 있다. 이때 전사적 품질경영, 적시 생산방식과 같은 경영도구들은 생산성 향상 효과를 유발하지 않았고, 기업에서 대부분 사용하고 있는 경영도구들은 시속적이고 안정적인 생산성 증가를 개선시키지 않는다고 했다.

반면 리더가 아무것도 하지 않은 채 구성원들이 스스로 알아서 업무를 정하고 추진하며 결과물을 만들어내기는 어렵다. 웬만한 경영자는 시도도 하지 못한다. 최근 떠오르고 있는 중국 기업 '화웨이'는 공자가 설파한 '무위이치無爲而治'를 경영 이념으로 삼고 있다. 무위이치란 아무것도 하지 않으면서 통치한다 의미이다. 구글도 이와 같은 철학을 가지고 있다. 자유를 주고 스스로 일하게 하는 것이다. 예컨대 구글 두들Google Doodle은 해당 날짜에 역사적 사건이나 기념일 등을 고려해 구글의 로고를 변형시키는 것인데, 1998년 8월 30일에 최초로 등장해 창업자 래리 페이지Larry Page와 세르게이 브린Sergey Brin이 휴가 중임을 알리는 내용을 담기도 했다. 대부분의 기업들은 자사의 로고를 이용해서 장난칠 생각을 하지 못한다. 보통 CI 규칙이라고 정해두기 때문이지만, 구글은 다르다. 스스로 만들어갈 수 있는 문화가 존재한다는 증거인 셈이다.

구글은 역설적으로 직원 교육을 하지 않는다. 해마다 하위 5퍼센트의 성과를 내는 사람들에게는 특별한 교육을 시키기도 하지만, 구글은 직원 교육에서 최소화 원칙을 가지고 있다. 대신 구글에서 일을 잘할 수 있는 사람, 단지 똑똑하기만 한 것이 아니라 젊고 패기있으며 남다른 생각을 할 수 있는 사람을 채용하는 데 더 많은 시간을 투자하는 것으로 유명하다. 구글이 지금까지 많은 사람을 채용했지만, 최고의 성과를 내고 있는 컴퓨터 전문가들 가운데 상당수가 대학에 발을 들여놓은 적도 없다는 점은 기존에 우리가 생각하는 인재의 기준과 다를 것이다. 구글이 원하는 인재는 똑똑한 사람보다 겸손하고 성실한 사람이다. 구글은 스탠퍼드, 하버드, MIT 등 명문대학을 평균 이상의 성적으로 졸업한 지원자보다 주립대학을 수석으로 졸업한 학생을 선호한다. 몇몇 직책에서는 대학 교육을 전혀 고려하지 않기도 한다. 그 사람이 회사에 기여하는 정도, 다른 사람에 비해 뛰어난 부분을 더 중요하게 여기기 때문이다. 2007년 이전까지만 해도 구글의 채용 정책은 '똑똑한 사람을 될 수 있으면 많이 채용하자'였다. 그러나 규모가 커지고 1년에 수천 명씩 채용하면서 지능지수만으로는 창의성이 높은 인재나 팀에 공헌하는 사람을 가려낼 수 없다는 사실을 깨닫고, 이후에는 고난을 극복하는 능력과 끈기를 보여주는 인재를 물색하기 시작했다.

구글은, 오히려 기업들이 교육에 많은 비용을 투자한다는 것은 그들이 기업에 맞는 직원을 제대로 채용하지 못했다는 반증이라고 여긴다. 물론 기업들이 그 사실을 모르는 것은 아니다. 기업에서도 교육으로 필요한 지식을 '어느 정도' 제공해줄 수는 있지만, 진정으로 사람을 성장시키고 변화시키지는 못한다는 것을 알고 있다. 다만 대부분의 교육 담당자나 책임자들이 이런 생각을 가지고 있으면서도 말하지 않는 것이다.

미래 업무 공간의 새로운 개념 4N

기업에서 첨단기술과 브레인스토밍, 멀티태스킹 또는 기업 교육으로 해결하지 못하는 것을 보다 쉽게 해결할 수 있는 방법이 없는 것은 아니다. 바로 공간 디자인이다. 물론 보통 사람들은 디자인이라고 하면 '돈이 되는 예쁜 디자인'만을 생각하는 경향이 많다. 그래서 산업 디자이너 혹은 공공 디자이너라고 하면 그렇게 좋은 이미지를 선사하지 못했다. 그렇지만 이제는 시대가 달라졌다. 디자인은 이제 문제 해결사로 자리를 잡아가고 있다. '디자인 만능 시대'라고 하면 과언일까? 영국 왕립예술대학Royal College of Art, RCA 헬렌햄린센터Helen Hamlyn Center 센터장을 맡고 있는 제러미 마이어슨Jeremy Myerson은 "그렇다"라고 말한다.

전 세계적으로 최고 인재들의 스펙이 대부분 비슷하다는 것에는 공감한다. 우리 식으로 표현한다면 '글로벌 인재'라는 표현 정도가 될 것이다. 해외 유명 대학 졸업이라는 높은 학력에, 2개 국어 이상을 능통하게 구사하고, MBA나 과학과 수학 관련 혹은 디자인 관련 최고 학벌을 가지고 있다면 우리는 최고의 인재라고 말한다. 문제는 이런 인재들이 너무 많다는 것이다. 전 세계 인구 70억을 기준으로 하면 아주 소수에 불과하지만, 인구가 워낙 많다보니 그 숫자가 적지 않다. 따라서 이들이 글로벌 기업들에 다수 포진되어 있다. 그렇다면 이런 계산을 해볼 수도 있다. 이들을 보유한 기업들의 아이템에 대한 경쟁력도 있고, 기업문화도 변수로 작용하겠지만, 보유한 인재들의 스펙이 비슷하다면 그들의 경쟁력 또한 다르지 않을 수 있다는 계산이 나온다. 쉽게 말해 애플이 아이폰을 만든 것은 혁명적인 수준이었지만, 전 세계 ICT 기업들은 다소 시간이 걸릴 뿐 다른 회사가 만든 제품을 따라잡는 게 불가능하지 않다는 말이다. 스마트폰 시장은 이제 샤오미와 화웨이 같은 중국 기업들까지 가세해 그야말로 춘추전국시대이다. 이것은 전적으로 글로벌 기업들이 보유한 인재 수준이 평준화되었다는 의미이다.

그렇다면 도대체 어떤 요소가 승패를 가를까? 서로 비슷한 전력과 무기를 가지고 있다면, 과연 어느 쪽의 성공 가능성이 높을까? 바로 '구조'이다. 모든 조직은 구조를 갖고 있다. 만약 11명의 건장한 남자를 세워둔다면 어떤 구조냐에 따라 분위기가 달라진다. 대표적으로 축구를 생각해볼 수 있다. 축구는 골키퍼를 포함해서 11명이 그라운드에서 싸워야 한다. 문제는 포맷이다. 최전방 공격수를 원톱으로 할 것인지 투톱으로 할 것인지는 전체 포맷을 어떻게 가져갈지에 대한 해법이기도 하다. 최근에는 중원에서의 치열한 전쟁에 대비해서 그라운드 전체를 누비면서 공격과 수비를 조절할 수 있는 선수를 원하기도 한다. 이처럼 구조를 어떻게 선택하느냐에 따라 승패가 좌우된다.

앞에서 이야기한 질문을 다시 생각해보자. 공간이 바뀌면 인간은 얼마나 많이 바뀌게 될까? 영국의 RCA는 공간에 대한 디자인이 바뀌면 모든 것이 바뀐다는 생각을 가지고 있다. RCA는 산업디자인계에서 구차한 설명이 필요 없는 곳이다. 헬렌햄린센터의 대표작으로는 영국에서 '올해의 디자인'으로 선정된 구급차를 들 수 있다. 이 구급차는 생명의 가장 위급한 순간을 다루는 공간임에도 환자는 물론, 의료진에게도 불편함을 감수하게 하는 기존 구급차 디자인을 획기적으로 변모시킨 것이다. 센터의 디자이너들은 6년 동안 구급차 실제 상황에 동행해 자료를 수집했고, 실물 크기의 모형으로 연구한 끝에 구급 활동의 공간 제약을 대폭 줄인 새 구급차를 선보였다.

제러미 마이어슨은 미래 업무 공간에 대해서도 새로운 개념을 제시했다. 4N으로 만들어진 4가지 개념인데, 조직이 상징적으로 갖고 있는 가치 기준에 따라 업무 공간의 성격과 특성이 달라져야 하고, 이는 구성원들의 근무 형태에까지 큰 영향을 미친다는 것이다.

첫째, 구성원들을 위한 상징적인 공간이다. 이것은 그동안 기업들이 추구해온 개성 없는 공간에 대한 자동적이고 반사적인 강한 반작용이라고 할 수 있다. 기업과 브랜드에 대한 이야기를 업무 공간의 실내 디자인에서 서술적이고 상징적으로 표현하며, 브랜드와 명성을 실내 업무 공간들에 연관시키는 것이다. 한마디로 업무 공간을 기업의 브랜드와 역사를 체험할 수 있도록 만드는 것이다.

둘째, 정보가 흐르는 공간이다. 이것은 20세기 업무용 건물들의 융통성 없고 고립된 성격에 대한 반작용이다. 20세기 건물들은 마치 컨테이너 박스를 연결한 것처럼 설계되어 있다. 쉴 수 있는 곳이라고는 기껏해야 '탕비실' 정도가 고작이다. 이런 환경에서는 구성원들이 각자 자리에 앉아서 일만 하는 수밖에 없다. 따라서 다른 구성원들의 생각이나 아이디어를 접할 기회가 없는 것이다. 이런 특성때문에 지식으로 움직이는 21세기에는 융통성 있는 새로운 업무 공간이 필요하다.

셋째, 친근한 미래형 작업 공간이다. 개인 작업 공간은 여전히 별도로 분리될 수 있다. 그렇지만 팀이 일할 수 있는 공간이 필요하다. 일대일 접촉과 대화를 중요하게 배려하는 투명회의실이나 사회적 공간에 대한 배려도 미래형 작업 공간에 해당된다. 21세기 초에 등장한 친근한 업무 공간의 개념은 클럽이나 도시처럼 사회적 활동이 이루어지는 크고 활기찬 공간에서 착안한 것이었다. 사람이 중심인 21세기에는 사회적인 상호관계성과 커뮤니케이션을 고무하고 격려하는 새로운 업무 공간이 부각되고 있다. 업무 공간이 창조적인 기회를 늘리기 위한 공간으로 변하고 있는 것이다.

넷째, 유목민을 위한 공간이다. 이것은 업무 공간과 엔터테인먼트를 교차시켜 일과 놀이, 공과 사의 경계를 모호하게 디자인한 개념이다. 일터와 일이 분리되는 추세가 논리적으로 도달한 결과물이기도 하다. 고정되어 있는 공간에 대한 개념보다 필요에 따라 다양한 방식의 업무가 가능하고 새로운 유목적 공간에서 작업할 수 있도록 도와주는 것이다.

공간이 바뀌면 사람도 변한다
——— ——— ——— ———

인간은 수많은 오류와 실수로 가득한 존재이다. 그렇지만 인간은 한편으로 자신의 오류에 대한 학습 능력도 있다. 사람은 성공에 눈이 멀기도 하고, 위급 상황에서 행동주의에 빠지는 경향도 있으며, 때로는 어설픈 광고 문구마저 믿기도 한다. 그러나 이런 것은 수많은 사고의 오류 중 일부에 지나지 않는다. 이런 오류들이 발견된 것은 행동경제학 덕분이다. 과거의 경제학자들은 인간이 합리적인 존재라고 생각해왔기 때문에 이런 생각을 하지 못했을 것이다. 물론 현대에 밝혀지는 행동경제학도 그렇게 완벽하지는 않다. 실험을 통해 밝혀낸 인간의 오류는 매끄러운 새 이론으로 구축할 만큼 통일된 형태를 갖추지 못했다는 말이다.

인간은 탐욕과 불안 사이에서 흔들리기도 하고, 극단에 치우치는가 하면, 종종 자신을 과대평가하면서, 동시에 남의 말을 쉽게 믿기도 하고, 아주 어리석을 때도 많다. 또 인간의 머리는 깊게 생각하려 하지 않는다.

지금까지 루시퍼 이펙트Lucifer Effect는 누구나 악인이 될 수 있고, 그러한 상황에 처하면 착한 사람도 악한 행동을 할 수 있다는 충격적인 이야기에 집중되어왔다. 그렇지만 그 공간에 대해서는 언급된 바가 없었다.

2006년 5월 뉴욕에서 개최된 미국심리과학 학회에 필립 짐바르도Philip Zimbardo가 고령의 나이에도 불구하고 나타났다. 그가 40년 동안 학문적 완성을 목적으로 했던 것, 즉 선량한 사람이 사악해지는 이유에 대해서 강의하기 위해서였다. 그리고 이듬해 그는 『루시퍼 이펙트』라는 저서를 세상에 내놓으면서 1971년 스탠퍼드 대학교 지하 감옥에서 있었던 실험의 실체를 공개했다.

1971년 8월, 짐바르도 교수와 연구 팀은 건강한 남자 대학생 24명을 선발했다. 먼저 성격을 알아보기 위해서 심리 검사를 한 뒤 이들 가운데 무작위로 12명은 죄수로, 나머지 12명은 간수로 임명했다. 이것이 바로 전대미문의 실험으로 잘 알려진 스탠퍼드 감옥 실험

Stanford Prison Experiment이다. 연구 팀은 오랫동안 감옥을 실제처럼 보이게 하기 위해 애썼다. 대학 캠퍼스지만 지하를 선택한 것도 그 때문이었다. 이곳은 냉난방도 되지 않고, 바닥은 실제 감옥처럼 차가웠으며, 감옥과 같은 철창까지 준비했다. 그리고 CCTV를 설치해 짐바르도를 비롯한 연구 팀이 밖에서 이들의 행동을 관찰할 수 있도록 했다.

실험이 시작되자 간수에게는 제복을 갖춰 입히고 미러 선글라스와 곤봉까지 소지할 수 있도록 했다. 반면 죄수들은 발에 쇠사슬을 차고 불편한 작업복을 입었다. 마치 진짜 간수와 죄수 같았다. 그리고 그들의 이름은 사리지고 실제 감옥에서처럼 죄수 번호로만 불렸다. 간수들은 죄수들을 통제하고 그들이 완벽한 무력감을 느끼도록 해야 한다고 주문을 받았다.

이 실험의 결과는 어떻게 되었을까? 당초 이 실험은 2주 동안 계획되었지만 6일 만에 끝내야 했다. 간수들은 자기 역할을 너무 잘한 나머지 도를 넘고 말았다. 죄수들에게 폭행을 비롯한 온갖 가혹 행위를 퍼붓고 인간 본성의 가장 추악하고 야만스러운 면들을 노출한 것이다. 1971년 당시나 수십 년이 지나서 짐바르도 교수가 이 실험에 대해 밝혔을 때, 모두 충격을 받았다. 강력한 시스템 안에 있는 새롭고 낯선 상황에서 '나는 절대로 잘못을 저지르지 않을 것이며, 나쁜 시스템과 상황에 대항할 수 있을 것'이라는 믿음은 환상에 지나지 않았던 것이다. 인성 검사에서 평균적인 성향을 보였던 모든 수감자와 교도관들은 모의 교도소라는 낯선 환경에서 평소와 전혀 다르게 행동했다. 권위적인 환경에 처했을 때 인간은 각자 맡은 역할을 충실히 수행했던 것이다. 이로써 인간의 본성이 추악하다는 결론에 도달하게 되었다. 그러다보니 인간은 도대체 어떤 존재일까 생각해보게 되었다.

'루시퍼 이펙트' 실험에서는 간수와 죄수로 설정되어 있었지만, 그보다 더 강한 설정은 바로 '지하 감옥'이라는 공간의 힘이다. 우리는 일상생활에서 느낀 대로 선택하고 자율적으로 행동한다고 생각하기 쉽다. 또 믿는 대로 선택한다고 생각한다. 아쉽지만, 대부분 착각이다. 네덜란드의 룰 헤르만스Roel Hermans가 이끄는 행동연구 팀은 라드바우드 대학교 실험실에 식당을 만들어놓고 음식이 입에 들어가는 모습을 3,888번 관찰했다. 연구의 목적은 같이 식사를 하는 상대방이 어떤 사람인지, 가령 한 번에 얼마나 많은 양의 음식을 입속에 넣는지 혹은 얼마나 많은 양의 식사를 하는지에 따라서 앞에 앉은 사람도 따라 하게 된다는 것이다. 연구 팀은 이를 사회적 모방이라고 결론짓고, 이를 카멜레온 효과Chameleon Effect라고 불렀다. 우리는 스스로 선택하고 행동하는 것 같지만, 사실은 그렇지 않다. 우리는 상대방과의 조화를 깨려고 하지 않는다. 따라서 상대방에게 집중하고 상대가 움직이는 방향대로 움직이는 경향이 강하다.

이와 같은 결과는 심리학 실험에서 수없이 확인되었다. 1966년 피츠버그 대학교 학생들을 대상으로 조사한 결과, 21밀리초 만에 상대의 동작을 모방한다는 것이 밝혀졌다. 1밀리초는 1000분의 1초이니, 21밀리초라면 인간이 불빛에 반응하는 속도보다 10배 이상 빠른 셈이다.

우리가 공간에 아무런 반응을 하지 않는 것처럼 생각하지만, 사실은 그렇지 않다. 우리는 주변 사람들과 공간에 민감하게 반응하고, 제러미 마이어슨이 말한 것처럼 공간에 따라 구성원들의 업무에 차이가 발생할 수 있다. 심지어 회사 로고가 어떤 모양이냐에 따라서도 차이가 날 수 있다.

듀크 대학교와 워털루 대학교의 연구 팀은 회사 로고에 따라 창의력이 어떻게 달라지는지 연구한 적이 있다. 연구 팀이 선택한 것은 바로 IBM과 애플의 로고였다. 연구 팀은 한 참가 그룹에는 애플 로고를 보여주고, 다른 참가 그룹에는 IBM 로고를 보여주었다. 결과는 어떻게 나왔을까? 당신은 '애플 로고가 더 창의적이지 않을까?'라고 생각했을지 모른다. 맞다. 각각의 로고가 창의력에 분명한 영향력을 미친다는 것이 판명되었다. 애플 로고를 본 사람들은 창의력 테스트에서 평균 33퍼센트나 더 많은 창의적인 아이디어를 쏟아냈다. 후속 실험에서는 로고를 본 뒤 잠시 휴식 시간을 갖게 했지만, 결과는 마찬가지였다.

그렇다면 이 실험 결과를 어떻게 설명해야 할까? 연구 팀이 밝힌 바에 따르면 로고와 창의력의 관계가 무의식 차원에서 이루어지고 있다. 이것을 보통 '프라이밍 효과Priming Effect라고 한다. 2002년에 심리학자로서 노벨경제학상을 수상한 대니얼 카너먼Daniel Kahneman은 인간의 뇌는 여러 가지 단어, 개념, 영상, 심지어 색상 등에 무의식적으로 의미와 연관을 부여하는 연관 기계associative machine라고 말했다. 우리는 똑같은 질문을 드리고자 한다. 공간이 바뀌면 인간은 어떻게 바뀔까? 이제는 당신도 답을 알고 있다.

비예측적 공간으로 효과를 거둔 스티브 잡스

공간을 이야기하면서 스티브 잡스를 빼놓을 수는 없다. 스티브 잡스에 대해서 관심 있는 사람이라면 그가 젊은 시절 거실 바닥에 앉아 책과 몇 가지 전자제품을 놓고 생각에 잠긴 흑백 사진을 본 적이 있을 것이다. 혹시 이 장면이 이상하다고 생각한 적은 없는가? 자세히 보면 사실 속 거실에는 서구인들의 거실에 반드시 갖춰져 있는 소파나 의자 따위가 전혀 보이지 않는다. 그저 텅 빈 거실에 가구는 단 하나, 바닥 받침을 둔 전기스탠드가 전부이다. 관찰력 정도에 따라 이 사진은 무척 생소하게 느껴질 수도 있다. 의자가 없는 것도 그렇지만 텅 빈 거실 바닥에 앉아 있는 스티브 잡스의 모습이 매우 독특하기 때문이다. 서양인들은 바닥에 양반다리를 하고 앉아 있는 것을 매우 고통스러워한다. 그러나 사진 속의 스티브 잡스는 너무 편안한 모습이다.

스티브 잡스는 애플을 떠난 뒤 넥스트NeXT를 세웠고, 1986년에는 조지 루커스George Lucas 감독으로부터 픽사를 1,000만 달러에 인수했다. 스티브 잡스와 픽사의 인연은 이렇게 시작되었다. 잡스는 초기에 장편 애니메이션 영화에 관심이 없었다. 그의 관심은 오로지

하드웨어에 집중되었다. 그래서 픽사의 엔지니어와 그래픽 아티스트들이 하드웨어 사업을 포기하고 장편 애니메이션 영화를 만들자고 제안했을 때, 잡스는 솔직히 별로 기대하지 않았다.

존 래스터John Lasseter가 감독한 〈토이스토리Toy Story〉의 원형이 되는 〈틴토이Tin Toy〉를 제작해 아카데미상 단편 애니메이션상을 수상하며 세간의 관심을 받았을 때조차 잡스는 픽사를 인수한 것을 후회했다. 그러나 쓸모없는 회사로 생각했던 픽사는 〈토이 스토리〉의 대대적인 성공에 힘입어 주식시장에 상장되었고, 거의 빈털터리로 내몰렸던 스티브 잡스를 단번에 억만장자 자리에 올려놓았다. 사실 사망한 뒤에도 스티브 잡스는 여전히 위대한 혁신가의 아이콘으로 남아 있지만, 잡스가 관심을 갖지 않고 내버려둔 사업이 성공한 케이스는 픽사의 〈토이 스토리〉뿐 아니라, 아이팟과 아이튠즈까지 이어진다.

그렇다면 스티브 잡스는 도대체 무엇을 한 것일까? 업무 공간의 변화라는 관점에서 본다면 그가 만들어놓은 업적은 분명히 있다. 잡스는 사람들이 어떤 업무 공간에서 일해야 창의력이 좋아질지 알았고, 이것을 픽사에 적용시켰기 때문이다. 현재 월트 디즈니 애니메이션 스튜디오와 픽사 애니메이션 스튜디오의 회장을 맡고 있는 에드윈 갯멀Edwin Catmull은 픽사 스튜디오의 본사 중앙 아트리움에 선물 가게와 우편물 수신함, 커피숍과 식당, 화장실 등을 설치하기로 한 것은 잡스의 결정이었다고 말한다. 건물 중잉에 가장 중요한 기능을 집어넣는 그의 공간 디자인 철학은 구성원들 간의 교류를 확대하고 구성원들이 서로 이야기를 나눌 수 있게 만들었다. 그는 창의력이 이런 과정을 통해서 형성된다고 믿었던 것이다. 물론 당시 스티브 잡스의 결정에 반대한 사람이 없었던 것은 아니다. 픽사 스튜디오 수석 감독인 달라 앤더슨Darla Anderson은 잡스의 아이디어가 웃긴다며 조롱하기도 했다. 그렇지만 잡스는 모든 구성원은 서로 부딪치며 아이디어를 만들어야 한다고 주장했고, 이를 현실화시켰으며, 픽사는 〈토이 스토리〉라는 대박을 터뜨렸다.

현재까지도 애드윈 캣멀을 비롯한 픽사의 구성원들은 잡스의 공간 철학이 옳았다고 인정한다. 잡스가 만들어놓은 환경이 구성원들에게 영향을 미쳤고, 이것이 바로 성과로 이어졌다고 분석하고 있다. 물론 이것은 스티브 잡스가 관심 없었던 사업 영역을 직원들에게 맡겨버린 일종의 방법일 수도 있고, 자유로운 영혼을 지향했던 잡스의 철학일 수도 있다. 또 17세기 영국의 커피 하우스처럼 사람들이 마주 보고 이야기하면서 창의력을 키우고 사람들에게 새로운 통찰력을 주었다는 것을 익히 알고 실행한 전략이었을 수도 있다. 이유야 어쨌든 스티브 잡스는 공간에 대한 남다른 철학을 가지고 있었고, 이것이 비즈니스와 직원들에게 큰 영향을 준다는 것을 알고 있었음에 틀림없다.

이 신념은 그다음 행보로 그대로 이어졌다. 그가 애플로 복귀해서 성공을 이뤄낸 뒤 새로운 사옥 '스페이스십'을 만들기로 결정한 것이다. 이곳에도 마찬가지로 공간의 철학이 적용된다. 이 공간에서는 1만 5,000명이 동시에 일할 수 있으며, 곳곳에 위치한 카페에 동시에 앉을 수 있는 수용 인원도 5,000명이나 된다. 다른 기업에서는 상상할 수 없는 일이다. 전 세계 어디에서도 전 구성원들의 3분의 1 정도가 동시에 앉을 수 있는 카페를 만드는 기업은 찾아볼 수 없다.

반면 공간 철학에 바탕을 둔 픽사의 성공은 실리콘밸리에서 그치지 않고 널리 확산되었다. 온라인 쇼핑몰 자포스Zappos는 1층 로비를 벽과 기둥 없이 넓게 만들어 구성원들이 자유롭게 공동 작업을 할 수 있는 공간으로 만들었다. 트위터Twitter의 CEO 딕 코스톨로Dick Costolo는 조직 내의 끊임없는 변화에 대처하기 위해 벽을 없애고 개인 사무실이 없는 개방된 공간을 조성했다. 또한 마이크로소프트는 전통적인 위계구도를 깨고 개방형 휴게실을 만든 뒤 그것을 중심으로 사무실을 설계해 개발자들의 자연스러운 만남을 유도하고 있다. 휴게실은 단순히 피곤하고 졸릴 때 잠깐 들어가서 쉬는 공간이 아니다.

공간적, 물리적으로 떨어져서 일해야 하는 기업들은 다른 방법을 동원하고 있다. P&G는 전 세계에 흩어져 있는 개발자 7,500여 명이 전문지식과 일상생활의 아이디어를 내부 웹 사이트에 공유하는 아이디어 뱅크를 운영하고, IBM은 하나의 주제를 놓고 직원, 직원 가족, 고객, 협력사가 벌이는 세계 최대 온라인 토론인 '이노베이션 잼'을 개최하는 것으로 알려져 있다. 스티브 잡스가 픽사에서 만들어놓은 공간과 디자인 철학이 아이폰의 혁신뿐만 아니라 실제 공간 혁신으로 이어지고, 이것이 다시 다른 기업들의 혁신 전략이 되고 있는 것이다.

스티브 잡스의 공간 철학을 우리는 어떻게 이해할 수 있을까? 두 가지 측면에서 설명할 수 있다. 첫 번째는 '비예측적 조우'를 만들어야 한다는 것이다. 여기서 핵심은 바로 익숙함을 깨는 것이다. 인간은 익숙한 생각이나 행동을 할 때 항상 지름길을 만들어낸다. 익숙한 일과 반복적으로 일어나는 일이 습관처럼 되는 경우가 대부분이다. 예컨대 아침에 일어나 세수를 하고 아침밥을 먹을 때도 특별히 생각하고 움직이는 경우도 있지만 대부분 반자동적으로 움직인다. 이와 같은 행동은 그리드가 존재하는 업무 공간에서도 매 순간 일어난다. 우리가 사무실에서 어떤 지점으로 이동하고자 할 때, 그리드로 만들어진 공간은 늘 같은 길로 다니게 한다. 화장실을 갈 때도 아무런 생각 없이 자동적으로 이루어지며, 건물 밖으로 이동할 때도 언제나 정해진 길로 이동한다.

인간의 뇌는 목적 지향적으로 프로그래밍되어 있다. 인간에게는 목표 달성만 중요하기 때문이다. 그래서 우리 뇌는 필요하지 않은 정보를 무시해버린다. 만약 뇌로 들어오는 정보를 계속 생각하고 분석한다면, 우리는 그 정신적 피로감을 이겨내지 못할 것이다. 이럴 때 더 많은 실수를 하고 짜증을 내는 것은 당연한 이치이다. 따라서 우리가 그리드 공간에 갇혀 있을 때나 그리드에서 다른 곳으로 이동할 때 수많은 정보를 무시하는 것은 어쩌면 자연스러운 일지도 모른다.

스티브 잡스의 공간 철학은 이와 같이 아무 생각 없이 이루어지는 일상생활을 경계한 것 아닐까? 비예측적으로 만나는 환경을 만들어 서로 아이디어를 공유할 수 있도록 하면 그 안에서 시너지가 발생하고 구성원들이 원하는 것을 얻을 수 있다고 본 것 같다. 또 최근 들어 실리콘밸리에서 비예측적 조우가 많아지는 공간을 만들고 있다는 것을 눈여겨봐야 한다. 그렇게 해야만 조직 전체의 창의성이 올라간다는 것을 알고 있는 것 아닐까?

두 번째는 스트레스 과학으로 스티브 잡스의 공간 철학을 설명할 수 있다. 오픈된 공간에서 일하면 스트레스를 받는 건 사실이다. 주변의 시선을 의식하게 되고, 일에 집중해야 하는데 왠지 더 소란스럽다고 생각할 수도 있다. 이는 분명한 스트레스이다.

그런데 이 스트레스가 과연 나쁜 것일까? 아니다. 최근 스탠퍼드대학교 켈리 맥고니걸Kelly McGonigal 교수가 쓴 『스트레스의 힘』에 따르면 스트레스를 받으면 배려심과 협동심, 동정심이 증가한다. 우리는 보통 스트레스가 나쁜 것이라고 생각한다. 보통 사람들 중 85퍼센트 정도는 이에 공감할 것이다. 그래서 스트레스를 피해야 하며, 스트레스를 받을 때는 다른 사람을 공격하는 성향이 증가한다고 단정 짓는다. 그것은 사실이 아니다. 오픈된 공간에서 스트레스를 받는 것은 당연하지만, 이를 통해 우리는 자신이 팀, 조직, 사회의 일부라고 생각하게 되어 기분이 더 좋아지며, 호기심이 강하게 발동한다. 특히 여러 심리학자에 의해 남성들보다는 여성들이 이런 성향을 더 갖게 된다는 것이 밝혀졌다. 이제는 우리가 오픈 공간에 대한 선입견을 버려야 할 때인지도 모르겠다.

물론 잡스가 처음 공간 철학을 만들 때는 비예측적 조우 효과와

스트레스 과학에 대한 내용을 알지 못했을 것이다. 그렇지만 그가 만든 공간 철학은 분명 효과가 있으며, 이미 여러 과학 분야를 통해 검증되고 있다.

구글에는 그리드가 없다

13세기 영국에서는 방직을 하기 위해 마을 사람들이 발로 밟으며 노래를 불렀다. 이것을 '축융fulling'이라고 했다. 와인을 만들 때 발로 밟는 것처럼 노래를 부르며 작업을 이어갔다. 그렇지만 물레방아가 등장하면서 영국에서 부르던 축융 노래는 멈췄다. 물레방아가 에너지를 생산해내자 사람들은 물레방아를 만들 수 있는 물가로 이동하고 사람의 손과 발은 기계로 대체되기 시작했다.

인간은 과거가 현재에 미치는 영향을 이해하는 데 서툴다. 같은 맥락에서 현재가 미래에 미칠 영향을 이해하기란 더 어렵지 않을까? 인간이 만들어놓은 그리드도 마찬가지이다. 지금까지 그리드가 우리에게 미친 영향을 모두 이해하기란 쉬운 일이 아니다. 또 앞으로 그리드의 운명이 어떻게 될지도 예단하기 쉽지 않다. 그렇지만 그리드가 인간의 커뮤니케이션을 단절시키고 있다는 점은 명확하게 드러난다.

우리는 일상생활이나 업무를 할 때도 모든 감각을 열어두고 생활한다. 이 감각을 통해 들어오는 정보가 우리를 움직이게 할 수도 있고 움직이지 않게 할 수도 있다. 데이비드 해그리브스David Hargreaves, 제니퍼 맥켄드릭Jennifer McKendrick이 쓴 『상점에서 음악이 상품 선택에 미치는 영향In-store Music Affects Product Choice』에 따르면 대형 마트 와인 코너에서 프랑스산 와인을 많이 판매하고 싶을 때는 프랑스풍 아코디언 음악을 들려주면 된다. 그렇게 하면 사람들은 자신도 모르게 칠레나 미국산 와인보다 프랑스산 와인을 더 많이 구매한다는 것이다. 이것은 연구 주제로 채택된 뒤 이미 사람들을 대상으로 한 실험에서 검증되었다. 프랑스 음악을 들으면 무의식중에 프랑스 와인을 선택한다는 것이다. 물론 인간은 시각으로 들어오는 정보에도 영향을 받는다. 심리학자인 캐서린 F. 보스Catherine F. Vos와 동료들은 한 실험에서 가짜 돈을 쌓아두고 돈 사진을 보여주면서 피실험자들의 관심을 돈으로 향하게 한 뒤 어려운 문제를 풀게 했다. 어떤 반응이 일어났을까? 곤란한 상황에 처하더라도 주변 사람들에게 도움을 덜 청하고 혼자 해결하려 한다는 것을 확인할 수 있었다. 돈이라는 자극제가 사람들을 물리적으로 더 멀어지게 만들고 경쟁심을 불러일으킨 것이다. 이와 같은 일련의 실험과 연구들은 공간을 단순하게 생각하지 않도록 해준다.

공간이 가진 힘은 후각이나 시각의 효과보다 구조적인 측면에서 더 강하다. 그리드가 만들어놓은 대표적인 구조는 강한 위계 구조에 바탕을 둔다. 예컨대 자본주의 사회를 피라미드 구조로 가정할 때 가장 높은 지리에 있는 사람들은 조직에서 가장 큰 공간을 차지하며 외부와 단절된 형태를 띤다. 일정한 크기의 공간에 쥐를 계속 추가하면서 살펴본 실험이 있다. 처음에는 여러 마리의 쥐가 흩어져서 지낸다. 그러다가 개체수가 일정 수준을 넘어서면 공간이 좁아지고 힘센 쥐가 넓은 공간을 차지하기 시작한다. 인간 세계도 마찬가지이다. 보통 기업의 임원들을 위한 공간을 생각하면 이해하기 쉽다. 어떤 기업들은 임원들을 위한 별도의 개별 층이 마련된 경우도 있는데, 이럴 때는 엘리베이터에서 내리자마자 임원들의 방을 지키고 있는 비서들을 만나게 된다. 보통 구성원들이 임원 방에 불려 올라갈 때 긴장하지 않을 수 없는 이유이다. 공간 구조에서 발견할 수 있는 법칙은 팀장들과 팀원들이 있는 공간이라고 해서 다르지 않다. 여기에도 위계구도가 존재한다. 팀장은 보통 파티션의 가장 안쪽 자리에 창을 등진 채 앉아 있다. 그 때문에 창가로부터 서열 순서대로 앉는 것이 보통 기업에서 찾아볼 수 있는 대표적인 구조이다. 이런 공간에서 갓 입사한 그리드의 새내기들은 '침묵은 금이다'라는 무언의 압력을 받는다. 어떤 이슈에 대한 의견이 있더라도 침묵하는 것이다. 그들이 침묵하는 것은 옳다고 생각해서가 아니라, 사회적 불이익을 당할 위험을 피하기 위해서이다.

물론 그리드에 살고 있는 당신은 나름대로 주관을 갖고 있어서 압력에 굴하지 않고 의견을 말한다고 주장할지도 모른다. 과연 그럴까? 1950년대 당시 하버드 대학교의 솔로몬 E. 아시Solomon E. Asch 교수가 밝힌 연구 결과를 살펴보면 생각이 달라질지 모른다. 아시는 사람들이 다수가 명백히 틀렸을 때조차 다수의 생각을 받아들일 때가 많다는 것을 처음으로 입증한 학자이다. 다시 말해 누가 봐도 명백하게 틀린 사안임에도 불구하고 주변 사람들이 틀린 답을 주장하면 피실험자는 그들의 의견에 복종한다는 것이다. 심지어 자기 의견과 다르다고 하더라도 그들의 의견에 동조한다는 사실이다. 그렇지만 당신의 주장이 강하다고 하더라도 지금까지 밝혀진 사실에서 항상 예외일까?

2003년 2월 1일, 미국 우주왕복선 컬럼비아호가 대기권으로 진입하다가 텍사스 상공에서 폭발했다. 당시 전 세계는 충격에 휩싸였고, 미국 NASA는 우주 개발 계획을 한동안 미루기도 했다. 이 폭발 사고의 직접적인 원인은 이륙하던 중 헐거워진 단열재 조각에 의해 기체의 열 차폐막이 손상된 것이었다. 이처럼 사고 원인이 나중에 밝혀졌지만, 사실 충격적인 것은 사고가 발생하기 전에 이미 NASA의 한 직원은 이 사실을 알고 있었다는 것이다. 그렇지만 그는 열 차폐막이 손상되어 대기권으로 진입하는 것을 당장 지연시키고 우주 상공에서 수리해야 한다는 이야기를 하지 못했다. 왜냐하면 NASA는 이미 우주로부터의 귀환에 성공적인 축배를 들고 있어 최악의 상황을 고려하는 것은 조직의 위계질서에 반대하는 것이기 때문이었다.

역사에서 컬럼비아호 폭발 사건과 같은 사례는 수없이 많다. 2008년 리먼 브라더스Lehman Brothers Holdings Inc. 파산 사건과 관련해서도, 이미 회사 내부의 팽배한 충성 문화로 인해 반대 의견을 내는 것이 불가능한 상황이었다. 그 때문에 회사 상황이 나빠지고 있었음에도 이를 경영진에 알려야겠다는 생각을 꿈도 꾸지 못하는 상황이 된 것이다. 결국 이런 커뮤니케이션의 차단은 리먼 브라더스를 파산하게 만들었고 전 세계를 금융 위기로 몰아갔다. 구글의 에릭 슈미트Eric Schmidt 회장은 이런 커뮤니케이션의 단절을 가장 두려워한다. 그는 2008년 매킨지와의 인터뷰에서 "나는 회의실에서 남들 이야기만 듣고 침묵을 지키는 사람들, 의견을 자신 있게 말할 수는 없지만 분명한 반대 의견이 있는 사람들을 찾아내려고 노력한다. 지난 경험으로 볼 때 그런 사람들이 마음속에 있는 생각을 자유롭게 말할 때 회의와 토론이 활성화되고 올바른 결과가 만들어진다"고 말했다.

그렇다면 현실은 어떨까? 그리드 구조에서는 개인들이 자유롭게 말하고 행동하는 것이 쉽지 않다. 그리드는 인간을 관리하고 통제해 관료제를 완성하기 위해 만들어진 구조적 틀이다. 따라서 그리드에서는 누구나 스스로 틀리지 않았는지 검열하려는 경향이 강할 수밖에 없다. 자신의 결론과 상충되는 정보가 있을 때, 그 정보를 다른 사람들과 공유하지 않으려는 경향이 강하게 드러날 수밖에 없는 것이다. 물론 그의 생각이 틀렸다고 인정해서가 아니다. 본인이 생각하기에 조직의 오판을 유도하도록 쓸모없어 보이는 정보를 공유하는 것은 비생산적이고, 이는 그리드가 만들어놓은 구조적 위계질서와 규칙을 깨는 것이라고 믿기 때문이다. 다르게 이해할 구석이 전혀 없는 것은 아니다. 그들의 행동은 그리드 안에서 생활하는 한 개인이 다른 사람들로부터 좋은 평판을 얻기 위한 방법일 수도 있고, 남들을 존중한다면서 행동하는 잘못된 판단일 수도 있다. 결국 이런 저런 요소가 복합적으로 작용하고 그리드 안에서는 커뮤니케이션이 단절되어가고 있다.

현대 산업 사회에서 커뮤니케이션의 단절을 효과적으로 차단하고 기업 내 커뮤니케이션 활성화를 만들 방법이 없는 것은 아니다. 구글의 기업 내부에 만들어놓은 예측 시장을 살펴보자. 구글은 자사 제품이 성공할지 실패할지, 혹은 판매된다면 얼마나 판매될지 예측하는 시장을 만들어놓고 정확한 예측을 한 구성원들에게는 특별한 인센티브를 제공하는 것으로 유명하다. 여기에는 나름 이유가 있다. 바로 예측의 적중률이다. 신기하게도 구글에서는 구성원들의 상당수가 내년도 신상품 판매를 예측하면 실제로 그렇게 이루어졌다는 것이다. 그래서 구글은 이렇게 구성원들을 통해 시장 예측을 하고 여기에 맞는 가격을 책정하는 정책을 자주 사용하고 있다.

구글의 예측 시장이 효과적으로 작동하는 이유는 독자적인 정보를 지닌 구성원들이 자유롭게 의사를 개진할 수 있는 시스템이 마련되어 있기 때문이다. 즉 많은 구성원이 자신의 의견을 자유롭게 제시하고 이 의견들이 모여 커다란 의견 통합을 이루기 때문이다. 이렇게 구글처럼 온라인 시스템을 구축해 의견을 통합할 수도 있다. 그렇지만 역설적이게도 이 정도로 열린 마음을 갖고 있는 조직이라면 업무 공산에서도 그리드를 파괴하는 것을 적잖이 살펴볼 수 있다. 실제로 구글에는 그리드가 존재하지 않는다.

사람은 공간을 만들고, 공간은 사람을 만든다

"사람은 공간을 만들고, 공간은 사람을 만든다."

이 말은 영국의 총리이자 정치인이었던 윈스턴 레오너드 스펜서 처칠 경Sir Winston Leonard Spencer-Churchill이 했다고 알려져 있지만, 수 많은 사람이 인용한 탓에 역사적 기원은 명확하지 않은 것 같다. 그 렇지만 이제 이 말을 조금 더 덧붙여야 할 것 같다. 가령 이렇게 바 꿔보면 어떨까?

"사람은 공간을 만들고, 공간은 사람을 만든다. 그렇지만 인간은 그 공간을 극복한다."

인간은 본래 익숙함을 선호한다. 변하는 것을 두려워한다는 말이 다. 그래서 새로운 것이 나타났을 때 일단 거부반응을 보이는 것은 자연스러운 일이다. 그렇지만 인간은 공간에서만큼은 자기주장대 로 하는 것이 오히려 자연스럽다. 인간에게 공간이란 '욕심 부려도 될 만한 것'이기 때문일 것이다.

오래된 이야기지만, 제2차 세계대전 때 독일인 포로수용소 이야 기를 해보자. 당시 포로수용소에는 작은 건물에 독일인 포로가 4명 씩 수용되었다. 그런데 시간이 흐르면서 독특한 일이 벌어졌다. 포 로들은 무슨 재료든 구해서 자신의 구획을 설정하고 자신만의 독립 된 공간을 만들려고 했다. 이후 독일군 포로가 더 늘어나자 건물이 모자라 벽돌만 쌓아 그 안에 수용했는데, 그런 상황에서도 그들은 뭔가를 찾아내 제각각 참호 비슷한 것을 만드는 등 개인 공간을 확보했다. 물론 이 이야기의 배경은 특수한 환경, 즉 포로수용소라는 폐쇄된 공간이다. 그렇지만 거꾸로 이야기하면 폐쇄된 공간에서 이루어진 개별적인 행동이기 때문에 더욱 가치 있다고 봐야 한다.

인간은 한없이 나약한 존재인 것 같지만, 공간에 있어서만큼은 그렇게 나약한 존재가 아닐지도 모른다. 인간은 스스로 공간을 만들고 개척하며 자신에게 맞지 않는 것은 강하게 거부한다. 최근 들어 각 개인들의 힘이 커지면서 이런 현상을 더 쉽게 찾아볼 수 있다.

2015년에 개봉한 낸시 마이어스Nancy Meyers 감독의 〈인턴INTERN〉은 로버트 드니로Robert De Niro와 앤 해서웨이Anne Jacqueline Hathaway가 주연을 맡은 기분 좋은 영화였다. 영화는 창업 1년 반 만에 직원 220명의 성공 신화를 이룬 줄스 오스틴(앤 해서웨이)과 70세의 나이에 인턴으로 채용된 벤 휘태커(로버트 드니로)의 이야기이다. 줄스가 CEO를 맡고 있는 회사는 TPO에 맞는 패션을 제안하는 여성을 주요 고객으로 하는 쇼핑몰이다.

영화의 핵심은 단연코 '인턴'으로 채용된 벤 휘태커이다. 벤은 정년퇴임하고 자신이 기여할 수 있는 곳을 찾다가 일흔 살의 나이로 이 회사에 인턴으로 취직했다. 그의 일은 바쁜 CEO인 줄스 오스틴의 비서 겸 운전사였다. 처음엔 부담스러운 관계로 시작되었지만, 젊고 역량 있지민 경험이 부족한 CEO와 수십 년의 경력을 가지고 있던 인턴은 의외로 좋은 궁합이었다. 결국 일의 성공밖에 모르던 줄스 오스틴을 변화시키고 주변 사람들을 따뜻하게 돌봐주는 벤의 모습에서 아직 세상은 우리가 조금 더 기여하고 행복을 찾을 수 있는 곳이구나 하는 생각을 하게 한다. 영화를 본 사람들도 한 사람(벤 휘태커)의 역할로 많은 것이 바뀌는 것에 놀랐다는 반응이었다. 그렇지만 대부분의 관람객들이 놓친 것이 하나 있다. 영화의 주된 배경이 된 공간이다.

이 영화의 배경이 되는 사무실은 무척 흥미롭다. 이 공간은 뉴욕 브룩클린의 한 인쇄공장을 개조한 것이다. 천장이 높고 탁 특인 공간이라는 특징 때문에 220명의 직원이 함께 일한다. 역시 이곳에도 칸막이가 존재하지 않는다. 누구나 앉은 자리에서 멀리 앉아 있는 다른 사람들을 볼 수 있다. 회의실은 칸막이가 있지만, 페이스북의 신사옥처럼 유리로 되어 있어 시선을 차단하는 것이 아니라 단지 소음을 차단한다고 봐야 할 것이다. CEO인 줄스는 이곳에서 자전거로 이동하고, 즐거운 일이 있을 때는 골든벨을 울려 모든 사람이 함께 즐거워하고 축하해준다. 누가 봐도 이런 공간에서 일하고 싶지 않을까.

물론 영화이니 칸막이가 없고 회의실이 유리로 되어 있는 것도 설정일 뿐 실제로는 존재하지 않는다고 생각할지도 모르겠다. 그렇다면 실제로 뉴욕 브룩클린에 가보자. 뉴욕을 방문해보지 않은 사람에게도 '브룩클린'이라고 하면 빈민가의 이미지가 강하다. 수많은 영화에서 브룩클린은 뉴욕의 빈민가, 범죄가 많이 일어나는 지역으로 등장했기 때문이다.

하지만 최근 이곳에 새로운 바람이 불고 있다. 뉴욕 시 브룩클린 동강에 새로운 수영장 플러스풀+Pool을 만든다는 생각에 모두들 들떠 있기 때문이다. 물론 '오염된 강물에서 무슨 뚱딴지같은 수영장

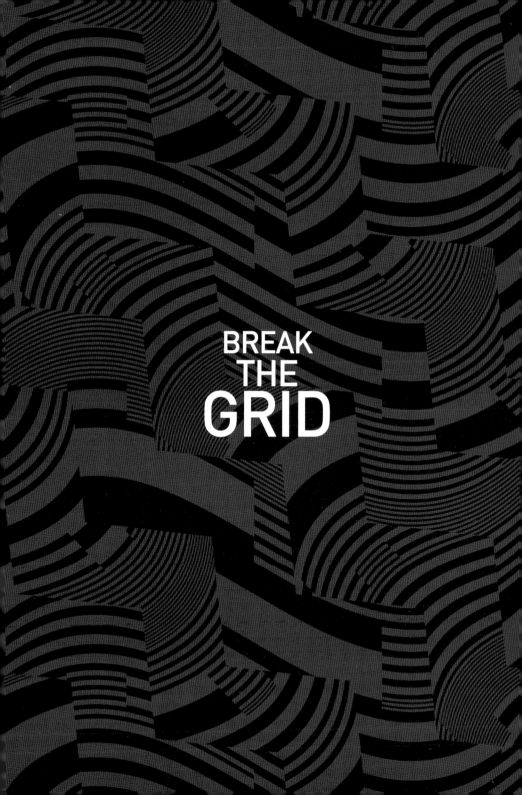

BREAK
THE
GRID

인류는 오래전부터 피지배 계급을 관리하고 통제하기 위해 경작지의 그리드 구조를 도시에 적용해왔다. 1800년대 전후에 형성된 맨해튼 그리드도 피지배 계급의 통제와 균형을 위한 그리드의 대표적인 사례이다. 센트럴 파크를 중심으로 남북 방향의 애버뉴와 동서 방향의 스트리트가 브로드웨이와 교차하면서 맨해튼 그리드의 도시 기본 구조를 형성했다.

1938년 빈에서 뉴욕으로 망명한 빅터 그루엔이 교외형 쇼핑몰을 창안함으로써 그리드에서 벗어나 새로운 상업 공간의 등장을 알린 바 있다. 새로운 상업 공간은 기존의 그리드 구조를 파괴하고 스트리트 몰 등 '테마형 몰링' 형태로 진화하고 있다. 밀라노의 그로서런트 이탈리와 텐코르소코모도 새로운 상업 공간의 혁신적 진화를 보여주는 주목할 만한 예다.

밀라노의 이탈리가 음식을 중심으로 그로서런트를 형성하면서 예술과 공연이 어우러지는 몰형 상업 공간으로 구성되었다면, 텐 코르소코모는 디자인을 중심으로 패션, 사진, 예술, 푸드가 결합된 복합 예술 공간으로 이루어졌다. 1088년 볼로냐에 최초의 대학이 세워졌음을 떠올려본다면, 2015년 밀라노엑스포에서 미래의 먹거리를 중심으로 진행된 상업 공간의 혁신은 다가올 미래의 모습을 잘 보여주었다고 할 것이다.

1987년 완성된 프랑스 파리의 라빌레트 공원 설계의 핵심은 도시와 공원을 구성하는 요소들의 인습적 관계를 해방시키고 새로운 관계를 발견하고자 하는 것이었다. 추미는 발음이 같은 구조물 폴리folly와 광기를 뜻하는 폴리 folie의 이중적 의미를 적절히 활용하면서, 도살장으로 쓰이던 기존 공간의 역사적 문맥과 도시 공원들의 기능적 요구의 한계를 뛰어넘고자 했다. 이는 우리가 그리드로 형성된 기존 도시의 한계를 극복하는 새로운 창의적 대안 으로 어반폴리를 주목하는 이유이기도 하다.

빌바오 구겐하임 미술관을 설계한 건축가 프랭크 게리는 미국 로스앤젤레스를 기반으로 활동하며, 반미학이라는 새로운 미의식을 기반으로 골철판, 체인링크 등 산업 재료의 표현적 가능성과 마을 같은 건물 형태의 미술관 등으로 자신만의 건축적 특질을 형성했다. 최근 파리의 루이비통 창조 센터(2014)와 캘리포니아의 페이스북 사옥을 설계하여 주목을 받았다. 둘 다 거대한 산책로를 기본 개념으로 하여 오피스와 미술관 공간이라는 기능을 중심으로 지원 공간을 새롭게 했다.

미니멀한 편집증적 건축 작업을 하는 페터 춤토어의 퀼른 콜룸바 뮤지엄은 서로 다른 여러 시간대의 건물이 공존하며 교회와 폐허, 그리고 기념비이자 뮤지엄이 함께 남아 있는 역사적 조각들을 서로 존중하여 이뤄낸 역작이라고 칭송된다. 1층의 유적 안으로 들어서면 12미터의 높은 천장과 조적벽에 둘러싸인 유적을 가로지르는 지그재그의 붉은 보행로를 통해 현무암과 응회암으로 이루어진 피폭의 흔적들을 체험하고, 1950년대 만들어진 교회의 외부를 경험하게 된다. 이곳은 오래된 외부들이 내부화되며 만들어진 퀼른의 콜룸바에서만 경험할 수 있는 새로운 도시 공간이다.

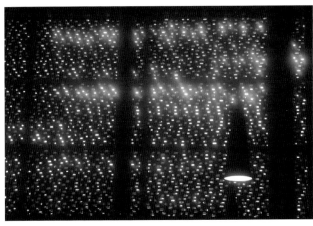

분열증적 접근을 하는 건축가 렘 콜하스는 시애틀
중앙도서관(2004)을 설계하면서 도서관의 기능 프
로그램을 몇 개의 그룹으로 재조합하고, 이를 각
기 레이니어 산과 엘리엇 베이, 그리고 고속도로
(I−5)의 조망에 따라 재구성하여 수직적으로 기준
층을 반복하지 않는 독특한 외관을 만들어냈다.
건축비평 칼럼니스트 허버트 머스챔프는 「뉴욕 타
임스」에서 '미국 도시들이 이처럼 과감한 공공건
물을 짓는다면 해가 서쪽으로 지지 않을 것'이며,
'30년 동안 건축에 대해 기고하면서 이 도서관이
가장 혁신적인 건축물'이라고 말한 바 있다.

렘 콜하스는 베이징에 있는 중국국영방송 CCTV도 설계했다. 이 사옥이 완공되면서 콜하스의 사무실 OMA는 세계적으로 가장 큰 영향력을 가진 아방가르드형 대형 건축설계집단의 한 모델이 되었다. CCTV를 설계하며 고층 빌딩에서의 사각 루프 구조를 도입하여, 기준층을 단순 반복하던 초고층 빌딩의 전형을 거부하고 새로운 유형을 만들어냈다. 2008년 올림픽을 계기로 역사의 도시 베이징에 가장 진화된 초고층 건물을 만들면서 중국이 도시 진화의 첨단에 있음을 전 세계에 알리고자 했다.

파리의 루이비통 창조 센터는 명품 자본들이 예술시장에 진입하는 새로운 지각변동의 상징이다. 베네치아에 구찌 프랑스와 피노의 푼타 델라 도가나, 밀라노에 미우치아 프라다의 폰다치오네 프라다 등 명품과 예술품이 자본으로 연계되고 있다.

최근 완공된 렘 콜하스의 드 로테르담은 거대함Bigness에 대한 자신의 선언문처럼 보인다. 이는 미국으로 이민 가던 여객선의 이름에서 유래했다고 전해지는데, 에라스무스 브리지와 함께 로테르담 시의 랜드마크가 되고 있다.

공간의 변화는 이제 학교에서도 나타나기 시작했다. 여러 전공의 학생들이 아이디어나 프로젝트를 실현시키기 위해 다양한 방식으로 접근하는 창조적 대학원을 생각해낸 데이비드와 톰 켈리 형제가 SAP의 창업자 하소 플래트너의 지원을 받아 시작한 실험학교인 디스쿨은 그 진화의 첫 시작이라고 할 수 있다.

디스쿨에서 학생들은 자신의 생각을 타인과 공유하면서 자신이 가진 기존 인식의 한계를 뛰어넘는 새로운 무언가를 만들고자 한다. 특히 모든 제작이 가능한 창고형 실험실에서 자유롭게 움직이고 토론하고 만들어보면서 배우고, 또 프로젝트를 실현시키는 이색적인 경험을 하게 된다.

유한킴벌리도 '스마트 오피스smart office'라는 개념을 도입하여 칸막이가 없는 새로운 개방형 업무 공간을 형성하고, 자유좌석제를 도입하여 오피스의 실제 점유율을 높이면서 스탠딩 테이블과 그린웨이 라운지, 토크 룸talk room 등 다양한 부속 시설로 창의적인 업무 환경과 실질적 비용 절감 효과를 거두고 있다.

건축가 류에 니시자와와 아티스트 레이 나이토의 협업으로 물방울이라는 작은 사물에 집중해 건축과 전시의
일체성을 보여줌으로써 큰 감동을 선사하는 테시마 아트 뮤지엄은 일본 문화의 즉물성과 사물주의가 만들어낸
쾌거이다.

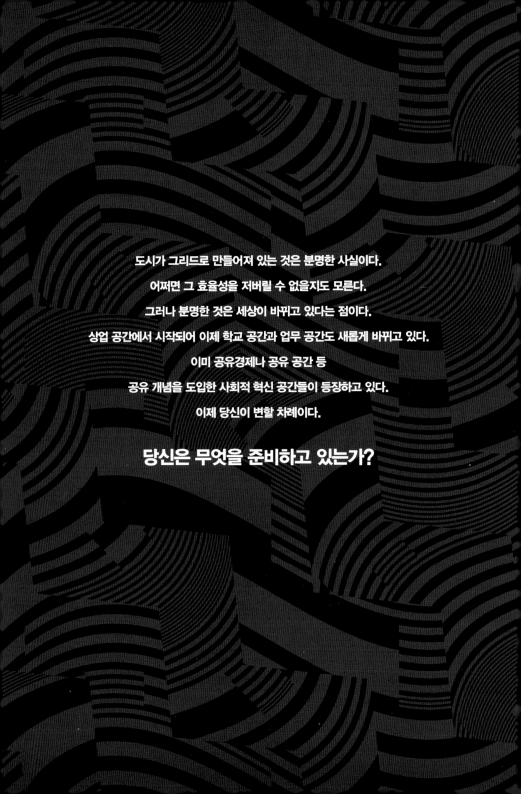

도시가 그리드로 만들어져 있는 것은 분명한 사실이다.

어쩌면 그 효율성을 저버릴 수 없을지도 모른다.

그러나 분명한 것은 세상이 바뀌고 있다는 점이다.

상업 공간에서 시작되어 이제 학교 공간과 업무 공간도 새롭게 바뀌고 있다.

이미 공유경제나 공유 공간 등

공유 개념을 도입한 사회적 혁신 공간들이 등장하고 있다.

이제 당신이 변할 차례이다.

당신은 무엇을 준비하고 있는가?

인가' 여길 수도 있지만, 이것은 리얼이다. 뉴욕 남쪽에서는 폐철도 부지를 매입해 입체 고가공원으로 만들면서 새로운 창조 공간의 핵으로 부상했다면, 이제 뉴욕 동강에서는 오염된 물 한가운데에 정수된 물로 수영장을 만들고 이곳에서 수영을 하겠다는 것이다. 약 860제곱미터의 작은 규모지만 오염된 강물을 정수하는 장치이자 수영장인 셈이다.

건축가 덩핑 윙Dong-Ping Wong과 아치 리 코츠 4세Archie Lee Coates Ⅳ, 제프리 프랭클린Jeffrey Franklin은 오염된 동강에서 수영하고 싶다는 욕망을 실현하기 위해 함께 구체적으로 꿈을 꾸기 시작했다. 그리고 2011년 7월 정수 재료를 시험하기 위해 패밀리뉴욕Family New York과 플레이랩PlayLab이라는 회사를 중심으로 킥스타터Kickstarter를 통한 크라우드펀딩을 시작해, 4만 1,000달러를 모금했다. 이후 컬럼비아 대학교의 도움으로 타당성 테스트에서 긍정적인 결과를 얻어냈고, 2013년 7월 실효적 성능을 테스트하기 위해 약 3.2제곱미터의 미니어처 플로팅 풀 테스트 랩The floating pool test lab을 만드는 비용 약 25만 달러 이상을 모금했다.

뉴욕 동강에 자리 잡을 십자형의 수영장은 올림픽 수영장 규격의 풀장으로, 사람들에게 동강의 물놀이 휴식처이면서 동시에 정수장치로 활용될 전망이다. 이 장치는 매일 약 50만 갤런의 정수된 물을 동강에 쏟아낼 예정인데, 이 수영장을 채우기 위해서는 약 25만 갤런의 정수된 물이 필요하다고 한다. 물론 최종 위치는 아직 확정되지 않았지만 2016년까지 약 1,500만 달러의 비용을 모금하고 수영장 구축이 완료될 수 있을 것이라고 한다. 이 프로젝트의 아이디어는 앞서 언급한 렘 콜하스의 책 『현기증 나는 뉴욕』에 그 원초적 아이디어가 언급되기도 한다. 어쨌든 대단한 일이다.

　요즈음 도시 공간과 업무 공간을 만드는 새로운 방식은 이렇게 보텀업의 크라우드소싱crowdsourcing 방식이 대세를 이루고 있다. "부분을 모은다면 전체와 달라질 수 있다." 이것은 『크라우드소싱』의 저자 제프 하우Jeff Howe가 한 말이다. 즉 1+2의 답이 '3'이 아닌 '새로운 창의적인 답'이 나올 수 있다는 것이다. 진부한 생각들 속에서 새로운 게임 체인저의 아이디어 창출이 이 시대의 핵심 트렌드인 셈이다. 사실 우리는 이미 예능 프로그램을 통해 〈아메리카 갓 탤런트〉, 〈슈퍼스타K〉, 〈복면가왕〉 등의 다양한 크라우드소싱형 프로그램을 경험하지 않았던가.

　크라우드소싱은 새로운 상품개발의 화두로도 주목받고 있다. 영국의 트렌드 조사기관인 트렌드워칭닷컴trendwatching.com에 따르면 2013년 주목할 만한 10대 소비자 트렌드 중 하나로 '프리슈머Presumer'와 '커스트오너Custowner'가 뽑혔다. 프리슈머는 제품이나 서비스가 나오기 이전부터 생산 과정에 참여하고 홍보하는 소비자를 말하며, 커스트오너는 자신이 구매하는 브랜드에 자금을 지원하고 투자하는 소비자를 뜻한다. 이처럼 소비자의 참여와 지원의 트렌드가 적극적으로 생겨나자 기업들도 발 빠르게 대응에 나서고 있다.

　부산창조경제혁신 센터에 맨 먼저 입주한 벤처 기업 루이ROOY는 국내에서 유일하게 신발 분야에서 크라우드소싱 기법을 도입한 회사이다. 이 회사가 공개한 정보에 따르면 루이의 첫 번째 작품은 일명 '송승헌 신발'이다. 배우 송승헌과 신발 브랜드 론칭을 합의한 뒤 디자인 공모에 응한 전 세계 100여 명 중 프랑스 디자이너의 제안을 채택해 신발을 제작했다. '송승헌 신발' 론칭에 성공하면서 최근 미국의 투자자로부터 35억 원의 투자 유치에도 성공했다고 알려졌다.

해외에서도 마찬가지다. 크라우드소싱으로 성공한 사례는 알렉스 튜Alex Tew라는 영국의 대학생이 만든 1픽셀에 1달러씩 광고를 받은 백만 달러 홈페이지milliondollarhome-page.com로, 화면이 1024×768 픽셀이라면 78만 6,432달러의 광고비를 받는 창의적인 홈페이지가 있다. 물론 스팸도 잡고 문서 변환도 하는 캡차CAPTCHA도 주목할 만한 성공 사례이다. 이는 사람에게는 쉽지만 로봇에게는 어려운 인지 과정을 삽입해 프로그램된 로봇이 보안망을 침입하지 못하도록 하는 인적상호증명Human Interactive Proof, HIP이다. 또한 이러한 리캡처 과정을 통해 고문서와 지나간 신문들을 스캔해 데이터베이스화하는 과정까지 포함한다고 하니, 정말 창의적이고 새로운 게임 체인저의 패러다임이라고 할 수 있다.

제프 하우가 이야기한 대로 크라우드소싱의 10가지 법칙을 주목해서 살펴보고 이를 현대 도시 건축 구성, 기업의 인적 조직, 공간 조직을 오픈 구조로 만들어야만 새로운 창조성과 경쟁력이 살아날 것이라고 믿는다. 문제는 '누가 어떻게 이를 작동하도록 만드는가'이다. 사람은 공간을 만들고, 공간은 사람을 만든다. 새로운 공간을 만들어 새로운 것을 창조하는 것은 당신의 선택에 달렸다.

크라우드소싱의 10가지 법칙

2006년 『와이어드Wired』의 편집자 제프 하우는 익명의 사람들이 모인 네트워크에 문제를 아웃소싱해서 해결방안을 찾는 방법으로 '크라우드소싱'이라는 말을 처음 사용했다. 크라우드소싱은 주로 자원이 한정적인 기업가가 어려운 문제를 해결할 때 사용하는데, 북아메리카와 유럽에서 일어나는 개방형 혁신의 90퍼센트는 크라우드소싱으로 해결되고 있다.

1. 적당한 모델을 선택하라
집단 지성, 대중 창작, 대중 투표, 크라우드펀딩은 개별적으로 혹은 병행할 수 있다.

2. 적절한 대중을 끌어들여라
크라우드소싱에 필요한 최적의 인원은 5,000명이다. 목적과 이유에 맞는 적절한 대중을 유도하라.

3. 적절한 인센티브를 제공하라
대중을 이용해 돈을 벌 계획이라면, 기여자들에게 보상할 수 있는 수입 공유 방식을 생각하라. 이 모든 과정을 정직하게 해야 한다. 대중은 똑똑하고 속임수의 냄새를 맡으면 다시 돌아오지 않는다.

4. 그래도 직원들은 필요하다

결국 모든 일은 사람이 해야 한다. 크라우드소싱만을 믿고 있어서는 안 된다.

5. 대중의 우둔함과 자비로운 독재자 원칙

집단의 초점을 조정하고 때로는 군중심리를 바로잡아주는 결정자 역할도 필요하다.

6. 단순하게 만들고 작게 쪼개라

대중은 바쁘다. 모든 작업은 가능한 한 작게 나눠야 한다.

7. 스터전의 법칙을 기억하라

집단에 의해 만들어지는 90퍼센트의 창작물은 쓸모없다. 대중의 지식과 능력, 취향이 충분히 향상되려면 몇 년 더 걸릴 것이다.

8. 스터전의 법칙을 해결하는 방법, 10퍼센트를 기억하라

90퍼센트의 형편없는 결과물을 바로잡는 것은 바로 대중이다.

9. 커뮤니티는 언제나 옳다

독재자의 권한은 절대적일 수 없다. 모든 결정은 항상 커뮤니티가 우선적으로 내린다.

10. 당신이 대중을 위해서 해야 하는 것을 물어라

크라우드소싱은 대중이 원하는 것을 제공할 때 가장 효과적이다.

역사적으로 볼 때,

경영은 '직선'이나 '비정상적인 직각'에 관한 것이라고 할 수 있다.

반면 혁신은 불확실함과 비표준적 과정,

즉 '곡선'이나 '비정상적인 각도'에 대한 것이라고 할 수 있다.

현재 나와 있는 경영 서적이나 툴들은 경영자들과 혁신가들이

직면한 새로운 문제점들에 대해 아직 이렇다 할 처방을 내리지 못하고 있다.

새로운 소프트웨어, 즉 새로운 관리 지침과 규칙들이 나와서

경영자들이 이를 활용해 일선에서 매우 불확실한 사안에 잘 대처하도록 해야 한다.

클레이튼 M. 크리스텐슨Clayton M. Christensen, 하버드 대학교 경영대학원 교수
('이노베이터 메소드』, '추천의 글')

기업이
살아남기
위한
최고의
전략을
찾아라

PART **3**

아는 것이 모르는 것을 이긴다

———— ———— ———— ————

 현대를 살고 있는 우리가 태어났을 때, 온 세상은 이미 그리드가 점령해버린 상태였다. '지구'라는 행성의 지도도 그리드로 만들어져 있고, 산업화로 발달한 도시 또한 모두 그리드로 만들어져 있다. 도시의 운영구조로 볼 때 그리드가 가진 엄청난 효율성을 당해낼 운영 체제는 현재까지 없는 듯하다. 전 세계의 도시는 그리드로 만들어졌고, 새롭게 만들어지는 도시 역시 그리드를 추구하는 것이 자연스러운 일이다.

 앞서 살펴본 것처럼 그리드의 역사는 수천 년에 걸쳐 발전해왔고, 이미 만들어진 그리드 구조에 계속 덧붙어 거대한 도시가 형성되었다. 이런 도시는 대개 세련미를 풍긴다. 직각으로 만들어진 데다 넓은 도로와 장대한 마천루들이 즐비한 거대 도시는 하나의 복합적인 예술품과도 같다. 우리나라의 수도 서울도 마찬가지이다. 그리드로 만들어진 서울의 강남은 그렇지 않은 강북보다 더 발달하고 세련된 느낌을 준다.

 그리드가 만들어놓은 업무 공간도 마찬가지이다. 건물, 각층 그리고 사무실 내부도 그리드로 만들어져 있다. 그러니까 그리드를 파괴하는 공간이 등장하고 있고, 그들이 세계 최첨단의 산업을 이끌고 있다고 말해도 우리는 "오래전부터 그렇게 해왔으니까"라는 말로 그 이유를 대신할 수 있다. 결국 똑똑한 사람들조차 그리드를 파괴하는 것이 또 다른 방법이라는 견해에 도움이 되는 새로운 정보를 찾기보다는 그리드가 역시 좋은 것이라는, 즉 '구관이 명관'이라는 확증에 필요한 증거를 찾는 경향이 생기는 것 아닐까? 그러나 적어도 인식에 대한 몇 가지 생각은 덧붙일 필요가 있을 것 같다.

독일의 저널리스트 파트릭 베르나우Pattrick Bernau와 비난트 폰 페터스도르프Winand von Petersdorff가 쓴 『사고의 오류』에서는 인식에 관한 럼스펠드의 이야기를 들려준다. 미국이 이라크 침공을 준비하고 이라크가 얼마나 위험한 국가인지에 대해 세계가 법석을 떨던 당시, 미국 국방장관이었던 도널드 럼스펠드Donald Rumsfeld는 기자회견 중에 인상적인 언급을 했다. 인식에 관해서 '우리가 안다는 것을 아는 것'과 '우리가 모른다는 것을 아는 것' 그리고 '우리가 모른다는 것을 모르는 것' 이렇게 세 가지로 분류할 수 있다는 것이다. 파트릭 베르나우와 비난트 폰 페터스도르프는 "이라크에 대한 럼스펠드의 판단이 매우 잘못된 것이지만, 지식과 무지에 대한 그의 이 같은 구분은 너무도 올바른 지적이었다"고 말한다.

지식과 무지에 대한 올바른 지적에 동의한다. '우리가 안다는 것을 아는 것', '우리가 모른다는 것을 아는 것', '우리가 모른다는 것을 모르는 것'. 얼핏 생각하기엔 혼란스럽지만, 한번 눈을 감고 잠시 생각해보면 쉽게 이해되는 일이다. 그렇지만 럼스펠드가 인식에 대해 세 가지를 이야기한 당시만 해도 인식에 대한 논의와 연구는 충분히 이루어지지 않았던 것이 사실이다.

인식에 대해서는 1999년 코넬 대학교 교수인 저스틴 크루거Justin Kruger와 데이비드 더닝David Dunning이 포괄적 연구를 시작하면서 더욱 구체화되었다. 그들의 연구 주제를 간단히 말하면 '사람들은 자신이 아무것도 모른다는 사실을 모른다'는 것이다. 물론 이 가설은 연구와 실험을 통해 실제로 존재하는 것으로 밝혀져 화제가 되었다. 이것을 '더닝-크루거 효과'라고 부른다. 두 사람은 연구 과정에서 학생들을 대상으로 다양한 실험을 했는데, 자신의 능력을 스스로 얼마나 높게 평가하는지 물었다. 실험을 통해 학생들의 자기 평가와 실제 능력 사이에 아무런 관계가 없음이 드러났다. 그뿐만 아니라 최하위 성적을 받은 학생들은 유난히 자신을 과대평가하기도 했다.

인식에 대한 도널드 럼스펠드의 의견과 저스틴 크루거, 데이비드 더닝이 밝혀낸 '더닝-크루거 효과'는 우리에게 한 가지 시사점을 던져준다. 바로 '아는 것이 모르는 것을 이긴다'는 것이다.

인간은 잠재적 변수를 생각해서 미래를 예측하고 결정할 능력이 없다. 반면 우리가 내려야 할 선택은 실제로 너무나 많다. 게다가 그 선택을 내렸을 때 어떤 결과가 나타날지 혹은 어떤 상황이 어떻게 변할지 아무도 모른다. 이것은 우리가 지금까지 알고 있는 모든 알고리즘이나 테크놀로지를 동원해도 불가능한 일이다. 따라서 인간은 선택으로 인해 수많은 후회를 불러올 가능성을 항상 가지고 있는 셈이다. 여기에서 문제가 발생한다. 인간은 미래 예측에 대한 불안한 심리 상태인 '인지부조화'를 애써 피하려고 한다. 이런 문제의 결론은 늘 하나이다. 인간은 알고 있는 대로만 행동한다는 것이다. 즉 아는 것이 모르는 것을 이긴다.

맥락은 동일하지만 다른 사례를 생각해보자. 정글에서 알 수 없는 포식자를 만났을 때 파충류 뇌가 보이는 반응은 매우 단순하다. 무조건 도망가거나 맞서 싸우는 것이다. 당신이라면 어떤 선택을 하게 될까? 여기에는 한 가지 행동 성향이 더 존재할 수 있다. 아무것도 하지 않고 움직이지 않는 것이다. 너무 두려운 나머지 아무런 선택도 하지 못하는 것이다. 대부분 도망가거나 맞서 싸우기보다 이렇게 아무것도 하지 못한 채 가만히 서 있는 경우가 더 많지 않을까?

사람만 그런 것은 아니다. 기업들도 같은 맥락인 경우가 많다. 기업들은 위기가 닥치면 일단 움츠러든다. 모든 비용을 줄이는 한편, 정리해고에 돌입하고, 신규 사업도 추진하려고 하지 않는다. 즉 아무것도 하지 않으려고 움츠린다. 대신 합리적인 관리법을 찾겠다면서 온간 MBA적 학문을 뒤져 수치 계산을 한다. 소위 말해 쥐어짤 수 있는 만큼 짠다. 그래야만 살아남는다고 여기는 것이다. 여기서 맞서 싸워보려는 생각은 하지 않는다.

그러나 이런 의식과 행동은 낯선 것이 아니다. 1800년대 초 러다이트Luddite 운동이 있었다. 영국에서 산업혁명이 일어날 즈음, 영국 중북부 직물공업 지대에서 기계파괴운동이 일어났다. 이 운동을 시작한 것은 가상의 인물이라는 설도 있고, 1779년부터 직조기계를 파괴해왔던 네드 러드Ned Ludd라는 실존 인물이라는 설도 있지만, 산업혁명으로 실직 위기에 몰린 사람들이 이를 모면하기 위해 벌인 운동이라고 알려져 있다. 지금까지 시대착오적인 광기로 매도되어 온 것이 사실이다. 그런데 최근에 컴퓨터, 인터넷 등 ICT를 비롯한 신기술에 저항하는 신 러다이트Neo-Luddite 운동이 부활한다고 주장하는 언론도 있다.

그러나 사물인터넷의 개념을 창시한 케빈 애슈턴은 기계파괴운동으로 알려진 러다이트는 오해로 생긴 말이라고 했다. 러다이트는 18세기에 일자리를 지키기 위해 자동 방직기를 파괴한 방직공들에 불과하다는 것이다. 또 토머스 핀천Thomas Pynchon의 말을 인용하면 기계파괴운동은 기계를 부정하려는 활동이었고, 새로운 기술에 대한 공격은 부수적인 결과였다. 단순히 새로운 것에 반대해서 싸운 것이 아니라, 생계를 지키기 위해 싸웠다는 것이다.

이렇듯 새로운 것을 거부하고 부정하는 것은 인간의 타고난 본성이다. 이것을 두고 비판할 수는 없다. 그러나 이와 같은 현상은 비즈니스 세계에서도 똑같이 일어난다. 기업에 창의력 발산을 위해 무언가 새로운 것을 제안했을 때의 반응은 짐작할 수 있다. '우리는 지금까지 이렇게 해왔고, 앞으로도 그렇게 할 생각입니다'라는 답변은 그리 새로운 것이 아니다. 게다가 이 답변은 우리가 무엇을 제안하든지 간에 똑같을 거라는 건방진 예측도 해본다.

지금 기업들이 겪어내야 하는 경쟁 상황은 체감하는 것보다 더 심각할 수도 있다. 초일류 기업들은 공간을 허물고 새로운 전투대형을 만들어가는 상황이다. 그리드를 파괴하고 인류가 경험해보지 못한 새로운 구조를 만들어내고 있기 때문이다. 이 상황에서 늘 하던 답변은 "아직 뚜렷한 효과를 검증하지 못했으니 우리는 그렇게 할 생각이 없습니다"였을 것이다. 그러나 이것이 당신이 속한 조직에서 지금 일어나고 있는 현상을 '모르기' 때문이라는 사실을 알아야 한다. 지금부터는 기업들이 정말 제대로 하고 있는지 알게 해드리겠다.

구성원이 자유롭게 일하는 환경을 조성하라

━━━━ ━━━━ ━━━ ━━━ ━━━━

잭 웰치Jack Welch는 『잭 웰치의 마지막 강의』에서 기업이 직면한 두 가지 상황을 말한다. 첫째, 지금 기업들이 직면한 위기 상황이 어디에서 오는지 원인을 분석하지 말아야 한다. 위기의 원인은 예측할 수도 없고 어디에서 어떤 일이 어떻게 벌어질지 도무지 알 수 없기 때문에 원인 분석과 예측을 하지 말고 해결 방법을 찾으라는 취지이다. 둘째, 성장이 불가능한 시대이다. 기업들은 지난 수십 년 동안 매년 성장하는 것을 당연시해왔다. 따라서 매년 성장률을 채우지 못하는 구성원과 임원 및 CEO는 마땅한 책임을 져야 한다는 것이 우리 머릿속에 자리해 있었다. 잭 웰치의 말을 빌리자면, 지금까지는 꾸준히 성장해왔지만 이제는 불가능하다고 생각해야 한다.

잭 웰치는 해결책으로 최고의 전략을 수립하라고 주장한다. 그렇지만 여기에는 반전이 있다. 잭 웰치가 말하는 전략 수립은 지금껏 우리가 알고 있는 것과 다르다. 보통 회사들은 전략을 수립한다고 하면서 1년에 2회 정도 전략 발표를 한다. 특히 현재 나이가 40대 이상이라면 이런 행태가 어떻게 이루어지는지 명확히 알고 있다. 이런 구태의연한 '행사'는 잊어야 한다. 시장은 하루가 다르게 변해가고 있는데 고작 1년에 두 차례 전략을 수립한다면 그 전략이 맞겠냐는 말이다. 게다가 이와 같은 전략 수립 혹은 사업계획서 수립이 너무 빠르게 변하는 세상에 맞지 않는다는 주장들이 계속 나오고 있다. 예컨대 NHN 일본 라인 주식회사의 CEO였던 모리카와 아키라森川亮도 지금 세상에서는 사업계획서가 필요 없다고 주장한다. 빠르게 변하는 세상에서는 전략 수립, 사업계획 수립, 비전 선포와 같은 요식 행위가 필요하지 않다는 말이다.

물론 대안이 없는 것은 아닐 것이다. 잭 웰치는 모든 비즈니스에는 단지 다섯 장의 슬라이드만 필요하다고 말했다. 첫째, 현재의 경쟁 상황은 어떠하고 경쟁자의 제품과 기술은 어느 정도인가. 둘째, 인재 영입으로 경쟁 판도가 어떻게 바뀌었는가. 셋째, 같은 시기에 우리는 무엇을 실행했는가. 넷째, 앞으로 어떤 상황이 닥칠 것인가. 다섯째, 비장의 무기는 무엇인가. 여기에서 중요한 것은, 이 다섯 장의 슬라이드를 전략 담당 부서장이나 외부 컨설턴트가 아닌 열정 있는 직원이 맡아야 한다. 결국 잭 웰치는 기업 내에서 다양성을 확보하고 자유롭게 의사를 개진할 수 있도록 리더십이 재조정되어야 하며, 이런 조직은 유기적으로 움직여야 한다고 주장하고 있다.

우리는 이 책에서 기업의 전략을 어떻게 수립해야 한다고 주장하려는 것이 아니다. 이미 전략 수립과 혁신에 대해서는 수많은 책이 출간되어 있고 전문가들도 많다. 우리가 그들보다 더 나은 이야기를 제시할 자신은 없다. 다만 앞서 이야기한 잭 웰치의 주장 혹은 모리카와 아키라의 주장에 대해 한 기업의 CEO와 임원을 비롯한 구성원들이 공감했다고 치자. 그럼 다음엔? 과연 외부 컨설턴트나 전략 담당 부서장이 작성하지 않고 루키와 같은 능력 있는 젊은 사원이 작성할 수 있을까? 만약 그가 다섯 장의 슬라이드를 만들었다고 하더라도 그 조직의 상부에서 이 내용에 공감할 수 있을까? 혹시 그런 루키들을 찾아서 작성하게 하는 것이 지금 조직문화에서 가능할까? 우리는 이 부분에 대해서 매우 부정적이다.

'상자 밖에서 생각하기think outside the box'라는 말이 있다. 기업들이 창의력 증진 워크숍을 할 때 9개의 점을 가지고 끊어지지 않는 선으로 연결하라고 요구하면서 수십 분 동안 창의력 훈련을 하는 경우에 자주 등장하는 말이다. '상자 밖에서 생각하기'라는 말은 1960년대 기업문화에서 생겨난 것으로 알려져 있다. 솔직히 우리는 '상자 밖에서 생각하기'라는 말을 그다지 좋아하지 않는다. 어디가 상자 안이고 밖인지도 모르겠는데, 더 나아가서 상자 밖에서 생각하라는 것은 앞뒤가 맞지 않다고 여기기 때문이다. 더구나 지금 우리가 살고 있는 이 세계는 그리드로 만들어져 있다. 이런 상황에서 과연 누가 상자 밖에서 생각할 수 있을까?

게다가 인간에게는 '범주화'와 '틀'이 있다. 범주화에 대해서는 학문적인 분화를 생각해볼 수 있는데, 이것은 인간이 만든 가장 우수한 발명이라고도 이야기된다. 그렇지만 우리는 범주화로 인해 사고가 닫혀 있는 것 역시 부정할 수 없다. 이런 생각 또한 최근에 밝혀진 것이다. 서둘러 학문 간 융합과 통합을 이야기해보지만 이미 우리는 범주화로 인해 각 분야의 전문가로 키워졌고, 사고의 틀에 갇혀 있다. 틀에는 아이디어, 접근법, 철학, 전술, 이론, 패턴, 전략을 비롯해 많은 것이 포함될 수 있겠지만, 우리가 생각할 수 있는 모든 아이디어는 수많은 정신모형이나 틀을 통해 표현되거나 해석될 뿐이다. 더 이상 새로운 것이 만들어지기는 어렵다는 말이다.

회복 탄력성도 마찬가지이다. 회복 탄력성은 전 세계 심리학자와 미래학자들이 기업들이 위기 상황을 극복하기 위해 반드시 가지고 있어야 하는 역량이라고 이야기한 바 있다. 잭 웰치가 회복 탄력성이라고 구체적인 단어를 제시하지는 않았지만, 위기의 원인을 찾지 말고 해결방안을 찾으라고 한 것은 기업의 회복력을 염두에 둔 말로 보인다.

그렇다면 회복력이라는 것은 무엇을 의미할까? 사실 회복력은 정의하기 쉬운 단어가 아니다. 앤드루 졸리Andrew Jolie는 『회복하는 힘』에서 '회복력'이라는 개념이 사용되는 분야가 매우 다양하며 어떤 분야에서 사용되느냐에 따라 그 의미가 달라진다고 말한다. 엔지니어링 분야에서는 구조물이 충격을 받은 뒤 원래 상태로 되돌아오는 정도를 회복력이라 부르고, 심리학에서는 트라우마에 효과적으로 대처하는 개개인의 능력을 회복력이라 칭하며, 생태학에서는 돌이킬 수 없을 정도로 망가지지 않도록 스스로를 보호하는 생태계의 능력을 회복력이라 일컫는다. 졸리는 회복력을 정의할 때 '급격한 환경 변화에 직면했을 때 핵심적인 목적과 완전성을 유지하는 시스템, 기업, 인간의 능력'이라고 정의하며, 시스템 측면에서의 회복력과 인간이 갖고 있는 회복력의 근원을 이야기한다. 물론 조직이나 시스템의 회복력을 강화하려면 회복력을 장려하는 문화와 구조가 필요한 만큼 회복력이 개개인의 노력과 거리가 먼 거대한 힘처럼 느껴질 수도 있다. 그러나 졸리는 사회적 회복력을 강화하기 위해서는 무엇보다 신뢰와 협력이 중요하다고 강조한다. 신뢰와 협력이 뒷받침되었더라면 세계적인 금융 위기를 촉발한 리먼 브라더스가 파산하는 사태도 벌어지지 않았을지 모른다는 것이다. 그렇다면 회복력을 갖기 위해서 가장 중요하게 해야 할 일은 무엇일까? 바로 다양성을 확보하는 것이다.

그러나 지금의 기업문화는 다양성을 염두에 두고 있지 않다. 인류는 이와 같은 조직을 운영하기 위해 지금까지 수많은 시행착오를 겪어왔다. 큰 변화가 있었던 것은 바로 산업혁명 시대였다. 사람들은 대부분 산업혁명이 기술의 혁신만 이루었다고 생각하기 쉽다. 그렇지만 가장 큰 변화는 바로 경영 방법이었다. 막스 베버가 없었다면 불가능했을지도 모른다. 현대 기업들의 운영 방법은 그 당시에 만들어진 것이라고 봐야 한다. 그것은 앞서 언급한 테일러리즘으로 요약할 수 있다. 1800년대 말 프레더릭 테일러는 공장의 작업 과정을 분석해서 과학적 관리법을 고안했다. 물론 경영적인 측면에서 본다면 과학적 관리법이지만, 당시 노동자 계급에서 본다면 기계의 부속품에 불과한 취급을 받았다는 점을 인정하지 않을 수 없다. 그래서 지식이 해박하거나 창의적인 노동자는 그렇게 달갑지 않았을 것이다. 이러한 관념은 아직까지 산업 전반에 걸쳐 남아 있다.

현실은 차갑도록 냉혹하다. 그리고 현실은 이론과 다르다. 아무리 잭 웰치가 인생 마지막 책이라 강조하고, 욕설까지 해가며 주장하지만, 지금의 기업문화는 혁신적이거나 창의적인 행동을 받아들일 수 없다. 전략이나 구성원들의 역량이 문제가 아니라, 이것은 구조적인 문제에 해당된다. 최근 모 그룹의 팀장 승진자들을 대상으로 5회에 걸쳐 강의를 한 적이 있다. 그런데 팀장 승진자 중에 여성이 한 명도 없었다. 이상하지 않은가? '그럴 수도 있겠지'라고 생각하면 안 된다. 교육 팀의 담당 과장은 그룹의 업무 특성상 남성이 많은 측면이 있다고 말했다. 그렇지만 최근 이론에 따르면, 보편적으로 남성보다 여성의 사회 지각 능력이 높다. 따라서 조직의 구성 비율을 살펴볼 때 여성이 많이 포함된 조직이 효과적이고 적절한 의사결정을 더 잘 내린다는 연구 조사가 있다.

최근 발달한 IT 기술과 빅데이터로 분석한 결과, 조직은 자율성이 확보되었을 때 성과가 올라간다는 것이 확인되었다. 사실 인간의 행동을 예측한나는 것은 인류 역사상 가장 오래된 희망사항이었다. 이 꿈은 최근에 들어서야 현실화되고 있다. 특히 비즈니스에서는 인간 행동 예측 기법이 가히 혁명적으로 일어나고 있다. 그렇지만 아직까지 소비자의 마음을 훤히 꿰뚫는 전략은 나오지 못했다.

IT 기술이 발달하기 전에는 인간 행동 예측을 사회과학 분야에서만 다루어왔다. 우리가 익히 들어본 설문조사와 적성검사를 비롯한 수많은 실험 연구를 말한다. 그렇지만 이들은 모두 근본적인 약점들을 가지고 있다. 분명한 것은 인간이 매우 편향적인 존재라서 그런 조사에서는 각자의 편향이 들어간다는 것이다. 여기에서도 변화가 일어나기 시작했다. 사회과학 분야에만 머물던 인간 행동 예측이 IT 기술이 발달하면서 과학자들이 관심을 갖기 시작한 것이다. 그들은 센서 장치를 만들고 신분증에 무선 음성인식 장치를 부착해서 그 효과성을 입증하려고 했던 것이다. 가령 데이트나 연봉 협상에서 어떠한 경우에 성과가 일어날 수 있는지 살펴본 것인데, 주목할 만한 통계치가 나왔다고 한다. 즉 인간 행동을 예측할 수 있는 가능성이 열린 것이다. 비슷한 시기에 조직에서도 새로운 원칙들을 찾기 시작했다. 효율성을 위해 통제하려고 했던 조직을 자유롭게 만들었을 때 조직의 성과가 향상되었다는 것이다. 여기에서도 같은 원리를 찾을 수 있다. 바로 자율성과 다양성이다.

이제 우리는 좀 더 다른 시각에서 그리드가 파괴되는 현상을 해석할 수 있다. GAFA와 같은 회사가 문제의 본질에 접근한다. 그들은 놀이터도 아니고, 그렇다고 일터도 아닌 공간에서 일한다. 앞서 말한 것처럼 애플은 2016년에 완공될 스페이스십에서 1만 5,000명이 자유롭게 일할 수 있는 구조를 만들고 있다.

구글의 새로운 캠퍼스는 '베이뷰Bay view'라고 부른다. 현재 실리콘밸리 구글플렉스 본사 옆에 1만 제곱미터 면적의 사옥을 건설 중이다. 구글 베이뷰는 9개의 구부러진 직사각형 모양 건물이 서로 연결된 형태인데, 구글은 자유로운 업무 형태를 극대화한 구조를 설계했다고 한다.

아마존은 유리 돔 형태의 건물을 짓고 있다. 아마존의 신사옥도 2016년에 완공될 예정인데, 3개의 원형 돔이 서로 연결되어 있고, 그 안에 5층짜리 건물이 자리한다. 이 사옥의 투명하고 둥근 모양이 비눗방울을 연상시킨다고 해서 '버블'이라는 별명이 붙어 있다고 한다. 그리고 페이스북의 새로운 캠퍼스는 이미 완공되었다. 총면적은 미식축구장 8개를 합친 크기에 단층 구조이며, 2,800명이 동시에 일하지만 벽이 없고 칸막이도 없는, 그야말로 혁신적인 업무 공간이다.

생존을 위해 기업은 무엇을 해야 하는가

우리가 지금 거리에서 볼 수 있는 대형 스크린은 대부분 LED로 만들어진 것이다. 필라멘트에 열을 발생시켜 빛을 얻는 백열전구와 달리 LED는 반도체에 전류가 흐르면 직접 빛을 발생시키므로 열이 발생하지 않고 전력을 절약할 수 있기 때문에 모든 산업에서 응용이 가능하다. LED는 1962년에 처음 개발되었지만, 여기에는 적지 않은 문제가 있었다. 백색광을 만들어내려면 빛의 3원색인 적색, 녹색, 청색 LED가 필요한데, 1980년대까지 적색과 녹색 LED는 개발되었으나 청색 LED 개발은 성공하지 못했다. 청색이 없어 백색광도 만들어낼 수 없었다. 세계적인 연구소와 대기업에서 27년간이나 연구해왔으나 모두 실패해 20세기 안에는 청색 LED를 만들 수 없다는 것이 학계와 업계의 통설로 되어 있었다.

그런데 일본의 지방대학교 전자공학과를 졸업하고 니치아화학이라는 작은 회사의 연구원으로 일하던 나카무라 슈지中村修二가 4년 만에 혼자서 청색 LED를 개발해냈다. 1993년, 그의 나이 서른아홉 살때였다. 전 세계의 관련 학계와 산업계는 그야말로 충격에 빠졌다. 나카무라 슈지 덕분에 청색 LED는 산업화에 성공했고, 현재 우리는 그 혜택을 누리고 있다. 그 공로로 나카무라 슈지는 2014년 노벨물리학상을 수상했다.

그 누구도 이루어내지 못한 새로운 프로젝트에 도전할 때 당신은 무엇부터 할 것인가? 보통 사람들이라면 누군가 만들어놓은 연구 논문이나 실험 결과를 먼저 살펴볼 것이다. 이 방법론은 이미 선행 연구라는 이름으로 널리 알려진 방법이며, 전통적인 학문 연구에서는 누구나 반드시 거쳐야 하는 프로세스라고 인식되어 있다. 학계에서는 이 과정을 거치지 않은 논문은 통과되지 못하는 것이 현실이다. 필요한 일이라는 것은 인정하지만 만약 당신이 선행된 실패와 한계를 검토한다면, 당신의 한계 역시 그 선행 연구를 벗어나지 못할 가능성이 크다. 나카무라 슈지는 이 사실을 알고 있었다. 그래서 초반에는 자료를 검토했으나 나중에는 아예 검토하지 않았다. 선행 연구에서는 질화갈륨으로 청색 LED를 결정화할 수 없을 것이라고 했지만, 나카무라 슈지는 반대로 질화갈륨을 선택해서 연구했다. 아무도 그 재료로 연구하지 않았기 때문이다.

중요한 것은 남들보다 앞서는 일이다. 남들보다 앞서려면 두 가지 방법 중 하나를 선택해야 한다. 남들이 만들어놓은 것을 하나도 보지 않고 새로 만들든가, 남들이 만들어놓은 모든 것을 보고 그보다 나은 것을 만드는 것이다. 당신이라면 어떤 방법을 선택하겠는가?

초일류 기업을 지향하는 거대 기업의 경영자들은 몇 해 전부터 인문학이 모든 것을 해결해줄 것이라며 '인문학 예찬'에 빠져 있다. CEO들을 대상으로 한 인문학 강의가 인기를 끌고 동서양의 고전으로부터 지혜를 배우자는 흐름이 설득력을 얻고 있다. 그 이유는 오늘날 기업들은 100년 실증주의 학문으로 시작한 경영학으로 기업을 만들어와 사람, 세상의 흐름, 미래를 읽는 혜안을 잃어버렸기 때문이다. 그래서 일부 MBA들에게서 MBA적 사고방식이 더 이상 필요 없을 것이라는 주장이 들려오곤 한다.

그러나 기업 입장에서는 지금 당장 몇 가지 문제와 동시에 싸워야만 한다. 기업계에서 잘 알려지고 있는 몇 가지 문제를 생각해보자. 첫째, 1990년대 후반부터 소비자들의 태도가 달라지기 시작했다. 기업들의 태도가 달라져서 소비자가 변화한 것은 아니다. 소비자들의 행동 양태가 달라지고 예측 가능한 패턴에서 벗어나기 시작했다. 물론 인터넷이 상용화된 시기라는 것을 생각할 때 정보기술 때문이라고 짐작할 수도 있지만, 앞서 살펴본 중산층과 이들을 둘러싼 여러 가지 요인이 복합적으로 작용했을 수도 있다. 결국 지금은 개인 중심 비즈니스가 도래하고 시장에서는 생산자와 소비자를 양분하는 것이 의미 없다는 말까지 나오고 있다.

둘째, 인구 절벽이다. 해리 덴트Harry Dent는 『2018 인구 절벽이 온다』에서 '인구 절벽'을 한 세대의 소비가 정점을 찍고 감소해 다음 세대가 소비의 주역으로 출현할 때까지 경제가 둔화되는 것이라고 정의했다. 인구 절벽이 진행됨에 따라 2020년쯤에는 유의미한 변화들이 나타나게 되는데, 또한 이 시기는 거대한 베이비붐 세대가 노년기로 진입하는 시기와도 맞닿아 있다. 지금 세계는 유럽에서 흑사병이 휩쓴 이후 처음으로 앞 세대보다 인구 규모가 작은 세대가 뒤따르는 상황에 직면했다는 것이다. 결국 다음 세대 때 소비자와 대출자, 투자자가 모두 줄어든다는 것을 의미한다. 물론 이와 같은 일이 벌어지고 있는 것은 지구상의 전 인류가 도시 3.0세대가 되면 어떤 일이 벌어질지 몰랐기 때문이다. 도시에서 살게 되는 3.0세대가 되면 경쟁 압력 때문에 결혼과 출산율이 줄어들면서 갑자기 인구가 줄어든다. 동시에 고령화가 진행된다. 우리는 이 문제를 예상하지 못했다. 결과적으로 우리나라는 2018년부터, 다른 선진국들도 비슷한 시기에 인구 절벽에 돌입할 것으로 예상된다.

셋째, 테크놀로지 혁명이다. 우리는 이미 테크놀로지 혁명에 대해서 많은 언급을 해왔다. 그렇지만 단순히 기술이 발전하고 있다는 것만 중요한 것은 아니다. 지금 이 시대에는 발달한 기술을 범용 기술로 삼아 새로운 제품과 서비스를 만들어내고 있다. 그 수준은 우리의 상상을 뛰어넘는다. 예컨대 일론 머스크의 테슬라를 생각해볼 수 있다. 수십 년 동안 전기자동차는 모든 투자자들 사이에서 기피 종목 1순위였다. 시장성이 없었기 때문이다. 보통 전기자동차라고 하면 골프장에서 운영되는 카트 수준이라고 생각할지 모르지만 테슬라는 다르다. 모델 S는 제로백 4.2초에 한 번 충전으로 400킬로미터 이상을 달린다. 이제 우리는 이런 기업들이 생겨나는 현상을 수없이 목격하게 될 것이다.

넷째, 거대한 기업들의 위기가 찾아오고 있다. 이것은 앞서 살펴본 권력의 구조가 변하고 있다는 내용과 궤를 같이한다. 이미 권력의 붕괴는 가속화단계를 넘어섰다. 기업의 조직도는 100년 전에 군대 조직 운영 방법에서 그 아이디어를 가져왔다. 통제와 관리가 가장 수월하기 때문이다. 그 후로 세상은 정말 많이 변했다. 지금은 테러 조직과 상대하기 위해 기존 군대 조직의 문화도 바뀌고 있는 상황이다. 바로 분산 조직이다. 몇몇 조직학자들은 10년 안에 분산화되고 있는 군대 조직문화를 기업들이 받아들여야 할 것으로 예상하고 있다.

이제 기업들은 무엇을 할 것인가? 이 위기들을 상대로 당신은 무엇을 선택할 것인가? 인문학 열풍이라는 이유로『로마인 이야기』를 읽을 것인가, 중국의 장자와 공자를 읽을 것인가? 아니면 MBA적 지식을 더 쌓아서 상대할 것인가? 싸움을 시작하기 전에 상대가 적어도 동종업계 경쟁자는 아니라는 사실을 인지해야 한다. 지금 이야기하는 몇 가지 위기 상황은 경쟁자가 만들어놓은 것이 아니다. 바로 환경이다. 1980년대 경영학의 아인슈타인과 같은 존재라고 여겨졌던 클레이튼 M. 크리스텐슨 교수는 2005년『성장과 혁신』에서 경쟁자를 이기기 위해서는 나를 먼저 파괴해야 한다는 파괴적 혁신 이론을 내놓았다. 기업들이 경쟁 상황을 이해하고 남보다 다른 전략을 구사하는 데 있어서 큰 방향을 제시한 이론이다. 그 후로 10년이 지났다. 이제 남을 위한 경쟁에는 더 이상 관심이 없다. 모든 기업의 관심은 바로 '생존'이다.

물론 기업들이 전략을 찾기 위한 노력을 게을리한 것은 아니다. 예컨대 기업들은 창의적인 아이디어를 만들어내기 위해 수많은 비용과 시간을 투자한다. 그러나 과연 그렇게 해서 얼마나 많은 성과를 거두었는가? 사실 우리는 창의적인 아이디어 구하기에 대해서는 구체적인 비판을 할 수도 있다. 보통 창의적인 것은 유별나고 신기하고 낯설다고 생각하기 쉽다. 그러나 현실은 그렇지 않다.

기업들은 창의적인 활동을 위해 상자 밖에서 생각하기를 강요하지만, 상자 안과 밖은 규정되어 있지 않고 무작정 상자 밖에서 생각하기를 강요하다보니, 대부분의 아이디어가 쓸모없다. 또 기업들은 '브레인스토밍'을 통해 새로운 아이디어를 만들려고 하는 경우가 많다. 물론 브레인스토밍은 좋다. 그렇지만 브레인스토밍은 1950년대 알렉스 오스본에 의해 만들어진, 일종의 생각을 만들어내는 프로세스였다. 게다가 그 브레인스토밍은 아주 협소한 문제를 해결하기 위해 만들어진 프로세스이다. 브레인스토밍이 효과를 발휘하는 것은 프로젝트의 이름 정하기, 신상품의 이름 정하기 등 작은 문제들이다. 회사가 앞으로 추진할 신규 사업을 정하는 것과 같은 거대한 문제들은 브레인스토밍으로 해결되지 않는다. 또 CEO들이 창의적 아이디어 발굴에 대해서 가지고 있는 큰 오류 중 하나는 재미있는 작업 공간을 만들어놓으면 좋은 아이디어가 발현될 것이라는 생각이다. 물론 구글 같은 회사가 일하는 공간을 재미있게 꾸며놨으니 우리도 그렇게 해야만 하는가라는 생각이 들 수도 있다. 그러나 그것은 문제의 본질을 잘못 본 것이다. 구글은 재미있는 공간을 만든 것이 아니라 구조적인 문제를 해결했을 뿐이다. 또 다른 대안으로는 빅데이터 전략, 스티브 잡스 인재 만들기 전략, 고객의 소리 듣기 전략 등 수많은 전략을 내놓고 있지만, 이런 해결책들은 근본적으로 현재 기업들이 접하고 있는 문제를 해결하기에 역부족이다.

마지막으로 알고리즘도 생각해볼 수 있다. 우리는 알고리즘을 단순히 수학과 기계의 문제로만 치부하는 경향이 있다. 그러나 알고리즘은 어디에나 있고, 무엇이든 할 수 있다. 이를테면 알고리즘을 통해 엄청난 양의 문서를 빠른 시간 내에 값싼 비용으로 훨씬 정확하게 처리할 수 있다. 그래서 초급 변호사들이 하던 소송의 사전 심리 절차인 증거 개시를 이제는 알고리즘으로 해결한다. 2012년 애플 대 삼성의 특허 소송에서도 사람의 손이 아닌 알고리즘으로 문서를 처리했다. 리걸줌이라는 자동문서조합 시스템은 유언장, 회사 정관 등을 헐값에 작성하게 해준다. 위보스라는 이혼 서비스는 이혼 절차를 좀 더 매끄럽게 처리할 수 있도록 도와준다. 술을 마신 사람이 운전하지 못하도록 감지하는 자동차가 개발되고, 구글에서는 무인 자동차를 개발하고 있다. 또한 알고리즘은 안면 인식 기술로 테러리스트를 가려내기도 하고, 의료보험이나 식량배급표 혜택을 주기도 한다. 또 영화가 만들어질 때 3,100개의 데이터를 입력하면 이 영화가 박스 오피스에서 얼마의 매출을 올릴 수 있는지 분석해주는 회사도 있다.

단언컨대, 알고리즘으로는 우리가 만나는 현실의 문제를 풀어갈 수 없다. 만약 그렇게 할 수 있다면 지금 인류는 영화 〈터미네이터〉의 세상과 다르지 않을 것이다. 인간의 고유한 특성은 모두 말살되고 인간적 가치란 존재하지도 않게 될 것이다. 이제 기업들은 새로운 방법을 찾아야만 한다. 그 방법은 지금까지 제시한 MBA적 사고방식도 아니고, 새로운 리더십을 주장하는 것도 아니다. 새로운 ICT 기술이나 사물인터넷을 이용한 유비쿼터스 환경도 아니다. 적어도 이런 종류의 해결책들은 잊자.

막스 베버 경제원칙의 배신

우리 머릿속에 자리한 고정관념 중 하나는, 기업은 규모가 커야 성공할 수 있다는 생각이다. 실제로 대기업이 성공하고, 그 조직에 들어가야 성공한다는 생각은 앞서 언급한 것처럼 1900년대가 시작되면서 막스 베버에 의해 만들어졌다. 이 고정관념은 21세기가 한창인 아직까지 대기업을 바라보는 우리의 상식일지도 모른다. 대기업에 들어가야만 성공할 수 있다는 우리의 상식도 같은 맥락에서 만들어졌을 것이다.

그러나 지금 우리가 살고 있는 세상에서는, 과거에는 당연했던 일들이 당연하지 않은 경우가 많이 생겨나고 있다. 적어도 지금 우리는 '상식'이라고 하는 거대한 굴레가 움직이는 상황 아래 놓여 있는 것 같다. 우선 이런 질문을 생각해보자. 힘센 사람이 항상 이길까? 인류가 생존을 위해 다투어온 세월 동안 이 질문은 항상 우리 머릿속에 내재되어 있었는지 모른다. 힘센 사람이 이기는 것은 논리적으로 맞다. 강대국과 약소국 그리고 역사에서 얼룩진 것처럼 지배계층과 피지배계층이 생겨난 것은 모두 그들이 가진 힘과 반대로 가지지 못한 힘 때문이다.

이제 힘을 둘러싼 보편적인 상식들이 깨지고 있다. 힘센 것을 가장 잘 설명할 수 있는 군사력을 가지고 설명해보자. 하버드 대학교의 연구 결과를 토대로 살펴보면, 현대에 와서는 군사력이 열세인 쪽이 전쟁이나 전투에서 승리하는 경우가 더 많다. 이런 수치는 더 증가세에 있다. 과거에는 상상할 수 없었던 일이다. 1800년대 전쟁에서는 전력이 약한 쪽에서 승리한 경우가 12퍼센트 정도밖에 안 되었다. 영화 〈브레이브 하트Brave Heart〉를 생각하면 이해하기 쉽다. 과거의 전쟁은 대부분 참전하는 군인의 숫자에 크게 의존해왔다. 병력의 수가 클수록 자신감과 용맹함도 함께 상승했다. 따라서 군대 규모가 작으면 전투를 하지도 않고 항복하는 경우가 많았다. '무혈입성'이라는 말은 괜히 생겨난 것이 아니다. 그렇지만 1950년부터 1998년 사이에 일어난 전쟁을 보면, 베트남 전쟁을 포함해서 전력이 약한 쪽에서 승리한 비율이 무려 55퍼센트나 된다. 군사력에 있어서 극강의 대립은 테러 조직과 거대한 군사 연합의 대결이다. 누가 봐도 테러 조직은 군사력에 있어서 열세이다. 그렇지만 전 세계에서 테러 조직이 싸우는 방법은 기존 군대의 방식과 다르다. 그들은 상대를 어떻게 하면 더 괴롭힐까에 초점을 둔다. 따라서 전력이 큰 쪽이 항상 이긴다는 보장이 없다.

군사력만 그런 것은 아니다. 과거에는 독재 정권이 적지 않았다. 1977년만 해도 전 세계에서 독재자가 통치하는 나라는 89개나 되었다. 그렇지만 2011년에는 그 수가 22개로 급감했다. 기업들의 상황도 마찬가지이다. 1980년대 미국에서 업계 5위에 올랐던 기업들은 그 자리에서 물러날 가능성이 10퍼센트 미만이었지만, 2000년대에 들어와서 그 가능성이 두 배 이상 높아졌다. 전 세계 500대 기업으로 선정된 기업들 중에 불과 10년 전에는 태어나지도 않았던 기업들이 생겨나기 시작하는 것도 같은 맥락이다. 또 세계적인 유명 브랜드를 소유한 기업들이 5년 안에 위기에 처할 가능성은 지난 20년 동안 20퍼센트에서 82퍼센트로 상승했다.

유형 자산과 무형 자산을 비교하는 것에서도 우리가 가진 상식들이 깨지고 있다. 우리의 상식은 눈에 보이는 것을 중요하게 생각한다. 그뿐만 아니라 이것은 문서로 검증할 수 있어야 하며, 누구나 가치를 평가할 때 동일한 평가치를 말할 수 있어야 했다. 그래야만 그 가치를 인정해주었다는 말이다. 그렇지만 이제 기업들이 관리하는 물리적 자원은 그 기업이 시장에 상장될 때나 그 기업이 다른 기업에 인수될 때 평가되는 가격이 과거에 비해 점차 줄어들고 있다. 눈에 보이는 자산이 있어도 예전만 못하다는 상식이 생겨난 것이다. 다시 말해서 지금 기업의 가장 큰 가치 중 하나는 특허권과 저작권을 비롯한 회사 운영 방식과 소비자들이 브랜드에 대해 보유하고 있는 가치로 설명할 수 있다. 대표적인 예로 '인스타그램Instagram'을 들 수 있다. 2012년에 페이스북은 구성원이 12명인 인스타그램을 10억 달러에 인수했다. 당시 이 뉴스는 업계에서 큰 이슈거리였다. 인스타그램은 보유한 현금 자산이 있는 것도 아니고, 건물을 가지고 있는 것도 아니었다. 그들이 보유한 것은 단지 사진을 올릴 수 있는 웹 프로그램뿐이었다.

물론 비즈니스 면에서 우리의 상식은 '규모의 경제'와 관련되어 있다. 그것은 지난 200년 이상 근대 기업의 오래된 기본 원칙이고 상식이었다. 적어도 두 가지 이유에서 규모의 경제라는 것은 합리적이었다. 첫째, 기업의 생산 능력이 커질수록 단위 생산품을 만들 때 생산 원가를 낮출 수 있으므로 규모를 크게 만드는 것은 원가 절감 방법이었을 것이다. 인건비가 상승하거나 원자재 수입 가격이 오를 때, 기업들은 원가를 낮추기 위해 글로벌 전략을 가동한다. 인건비가 싼 생산 기지에 새로운 공장을 세우는 것이다. 최근 그렇게 전 세계 공장 역할을 한 나라는 바로 중국이다. 싼 인건비와 저렴한 공장 운영비용은 전 세계 다국적 기업들을 유혹했다. 둘째, 관리적인 측면에서 볼 때 규모의 경제를 가지고 있다는 것은 기업이 수행해야 하는 일을 그 기업 내에서 모두 소화할 수 있다는 것을 의미하는데,

효율성이나 정확성을 생각해볼 때 이것은 기업이 반드시 추구해야 할 방향이었을 것이다. 또한 요즘처럼 정보 유출에 대한 위험성이 커질 때는 더할 나위 없을 것이다.

이제 규모의 경제라는 단어는 점차 그 존재감을 잃어가고 있다. 목욕 가운을 제조하기 시작해서 다국적 기업이 된 자라를 생각해보자. 스페인 의류업체 자라는 1988년에 처음 외국에 진출하기 시작했다. 2012년에는 180억 달러 매출을 올리면서 의류 브랜드 H&M과 갭Gap을 넘어섰다. 자라는 우리가 생각하는 대량 생산과 대량 판매 방식이 아니다. 자라는 연간 1만 개의 신상품을 기획하고 디자인해서 매장에 비치한다. 그리고 이런 일련의 과정이 단 2주 만에 끝난다. 다른 경쟁 업체들은 그렇게 하는 데 최소 6개월 이상 걸릴 것이다. 경영학자들은 이 방식을 매스커스터마이제이션Mass-custormization이라는 용어로 설명한다. 쉽게 말해서 속도가 규모를 이긴다는 뜻이다.

기업의 마케팅 환경에서도 '불변의 진리'라고 통하는 상식들이 있다. 잭 트라우트Jack Trout의 『마케팅 불변의 법칙』이라는 책은 세월이 흘러도 변함없이 존재할 것 같은 바이블과 같은 존재였다. 이제 이것도 옛말이 되고 있다. 스탠퍼드 대학교 경영대학원의 이타마르 시먼슨 교수가 30년 동안 가르쳐왔던 마케팅 이론을 뒤집고 있기 때문이다. 그는 『절대 가치』에서 다음과 같은 불변의 진리가 이미 변해버렸다고 말한다. 그 불변의 진리들은 다음과 같다.

1. 오늘날 기업의 브랜드는 과거 어느 때보다 더 중요하다.
2. 브랜드에 대한 고객 충성도 향상은 마케팅의 최대 관심사이자 최우선 과제이다.
3. 모든 고객은 비합리적이다.
4. 고객은 선택할 것이 너무 많으면 어떤 것을 골라야 할지 잘 모른다.
5. 포지셔닝은 마케팅에서 가장 중요하다.

그러나 이런 마케팅 불변의 법칙은 변하고 있고, 이미 변화해버렸다. 우선 다양한 의사소통을 통해 제품의 품질을 완벽히 파악한 소비자는 자신에게 진짜 가치가 높은 제품을 구입하게 되었다. 정보를 쉽게 얻을 수 있는 상황에서 과거 경험은 선택 행위에 큰 역할을 하지 못한다. 이는 소비자들이 같은 브랜드의 다른 상품에 대한 좋은 경험이 있다고 하더라도 새로운 구매 결정은 상품의 실제 성능을 기준으로 매번 다르게 내린다는 의미이다. 그 결과 브랜드의 영향력이 급락하고 있다.

과거에는 생산자와 소비자로 양분된 시장이었지만, 이제 소비자들은 자신들이 소비자라고 불리는 것도 원치 않는다. 그들은 세상에서 유일하고 자신만을 위한 상품을 구매하기를 바란다. 전 세계를 뒤져가며 온라인 구매를 하는 것이 현실이다. 만약 찾다가 없으면 스스로 만드는 능력도 갖추게 될 것이다. 한마디로 이전 소비자들은 상품을 선택할 때 브랜드, 가격, 과거의 사용 경험 등에 따라 결정을 내렸다. 이 시대에는 브랜드 충성도가 중요한 요소였다. 광고를 하면 판매가 되었다. 그러나 이제 그런 시절은 다시 오지 않는다.

지난 60년 사이 마케팅을 배운 사람이라면 공부한 내용 대부분이 인구통계학적 프로파일, 즉 사람을 특정 행동 그룹으로 나누는 통계 기술과 관련되었을 것이다. 그 구성요소를 들여다보면 인구통계가 더는 정확한 해법이 되지 못한다는 사실을 확인할 수 있다. 인구통계를 깊이 파고들수록 이것이 유통기한이 끝난 철 지난 도구이며, 사실은 우리의 말을 듣고 싶어 하는 고객과 더 잘 교감할 수 있는 다른 방법이 있다는 점이 명백히 드러난다. 예를 들어 인구통계로 사람을 그룹화할 때는 보통 성별, 나이, 수입, 교육, 인종, 지역, 언어, 이동성, 주택 소유 여부, 고용 상태 등을 기준으로 삼는다. 모두 인구통계학자와 마케터의 무기고에 있는 전형적인 무기들이다. 그렇지만 이제는 이 중 많은 것이 예전만큼 중요하지 않다. 다르게 표현하면, 이것은 제대로 된 마케팅 도구라기보다 인간을 차별하는 방법에 가깝다.

이제는 경제의 상식이 달라졌다. 더 이상 대중화, 대규모 생산은 의미가 없다. 그 시기는 인터넷이 등장하면서 이미 깨졌다고 봐도 무방할 것이다. 그럼에도 불구하고 우리는 아직도 경제학의 원칙 하나를 제대로 기억하지 못한다. 바로 공급이 늘어나면 가격은 내려간다는 사실이다. 실제로 지금 시장에서는 모든 물건이 치열한 가격 경쟁을 벌이고 있다는 사실을 알 수 있을 것이다. 결국 가격 경쟁은 대형 할인 마트와 온라인업체 간의 경쟁으로밖에 구현할 방법이 없다. 이미 최저 가격을 구현하겠다는 회사들의 욕구는 한계 수익을 줄이게 하고, 기업 간의 경쟁은 제로섬 게임을 방불케 하고 있다. 우리의 상식과 다른 세상인 것이다.

7의 규칙으로 조직의 효율성을 높여라

최근 남성들이 외모에 관심을 갖기 시작하면서, 여성들이 화장품과 외모에 시간과 돈을 투자하는 것처럼 남성들도 외모 가꾸기에 나섰다. 이들을 표현하는 단어가 '그루밍족'이다. 그렇지만 원래 그루밍grooming은 마부groom가 말을 빗질하고 목욕시켜 말끔하게 꾸민다는 데서 유래했고, 사회학자들이 '그루밍 활동'이라고 표현할 때는 비비와 같은 동물들이 집단적으로 서식하면서 한데 앉아 몸을 긁어주고 쓰다듬는 행동을 하는 것을 말한다. 이 행동에는 위생적인 측면이 매우 강하지만 사회적인 결속을 다진다는 점에서 그루밍 활동은 꼭 필요하다고 한다.

흥미로운 것은 회사의 보통 조직에서도 그루밍 활동이 존재한다는 것이다. 즉 인간들은 동물들처럼 긁어주고 쓰다듬는 행위가 아니라, 서로 이야기면서 교류하는 사회적 활동을 말한다. 그러나 여기에 지나치게 시간을 쏟아붓고 있어서 좋지 않다는 주장과 연구 결과가 속속 등장하고 있다. 결론적으로 큰 조직보다 작은 조직이 더 유리한 구조를 갖고 있다는 의미이며, 이는 곧 막스 베버가 말한 큰 조직이 성공한다는 규칙은 이제 더 이상 유효하지 않다는 말이다.

옥스퍼드 대학교 인류학자 로빈 던바Robin Dunbar의 그루밍 활동에 대한 연구 결과를 살펴보자. 로빈 던바는 인간이 물리적으로 유지할 수 있는 안정된 인맥은 그 수가 한정되어 있다고 주장했다. 이 말은 인간이 한 번에 사회적 관계를 맺을 수 있는 인원이 제한되어 있다는 의미이다. 즉 인간이 동시에 사회적 관계를 맺을 수 있는 사람의 숫자는 150명 정도라는 것이다. 던바는 인간뿐만 아니라 사회적 연대를 유지하고자 하는 영장류 집단에서도 '150'이라는 숫자가 유효하다는 것을 밝혀냈는데, 흥미로운 것은 이 숫자가 소셜 네트워크 내에서도 통한다는 것이다. 우리가 소셜미디어에서 무한대로 인적 네트워크를 늘리려고 노력하지만, 디지털 세상에서 사회적 관계로 이루어진 측근도 150명을 넘을 수 없다는 것을 의미한다.

던바는 이 숫자에 제한이 가해지는 것은 '그루밍 활동' 때문이라고 주장했다. 동물들은 서로 쓰다듬고 벌레를 잡아주면서 위생적인 활동과 사회적 결속 활동을 이어가지만, 인간은 대화를 나누면서 그루밍 활동을 한다는 것이다. 던바가 연구한 결과를 토대로 집단 구성원들의 그루밍 활동 정도를 계산해보면 150명으로 구성된 조직에서는 42퍼센트의 시간을 그루밍 활동에 사용한다. 200명의 조직이 되면 56퍼센트의 시간을 그루밍 활동에 사용해야 한다. 그리고 인원수가 더 늘어날수록 조직이 그루밍 활동에 투자하는 시간이 더욱 늘어나게 된다. 그뿐만 아니라 200명 이상의 집단이 되면 조직 간의 갈등과 조율 및 성과 측정 문제가 더 큰 부담으로 다가온다.

물론 경영 시스템을 중요하게 생각하는 경영학자들은 조직에 효율적인 커뮤니케이션 시스템을 만들어놓으면 이 문제가 해결된다고 자부할지 모른다. 그렇지만 인간은 원래 이렇게 생겨먹었다. 앞서 언급했지만, 기원전 1세기에 로마 군대도 150명으로 조직되어 있었다. 기원전 1세기와 현재 21세기를 기술의 발달 차원에서는 비교할 수도 없지만, 우리의 인지능력은 나아진 게 없다는 말이다.

집단의 효율성을 50년 동안 연구한 학자가 밝힌 연구 결과도 같은 맥락이다. 하버드 대학교 심리학과 교수 리처드 해크먼Richard Hackman은 2002년 7월 맬러리 스타크와 가진 인터뷰에서 조직의 대다수 프로젝트에서 최선의 규모는 4~6명이라고 말했다. 그는 조직에서 실무 팀을 구성할 때 두 자릿수로 구성된 팀을 편성해서는 안 되며, 팀이 직면하는 성과 문제는 조직의 규모가 커질수록 기하급수적으로 늘어난다고 말했다.

큰 조직을 거느리고 있는 회사의 경영자들은 이런 연구 결과에 관심이 없을지 모르지만, 제2차 세계대전을 기점으로 전투의 기본 단위는 12명에서 4명으로 줄어들었다. 이미 효율성을 절대적으로 따져야 하는 전투에서는 누가 연구 결과를 제시하지 않아도 이미 실천하고 있었던 것이다. 구글과 아마존도 마찬가지이다. 현재 구글은 40여 개국에 5만 명 가까운 종업원을 거느리고 500억 달러 규모의 회사로 성장했다. 구글은 인터넷 검색과 검색 광고에서 비디오와 그 밖의 디지털마케팅으로 사업을 다각화했고, PC 중심에서 모바일 중심의 세계로 전환하는 데 성공했으며, 하드웨어 장치를 이상적으로 결합하는 제품을 생산하기도 했다.

구글의 사업은 그 규모를 짐작할 수 없을 만큼 커나가지만 조직은 다르다. 구글 조직에는 이른바 '7의 규칙'이 존재한다. 구글 CEO 에릭 슈미트는 『구글은 어떻게 일하는가』에서 "7의 규칙은 어떤 경우든 직속부하의 수를 최대 7명으로 제한해야 한다는 의미이다. 구글의 방식은 관리자가 최소 7명의 직속 부하직원을 둔다는 것을 암시한다. 우리는 지금도 공식적인 조직도를 갖고 있지만 규칙상 관리자의 감독을 줄이고 직원의 자유를 더 허용하도록 좀 더 수평적인 체계를 유도한다. 직속 부하직원이 많으면 당연히 섬세하게 관리할 시간이 없게 마련이다"라고 주장했다.

아마존의 창업자인 제프 베조스Jeff Bezos도 이와 같은 취지의 운영 전략을 사용하는 것으로 알려져 있다. 그는 아마존 내부에 '피자 두 판 팀' 규정을 만들었는데, 이는 부서의 규모는 피자 두 판이면 충분히 먹을 수 있을 만큼 작아야 한다는 말이다. 미국 피자가 크긴 해도 제아무리 커봐야 피자이다. 결국 아마존에서 '피자 두 판 팀'이라고 말한 것은 7명 내외의 팀원을 둔 팀을 말한다고 봐도 무방하지 않을까.

조직이 성공하기 시작하면 비대해지고 관리와 통제가 힘들어지는 것은 지금까지 비즈니스 역사에서 수없이 확인된 사실이다. 결국 조직 내에 본부와 팀을 만들고 직급 체계를 만들어서 상하 규율과 통제를 하겠다는 것이 지금까지의 전략 아니었을까. 그렇지만 조직은 커지고 이 상태로 시간이 지나면 조직 내 프로세스는 더 증가하기 마련이다. 또 관리자들은 자신들의 존재를 증명하기 위해 조직을 더 통제하려고 한다. 지금까지 우리가 봐왔던 그대로이다. 조직의 규모는 커지지만, 안타깝게도 효율성은 떨어지고 멍청해지는 것이다.

산타페 연구소의 도시물리학자인 제프리 웨스트Geoffrey West는 2010년 「뉴욕 타임스」와의 인터뷰에서 조직이 관료 체제를 유지하는 데는 더 많은 시간과 자원을 투자하지만, 일 자체에는 더 적은 투자를 한다고 말했다. 웨스트는 2만 3,000개 기업의 생산성을 연구 조사한 결과, 기업이 커질수록 직원 1명당 창출하는 이익이 더 줄어든다는 사실을 밝혀냈다.

조직이 커지면 커질수록 관리와 통제는 늘 숙제로 남는다. 여기에서 지금까지 우리가 수없이 말한 대로 '그리드'가 필요한 상황이 자연스럽게 만들어진다. 같은 공간에 가장 많은 사람을 수용할 수 있는 방법은 '그리드'이기 때문이다. 그렇지만 그렇게 하면 할수록 조직은 더 그루밍 활동에 시간과 자원을 투자하게 되고, 이는 다시 또 더 크고 멍청한 회사를 만들어가는 데 일조하게 된다. 세상에서 가장 멍청한 '무한 루프'가 만들어지는 순간이다.

창조성을 만들어내는 공간 디자인의 힘
——— ——— —— ——— —

영국 런던에는 '거킨Gherkin'이라는 별명을 가진 건물이 하나 있다. 이 건물의 정식 명칭은 세인트 메리 엑스St. Mary Axe이다. 생김새를 보면 건물 전체가 둥글게 되어 있고, 건물 꼭대기로 갈수록 뾰족하며, 전면이 5,500장의 유리로 되어 있어서 '식초에 절인 작은 오이'라는 의미로 거킨이라고 불린다. 보통 건물들의 높이가 높지 않은 런던 지역에서 41층이나 되는 건물은 도드라져 보인다. 런던을 배경으로 한 영화에는 런던 아이London Eye와 함께 항상 나온다. 영국 BBC의 TV 시리즈 〈셜록 홈스〉가 시작할 때도 이 두 상징물은 항상 등장한다. 바로 그 건물이다.

거킨은 영국의 건축가 노먼 포스터Norman Foster가 설계한 명작이다. 그는 1990년에 영국 왕실에서 기사 작위를 받았고, 1999년에 프리츠커 건축상을 수상한 당대 최고의 건축가로 알려져 있다. 런던 템스 강을 거닐다보면 이상하게 기울어져 있는 건물을 하나 만날 수 있는데, 바로 런던 시청이다. 이 건물도 노먼 포스터가 설계한 것으로 유명하다.

거킨을 처음 보면 신기한 형태 때문에 한참을 바라보게 된다. 그런데 런던을 돌아다니다보면 그 건물을 보지 않을 수 없다. 이처럼 우리는 때로 신기한 것이 보이면 그것에 함몰되는 경향이 있다. 그 기대감은 그 건물 안에서 일하면 뭔가 새로운 아이디어와 더 높은 생산성을 그려낼 수 있을 것이라는 막연한 기대감으로 연결되곤 한다.

그러나 그 기대감을 자세히 들여다보면 논리적이지 않은 구석이 있는 것도 사실이다. 보통 기업들은 위기에 몰리면 더 합리적으로 움직이기 위해 노력한다. 조금 더 숫자 위주로 경영하게 되고 전략적이기보다는 보수적으로 운영하게 된다. 다시 말해서, 기업들이 가지고 있는 분석, 데이터, 로직을 가지고 위기를 돌파하려고 하는 것이다. 이런 분야의 최고봉은 역시 전략 컨설팅 회사들이고, 수많은 MBA는 전략 컨설팅 회사들이 수행하는 방식대로 업무를 진행하면 보다 나은 결론에 이를 것이라고 생각하는 경향이 있었다. IMF 시절을 거친 뒤 큰 회사들에서 '전략기획실'이라는 타이틀을 선호한 적이 있었다. MBA적 지식이면 무엇이든지 제대로 성공할 것이라고 믿었던 것 같다.

역사를 돌이켜보면 경영학의 출발점은 실증주의라는 것을 알 수 있다. 이는 보편적인 인간을 규정하고 인간이 합리적으로 행동할 것을 대전제로 한다. 여기에서 시작되는 오류가 있다. 예를 들어 사람들은 합리적이며 충분한 정보에 따라 의사결정을 한다고 기업들은 가정한다. 그렇지만 과연 그럴까? 최근 사람들은 그렇게 합리적이지 않다는 연구 결과들이 나오고 있다. 마트에 가면 미리 생각했던 상품만 정확하게 구매하고 돌아오는지 생각해보면 명확하다. 눈에 보이는 유혹과 생각에 예산 범위를 넘쳐나는 구매 행위를 한두 번 겪는 것이 아니다. 그것은 옷을 사거나 자동차를 살 때도 마찬가지이다. 기업들은 수많은 소비자 조사 행위를 하고 있지만, 사람들은 자기들의 욕망만 드러내려고 할 뿐 자신의 생각은 이야기하지 않는다.

결국 기업들은 어제와 오늘, 그리고 내일의 상황이 크게 달라지지 않을 것이라고 가정하곤 한다. 마케팅 활동으로 본다면 지난달에 이렇게 했으니, 다음 달에도 이렇게 하면 비슷한 결과치가 나올 것이라고 예상한다. 그렇지만 시장은 그렇게 움직이지 않는다. 기업들이 자기들이 정한 가설에 따라 모든 계획을 맞춰버린다는 데도 문제가 있다. 모든 생각은 오픈되어 있다고 주장하지만, 실제로 일을 해보면 그들은 오픈된 마인드를 가지고 있지 않다. 이러한 문제들은 기업들이 태생적으로 가지고 있는 논리의 한계라고 할 수 있다.

물론 기업들도 나름대로 할 말이 있을 것이다. 기업들이 전략을 찾기 위해 노력을 게을리한 것은 결코 아니다. 예컨대 MBA적 지식이 고갈되었다고 여길 즈음, 기업들은 창의적인 아이디어를 만들어내기 위해 수많은 비용과 시간을 투자했다. 물론 기업의 고귀한 자금을 투자하게 만든 장밋빛 희망들이 존재한다.

보통 기업들의 전통적인 업무 환경은 계급에 따른 관리가 존재하고 통제된 커뮤니케이션을 기본 바탕으로 설계한다. 전 구성원은 똑같은 모양과 크기의 칸막이 안에서 일해야 하고 기업의 임원이 되면 더 큰 공간에서 일할 수 있으며, 각 부서는 구획으로 정비되어 있다. 분리되어 있으니 자발적인 협력은 막혀 있다. 외부로도 그렇게 적극적이지 못하다. 바로크식의 멋진 로비는 권한이 없는 외부인의 심리적인 접근을 막는다.

여기서 한 가지 가정을 해보자. 예컨대 갑자기 혜성처럼 등장한 한 회사가 세간의 주목을 끌기 시작한다. 우선 그들을 눈여겨보게 만드는 것은 독보적인 매출 성장세와 영업 이익일 것이다. 다른 회사들은 상상하지 못했던 아이템으로 생각보다 높은 매출을 올리고, 절대적인 영업 이익을 내고 있다면 눈길이 가지 않을 수 없다. 특히 경영자들은 관심이 클 것이다. 보통 대기업들의 영업 이익이 3퍼센트 정도라고 할 때, 작지만 강한 이런 회사들이 수십 퍼센트의 영업이익을 낸다면 관심 갖지 않을 경영자는 없다.

그런데 문제는 이 독특한 회사는 운영방식이 다른 회사와 다르다는 점이다. 전통적인 CEO들은 고급스럽게 꾸민 사무실과 넓은 의자들을 상상하지만, 갑자기 등장한 이런 회사들의 CEO는 직원들과 허물없이 지내기 위해 같은 책상을 사용하고 칸막이도 없다. 모든 공간이 다채로우며, 창의적이고 개방적인 로비가 고객들을 맞는다. 구성원들은 자유롭게 서서 회의를 하고 아이디어를 만들기 위해 노력 중인 한 구성원은 버블처럼 생긴 소파에 드러누워 메모 중이다. 보통 다른 사무실에서 보던 광경과 사뭇 다르다.

이런 기업을 둘러싼 뉴스들은 여기서 끝나지 않는다. 뇌 과학 분야의 전문가가 등장해서 설명을 한다. 즉 새롭게 디자인된 업무 환경을 신경과학으로 분석해보면 타당성이 있다는 것이다. 우리의 뇌는 휴식을 취하거나 긴장하지 않을 때 더 새로운 아이디어를 만들어낼 수 있고 새로운 것을 수용한다는 연구 결과는 이럴 때 흔히 등장하는 아이템이다.

공간 디자인의 힘은 새로운 것을 만들어내는 알약과도 같다. 이런 종류의 기사와 뉴스, 책들을 어렵지 않게 찾아볼 수 있다. 보통 환경은 우리가 미처 깨닫지 못하는 방식으로 우리에게 영향을 미치는데, 이것은 뇌파 검사에서도 나타나지 않는다. 그러므로 직원들 입장에서는 신기하면서 창의적으로 일할 수 있는 공간, 또 기업 입장에서는 자사의 문화와 브랜드를 알리는 업무 공간을 만드는 일이 어려워 보이지만 매력적인 투자로 보일 수 있다.

결국 실증주의에 바탕을 둔 논리적인 경영의 길은 명확하게 정해진다. 즉 새롭게 등장한 강한 회사들이 다른 회사와 다른 디자인 사무실을 가지고 있으므로 자신의 회사도 이렇게 바꾸면 업무 성과가 나타날 것이라고 생각해버리는 것이다. 그리고 이런 생각은 그대로 공간 디자인에 대한 투자로 이어지는 경우가 많다. 이런 공간 디자인에는 항상 붙어 다니는 구호들이 존재한다.

개인적인 공간을 만들어라.

업무를 하는 데 있어서 개인적인 공간의 필요성은 업무가 복잡해지면서 더 각광받게 된 사실이다. 또한 업무가 분할되면서 개인적으로 업무에 집중하는 것이 매우 필요하다고 본 것이다.

새로운 벽을 만들어라.

기업에서 벽은 더 이상 공간을 분리하는 개념의 장벽이 아니다. 벽에 공감되는 포스터와 이미지를 붙이고 벽의 색깔을 달리하여 심리적으로 안정을 취하게 만든다.

휴식 공간을 디자인하라.

기업에서 자주 볼 수 있는 '탕비실'은 잊어야 한다. 휴식 공간을 만들 때 작은 카페처럼 꾸밀 수도 있다. 그렇지만 규모가 큰 회사에서는 농구장과 각종 운동시설까지 갖추기도 한다.

회의실은 회의실답지 않아야 한다.

회의실의 형태는 자유로워야 한다. 직각 구조의 회의실과 거대한 규모로 압도하던 회의실의 구조는 잊어야 한다. 회의실은 자유롭게 토론할 수 있는 문화를 조성할 수 있어야 한다.

우리 스스로에게 질문을 던져보자. 과연 그렇게 해서 얼마나 많은 성과가 있었는가? 혹시 이런 생각을 해본 적은 없는가? '다른 회사에서는 확실한 효과를 보았는데, 우리 회사는 왜 효과가 없었을까?' 우리가 깨닫지 못하는 사이 환경이 큰 영향을 준다는 것은 이미 밝혀진 사실이다. 사무실의 조명과 온도, 높낮이가 다른 의자와 색다른 회의실 구조 등이 스트레스를 낮춰주고 직장 만족도를 높여주는 요소라는 데는 이견이 없을 것이다. 여기에서는 더 많은 협력과 자발적인 아이디어도 만들어낼 수 있을지 모른다.

그러나 당신은 혹시 아주 멋지게 잘 만든 구조의 사무실이지만, 적막감이 감도는 회사를 본 적 없는가? 자유로운 구조의 사무실이지만 사람들은 예전과 똑같은 분위기로 일하는 회사 말이다. 자유롭게 앉아서 아이디어를 창출하도록 마련된 멋진 소파는 전시용에 불과하고, 바나나 모양의 회의 테이블은 정리가 안 되어 오히려 난잡한 분위기를 연출하는 회의실, 그리고 멋진 로비와 복도를 지나 사무실에 들어가면 최신 디자인의 칸막이로 된 공간들을 혹시 본 적 없는가? 우리는 수없이 목격했다. 그렇다면 질문을 다시 던져야 한다. 공간 디자인을 바꾸면 과연 업무 성과가 올라가는 것일까?

매버릭 전략

당신은 상식적인 사람을 좋아하는가, 아니면 비상식적인 사람을 좋아하는가? 이 질문에는 호불호가 존재할 수 있다. 이런 질문에 보통 사람들은 상식적인 사람을 좋아한다고 생각할 것 같다. 그래야만 보편적인 사고방식을 가진 사람으로 보일 테니까. 밑도 끝도 없이 상식적인 사람을 좋아하느냐, 비상식적인 사람을 좋아하느냐고 물으면 '상식적으로' 비상식적인 사람을 좋아한다고 쉽게 답할 사람은 찾아보기 힘들 것이다. 그럼 질문을 바꿔보자. 당신은 상식적인 인물인가, 비상식적인 인물인가? 이 질문에도 답변하기 힘든가? 이 질문 역시 똑같은 딜레마일지 모른다.

그렇다면 세상에서 성공하는 사람들은 상식적인 인물인가, 비상식적인 인물인가? 아마도 이 질문에는 대답할 수 있지 않을까? 생각해보면 우리가 여러 가지 미디어를 통해 성공한 인물이라고 알게 된 사람들은 대부분 비상식적인 인물들이다. 우리가 논의해온 바탕에서 표현한다면 일반적인 대열에서 이탈해 새로운 것을 상상해보고 그것이 가능하다고 믿는 사람들이 성공하지 않던가? 대표적으로 애플의 스티브 잡스는 양부모 밑에서 자랐고 자신이 만든 회사에서 쫓겨난 적도 있다. 이미 고인이 되었지만 아직도 스티브 잡스의 영향력은 대단하다. 빌 게이츠는 대학을 중퇴했지만 마이크로소프트를 세운 위대한 주인공이 되었다. 테슬라와 스페이스엑스를 이끌고 있는 일론 머스크는 남아프리카공화국 출신으로 무일푼이었으나 지금은 전 세계를 태양광과 전기자동차로 뜨겁게 달구고 있다. 이런 사람들을 더 나열할 필요가 있을까? 한 가지는 분명하다. 성공한 사람들은 적어도 남들과 똑같이 생각했던 사람들이 아니다. 자기 나름의 신념과 목표의식을 갖고 남들이 하지 않는 방식으로 시장을 개척하고 미래를 만들어간 사람들이다. 그래서 '상자 밖에서 생각하기'라는 말도 생겨나지 않았을까.

상식이란, '사람들이 보통 알고 있거나 알아야 하는 지식' 또는 '일반적 견문과 함께 이해력, 판단력, 사리 분별' 따위가 포함된다고 정의된다. 사전적인 다른 말로는 '보통 지식'이라고 표현하겠지만, 우리가 일상적으로 사용하는 단어는 아니다. 우리는 상식이라는 말을 아무렇지 않게 사용하지만, 사실 '상식'이라는 단어는 수 세기 동안 논쟁거리였다. 그것은 상식이 '시대정신'이라는 말과 조화를 이루기 때문이다. 우리가 살고 있는 현실을 반영하기 위해 시대정신이 바뀌고 있으니 그때마다 상식이라는 개념 또한 다시 바뀐다는 말이다. 결국 상식은 시대마다 다르지만, 보편적으로 받아들여지는 다수의 관점이라고 해석한다면 상식은 충분히 이해할 수 있게 된다.

물론 상식이 그렇게 자주 바뀌는 것은 아니다. 긴 시대를 놓고 본다면 '시대정신'이 반영되어 바뀌게 되지만, 오랫동안 변하지 않은 상식들도 많다. 다시 말해서 '법은 지켜야 한다', '인간은 자유민주주의를 바란다', '모든 사람은 행복하기를 바란다' 등은 곧 상식이지만 적어도 100년 이상은 되었을 것이다. 그러므로 상식은 시대정신을 반영한다지만, 인류의 역사에 비해 짧은 시간을 살아가는 우리는 그 시대정신이 변하기 전에 인생을 마감할 수도 있다.

무엇보다 상식을 바꾸는 것은 매우 어려운 일이다. 시대와 상황에 따라 상식은 변할 수도 있겠지만, 상식을 바꾸기 위해서는 확실한 설명과 논증이 뒷받침되어야 한다. 상식이 있다고 큰 사회적 이익을 볼 수 있는 것이 아닌 만큼, 머릿속에 있는 상식을 바꾼다는 것은 웬만해선 불가능해 보인다. 적어도 지동설과 천동설이 한때 커다란 논쟁거리였던 것을 생각해보면 사회 전반에 걸친 상식 바꾸기는 거의 불가능에 가깝다는 선입견이 충분히 이해가 갈 것이다.

현대 사회에서 성공하는 인물들은 비상식적인 사람들이다. 그래서 역설적으로 이런 취지에서 "당신은 상식적인 인물인가, 비상식적인 인물인가?"라는 질문을 던지면 우리는 '비상식적인' 인물이라고 생각하고 싶을지도 모른다. 실제로 그런 존재가 바로 '나'였으면 얼마나 좋겠는가.

세상의 상식과 반대로 살아온 사람들이 없는 것은 아니다. 영어의 'maverick'이라는 단어는 일반적인 사람들과 다르게 생각하는 사람, 개성이 강하고 독립적인 사람을 의미한다. 'maverick'은 몇 해 전 애플이 만든 Mac OS 이름으로 명명되기도 했다. 이 단어는 1800년대 중반 미국 텍사스 주의 농장주였던 새뮤얼 매버릭Samuel Maverick이라는 사람에게서 유래되었다고 한다. 당시 1800년대 중반은 산업혁명이 시작되고, 모든 사람을 한 방향으로 움직이고 생각하게 하는 거대 담론이 시작된 시점이다. 이때는 텍사스 주의 모든 농장주가 자기 소유의 소에게 표시를 해두었다. 소가죽에 불에 달궈진

낙인을 찍어 표시를 해두었던 것이다. 이것이 바로 브랜드의 시작이다. 아직까지도 고급 승용차나 고급 핸드백에 붙어 있는 진짜 가죽을 의미하는 'Genuine Leather'라는 표시는 그 시절의 향수가 남아 있는 것이다.

매버릭은 다른 농장주와 달리 자신의 소에게 아무런 표시도 하지 않았다. 물론 왜 그런 행동을 했는지는 자세히 알려진 바가 없지만, 분명한 것은 매버릭의 행동 때문에 이웃 사람들은 표시가 없는 소를 두고 '매버릭의 소Maverick's'라고 했고, 훗날 그의 이름은 소유권 표시가 되어 있지 않은 가축 전체를 의미하는 말이 되었다는 것이다. 그러고 나서 보편적인 의견에 맞서는 사람, 개성이 강한 사람, 독립적인 사람을 뜻하는 단어가 되었다.

흥미로운 것은 스티브 잡스와 빌 게이츠, 일론 머스크를 제외하더라도 크게 성공한 사람을 보면 의외로 평균적인 사람들보다 이런 매버릭이 많다. 독일의 경제학자 하노 벡Hanno Beck도 이와 같은 맥락에서 이야기한다. 그는 『경제학자의 생각법』에서 매버릭이 성공한 이유를 경제학적으로 분석한 적이 있다. 쉽게 말해서 남들이 안 하니까 성공한다는 것이다. 우선 매버릭은 모두가 "예"라고 할 때 "아니요"라고 말하는 사람들이다. 한때 공중파 TV에 널리 방송된 CF에서도 이 문구가 사용된 적이 있다. 예컨대 이런 사례를 생각해볼 수 있다. 소위 남녀평등은 모든 사람이 당연하게 받아들이는 보편적인 사상이다. 그런데 갑자기 홍길동이라는 사람이 나타나 "여자는 집에서 애나 키우고 살림만 해야 한다"고 주장한다면 모든 미디어의 시선이 그에게 쏠린다. 토크쇼와 토론회에 초대되고 언론에 노출되며 책을 쓰기도 하고 일약 유명 인사로 떠오른다. 홍길동은 아무도 거들떠보지 않던 남녀 차별이라는 주제를 선점한 덕분에 유명해지고 돈도 벌게 된다. 이것이 매버릭 전략이다.

하노 벡은 매버릭 전략이 잘 통하는 가장 큰 이유가 이 전략에 걸려드는 소수의 무리가 항상 있기 때문이라고 했다. 수요와 공급은 항상 일치하기 때문에 가능하다는 것이다. 앞선 사례로 볼 때, 누군가 여성의 지위와 역할을 비하하면 숨어 있던 남성 우월주의자들이 환호하는 건 자명하다. 그들이 함부로 말할 수 없었던 것을 대신해 주었기 때문이다. 이처럼 시장 경제 아래에서 수요는 반드시 공급을 찾게 되어 있다. 남녀 차별이라는 수요가 홍길동의 발언을 찾은 것이다.

여기서 궁금한 것이 있다. 앞서 말한 '매버릭'이라는 이름을 제공했던 텍사스 농장주 새뮤얼 매버릭 역시 이 전략으로 떠돌이 소들이 갑자기 자기 소유가 되지 않았을까? 소에 표시를 하지 않은 덕분에 사람들은 표시가 안 된 소를 모두 매버릭의 것으로 생각하고 그에게 주었을 것이라고 생각되기 때문이다. 그래서 아무도 없는 영역을 누구보다 먼저 찾아서 깃발을 꽂는 것이야말로 가장 쉽게 큰돈을 버는 방법일지 모른다.

그러나 누구나 매버릭이 되기는 쉬운 일이 아니다. 매버릭과 관련한 사례를 이야기해주면 사람들은 자기 자신이 매우 특별하며 매버릭과 같은 사람이 될 수 있을 것이라고 생각하게 된다. 과연 그렇게 쉬운 일일까? 특히 사회적 구조가 정해져 있고 누구나 그 구조 안에서 일해야 하는 분위기라면 더 어려운 일 아닐까?

천장이 높으면 창의성도 올라간다

건축가가 아닌 이상 건물의 한 층 높이가 어느 정도인지 눈으로 감지하기는 쉽지 않다. 건축가들은 늘 새로운 공간을 디자인하기 때문에 이 부분에 민감한 편이다. 그렇지만 보통 사람들은 대충 높거나 낮다는 정도로만 인지할 뿐이다. 예컨대 건물의 반지하 같은 공간에 들어가면 답답함을 느끼지만, 보통 카페와 같은 공간은 천장을 높게 만들어 작은 카페에 가더라도 탁 트인 기분을 느낄 수 있다. 그런데 업무 공간에서 천장의 높이를 높이면 그 안에서 일하는 사람들의 창의성이 올라갈까?

만약 그렇게 상상했다면 맞다. 천장을 높이면 창의성이 올라간다는 것은 이미 실험으로 밝혀졌다. 사회심리학자 론 프리드먼Ron Friedman은 『공간의 재발견』에서 천장을 높이면 창의성이 올라간다는 미국 라이스 대학교의 실험을 설명했다. 2007년 미국 라이스 대학교 학생 100명을 대상으로 창조적 통찰의 필수 요소인 추상적 사고에 관한 실험이 이루어졌다. 참가자의 절반은 천장이 약 3미터인 방에서 시험을 보게 했고, 나머지 절반은 다른 조건을 모두 동일하게 만들고 천장 높이만 2.4미터인 방에서 시험을 보게 했다. 이는 천장의 높이가 사람들에게 어떤 영향을 주는지 알아보기 위한 것이었다.

결과는 어땠을까? 예상대로였다. 천장이 높은 방에서 시험을 치른 학생들이 천장이 낮은 방에서 시험을 치른 학생들보다 추상적 사고 시험에서 더 높은 결과를 얻었다. 이 실험을 주도했던 연구자들에겐 놀라운 결과였겠지만, 건축가들은 이미 낮은 천장이 답답함을 준다는 것을 알고 있었다. 우리가 공간에서 느끼는 것처럼 높은 천장이 생각을 더 넓게 하도록 작용했다고 볼 수 있다. 물론 몇 번의 실험으로 모든 현상을 일반화할 수는 없다. 그러나 공간이 어떤 형태로든 인간의 창의성에 영향을 준다는 것은 인정해야만 할 것 같다.

천장의 높이가 창의성에 영향을 준다는 사실이 드러나면서 지난 10년 동안 수많은 연구가 줄을 이었다. 여기에는 업무 공간의 색을 바꾸면 그 안에서 일하는 사람들의 반응이 어떻게 달라지는지, 혹은 소리가 어떤 영향을 주는지 연구한 결과들도 있었다. 이 연구들은 보통 사람들로 하여금 공간 활용에 대한 인식을 넓혀주었고, 덕분에 보다 효율적인 공간 활용에서 한 걸음 앞서갔다.

우선 색감에 대한 연구 결과를 살펴볼 수 있다. 패밀리 레스토랑의 경우에는 벽과 장식 혹은 테이블 세팅에 붉은색을 자주 사용한다. 식당에서 조금만 관심 있게 살펴보면 금세 알 수 있다. 붉은색이 식욕을 자극한다는 것이 밝혀졌기 때문이다. 상업 공간에서는 인간에게 미치는 영향을 연구한 결과를 바탕으로 재빠르게 적용한다. 상업 공간은 매출로 바로 연결되고 효과를 직접 확인할 수 있기 때문이다. 반대로 초록색은 식욕을 저하시킨다고 알려져 있다. 보통 유럽에서 과거 귀족들이 사용하던 그릇에 일부러 파란색과 초록색 무늬를 넣은 것은 식사량을 조절하기 위한 노력이었다고 한다.

그렇다면 업무 공간에서 붉은색이 적용되면 어떤 결과가 나올까? 붉은색으로 치장된 업무 공간을 발견하기는 쉽지 않다. 붉은색은 뇌가 자동으로 정지 신호, 알람, 혈액 등을 연관시키기 때문에 '실패'에 민감하게 반응하고 우리의 몸은 경계태세를 갖추는 것으로 알려져 있다. 따라서 업무 공간을 붉은색으로 마감하면 그 안에서 일하는 사람들이 마음 편하게 일할 수 없게 된다.

색감에 이어 공간에서 차지하는 소리에 대한 연구도 많았다. 인간이 가진 시각, 청각, 후각 중에서 청각이 가장 민감하다는 점을 생각하면, 공간에서 소리가 차지하는 비중이 그야말로 엄청나다는 것을 쉽게 예상할 수 있다. 예상대로 소리가 업무에 어떤 영향을 미치는지에 대해서도 많은 연구가 이뤄졌다. 앞서 17미터 공간에서 이야기한 것처럼 너무 조용한 업무 공간은 오히려 인간의 뇌를 긴장시켜 그 안에서 일하는 사람들의 업무 성과가 낮아진다는 것이다. 조용한 공간은 소위 말해 '적막감'을 불러오고, 이는 인간이 과거 초원에서 살았던 뇌가 포식자들을 감지하는 시스템을 작동하게 만들기 때문에 주변을 너 잘 인식하게 만든다. 그래서 적당한 소음이 있어야만 집중이 더 잘된다. 사람들이 너무 조용한 공간에서는 집중을 잘 하지 못하고, 오히려 적당히 시끄러운 카페에서 집중을 더 잘하는 것은 카페가 편한 의자와 테이블을 제공하기 때문이 아니라 역설적이게도 조금 시끄럽기 때문이다.

론 프리드먼은『공간의 재발견』에서 밖이 내다보이는 조망은 직장에서의 성과도 올려준다고 말했다. 창문 가까이 앉는 직원들은 업무에 더욱 집중하고 더 큰 관심을 보이며 회사에 대한 충성도가 높다고 한다. 또 그는 2003년 연구에서 자리 이동이 잦은 콜센터 직원이 창문 가까이 앉을수록 연간 3,000달러에 해당하는 생산성이 증가한다고 밝히면서 창문이 있는 사무실에서 일하는 직원들이 창문 없는 실내에서 일하는 사람들보다 하루 평균 수면 시간이 46분 더 길다고 했다.

사실 이런 연구 결과들이 속속 드러나고 있다. 여기에는 인지심리학자, 사회학자, 환경심리학자, 의사, 조직행동학자 등 수많은 분야의 전문가들이 관련 연구 결과를 발표하고 있다. '디자인적 사고'가 기업 경영의 화두로 나타난 것은 최근의 일이다. 창의적인 아이디어 개발을 위해서는 사무실을 멋지게 꾸미고 벽에 창의적 사고를 유도하는 색을 칠하고 천장을 높이는 노력을 한다. 또 회의 탁자는 직각 형태가 아니라 이상하게 휘어진 모양을 선택하고 불편한 의자 대신 편안한 소파를 가져다놓으면 창의적인 아이디어 생산 기지가 될 것이라고 한다.

그러나 그렇지 않다. 업무 공간에 배치된 가구를 바꿔서 창의적인 것을 만들어낼 수 있다면 오죽 좋을까. 정말 그렇다면 사무용 가구를 만드는 회사는 '대박'이 났어야 한다. 창의성을 다투는 모든 기업은 이런 사무가구를 사용할 것이고, 전 세계 시가 총액 1위 회사는 애플이 아니라 '가구 회사'가 될 것이다.

창의적인 아이디어를 구하기 위한 기업들의 행동에 대한 질책은 피할 수 없을 것 같다. 보통 창의적인 것은 유별나고 신기하고 낯설다고 생각하는데 사실은 그렇지 않다. 신기하고 낯선 곳에서 일하면 좋은 아이디어가 나온다는 것은 기업들의 태생적인 착각이다.

물론 애플, 구글, 아마존, 페이스북 등 '잘나가는' 기업들이 만들어놓은 공간이 디자인적으로도 훌륭한 것은 사실이다. 특히 실리콘밸리를 둘러싼 기업들에 대한 이미지는 새로운 공간에서 일하게 하면 더 나은 성과가 나올 것이라고 믿는 방향으로 진화했을 것이다. 창의적 아이디어 발굴에 대해서 가지고 있는 큰 오류 중 하나는 재미있는 작업 공간을 만들어놓으면 좋은 아이디어가 발현될 것이라는 생각이다. 구글 같은 회사가 재미있는 공간에서 일하고 있으니 당연히 그렇게 해야만 한다고 생각할지도 모르겠다. 그러나 중요한 것은 공간을 만든 철학이다. 그러므로 겉으로 보이는 것만 따라 해서는 안 된다.

한때 경제학자들은 게임 이론이 비즈니스계에서 풀지 못한 수많은 문제를 풀어줄 것이라고 호언장담했다. 그렇지만 몇 해가 지나자 게임 이론을 주장하는 이들은 소리 없이 사라지고 말았다. 안타깝게도 몇몇 경제학자들이 주장한 게임 이론이 수많은 해결 방안을 제시할 수 없다는 것이 드러났기 때문이다. 공간에 대한 것도 마찬가지이다. 연구 결과기 말해주는 대로 천장을 높이고, 붉은색을 사용하지 말고, 조망 있는 높은 곳에 사무실을 두면 모든 문제가 해결될까. 그렇지 않다. 본질을 파악해야만 한다.

면대면 커뮤니케이션의 해법으로 생산성을 높여라

최근 그리드를 파괴하는 것이 구성원의 업무 성과에 크게 도움이 된다는 연구 결과가 있었다. 미국 보스턴의 빅데이터 기술 벤처 기업인 소시오메트릭 솔루션스Sociometric Solutions의 CEO인 벤저민 웨이버Benjamin Waber가 『구글은 빅데이터를 어떻게 활용했는가』에서 발표한 것이다. 결론부터 말하자면, 정수기의 위치를 바꾸면 커뮤니케이션이 극대화되는 지점을 찾을 수 있고, 이는 구성원들의 스트레스 저하를 불러일으키며, 기업의 생산성이 향상된다는 것이다. 이것은 보통 기업들이 구성원들의 업무 성과 향상을 위해 사용하는 전통적인 방법과 다른 차원의 접근법이므로 주목할 필요가 있다.

사람들은 조직 내에서 어떻게 커뮤니케이션을 할까? 갑작스럽게 이런 질문을 던지면 당황스러울 수도 있다. 조직에서는 늘 '커뮤니케이션'을 활성화하는 교육도 시행하고 적극적인 커뮤니케이션을 하라고 강조하며, 우리는 커뮤니케이션을 할 수 있는 도구가 생각보다 많다고 자부하기 때문일지도 모른다. 그렇다면 당신이 속한 조직에서는 커뮤니케이션을 잘하고 있다고 생각하는가? 예컨대 무슨 일을 하기 전에 킥오프 미팅을 하고, 프로세스마다 이메일로 소통하며, 프로젝트를 추진하면서 인트라넷으로 공유하고 있다면, 내부에서의 커뮤니케이션이 아주 잘 진행된다고 생각할지 모른다. 그러나 그렇게 자신할 수 있을까?

기술의 발달로 인한 커뮤니케이션의 변화를 한번 생각해보자. 1971년에 이메일이 개발된 후 휴대전화, 인스턴트 메시지, 시스코 시스템스Cisco Systems가 처음 개발한 원거리 영상회의 시스템, 구글 행아웃Google Hangouts까지 수없이 많은 커뮤니케이션 도구가 발달해왔다. 커뮤니케이션을 위한 기술의 발달은 기업에 어떤 혜택을 제공해왔을까? 역설적이게도 테크놀로지의 발달이 조직의 향상성에 크게 기여했다고 단언할 수는 없다. 그 이유를 한 걸음 더 들어가서 생각해보자. 솔직히 기업이 조직 내에서 얼굴을 맞대는 대화를 하지 않고 제품을 개발할 수는 없다. 벤저민 웨이버도 역사상 그 누구도 구성원들이 아무런 의사소통도 없이, 즉 온라인으로만 협력해서 제품을 만들었던 조직은 세상에 존재하지 않는다고 말했다. 다시 말해서 제아무리 커뮤니케이션의 툴이 발달해 있더라도 직접 얼굴을 맞대는 일보다 중요한 것은 없다.

미국 미시간 대학교 정보대학원의 엘레나 로코Elena Rocco는 프로젝트를 진행할 때 원격으로 떨어져서 일하는 것이 좋은지 아닌지 분석하고자 실험을 했다. 이 연구를 위해서 세 가지 경우가 설정되었다. 첫 번째 팀은 프로젝트를 원격으로만 진행했고, 두 번째 팀은 직접 얼굴을 보면서 오프라인에서 진행했다. 마지막 세 번째 팀은 원격으로 프로젝트를 수행했지만, 시작하기 전에 직접 얼굴을 보면서 의사소통을 경험했다.

이 연구의 결과는 어땠을까? 연구 결과는 우리의 예상과 다르지 않았다. 직접 얼굴을 보면서 프로젝트를 수행한 팀이 나왔다. 그다음에는 프로젝트를 하기 전에 얼굴을 보고 의사소통을 한 뒤 원격으로 프로젝트를 수행한 팀이었다. 마지막 세 번째는 원격으로만 프로젝트를 진행한 팀이었다. 이와 같은 연구 결과들을 조금이나마 신뢰한다면, 기업에서 추진하는 재택근무나 오프쇼어링 같은 제도들은 프로젝트를 더 원활하게 진행할 수 있는 방법들을 찾아야만 한다. 기업의 생산성은 이렇게 작은 행동에서 판가름 난다. 그렇지만 요즘 경영자들은 먼 거리에 떨어져 있는 팀과 일을 추진하는 것이 비용 낭비라고 생각한다.

면대면 커뮤니케이션의 중요성은 수없이 강조해도 부족하다. 그렇지만 대부분 기업 내 커뮤니케이션은 팀 간 혹은 부서 간 커뮤니케이션이 존재할 뿐, 팀 내부에서의 커뮤니케이션에 대해서는 밝혀진 바가 없다. 지금까지는 사내 커뮤니케이션의 밀도와 다양성 분포 등을 빅데이터 분석으로 만들어낸 적이 없었기 때문이다.

벤저민 웨이버는 빅데이터를 통해서 적어도 커뮤니케이션에 대해 몇 가지 정리하고 있다. 우선 회사에서는 직원들 책상 사이의 거리가 멀수록 면대면 대화 빈도가 떨어진다. 여기에서는 옆 사람과의 거리, 같은 줄 또는 같은 복도 사이의 거리, 같은 층 안에서의 거리, 다른 층 사이의 거리가 변인으로 작용한다. 이것은 우리가 굳이 연구하지 않아도 예상할 만한 결과일지 모른다. 그러나 아는 것과 실행하는 것은 다르다. 앞서 이야기한 페이스북은 2,800명을 하나의 넓고 높은 독립 공간에 배치해놓았다. 이처럼 실행하는 기업들이 생겨나고 있는 것이다.

물론 아직도 면대 면 의사소통 방법이 아니라 이메일과 같은 도구가 문제를 해결해줄 수 있다고 믿을지도 모르겠다. 이메일도 커뮤니케이션 도구로서 맹신할 만한 것은 아니다. 캐나다 토론토 대학교에서 한 제약 회사를 연구한 결과에 따르면 구성원들의 책상 사이가 멀면 멀수록, 이메일로 의사소통할 가능성이 더 떨어졌다. 독일의 한 은행과 IT 기업의 구성원들을 빅데이터로 분석한 결과에서도 구성원들의 거리와 의사소통은 반비례 관계로 나타났는데, 여기에는 이메일도 포함된다. 간단히 말하면 구성원들이 멀리 떨어져 있으면 그만큼 커뮤니케이션 빈도가 줄어든다. 이 말은 구성원들은 의사소통 욕구를 충족하기만 한다면 직접 만나든 이메일로 보내든 별로 신경 쓰지 않는다는 것을 설명해준다.

결론적으로 모든 구성원은 서로 면대면 커뮤니케이션을 할 필요가 있다. 물론 여기에는 한계점이 존재한다. 예컨대 수만 명에 가까운 조직을 하루에 5분씩만 만나거나 전화를 하더라도 몇 년 걸릴지 모른다. 이렇게 문제를 해결해나가는 것은 불가능하다.

해법은 구조적인 방법에서 찾아야 한다. 기업 리더들의 구조적인 김긱이 필요한 시대인 것이다. 조직은 사람들이 모여 서로 협력하는 방식으로 문제를 해결해나가야만 한다. 이런 협력 과정을 도표화하기 위해 우리는 조직도를 사용하지만, 그 조직도는 협력을 위한 방식이기보다는 오히려 조직을 통제하고 관리하기 위한 도구로 사용되었다는 것을 인정해야 한다. 즉 조직의 커뮤니케이션 구조가 완성되려면 리더가 이와 같은 인식을 할 수 있어야 하고, 오픈된 구조에서 자유롭게 일할 수 있는 환경을 만들어야 한다. 물론 조직의 구조를 살펴보면 가까이 하지 말아야 할 팀도 존재할 것이다. 가령 회계팀과 연구 팀은 서로 커뮤니케이션 빈도가 낮지만 그 외 부서들은 서로 자유롭게 왕래하고 의견을 교환할 수 있어야 한다.

일본의 라인 주식회사는 경영은 관리가 아니라고 생각한다. 관리와 통제는 지난 100년 넘는 기간 동안 기업 경영의 화두였지만, 오히려 혁신을 가로막기 때문에 관리의 고정 관념에서 빠져나와야 한다고 생각한다. 그래서 직원들을 자유롭게 해주고 통제하려고 하지 않는다. 엔지니어들 스스로 '이거다!' 싶은 기술을 개발하면 다양한 부서와 그룹 계열사에 가서 프레젠테이션을 할 수 있다. 그렇게 의기투합해 상품화가 결정되면 본인이 직접 그 부서로 이동하거나, 회사를 세우기도 하면서 새로운 상품이나 서비스를 자유롭게 창출해왔다. 그 구조에는 '관리'가 없다. 우수한 사원들이 자유롭게 활동하고 공감을 바탕으로 서로 연대하는 훌륭한 생태계이다. 이 생태계야말로 혁신의 근원인 것이다.

그렇다면 비공식적 절차 커뮤니케이션을 유발하는 수단은 무엇이 있을까? 벤저민 웨이버는 그 역할을 정수기가 할 수 있다고 말했다. 물론 정수기는 메타포적인 의미를 갖고 있다. 정수기는 회사의 건물 각 층마다 있다. 사람들은 이곳에서 우연찮게 다른 동료들을 만나게 된다. 물론 간혹 싫어하는 사람을 만날 때는 상황이 애매해지기도 할 것이다. 그러나 정수기가 우연한 만남을 만들고, 막혀 있던 그리드에 새로운 구심점이 되어 곧 생산성의 향상으로 이어진다.

그러나 대부분의 회사에서 정수기는 찬밥 신세이다. 그렇게 중요한 물건으로 인식되지도 않고 취급되지도 않는다. 그래서 가장 구석자리에 위치하거나 탕비실에 두려고 한다. 어떤 경영자도 정수기가 중요한 물건이라고 생각하지 않았을 것이다. 여기에서 빅데이터의 효용성이 드러난다. 이미 수많은 기업의 빅데이터 분석에서는 정수기가 매우 중요한 커뮤니케이션 장소라고 인식되어왔다. 구글을 비롯한 기업들은 정수기의 위치를 수시로 바꿔가며 테스트했다고 한다.

물론 전통적인 방법을 고수한다면, 이런저런 구조역학을 따져서 업무 공간을 만들 것이 아니라, 무조건 '커뮤니케이션을 강조'하면서 교육이나 캠페인을 통해 커뮤니케이션 활성화에 대한 방법이 통한다고 생각할 수도 있다. 그렇지만 이와 관련해서는 리더들이 보다 냉정하게 생각했으면 좋겠다. 과연 충고 혹은 교육을 시킨다고 해서 구성원들이 커뮤니케이션을 적극적으로 하려고 할까?

리처드 탈러Richard Thaler와 캐스 선스타인Cass Sunstein은 『넛지』에서 사람들에게 가치를 설득하려고 애쓰기보다 미묘한 신호를 보내거나 기본 구조를 바꾸는 속임수를 써서라도 바람직하게 유도하는 것이 낫다고 말했다. 예컨대 남자 공중 화장실을 보다 깨끗하게 유지하기 위해서는 '한 걸음 더 가까이'라고 푯말을 붙이기보다는 소변기에 파리 모양을 그려 넣는 것이 효과적이다. 마찬가지로 조직의 커뮤니케이션을 활성화하기 위해 캠페인을 펼치는 것보다는 정수기나 커피 자판기 등의 위치를 바꿔가면서 구성원들의 커뮤니케이션 패턴을 지켜보는 것이 낫다는 말이다.

결론적으로 지금 이 시대는 첨단기술로 인해 비즈니스가 만들어졌다고 하지만, 인간의 가장 중요한 소통 방법은 여전히 얼굴을 직접 보고 이야기하는 것이라고 할 수 있다. 조사를 통해 얼굴을 직접 보지 않고 소통하면 창의력과 생산성이 크게 떨어진다는 것이 확인되었다. 또 원격으로 프로젝트를 진행할 때라도 얼굴을 한 번 보는 것과 안 보는 것은 차이가 크다고 한다. 이런 상황이라면 서로 얼굴을 대할 수 없게 만드는 그리드가 과연 필요한 것일까? 그리드의 효율성만 바라보지 말고 어떻게 하면 그리드를 파괴할 수 있는지 찾아야 할 때이다.

성과주의의 업무 문화에서 벗어나라

지금 비즈니스 세계에서 경쟁하는 기업들은 딱히 뚜렷한 해법이 보이지 않는다. 환경과 기술은 너무 빠르게 변하고 소비자들의 요구는 날로 늘어만 간다. 결국 지금 기업들이 처한 딜레마는 거대한 조직의 논리로도 풀리지 않으며, MBA적 지식으로 무장한다고 해서 해법이 찾아지는 것도 아니다. 오히려 큰 기업들은 그루밍에 시간을 버리고 있고, 거대한 조직은 관리와 통제의 벽으로 모든 것이 차단

된 것처럼 보이기도 한다.

우리는 공간의 구조적인 측면이 해법의 하나일 것이라고 믿는다. 물론 최근 들어 공간에 대한 인식이 늘어나면서 더 좋은 공간을 만들면 창의성이 높아진다는 생각을 하고 있는 듯하나, 정곡을 찌른 해법은 아직 보이지 않았다. 또 온갖 연구 조사와 빅데이터를 동원해서 천장을 높게 하거나 정수기의 위치를 바꿔가면서 조직의 창의성과 효율성을 테스트하는 경우도 있다. 모두 긍정적인 움직임이라고 본다. 문제는 시간이다. 공간이 어떻게 인간에게 영향을 미치는지 혹은 공간이 기업의 효율성을 어떻게 이끌어갈 것인지에 대해서는 수 년 혹은 수십 년에 걸친 연구와 조사로도 의미 있는 통계적 수치를 얻지 못할 개연성도 있다. 그렇다면 그런 연구 결과가 나와서 전 세계가 인정할 때까지 기다릴 작정인가?

최근 우리나라에 이슈가 되고 있는 두 가지 현상을 살펴보자. 첫 번째는 노벨상 수상과 관련한 것이다. 중국과 일본에서는 과학 분야 노벨상 수상자가 나오는데 한국에서는 왜 과학 분야 수상자가 나오지 않느냐는 지적이다. 일본은 오래전부터 기초과학 분야가 발달했고, 최근에는 중국까지 과학 분야에서 노벨상 수상자를 배출하고 있기 때문이다. 해답은 오히려 간단한 곳에서 찾을 수 있다. 예컨대 일본 과학 분야 노벨상의 다수를 배출한 나고야 대학교 히가시야마 캠퍼스는 도로를 사이에 둔 채 동서로 퍼진 형태로 작은 건물들이 배치되어 있다. 이 캠퍼스에는 벽도 없고 정문조차 존재하지 않는다. 캠퍼스의 구조를 이렇게 해놓은 것은 다른 전공 연구원이나 학생들이 쉽게 친해질 수 있도록 하고 통합 연구를 가능하게 하기 위해서였다. 실제로 이 학교에는 학생들이 다른 사람에게 주눅 들지 않고 자유롭게 이동하면서 배우고 토론하고 연구할 수 있는 분위기가 만들어져 있다. 이것이 노벨상 수상이라는 결과물로 이어져오는 것이다.

두 번째는 미국, 스웨덴, 이스라엘은 전 세계가 인정하는 창의력이 풍부한 나라이다. 물론 OECD와 PISA(국제학업성취도평가)에서도 이들 나라는 그렇게 우수한 성적이 아니었음이 밝혀졌다. 그럼에도 불구하고 이들 세 나라는 전 세계에서 비즈니스를 창의력으로 이끌고 있다. 비결이 무엇일까? 우선 이들 나라는 업무 문화가 비계급적이고 성과주의로 만들어져 있다는 점을 들 수 있다. 또한 젊은 국가처럼 역동적이고 활기차게 움직이며, 개방적인 사회 구조와 각자 자아 개념이 강하다. 즉 이들은 그리드를 파괴하려고 노력하지 않더라도 이미 사회문화 밑바탕에 깔려 있는 정신이 그리드를 파괴하고 있는 것이다. 아니면 이런 사회문화적 배경이 존재하기 때문에 그리드를 파괴할 수 있었던 것 아닐까?

그렇다면 우리는 왜 안 될까? 이런 질문에는 우리 스스로를 냉정하게 판단할 수 있는 객관적 시각이 필요하다. 첫째, 바로 리더들에게 책임이 있다. 비즈니스 세계에서 우리는 수많은 문제를 접하게 된다. 문제들의 해법은 찾기 어렵고 문제를 해결하는 것이 불가능해 보이는 경우도 많다. 그렇지만 냉정하게 보면 우리는 대부분의 문제들에 대한 해법을 알고 있다. 예컨대 '나' 자신과 관련한 문제의 해답은 늘 나 자신에게 있다. 이것을 인정하면 뒷감당이 힘들다는 걸 모두 알고 있다. 누구나 자신의 문제를 똑바로 바라보고 나를 바꾸기는 쉽지 않다.

비즈니스에서도 마찬가지이다. 기업이 겪는 수많은 문제는 구성원들의 다양성과 창의성으로 풀어갈 수 있다는 리더들의 확신은 맞다. 그렇지만 조직이 그렇게 만들어지지 못한 것은 전적으로 구성원들의 책임이 아니다. 모든 책임은 '리더'에게 있다. 바로 '오너십'이다. 오너십을 가지고 있는 리더들은 조직을 소유하고 통제할 수 있다고 믿는다. 자신의 영향력이 조직 전반과 조직 구조에 영향을 미치고 있다는 것을 확인하려고 한다.

마크 저커버그나 스티브 잡스처럼 자신의 공간을 깨는 돌연변이들이 등장하는 것은 매우 다행스러운 일이다. 그렇지만 대부분의 리더들은 아직도 자신의 공간을 넓고 화려하게 만들고 조직의 평사원들의 접근 자체를 불허한다. 마치 중국 영화 〈영웅〉의 한 장면처럼 말이다. 큰 조직에서 평사원이 최고경영자를 직접 마주 보는 것은 매우 이례적인 일에 해당한다. 같은 공간에서 일할 수도 없으니 같은 조직에 속해 있다는 소속감이 들지 않는 것은 당연한 일 아닌가?

자기 공간의 중요성을 인식하는 리더들은 늘 회사 로비를 바로크식으로 화려하면서도 강압적으로 만들고 평사원들의 공간을 그리드로 만든다. 철저한 공간 구획을 통한 관료제 운영 방식을 따른다. 자신의 권한과 권위를 드러내고자 하는 것이다.

우리는 이 책을 쓰면서 한국의 대기업 혹은 그룹의 연수원장들과 조직에서 그리드를 파괴하는 것에 대해 논의한 적이 있다. 조직의 다양성과 창의성을 위해서는 그리드를 파괴하는 것이 바람직하다는 것에는 동의하면서도 '경영자'들 때문에 쉽지 않을 것이라고 예측했다.

두 번째 안 되는 이유는 우리가 일반적으로 갖고 있는 창조에 대한 오해 때문이다. 쉽게 말해 그리드를 파괴하는 것이 옳다는 것에는 동의하지만, 조직이란 늘 새로운 것을 부정하는 경향이 있기 때문이다.

그렇다. 우리는 새로운 것에 대해서는 늘 부정하는 경향이 있다. 현상 유지라는 강력한 걸림돌이 있는 것이다. 대부분의 기업 혹은 리더 그리고 수많은 담당자는 새로운 것을 거부한다. 새로운 것은 검증되지 않았고 위험 부담이 있기 때문일 것이다. 역설적이게도 조직에서는 늘 창조와 창의적 아이디어를 권장한다. 그러나 현실에서는 창조를 거부한다. 새로운 것을 거부하는 것이 일반적인 현상이다. 우리가 창조에 대해서 갖는 가장 큰 오해는 창조가 천재들의 결과물이라는 것이고, 또 다른 오해는 좋은 아이디어가 환영받을 것이라는 점이다. 이미 구글, 아마존, 페이스북, 애플 등이 그리드를 파괴하는 업무 공간을 만들고 성과를 내고 있다. 그럼에도 불구하고 대부분의 기업에서는 받아들이기 쉽지 않을 것이다.

리더들은 매우 똑똑하다. 대부분 자신이 옳다는 느낌을 받은 적이 많을 것이다. 따라서 그리드와 탈그리드 중 어느 쪽을 선택하든지 자기 지식에 대한 확신이 클 것이다. 그리드를 고집하는 입장이라면 구글, 애플, 아마존, 페이스북이 자리하고 있는 실리콘밸리와 한국의 문화적 차이가 크다는 이유를 제시할 수도 있다. 그렇지만 자기 생각이 옳다고 확신하는 것과 자기 생각이 옳은 것은 확연히 다르다.

19세기에 태어난 인지심리학자 루이스 매디슨 터먼Lewis Madison Terman은 인류가 선택 교배를 통해 개량될 수 있다고 믿는 우생학자였고 본인이 인식하는 사람의 능력에 따라 개인을 분류했다. 그가 만든 가장 유명한 분류 시스템은 스탠퍼드 비네 지능 검사인데, 이 검사는 백치부터 천재에 이르는 등급 범위를 설정하고 정신지체, 정신박약, 태만, 정상둔자, 평균, 우수, 최우수 등으로 분류해 아동을 평가한다. 터먼은 자기가 만든 검사의 정확성을 대단히 확신했고, 그 결과가 변경할 수 없는 운명을 밝힌다고 생각했다. 또한 그는 모든 우생학자들처럼 아프리카계 미국인, 멕시코인 등은 유전적으로 영어를 사용하는 백인보다 열등하다고 믿었다. 터먼은 이들을 지적인 유권자 혹은 유능한 시민이 될 능력이 결여된 세계의 천한 노동자로 묘사했다. 그는 여기에 속한 아동은 특수 학급으로 격리해야 하며 성인은 후손을 남기지 못하도록 해야 한다고도 했다. 대다수의 우생학자들과 달리 터먼은 자신의 편견을 증명하는 작업에 착수한 것이다. 터먼의 이 실험이 바로 그 유명한 천재유전학 실험이다.

결론은 어떻게 됐을까? 터먼은 천재들을 분류해서 관찰했지만 지적 능력과 성취가 완전한 상관관계를 보인다고는 결코 말할 수 없다는 사실을 발견했다. 천재로 분류되지 못한 아이들로 구성된 집단은 훗날 더 높은 성취를 이루어냈다는 사실까지 밝혀졌다. 쉽게 말하면, 창조는 천재가 하는 것이 아니라는 말이다.

우리는 자본주의 삶 속에서 늘 선택을 해야만 한다. 식사를 하는 것에서부터 옷을 사고 자동차를 사는 것 등 모든 것이 선택이다. 경제학자들은 이구동성으로 선택의 폭이 넓은 것은 나쁜 것이 아니라고 말한 지 오래되었다. 선택의 폭이 넓은 사람은 여기서 이익을 보기도 하고 의미 없는 대상을 무시하기도 할 것이다. 그렇지만 갈수록 분명해지는 것은 선택이 단점이 될 수도 있다는 점이다. 심리학자들은 선택과 배제가 짜증 나는 일이라고 말한다. 갈수록 선택 가능성이 커진다면 언젠가는 선택 자체가 고통스러울 것이며, 거기서 추가로 발생하는 유용성은 투자한 노력의 비용을 보상해주지 못할 것이라고 말한다. 배리 슈워츠Barry Schwartz는 이것을 '선택의 역설'이라고 했다. 선택의 폭은 넓어졌지만 이것이 소비자를 더 만족시키지는 못한다는 것이다. 슈워츠는 특히 인간은 지나친 선택에 짓눌려 있다고 진단하면서 사람은 자기 선택이 기본적으로 최악이 아닐 때도 결정에 대한 의혹 때문에 괴로워한다는 것이다.

세상에서 영원히 좋은 아이디어란 없다. 아무리 훌륭하고 창의적이며 효과적인 아이디어라도 궁극적으로 모든 아이디어는 수정되거나 개선되거나 대체되어야 한다. 창의적 사고 과정은 끊임없이 지속되어야 할 것이다. 조직을 운영할 수 있는 더없이 소중하고 세계적으로 호평을 받은 혁신적 아이디어를 찾아냈다고 해서 모두 끝나는 것은 아니다. 언제든 훌륭한 시스템이 나타나 서로 경쟁할 수도 있다. 역사가 돌고 돌아 다시 그리드가 비즈니스 세계를 평정할 수도 있을 것이다.

영원히 가치 있는 아이디어도 없다. 창의성을 유지하기 위해서는 계속 틀을 만들고 수정하며 때로 대체해야 한다. 성공하기 위해서는 변화를 받아들이고 낡은 틀을 버리고 새로운 틀로 도약할 적절한 시기를 파악하면서 끊임없이 새로운 틀을 창조하는 과정이 필요하다. 그리드를 파괴한다고 해서 그것이 영원히 안전한 비즈니스 환경을 보장해주지는 못할 것이다.

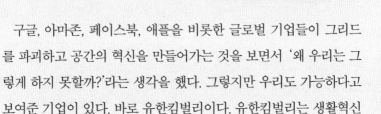

유한킴벌리의
미래 전략 스마트워크

구글, 아마존, 페이스북, 애플을 비롯한 글로벌 기업들이 그리드를 파괴하고 공간의 혁신을 만들어가는 것을 보면서 '왜 우리는 그렇게 하지 못할까?'라는 생각을 했다. 그렇지만 우리도 가능하다고 보여준 기업이 있다. 바로 유한킴벌리이다. 유한킴벌리는 생활혁신 기업, '우리 강산 푸르게 푸르게' 캠페인으로 익숙한 기업이다.

우리가 유한킴벌리에 주목한 이유는 이 회사가 경영을 잘하고 있다고 생각했기 때문만이 아니다. 유한킴벌리가 2011년 9월에 회사 전체의 그리드를 파괴하고 새로운 경영 방법을 도입했기 때문이다. 유한킴벌리가 그리드를 파괴한 시점을 살펴봐도 글로벌 기업들과 비슷하거나 오히려 더 빠른 선택을 했다고 볼 수 있다.

여기서 주목할 점은 세 가지이다.

첫째, 2011년에 어떻게 전면적으로 그리드를 파괴했을까? 둘째, 그리드를 파괴해서 도대체 어떤 효과를 거두었을까? 셋째, 지금껏 유한킴벌리를 벤치마킹한 회사는 수백여 개에 이르는데, 왜 대부분 이를 실행하지 못하고 있을까?

유한킴벌리의 스마트워크 철학

유한킴벌리는 회사 전체의 그리드를 파괴한 프로젝트를 '스마트워크'라고 부른다. 말 그대로 '스마트'한 업무 방법을 창출하겠다는 의도였을 것이다. 그러나 당시 그리드를 파괴한 사례들이 전면적으로 드러난 적은 없었기 때문에 유한킴벌리가 그리드를 파괴한 것은 무엇보다 값지다.

유한킴벌리가 그리드를 파괴한 것은 그동안 회사가 추구했던 철학과 다르지 않다. 유한킴벌리는 기업의 지속적인 성장과, 사회와 함께 성장하는 공유 가치도 매우 중요하게 생각하고 있었다. 즉 기업과 사회를 이분법적으로 나누는 것이 아니라, 기업과 사회는 서로 깊은 상관관계를 가지므로 미래 비즈니스를 만들 때 항상 사회와 함께 성장해야 한다는 철학을 갖고 있다. 이는 벽에 걸려 있는 비전이나 핵심 가치가 아니라 유한킴벌리가 최근 추구하는 비즈니스에서도 여실히 드러난다. 유한킴벌리는 시니어 사업을 새로운 성장 동력으로 육성하면서 소기업을 발굴해 육성하고 있는데, 그 과정에서 제시하는 '액티브 시니어'의 개념도 젊은 층과 고령층을 따로 구분하지 않는 철학에 근거한다. 이는 앞서 살펴본 대로 놀이터도 업무 공간도 아닌 공간의 철학처럼, 기업과 사회도 이분화하지 않는 방식인 셈이다.

스마트워크는 2010년 최고경영자로 부임한 최규복 사장의 아이디어였다. 호기심이 매우 강한 편인 그는 조직이 고령화되고, 계층 구조가 나뉘어 있는 상황에서는 최적의 효율성을 만들어낼 수 없으며, 이를 극복하고 해결하기 위해서는 다른 기업과 차원이 다른 혁신이 필요하다고 생각했다. 또 구성원들의 일과 가정의 양립을 통해 삶의 질을 높이고 시간과 공간, 자원의 유연성에 대한 해결책이 필요하다고 판단했다. 게다가 업무 공간의 환기가 잘 안 되어 근무 중에도 머리가 아프다고 호소하는 구성원들의 불만이 있으니 뾰족한 해결책이 필요한 시점이었다.

그러던 중 스마트워크를 만들게 된 직접적인 사건이 발생한다. 유한킴벌리에서 신입사원 20명을 채용해야 하는데, 20명을 각 부서에 배치할 자리가 없었던 것이다. 당시에도 지금 삼성동 본사에 위치한 건물에 입주해 있었는데, 사무 공간, 회의 공간도 부족한 상태였기 때문에 신입사원 20명을 채용할 수가 없었다. 더 이상 미룰 것 없이 당장 해결책이 필요한 순간이었다.

유한킴벌리 설립	1970년
임직원	1,750명
2015년 순매출	약 1조 5,000억 원
주요사업 부문	가정, 여성, 유아, 시니어, 공공/병원위생용품 등

그러던 중 최규복 사장에게 통찰을 준 것은 '워크 앤 라이프 밸런스'라는 것이었다. 그는 여성가족부에서 주관하는 가족친화포럼을 통해서 워크 앤 라이프 하모니가 우리 시대에 매우 중요하다는 것

을 인식하게 되었고, 당시 한국정보화진흥원 원장님과 이야기를 나누다가 스마트워크가 필요하다는 결론을 얻었다. 또 비슷한 시기에 일본으로 출장을 갔다가 유니레버의 혁신적인 업무 공간을 본 것이다. 바로 그 리드가 파괴된 공간이었다. 최규복 사장은 그 형태가 유한킴벌리에 필요한 해법이라고 생각했다. 최규복 사장은 "물론 보통 회사들은 공간이 없으면 새로운 건물을 찾거나 짓기도 합니다. 유한킴벌리도 그렇게 할 수 있었겠지만, 회사를 옮기는 엄청난 비용을 생각하면 그것 또한 보통 일이 아니었습니다. 당시 새로운 방안을 만들기 위해 네이버 본사를 찾아가서 살펴보기도 했는데, 그들은 자사 건물을 갖고 있는 상태였고, 우리는 그런 상황이 아니니 다른 방법이 필요하다고 생각했습니다. 또 유한킴벌리의 비전 2020을 만들고 지속 성장을 하려면 수직적인, 관료적인 문화를 수평적인 조직 문화로 바꾸어야겠다고 생각했는데, 그것은 바로 공간을 바꾸는 것이라고 판단했습니다"라고 말했다.

결국 유한킴벌리는 20명의 신입사원을 위한 공간을 마련하기 위해 새로운 변화를 찾게 되었고, 이때 문화를 바꾸는 것이 중요하다는 생각과 함께 유니레버에서 찾은 공간의 해법이 스마트 워크의 근간을 제공했던 것이다. 그는 이렇게 말한다. "협업에서는 커뮤니케이션이 중요한데, 이 걸림돌은 역시 '사일로Silo'입니다. 그런데 사일로를 바꾸기 위해서는 결국 공간이 바뀌어야 한다고 생각했습니다. 마침 문화를 바꾸려던 차에 공간 문제를 접하게 되었고, 공간을 바꾸면 문화도 바꿀 수 있다고 판단했습니다. 결과적으로는 공간에

시 해법을 찾아야 했지만, 지금 생각해보면 닭이 먼저냐 달걀이 먼저냐 하는 문제였던 것 같습니다. 공간이 바뀐다고 기업문화가 바뀌지는 않지만, 공간이 변하면 기업문화도 바뀔 수 있습니다. 기업문화가 공간을 바꾸기도 합니다. 그래서 저는 이것을 '컬처럴 이노베이션Cultural Innovation'이라고 부르고 있습니다."

그리드의 파괴가 가져온 새로운 변화

유한킴벌리가 스마트워크를 시작할 때 집중한 목표는 새로운 조직문화, 즉 행복한 일터를 만들고 지속 가능한 성장을 위한 기반 구축이었다. 즉 유한킴벌리는 저출산 고령화와 시장과 업무 환경이 급변하고 있다는 것을 일찌감치 감지했던 것이다. 저성장과 불확실성 시대, 빠른 기술의 발달, 유통 시장의 변화와 세계화가 가속화되는 상황에서는 협업과 소통, 창의성을 위한 새로운 조직문화를 만들어야 한다고 믿었다. 이를 위해서 유한킴벌리가 얻은 답은 하나였다. 문화, 사람, 조직의 새로운 변화와 혁신을 만드는 것, 다시 말해서 그리드를 파괴하는 것이었다.

물론 목표는 좋았지만 그리드를 파괴하는 스마트워크로 전환하는 것은 쉬운 일이 아니었다. 우선 임원들을 비롯한 구성원들의 적극적인 참여가 필요했지만, 당시 그리드를 파괴한다는 것이 일반적인 행보는 아니었기 때문에 적잖은 용기가 필요했다.

우선 유한킴벌리는 스마트워크를 위한 TFTTask Force Team를 만들고 사무 환경에 대한 조사를 실시했다. 사원 좌석과 임원 좌석, 회의실이 비어 있는 시간을 확인한 결과는 놀라웠다. 2011년 6월 27일부터 10일간 본사에서 실시한 1차 조사 결과에 따르면 사원 좌석은 업무 시간 중 54퍼센트, 임원 좌석은 63퍼센트, 회의실은 47퍼센트가 비어 있었다. 한마디로 회사의 공간을 스마트하게 변화시킬 근거를 발견한 것이다.

그럼에도 불구하고 유한킴벌리 임직원들의 반대는 피할 수 없었다. 보통 기업에서는 임원이 되면 두 가지 혜택을 받는다. 바로 자동차와 개인 집무실을 제공받는 것이다. 그런데 방을 내놓으라고 하니 불만이 거셀 수밖에 없었을 것이다. 그때 최규복 사장은 자신의 방부터 없애기로 하고, 임원들을 설득하면서 스마트워크가 이루어졌다.

결국 유한킴벌리는 본사 임직원 대비 80퍼센트의 좌석을 준비해놓고 임원을 비롯한 전 사원의 변동 좌석제를 도입했다. 물론 라운지와 같은 공용 공간이 있으므로, 전 사원이 앉을 좌석은 있다. 각 층별 특성을 살려 좌석과 공간을 디자인했지만, 누구나 자기에게 정해진 자리는 존재하지 않는다. 임원조차 출근하면 각자 사물함에서 노트북과 서류를 꺼내 원하는 자리에 앉아서 일하게 된다. 물론 선택은 다양하다. 오픈형 공간이나 카페 같은 공간도 있고 스탠딩 업무 공간도 있다. 혼자 집중하고 싶다면 집중형 업무 공간에 들어가면 된다. 회의실도 같은 맥락으로 운영된다. 다양한 형태지만, 모두 오픈된 형태를 지향한다. 유한킴벌리 본사에서는 스탠딩 회의실을 찾는 것도 어려운 일이 아니다. 모든 회의실이 전 사원에게 오픈되어 있기 때문에 예약을 통해 어느 곳에서나 자유롭게 회의를 할 수 있다.

스마트워크를 위한 오피스 구축 또한 대치동 본사뿐만 아니라 전사적인 체계를 갖추고 있다. 먼저 군포와 죽전에 스마트워크센터를 구축했고, 충주, 대전, 김천에 위치한 각 공장에도 스마트워크 시스템을 도입했다. 또한 부산, 대전도 이미 완료했고 대구와 광주도 준비 중이다. 따라서 유한킴벌리 구성원들은 전국 어디에서나 원하는 방식으로 일할 수 있다는 장점이 있다. 또 원격근무를 지원하는 모바일 오피스 구축과 전 사원 태블릿 및 랩톱 제공, 프리존 전화 시스템, 영상/전화 회의 시스템, 재택근무제도 등은 유한킴벌리가 단순히 공간만을 새롭게 디자인한 것이 아님을 증명해준다.

스마트 전략의 효과

대기업 중에 간혹 수평적인 조직을 만든다면서 직급 호칭을 없애는 경우가 있다. 그렇지만 그리드가 여전히 존재하는 상태에서는 호칭을 자유롭게 바꾼다고 하더라도 자연스럽지 않을 것이다. 유한 킴벌리는 다르다. 유한킴벌리에서는 모든 구성원을 '아무개 님'이라고 부른다. 신입사원이 복도에서 사장을 만나더라도 '최규복 님'인 것이다. 유한킴벌리 대외협력본부 손승우 이사는 "호칭만 바뀌면 어색하지만, 공간이 함께 변하면 인식 자체가 달라진다"며 유한킴벌리의 모든 조직이 수평으로 운영되고 있다고 설명했다.

물론 호칭만 바꾼 것이 아니다. 유한킴벌리는 인사평가 시스템도 보완하고 회사의 비전과 가치에 대한 전사적 공감대를 형성할 수 있도록 모든 회의를 공개하고 있다. 이것이 가능했던 것은 최규복 사장의 강력한 의지와 임원을 비롯한 모든 리더의 솔선수범 때문이다.

그렇다면 유한킴벌리에서는 그리드를 파괴한 스마트워크 전략으로 어떤 효과를 보았을까?

첫째, 조직적 차원이다. 사원 조직의 직무 몰입도는 놀라울 정도로 향상되었고, 조직의 다양성과 포용 역량, 소통과 경영 방향 및 목표에 대한 이해까지 향상되고 있다. 다른 측면으로 말하면, 유한킴벌리는 스마트워크를 구축하고 나서 직원들을 관리하지 않는다. 각자 출입카드는 있지만 시간을 체크하는 기능도 없고, 원한다면 각

스마트워크 도입 효과

항목		개선 전	개선 후	감소율(%)
사무공간 면적 최적화(층)		6.5	5.5	16
개인 냉·난방기기	선풍기(대)	256	0	100
	전열기(대)	32	0	100
그린컵 사용(개)		47,000	9,000	81
문서출력(장)		2,010,000	420,000	80
복사기 및 팩스 설비(대)		36	15	59
업무공간 이산화탄소 농도(ppm)		1,860	1,014	46

기업이 살아남기 위한 최고의 전략을 찾아라

지역 스마트워크센터로 가서 일할 수도 있기 때문에 근퇴 관리를 하지 않는다. 대신 각 개인에 대한 성과 관리 시스템을 개편했다. 최규복 사장은 "회사가 오후 7시 30분이 되면 퇴근하도록 스위치를 내립니다. 최대한 퇴근을 독려하는 겁니다. 이제 예전처럼 관리하던 시대는 지나갔습니다. 스스로 일할 수 있는 환경을 만들어주는 것이 중요합니다. 관리에 대한 공백은 성과를 정확히 측정할 수 있는 인사 시스템을 만들고 보완하면 됩니다"라고 말한다.

둘째, 비용 절감 차원이다. 유한킴벌리에서는 스마트워크를 통해 실제 비용 절감이 확인되고 있다. 편의시설 등 전체적인 공간은 증가했지만, 업무 공간만으로 놓고 볼 때는 공간을 효율화했고, 스마트 워크를 도입해 공간 비용을 5억 8,600만 원 절감했다. 스마트 워크 이전에는 모든 구성원을 위해 빈자리도 그대로 두었지만, 변동 좌석제가 도입되어 빈자리를 둘 필요가 없어졌기 때문에 공간 효율성이 증가한 것이다. 주목할 만한 차이가 벌어진 것은 종이 사용량이다. 보통 업무를 하다보면 문서 출력을 많이 하게 되는데, 스마트 워크를 추진하면서 종이 사용량의 80퍼센트가 줄어들었다. 손승우 이사는 "대부분의 업무가 온라인이나 모바일로 진행되고, 문서를 출력하더라도 둘 곳이 여의치 않기 때문에 문서로 출력하는 일이 자연스럽게 줄어든 측면이 있다"고 말했다.

셋째, 환경적 차원이다. 사무실에 칸막이가 없어지면서 업무 공간의 이산화탄소 농도가 1,860ppm에서 1,014ppm으로 현저히 줄었다. 공기 순환이 잘된다는 말이다. 게다가 각자 보유하고 있던 선풍기와 전열기는 줄어든 정도가 아니라 모두 사라져버렸다. 이것은 사무실의 칸막이가 없어지면서 건물에서 제공하는 냉난방 효과가 높아져 선풍기와 전열기가 더 이상 필요 없어졌기 때문이다.

명확한 비전과 지속적 추진으로 얻은 결과

가장 중요한 점은, 유한킴벌리에서는 스마트워크가 어떻게 성공할 수 있었는지 이해하는 것이다. 또 지금까지 유한킴벌리의 스마트워크를 벤치마킹하고자 했던 기업은 수백 개에 이르지만 왜 대부분 실행하지 못했는지 헤아려볼 필요가 있다.

우선 유한킴벌리가 성공할 수 있었던 것은 최규복 사장의 강한 결단력과 용기 때문임을 부인할 수 없다. "저는 1983년 유한킴벌리에 입사했는데 1986년 사무실에 칸막이가 설치되었습니다. 한국 최초였습니다. 당시 미국에서는 1970~1980년대 본격적으로 칸막이 공사를 했고, 한국에서도 칸막이 공사를 하면 현대적인 경영을 도입한다는 이야기가 있었습니다. 그런데 칸막이를 설치한다고 하니까 부서장들의 반대가 가장 심했습니다. 칸막이를 만들면 어떻게 관리할 거냐며 반대 목소리가 적지 않았습니다. 사람들이 보이지 않으니 관리가 안 된다고 생각한 것입니다. 그러나 사람은 원래 공간에 익숙해지기 마련입니다"라고 말했다. 지나고 나면 이처럼 쉽게 이야기할 수 있지만, 스마트워크는 몇 년 지나고 나서야 숫자로 드러난 효과를 통해 입증할 수 있기 때문에 처음 지정 좌석을 없애겠다고 했을 때는 강한 반대에 부딪혔을 것이다. 그러나 최고경영자의 의지가 큰 원동력이 되어 잘 헤쳐나갔을 것이다.

　최규복 사장의 의지와 관련해서 재미있는 사건이 있다. 사실 그는 주주사인 킴벌리클라크나 유한양행에 스마트워크를 알리지도 않았다. "공간을 바꾸는 문제이니, 그것을 사전에 알릴 필요는 없다고 생각했습니다." 그의 설명이다. 더 흥미로운 사실은, 킴벌리클라크에서는 유한킴벌리의 업무 공간을 보고 나서 킴벌리클라크 본사의 업무 공간을 바꾸는 아이디어로 삼았다는 사실이다.

　둘째, 다른 제도들과의 연계성이다. 그리드만 파괴한다고 되는 것은 아니다. 유한킴벌리는 스마트워크를 위해 인사 제도를 포함한 모든 사내 제도를 정비하고, 모든 임직원의 의식을 바꿔야만 했다.

　셋째, 사람에 대한 관찰이다. 그리드를 파괴하고 새로운 업무 문화를 만드는 것은 사람에 대한 관찰 없이는 불가능하다. 고객이 어떤 것이 필요하다고 말하지 않는 것처럼 회사라는 조직에 속한 모든 구성원은 자기가 필요한 것을 경영진에게 말하지 않는다. 물론 어떤 것이 필요한지 생각하지 않을 수도 있다. 다시 말해 구성원들의 마음을 읽고 준비해나가는 것은 오로지 리더의 몫이라는 말이다.

　"왜 수백 개의 회사가 벤치마킹하러 왔음에도 불구하고 대부분 실행하지 못한다고 생각하는가?"라고 물었더니, 유한킴벌리 한 임원이 이렇게 대답했다. "우리나라에 선 전사적인 스마트워크를 실행하는 회사가 일부 IT 기업 외에는 거의 없는 것으로 알고 있다. 스마트워크를 성공적으로 이끌기 위해서는 회사의 조직문화를 바꾸는 것이 목표가 되어야지, 단순히 인테리어를 바꾸는 것이 목표가 되어서는 안 된다. 따라서 사무실 구조와 함께 구성원들의 사고방식까지 변화를 주고, 지속적으로 조직이 유연해지고 수평적이고 열린 문화를 위하여 노력해야 스마트워크가 정착될 수 있다. 각자 기업의 실정이나 문화에 맞는 스마트워크를 설계하되 전사적 차원에서 고민하고 지속적으로 추진하는 것이 필요하다. 스마트워크는 아직 기업이 가보지 않은 길이므로 명확한 비전을 만들고, 목표와 확신을 가지고 지속적으로 추진하는 것이 중요하다."

인간은 자유롭게 태어났다.

그러나 인간은 모든 곳에 구속되어 있다.

어떤 사람들은 자신이 주인이라고 생각할지 모르지만,

그들도 사실은 한층 더 높은 노예의 처지에 속해 있다.

나는 어떻게 이런 변화가 생겼는지 알 수 없다.

그러나 이 변화에 어떻게 정당성을 부여할 것이냐에 대해서는 대답할 수 있다.

장자크 루소Jean-Jacques Rousseau

창의력이
자본주의
보다
위대하다

PART 4

창의적으로 일할 수 있는 공간에 투자하라

우리가 살아가는 세상을 철학적으로 설명하고 이해하기는 매우 어렵다. 세상이 단순하게 움직이지 않기 때문이다. 모든 것은 복합적으로 발생하고 만들어진다. 따라서 그 변화의 의미를 알기 위해서는 고정관념을 파괴해야 한다. 과거에는 그렇지 않았다. 적어도 페르디낭 드 소쉬르Ferdinand de Saussure가 언어학을 만들고, 그것이 구조주의 철학에 지대한 영향을 미치는 시대에는 단순했다.

언어학자인 소쉬르는 한 단어의 소리(기표記標)와 그 소리가 나타내는 의미(기의記意)는 구별될 수 있다고 생각했다. 또 그 '의미'라는 것은 그 자체의 고유한 어떤 내용에서 오는 것이 아니라 다른 단어들과의 관계, 즉 대립과 비교를 통한 '차이'에 의해 규정된다고 생각했다. 예컨대 '생산자'라는 단어의 의미는 '소비자'라는 단어의 의미와 다르기 때문에 우리는 '생산자', 즉 '물건을 만들어내는 사람'이라고 생각하게 된다는 것이다. 이것은 하나의 의미가 긍정적으로 규정되는 것이 아니라 '그것은 다른 것이 아니다'라는 관계에 의해 부정적으로 만들어진다는 말이다. 소쉬르는 이렇게 의미의 대립을 주장했고, 이것은 당시 구조주의가 만들어지는 데 지대한 공헌을 했다.

문제는 우리가 사는 세상이 소쉬르가 생각하는 것처럼 그렇게 간단하지 않다는 것이다. 지금은 컨버전스의 시대이다. 서로 다른 구조와 구조가 통합하고, 이념과 이념이 만나 새로운 돌연변이를 만든다. 또 기술과 기술이 합쳐져 세상에 없던 것이 존재한다.

소쉬르는 기의와 기표, 이 두 체계가 결합할 때 의미의 단위가 얼마나 불안정한가와 의미 구조에서 설명할 수 없는 부분이 있다는 것을 파악하지는 못했다. 예컨대 비즈니스에서 생산자와 소비자는 반대된 개념이다. 소쉬르의 언어학에서 시작된 구조주의로 본다면 생산자와 소비자는 결코 같은 의미로 해석할 수 없다. 과거의 비즈니스에서는 생산자와 소비자가, 주는 사람과 받는 사람의 구조를 만들고 이들 간의 제로섬 게임의 패러다임이 자리하고 있었다. 이는 고정된 권력 구조처럼 보였을 것이다.

그렇지만 시대가 변했다. 삶과 비즈니스의 모든 요소가 저렴해지고 언제 어디서든 이용 가능한 시대가 되면서 국가 간의 장벽도 무너지고 기술은 그 끝을 모른 채 발달하고 있다. 과거에는 소비자로 정체되어 있던 사람들이 자신에게 맞는 독보적인 물건을 찾기 시작했고, 없으면 스스로 만들 수 있는 시대가 되었다. 생산자와 소비자의 구분이 없어진 것이다. 조직에서도 같은 현상이 일어난다. 프레더릭 테일러나 막스 베버가 생존했던 18세기에는 관리자 계급과 노동자 계급이 존재했다. 그렇지만 지금은 이렇게 구분 지었다간 큰 일이 벌어진다. 노동자 계급이라는 말을 사용하지도 않을뿐더러, 누군가에 의해 관리받아야 한다는 생각을 하지 않는다. 사고방식이 열려 있다고 하는 구글에서조차 한때 프로그래머들은 자기들 팀의 관리자가 필요 없다며 관리자 계급, 즉 팀장 직위를 없애달라고 요청한 적이 있었다. 물론 이와 같은 일은 산소 프로젝트Oxygen project, 즉 관리자가 필요한 존재인지 확인하는 과정이 없었더라면 구글에서 관리자는 존재하지 못했을 것이다. 결국 사람들의 인식에서 생산자와 소비자라는 개념이 사라진 지 오래되었고, 조직에서조차 관리자와 노동자라는 개념을 생각하지 않는다.

구조주의는 이처럼 다양한 의미 분화를 담아낼 수가 없다. 결국 탈구조주의는 이러한 허점과 한계를 극복하기 위한 발전적 해체를 시도하게 된 것이다. 탈구조주의는 구조주의 내부에서 그 한계를 초월하고 극복하려는 움직임이라고 할 수 있다. 그러나 탈구조주의라고 해서 구조주의를 반대하는 것은 아니며, 구조주의를 완전히 배제하는 것 또한 아니다. 탈구조주의는 구조주의에 대한 비판과 한계에서 시작되었지만, 구조주의와 마찬가지로 그 이론적 근거를 소쉬르의 언어학에 두고 있기 때문이다.

중요한 것은 구조주의냐 탈구조주의냐 하는 철학적 논쟁이 아니다. 바로 생산자와 소비자의 개념에서 구조가 파괴되고 있는 것은 그들의 상호 관계가 바뀌고 있다는 것임을 알아야 한다. 자본에 의해서 만들어진 그리드와 다시 자본에 의해 파괴되는 그리드를 표상적으로만 이해한다면 단순하다. 그리드가 필요에 의해 만들어지고 다시 필요 없으니 없어지는 것이다. 그렇지만 내면으로 들어가보면 그리드 속에는 지배와 피지배라는 인간관계의 이데올로기가 존재하고, 탈그리드에는 수평적 조직과 자유라는 이념이 포함되어 있다. 이 관계가 바뀌고 있는 것이다. 자의반 타의반으로 이루어진 변화지만, 결과적으로 인류가 의도한 것은 맞다. 그동안 디지털 기술을 만들어내고 수직적인 구조보다는 수평적인 구조를 향해 움직여온 여정은 그것을 방증할 수 있다. 그 결과로 인해 지금까지 인류가 겪어보지 못한 새로운 구조가 등장하는 셈이다. 그렇지만 이런 변화의 끝에 그리드 파괴라는 것이 온다는 것을 알았다면 적어도 기득권 세력은 이 변화를 만들어내려고 하지 않았을지도 모른다. 왜냐하면 그리드가 파괴된다는 것은 그들의 기득권 역시 파괴된다는 것을 의미하기 때문이다.

현대 건축가들이 인간관계의 변화를 감지하고 새로운 관점으로 바라보기 시작한 것은 이미 오래전 일이다. 다시 말해서 현대 건축가들은 이미 탈그리드, 즉 탈구조주의Post-Structuralism 철학의 시대가 도래했다고 공감하고 있는 듯하다. 많은 건축가가 현대 철학과 건축을 함께 연구하면서 해체deconstruction 또는 탈구축 등의 전략적 기법을 이용하고 있고, 진화의 관점에서 탈구조, 탈영토의 관계 특성을 활용한 작업들을 수행하고 있다. 특히 현대 도시와 건축도 다양한 방식으로 복잡화, 초거대화XXL를 진행하고 있다. 우리가 최근 도시에서 감지할 수 있는 거대 구조물들은 모두 이런 변화의 한 부분이다.

애플, 구글, 아마존, 페이스북이 만들고 있는 공간도 그리드를 파괴하는 측면에서 본다면 탈구조주의 입장인 것이 맞지만, 구조주의를 완전히 배제한 것은 아니다. 나름대로의 구조주의 철학이 없는 것은 아니기 때문이다. 그러나 그들은 놀이 공간도 업무 공간도 아닌 새로운 공간을 만들고 있고, 이것을 지금까지 구조주의 철학의 근간이었던 '다른 것과의 차이'만으로 구별할 수는 없다. 탈구조주의인 것은 맞지만, 그렇다고 해서 구조가 없는 것은 아니고, 나름대로 의도가 없는 것도 아니다. 한마디로 표현한다면, 실험실 정신이다. 변화의 시대에 실험실 정신이 가장 중요하다는 데는 모두 동의하지 않을까. 실험실 정신이 무엇인가. 실험실 정신은 답을 아는 척하지도 않고 세상이 안정적이라고 믿는 척하지도 않는다. 다음에 올 것을 절대 아는 척하지도 않는다. 실험실 정신을 갖고 있는 사람들은 규모보다 속도가 중요하다고 믿고, 창의력이 자본의 크기보다 위대하다고 믿는다. 또 협업이 통제보다 강력하다는 사실을 알고 있다. 당신은 그런 존재가 되고 싶지 않은가?

변화에 대처하는 리더들의 사고방식

기업의 경영자들은 변화에 대처할 때 보통 세 가지 성향을 가지고 있다. 그것은 바로 무한대의 자신감confidence, 편집증적인 태도paranoia, 절박함desperation이다. 우선 리더들은 외부적으로 자신감을 보인다. 어떤 상황이 오더라도 자신감을 가져야 더 강해 보이고 상황에 대처하는 데 도움이 될 것이라고 생각한다. 그렇지만 내면적으로는 밀려드는 위기감을 자신감으로 포장하는 것뿐인지도 모른다. 자신감은 대개 편집증을 부른다. 새로운 것을 받아들이지 않고 자기가 만들었던 성공을 회고하고 그 탐닉에 빠지는 것이다. 대부분의 리더들은 이런 편집증에 빠져 있다고 해도 과언이 아닐 것이다.

그렇다면 절박함은 어떤 리더에게서 찾을 수 있을까? 바로 신생 기업이거나 바닥을 치고 올라가는 기업이다. 대표적으로 애플은 파산 지경에 놓이고 나서야 스티브 잡스를 다시 불렀다. 절박한 상황이었을 것이다. 따라서 애플은 실패에 대한 두려움이 없었고, 이는 과감한 베팅으로 이어졌다. 만약 스티브 잡스가 그리드를 파괴했던 픽사에서의 경험이 없었다면 애플은 성공하지 못했을지도 모른다.

구글도 마찬가지이다. 구글은 사람을 채용할 때 엄청난 시간과 노력을 투자하는 것으로 유명하다. 그런데 구글의 채용 문화는 구글의 초창기 시절로 거슬러 올라간다. 열정 있고 능력 있는 직원을 채용해야만 곧바로 업무 성과를 낼 수 있고 빠르게 변해가는 세상에서 사라지지 않을 수 있기 때문에 생존에 대한 절박함이 있었다. 구글 초창기에는 경영이 어려워 당시 대기업 포털사이트에 1,000만 달러에도 인수되지 못했던 사실은 유명한 일화로 남아 있지 않던가. 그만큼 절박했으니 인재를 채용해서 바로 성과로 이어지게 만들겠다는 것이 경영자의 욕심만으로 해석될 수는 없다. 만약 세르게이 브린과 래리 페이지가 성공을 경험한 창업자였다면 구글의 문화도 만들어지지 않았을 것이다.

인간의 비즈니스 역사를 보면 절박함은 늘 새로운 것을 만들어내는 원동력이 되어왔다. 혼합mixing, 제품 통합product integration, 사회 통합social integration, 다기능multifunction, 코브랜딩co-branding 등의 컨버전스는 모두 절박함에서 비롯된 산물들일 것이다. 우리는 이것을 혁신이라는 이름으로 불러왔다. 그렇지만 절박함을 느끼지 못하고 편집증을 고집했던 기업들은 역사에서 장렬한 실패 사례로 남았다. 대표적으로 비디오 게임과 모바일 폰에 열광하는 데 주목하다가 비즈니스 기회를 놓친 노키아Nokia, 디지털 카메라를 만든 내부 연구원이 있었음에도 불구하고 필름 카메라는 영원할 것이라고 예상했던 코닥Kodak을 들 수 있다. 또 애플에서 스마트폰이 출시되었음에도 불구하고 자기들이 만든 전화기가 최고라고 여겼던 블랙베리Blackberry도 있다.

철학자들은 편집증을 어떻게 바라봤을까? 질 들뢰즈Gilles Deleuze와 펠릭스 가타리Félix Guattari는 이런 편집증적인 태도를 '파시즘적 편집증'이라고 표현했다. 오직 한 방향으로만 욕망을 나타내고 하나의 방법으로만 추구하려는 것을 말한다. 예컨대 어떤 도시나 기업이 그리드로 만든 구조를 통해 효율성을 경험했다면, 그는 어떤 상황과 변화가 닥치더라도 그리드를 편집증처럼 고집하게 되는 것을 말한다. 즉 도시는 대부분 그리드 구조로 만들어져 있다. 이것은 효율적으로 관리하기 쉽고 교통을 설계하기도 용이하며, 도시 기반 시설을 설계하기에도 쉽다. 그렇지만 들뢰즈와 가타리는 편집증을 부정적인 것으로 간주하곤 했다.

그렇다면 편집증의 대안은 무엇일까? 바로 분열증이다. 분열증은 기본적으로 절박한 상황에서 비롯된다. 분열증은 욕망의 흐름을 다양한 방향으로 인정하고 새로운 방향과 방법을 찾아가는 것을 말한다. 즉 그리드라는 구조주의를 파괴하고 새로운 구조를 만드는 것을 분열증이라고 본 것이다. 들뢰즈와 가타리는 분열증을 긍정적인 것으로 보고 있다.

분열증은 두 가지 개념과 맞닿아 있다. 하나는 '기관 없는 신체 corps sans organs'이다. 들뢰즈와 가타리가 스피노자의 신체 개념을 더욱 발전시킨 것이다. 즉 신체와 기관이 미리 필연적으로 결합되어 있다는 유기체주의적인 신체를 부정한 개념이다. 대신 초현실주의 예술가인 앙토냉 아르토Antonin Artaud의 '기관 없는 신체Body without Organs, BwO' 개념을 빌려와서 만든 것이다. 조직으로 본다면, 지배 계급이 없이 자율적으로 움직이는 조직을 들 수 있다. 아르토의 철학적 표현을 인용하면 '신체는 신체다. 신체는 혼자이다. 또한 기관들을 필요로 하지 않는다. 신체는 결코 유기체가 아니다. 유기체는 신체의 적이다'라는 의미이다.

결국 '기관 없는 신체'의 개념은 지배 계급을 없앤 조직을 의미하는 것이 아니다. 다만 누군가를 지배하지 않고 끊임없이 변화하고 새로운 형태의 조직을 만들어낼 수 있는 것을 말한다. 역설적이지만, 이 조직들은 전체주의적 통일성을 따르지도 않고 그렇다고 전체 조직과 연결되지 않는 것도 아니다.

또 하나는 리좀Rhyzome이다. 리좀은 줄기가 뿌리와 비슷하게 땅속으로 뻗어나가는 땅속줄기 식물을 가리키는 식물학에서 온 개념이다. 철학자 들뢰즈와 가타리는 리좀적 사고방식에 대해서 이분법적인 사고방식을 탈피하고 새롭고 다양한 변화와 혁신의 모델이라고 인식했다. 즉 리좀적 모델을 받아들인다는 것은 경직된 조직 이미지에서 유연한 조직 이미지로의 이동을 의미하고, 다양성에 바탕을 둔 지배 체제로의 이동을 의미한다. 기존의 이분법적인 사고방식이 근대성의 표상 방식이라면, 리좀적 모델은 포스트모던한 세계의 표상 방식으로 전환되는 것이다. 들뢰즈와 가타리는 그들이 리좀의 성질이라고 주장하는 여섯 가지 원리를 제시했다.

1. 접속connection: 수목 모델*이 부분의 가능성들을 제약하는 위계와 질서를 세우는 것인 반면, 리좀은 다른 어떤 점과도 접속될 수 있고 접속되어야 한다. 그리고 접속 결과는 항상 새로운 전체를 만들어낸다.

2. 이질성heterogeneity: 리좀적인 접속은 어떠한 동질성도 전제하지 않으며, 다양한 종류의 이질성이 결합해 새로운 것, 새로운 이질성을 창출하게 된다. 동시에 그 속에서는 어떠한 결정적인 보편적 구조도 안정적인 상태로 남아 있을 수 없다.

3. 다양성multiplicity: 리좀적 다양성은 차이가 어떤 하나의 중심, '일

---

* 서양의 기본적인 사유는 '수목(樹木)' 모델에 근간을 두고 있다. 수목 모델은 나무와 뿌리를 연상해야 한다. 나무는 뿌리에서 자라듯이 모든 것의 중심은 바로 뿌리이다. 서양의 모든 학문 분야와 지식 체계에는 뿌리에서 시작한 연속성이 존재하는 것이다. 물론 수목 모델에도 다양성은 존재한다. 하지만 이 다양성마저 뿌리에서 시작한 것이며, 또 모든 것은 잘 자란 나무처럼 좌우대칭과 질서정연한 모습을 보여야 한다.

자'로 포섭되거나 동일화되지 않는 이질적인 것의 집합이며, 따라서 하나가 추가될 경우 전체의 의미를 매우 다르게 만드는 그런 다양성을 의미한다. 배치라는 개념은 그런 리좀적 다양체를 함축한다.

4. 비의미적 단절a signifying rupture or a parallel evolution : 비록 리좀들이 의미 작용의 구조들을 내포하더라도(들뢰즈와 가타리는 그것을 영토화territorialization라고 부른다) 그들은 또한 그 구조들을 파열시키고 탈영토화하는 비행의 선들을 내포한다. 이러한 비기표적인 단절은 리좀의 특징이라고 할 수 있다. 왜냐하면 리좀은 어떤 근원적인 의미나 기원으로 거슬러 올라가지 않은 채, 떼어내 다른 것으로 만들어버리기 때문이다. 이런 일들은 두 언어 사이만이 아니라 언어와 비언어, 동물과 식물 등처럼 이질적인 지층들 사이에서 벌어지기도 한다. 말벌과 오키드orchid(난초의 일종)의 관계가 흔히 예로 제시된다. 오키드는 말벌을 유혹하기 위해 말벌의 색깔을 흉내 냄으로써 자신을 탈영토화하고 말벌은 난초의 이미지를 재영토화하는데, 거기서 말벌은 꽃의 재생산 시스템의 부분으로 탈영토화하고 꽃은 그 꽃가루가 다른 곳으로 옮겨질 때 재영토화된다. 리좀들은 이원론과 구조들을 횡단하지만, 결코 그것들로 환원되지는 않는다.

5. 지도 그리기cartography: 리좀은 하나의 지도로서, 미리 수립된 한정된 중심 주변에서 구축된 발생적이거나 구조적인 모델의 흔적을 찾는 일이라기보다는, 실재와의 접촉을 통한 실험을 위해 형성되었다.

6. 데칼코마니decalcomanie: 재현과 대비되는 말로, 모상calque을 정확히 옮기는 과정에서 대상의 변형이 일어난다는dé-calque 점을 강조한

다. 이는 현실에 따라 지도를 그리지만, 그려지는 지도에 따라 변형되는 현실을 강조하려는 의도라고 할 수 있다.

편집증으로 이룬 강력한 힘의 건축가 페터 춤토어

편집증과 분열증이라는 두 핵심 축을 동시대 현대 건축가의 전략과 건축 작업에서 살펴볼 수도 있다. 먼저 편집증적인 접근은 페터 춤토어의 작업을 통해서 검토해보자.

춤토어는 자신의 집중력과 스스로 모든 것을 통제하는 방식으로 자신의 건축 작업을 진행하고 있다. 춤토어는 1943년 스위스 바젤에서 태어나 가구 제작자인 아버지 밑에서 캐비닛을 만드는 훈련을 받았다. 이후 바젤의 학교와 1966년 뉴욕 프랫 인스티튜트에서 교환학생으로 산업디자인과 건축 공부를 했다. 1979년에는 자신의 스튜디오 사무실을 설립했고, 지금까지 스위스의 작은 도시 할덴슈타인에서 약 30명의 직원들과 함께 작업하고 있다.

춤토어의 작품으로는 콘크리트박스를 겹쳐진 유리로 감싼 브레겐즈 뮤지엄(1997), 적층의 판석재로 명소가 된 발스 욕장(1999), 그리고 행사 이후 목재의 활용을 염두에 누고 설계한 사운드박스 하노버 엑스포의 스위스 파빌리온(2000) 등이 있다. 근래에는 산타클로스로 알려진 15세기 스위스의 신부 플뤼에의 성 니콜라오St. Nicholaus de Flüe를 추념해 스위스계 독일인 농부들이 24일 동안 하루에 50센티미터씩 12미터 높이의 콘크리트를 직접 다지고, 거푸집 틀 속의 통나무 120개를 태워 성형한 브루더 클라우스 채플Bruder Klaus Field Chapel 등으로 주목을 받고 있다. 그의 작품들은 하나같이 '생각하는 건축Thinking Architecture'의 설명처럼 정신적이고 유일하며 특개적인singular 특질을 만들어내고 있다.

춤토어는 2009년 5월 29일 하얏트 재단에서 주관하는 건축의 노벨상이라 불리는 프리츠커상을 수상했다. 그는 이제까지 자신이 100퍼센트 통제할 수 없는 프로젝트를 수행하지 않았다. 특히 자본의 이득을 위한 장치로서의 건축에도 동의하지 않았다. 자신만의 철학이 있다는 말이다.

2011년 춤토어는 영국 런던의 서펀타인 갤러리 파빌리온Serpentine-Gallery-Pavilion을 만들었다. 이것은 빛과 바람, 소리 등 건축 이외의 요소들을 통해서 도시로부터 통제된 건축의 세밀한 감수성의 극치를 보여주었다. 춤토어는 이렇게 자신이 완벽하게 작업 전체를 지배할 수 있고, 충분한 시간을 가지고 설계하는 완벽한 편집증적 태도를 보이는 것으로 유명하다. 분열증을 가지고 있는 콜하스와는 완전히 다른 태도인 것이다.

춤토어의 역작이라 할 수 있는 것은 쾰른의 콜룸바 뮤지엄Kolumba Museum(2007)일 것이다. 이 건축물도 이미 세간의 화제가 된 지 오래이다. 프랑크푸르트 독일건축박물관DAM 큐레이터인 카콜라 슈말Cachola Schmal은 "콜룸바 이후 이제 이러한 종류의 건축물이 필요하다는 것이 분명해졌습니다. 이것은 실제적이고, 살아남으며, 지속 가능합니다……. 이는 모든 사람이 공유할 수 있는 의미와 미적인 경험을 줍니다"라고 말했다. 콜룸바 뮤지엄은 한 건물에서 다른 역사적 시간대의 흔적이 공존할 수 있다는 것을 보여준다. 교회와 폐허 그리고 기념비이자 뮤지엄이 함께 남아 있는 역사적 조각들을 서로 존중해 이뤄낸 역작이라고 칭송되고 있다. 실제로 여기에 오면 유럽에서 가장 고고학적으로 밀도가 높은 지역의 하나로 로마 주택의 유적들과 이미 이전에 지어진 몇 개의 교회들과 매장식 볼트 구조burial vaults 등을 한 장소에서 볼 수 있다.

콜룸바 뮤지엄의 출입구로 들어서면 벽에 의해 리셉션 공간으로 유도된다. 포이어에서 위로 올라가 전시장으로 가거나 유적이 있는 곳 또는 자갈마당의 중정으로 들어가는 선택 중 하나를 하게 된다. 궁금해서 유적 안으로 들어서면 12미터의 높은 천장과 조적벽에 둘러싸인 유적을 가로지르는 지그재그의 붉은 보행로를 통해 현무암과 응회암으로 이루어진 피폭의 흔적들을 체험하고 1950년대 뷤 교회의 외부를 경험하게 된다. 철골 위에 콘크리트로 마감된 높다란 기둥 사이로 고깔형 조명이 내려져 있고 외벽의 조각난 빛들과 인공조명이 겹쳐진다. 유물들은 낯선 느낌의 초현실 공간으로 보인다. 이곳은 오래된 외부들이 내부화되며 만들어진 쾰른의 콜룸바에서만 경험할 수 있는 새로운 도시 공간인 것이다. 비평가 데브라 모피트Debra Moffitt는 춤토어가 성 콜룸바 교회의 유적들과 회색 벽돌로 만들어진 새 뮤지엄의 외피들을 이음새 없이 다공질의 구멍들로 결합시켜 외부와 내부의 중간 공간으로 만들어낸 점을 높이 평가한다.

내외부의 벽에 사용된 벽돌은 건축가가 직접 찾아낸 것으로, 구조적으로 문제가 되지 않는 범위에서 최대한 길게 제작했으며, 덴마크의 장인 페터슨 테글Petersen Tegl에 의해 따뜻한 색상이 배어나오도록 숯불로 구운 유일하고 특별한 것이다. 춤토어는 이 뮤지엄의 개막 연설에서 "시 당국자들은 빌바오 구겐하임 미술관을 만들어내는 도시 브랜드의 전략으로 충격적인 형태를 통해 수년 동안 많은 사람을 모아주는 그런 건축가들을 원하겠지만, 이 건물은 그와 정반대로 예술이 훌륭한 투자 이상의 어떤 것이라 믿고 예술의 내적 가치와 우리로 하여금 생각하고 느끼고 그 영적인 가치를 체험하게 하는 것이 중요하다고 믿는 사람들에 의해 만들어졌다"라고 이야기했다.

페터 춤토어는 콜하스가 보여주는 세계화적 거대화의 질서와 정반대로 장소와 소장품, 건축의 본질로부터 상향bottom-up 방식을 통해 설계를 시작하고 있다. 그는 사물 그 자체가 모든 것을 이야기해준다고 믿으며 그 이미지로부터 건축을 시작해 그 건축물에서만 경험할 수 있는 유일함을 그 대지와 재료와 공간을 통해 만들어내고 있다. 편집증적이지만 자신만의 강력한 힘의 건축을 만들어내고 있는 것이다.

분열증으로 규칙이 없는 공간을 만든 렘 콜하스

분열증적 접근은 렘 콜하스의 작업 속에서 발견할 수 있다. 콜하스는 이미 '정신착란증의 뉴욕'을 연구하면서 맨해튼의 많은 초고층 건물이 높이 경쟁을 하면서 세계 여러 곳에 추하게 복제, 이식되는 현상의 문제점을 잘 알고 있었다. 애니모어Anymore의 글, 「라고스에서 로고스로From Lagos to Logos」에서 알 수 있듯이 누구보다 고독하게 세계화가 가져오는 필연적인 정보의 홍수와 급진적 국제 변화를 이론화하는 데 관심이 있었다.

그는 형태form로서 인식되는 아이덴티티가 아니라 무형의 내용물contents 또는 방식method 변환의 결과물로서 인식되는 아이덴티티를 만들어내고, 이를 통해 끊임없이 새롭게 규정될 수 있는 자신의 건축적 이미지를 만들어내려고 노력하고 있다. 우리는 앞에서 페이스북의 신사옥을 이야기하면서 렘 콜하스를 이야기한 적이 있다. 기억하겠지만, 페이스북의 신사옥은 크고 넓고 높다. 규칙이 없는 것은 아니지만, 지금 현대 기업들의 입장에서는 규칙이 없는 듯 보일 수도 있다. 콜하스는 형태보다는 그 안을 채우는 사람들을 더 중요하게 생각하는 듯하다.

일하는 방식도 그의 내면을 그대로 보여준다. 그는 1996년 OMA를 대규모 엔지니어링 조직에 맡기고 파트너로 남아 있다. 그리고 OMA의 미러 이미지인 AMO라는 리서치 조직과 함께 도시 건축의 이슈를 발굴해서 출판물을 간행하고, 제3세계의 인력들과 함께 새로운 창의적 작품들을 만들어내고 있다. 그는 한 팀과 기존 작업의 출판을 진행하면서, 다른 한편으론 이를 극복하는 새로운 설계 방식들을 모색하며 빠르게 진화하려고 의식적으로 노력하고 있다. 에런

베츠키Aaron Betsky는 콜하스 자신이 의식적으로 자기 스타일 형성을 피한다는 것이 중요하며, 이는 실제 건축물의 형태에서도 그러했고, 학생이건 직원이건 자신의 과거 프로젝트나 이전 직원의 작업을 따라 하는 것을 경계했다고 말한다. 그만큼 콜하스는 새로운 것을 지속적으로 추구하고 스스로 변화하고자 노력하는 것이다. 게다가 스타 건축가의 고정적 이미지 고착을 거부한다. 다시 말해서 늘 깨어 있고 새로운 것을 추구하는 들뢰즈와 가타리의 철학에서 이야기하는 '기관 없는 신체'의 부단한 '생성'을 자신의 작업과 자신의 삶을 통해 추구하고 있다.

OMA가 늘 승승장구한 것만은 아니다. 늘 새로움을 추구하고 있으니 고객 입장에서는 호불호가 명확했을 것이다. 그렇지만 중국 베이징의 중국국영방송 CCTV 사옥이 완공된 이후로는 상황이 바뀌고 있다. OMA는 전 세계적으로 가장 강력한 영향력을 가진 아방가르드형 건축설계집단의 한 모델이 되고 있는 것이다. CCTV를 설계하며 고층 빌딩에서의 루프 구조를 도입해 기준층을 단순 반복하던 초고층 빌딩의 전형을 거부했고, 여기서 새로운 진화 유형을 만들어냈다고 인정받고 있다. 결국 2008년 올림픽을 계기로 역사의 도시 베이징에 가장 진화된 초고층 건물의 하나를 만들어내면서 중국은 새로운 도시 건축 진화의 첨단에 서 있음을 구현하고자 했고, 어느 정도 목표를 이룬 듯하다. 비록 화재와 지연으로 일부 문제가 되었고, 완성된 건물의 모습이 변기 위에서 볼 일을 보고 있는 사람의 다리를 연상시킨다는 볼멘소리도 있었다. 또 '지식의 창'인 치창智窓

의 발음이 중국어 치질과 유사하다는 이 이야기가 「상하이 타임스」에 보도되어 구설수를 겪기도 했지만, 여전히 콜하스는 세계의 초거대 도시들 속에 진화하는 자신의 건축적 대안들을 끊임없이 모색하고 있다.

2009년 미국 댈러스 주에서는 파트너 라뮤스와 함께 작업해 완성된 것으로 알려진 AT&T의 디 앤 찰스 와일리 시어터Dee and Charles Wyly Theater는 슈퍼플라이superfly라는 개념을 적용해 자유롭게 무대 변형이 가능한 공연장을 설계했다. 콜하스는 프라다 트랜스포머 이후 대만 퍼포밍 아트센터 등 변형이 가능한 공연장 건축에 대한 새로운 진화적 건축 대안을 모색하고 있는 것 같다. 같은 시기에 완공된 코넬 대학교의 새 밀슈타인 홀the new Milstein Hall에서도 기존 건물 사이에 커다란 부유판a floating plane을 위치시켜 16개의 건축 스튜디오와 250석의 오디토리엄의 기능을 수용하고 캠퍼스의 기존 건축물을 연결하는 혁신적 작업들을 보여주었다. 결국 콜하스는 '독특함special'에 집착해서 '보편성general'을 보지 못하는 한계를 지적하며, 거대화와 세계화를 피할 수 없는 진화적 추세로 보고 그 속에서 끊임없이 범용적generic 대안의 가능성을 특정 장소를 통해 모색하고 있다. 아무튼 그의 건축적 접근은 끊임없이 전 세계에 변종적이고 발상소화되며 분열증적인 새로운 도시 명소를 만들어내고 있는 한 창조적 방법론인 것은 분명하며, 콜하스는 그곳만이 유일하게 건축가가 설 자리라 믿고 있다.

일찍이 콜하스는 지난 1세기 동안 거대 건축물들은 규모에 근거한 에너지에 이끌려 사상가가 없는 상태, 그리고 적절한 프로그램이 없는 상태로 존재해왔다고 보고 5가지 정리에 의거한 '거대함Bigness'의 이론을 설명하고 있다. 그는 저서 『정신착란증의 뉴욕 Delirious New York』에서 거대해져만 가는 맨해튼에 대한 문제의식을 맹렬히 비판한다. 또 자본의 논리로 점철된 도시의 건축적 공간의 상실과 결핍이 자기 이론의 출발점이라고 설명하고 있다. 한마디로 개성 없는 도시의 그리드를 파괴하는 것이 그의 생각인지도 모른다.

콜하스 역시 '거대함'을 건축에 반영하고 있다. 그렇지만 그의 '거대함'은 마천루라는 수직적 거대함과는 다르다. 자신의 공간 통합 체계인 '거대함'의 개념으로 발전시키면서 보편적인 건축 도시의 통합 체계를 만들면서 거대화되는 도시의 새 판짜기를 시도하고 있는 것이다. 즉 마천루의 수직적 거대함보다는 통제할 수 있는 공간 통합 체계의 '거대함'으로 만들어가고 있다. 이런 거대함의 이론은 계속적으로 진화하는 자신의 도시, 건축, 리서치 작업에 다양한 형식의 아이디어를 제공하며 규모와 특성에 따른 새로운 대안들을 모색하고 있다.

콜하스는 '독특함'에 집착해서 '보편성'을 보지 못하는 일부 편협한 시각들을 경계하며 항상 주어진 그리드의 외부적 시각을 보아야 한다고 지적한다. 기존의 그리드를 인정하되 새로운 것을 찾아야 하고, 반면에 이는 보편성이 인정하는 범위 안에서 움직여야 한다는 것이다. 즉 콜하스는 지구화와 초거대화를 피할 수 없는 현상으로 보고 건축가의 역할을 재료의 코디네이션과 기능 변안 수준에서 벗어나 획기적으로 변화시킬 것을 요구한다. 결국 새로운 진화를 준비하는 탈그리드의 관계망과 공간 및 조직의 재구축 플랫폼을 누가 어떻게 만들어야 하는가의 문제로 요약되는 것이다.

페터 춤토어와 렘 콜하스는 모두 프리츠커상을 수상한 대표적인 건축가이다. 현대 도시 건축은 이 두 사람의 작업보다 접근 방법이나 작업 방식이 훨씬 다양하고, 끊임없이 새로운 잠재태를 잉태하며 진화하는 진행형이다. 콜하스는 거대 도시의 문제로부터 출발해 다양한 리서치와 리프로그래밍 작업을 통해 건축적 진화 대안들을 도서관 2.0, 초고층 2.0, 시어터 3.0 등으로 만들어내고 있다. 반면 춤토어는 벽돌, 콘크리트, 통나무 등 일상적 건축 재료의 원형들을 새롭게 발굴하거나 혁신하면서 건축의 구축 방식을 진화시키고 있다.

다시 말하지만 두 사람의 공통점은 건축물마다 독특한 차별성을 만들어내고, 실재하는 것에서 출발한다는 것이다. 또 이제까지 건축 거장들과 달리 끊임없이 새로운 생성형의 대안들을 만들고 제시하면서 자신의 작업을 명소로 만든다는 것이다. 이는 단지 값비싼 공사비만으로 이루어지는 것이 아니다. 건축물을 근본에서 새롭게 재규정하고 재료, 프로그램, 대지의 특성 등 다양한 관점에서 기존 기표적 기호 체제는 물론 비기표적 기호 체제들을 총체적으로 재규정함으로써 가능할 것이다. 특히 이들은 새로운 관계망들을 발굴해, 단지 좋은 디자인만이 아니라 새로운 창안을 통해 진화를 앞서가며 생존해나가는 적자로서 끊임없이 새로운 대안적 관계들을 만들어나가고 있다. 이는 지금 우리에게 가장 필요한 진화적 혁신의 초석이 될 것이다. 그렇지만 초거대화가 이루어지는 세상에서 생존을 위해 우리 도시와 기업이 이를 위한 새로운 틀을 준비해야 하는 것은 건축가들만의 몫이 아니다.

글로벌 경쟁력을 갖춘 초거대 도시의 등장

인류가 만든 사회 구조의 끝은 과연 어디일까? 프랑스의 사회학자 에밀 뒤르켐Emile Durkheim은 인류가 만들어가는 사회는 3단계로 이어진다고 설명했다. 그는 인류는 기계적 연대성mechanical solidarity의 사회에서 시작해 최종적으로는 유기적 연대성의 사회organic solidarity로 전환될 것이라고 했다. 그렇지만 그 중간 과정으로 교통과 통신이 발달하면서 대중mass 사회를 잠시 거쳐갈 것이라고 예언한 바 있다.

먼저 기계적 연대성의 사회는 과거 농경 사회에서 볼 수 있는 혈연 및 지연 중심의 사회 유형이다. 이후 농경 사회가 막을 내리면서 산업혁명이 일어나고 도시를 중심으로 산업이 발달함에 따라 인구 집중 현상이 나타났다. 기계적 연대성에 근거한 사회는 더 이상 의미가 없게 된 것이다.

그 후 인류는 뒤르켐의 말대로 대중 사회를 잠시 거쳐왔다. 즉 기계적 연대성의 사회에서 유기적 연대성의 사회로 넘어가기 전에 새로운 유형의 사회가 등장한 적이 있다. 기계적 연대성에 근거하지 않으면서 아직 유기적 연대성은 확보하지 못한 중간 단계인 대중 사회이다. 매스미디어가 인류를 통제하는 사회를 말한다. 여기서 중요한 것은 뒤르켐이 대중 사회를 일시적으로 나타나는 사회 유형으로 정의했다는 점이다. 기계적 연대성의 사회에서 유기적 연대성의 사회로 넘어가는 중간 단계 역할만 할 뿐 지속 가능한 사회 모델은 될 수 없다는 의미이다. 우리가 20세기에 통상 대중 사회라는 용어를 많이 사용한 것은 이런 배경 때문이다. 그렇지만 요즘엔 대중 사회라는 말을 잘 사용하지 않는다. 오히려 그 반대이다. 지금은 '1인 미디어 전성시대'라고 생각하는 것이 대세 아닐까.

그렇다면 우리는 이제 유기적 연대성의 사회로 넘어가고 있는 것일까? 아마도 그렇다고 말해야 할 것 같다. 유기적 연대성은 사회를 발달한 유기체의 의사소통으로 설명하는 개념이다. 또 사회적 구속보다는 자유의 개념이 보편적이기 때문에 실제 이동하는 것도 자유로워야 한다. 이것은 한 지역 내에서 움직이는 것을 뜻하지 않는다. 바로 지구 전체가 그 활동의 무대가 된다. 또 유기적 연대성의 사회는 의사소통마저 자유로워야 한다.

실제 지구 안에서 개인에게 유동성과 이동성의 자유가 부여되었다는 것에는 그 누구도 이견을 제시하지 않는다. 오히려 그 자유를 침범한다는 생각 자체가 난센스일 것이다. 결국 세계 도시는 유동성과 이동성을 기초로 정주 인구를 위한 도시 정책이 아니라 방문자와 이민자를 위한 새로운 도시 정책이 더욱 중요해지고 있다. 가까운 나라 중에서는 2005년부터 인구가 감소하기 시작한 일본이 좋은 예이다. 일본은 단일민족국가가 아닌 다민족국가로의 개념 전환을 국민들에게 대대적으로 홍보하면서 다양한 민족이 다양한 언어로 함께 살 수 있는 기초를 도시 정보 안내 표지판에서부터 바꾸고 있다. 도쿄 시내 어디를 가든 JR 철도와 지하철에 일본어와 함께 한자, 영어, 한글이 표기되어 있는 것을 쉽게 찾아볼 수 있다. 유럽의 경우 이민자와 방문자에게 문호를 개방하고 있다. 따라서 미국과 영국은 그 인구가 증가하는 반면, 이민자 문제로 어려움을 겪으며 다소 폐쇄적인 정책을 취하고 있는 독일은 향후 20년 내에 그 인구가 상당히 줄 것으로 예상되고 있다. 머지않아 인구가 줄어들기 시작하는 한국의 경우도 예외가 될 수 없다. 향후 100년을 생각하면 17~18세기에 형성된 민족국가 개념이 점차 쇠퇴하면서 유럽연합EU처럼 경제 블록화되고 국가 간의 경계가 희박해지며 이동이 자유로워지고, 그동안 강력해진 거대 도시들이 주도권 쟁탈을 하는 체제로 전환될 가능성이 아주 높아지고 있다.

『슬럼Slum』의 저자인 도시사회학자 마이크 데이비스Mike Davis에 따르면 세계적으로 도시 인구 집중이 이전에 비해 폭발적으로 증가하고 있으며, 현재도 WTO, IMF 체제가 세계 경제에 강하게 영향을 미치면서 농업보조금 지급을 축소시키도록 압력을 가하고 있어 이농 현상이 두드러지고, 이는 엄청난 무허가 불량주거지구인 도시 슬럼을 양산해 도시 인구가 농촌 인구를 앞지르는 현상을 가속화시킬 것이라고 이야기하고 있다.

사람들이 움직이기 시작하면 모든 것이 바뀐다. 예를 들어 한 국가와 도시의 세금 정책도 다른 국가와 도시에 비해 착취적이지 않아야 한다. 사람들은 자기 자신이 내는 세금보다 부당한 대우를 받는다고 생각하면 바로 움직인다. 국적을 바꾸는 일은 자본주의 논리에서 어려운 일도 아니기 때문이다. 또 사람들이 이동하기 시작하면서 호텔 산업도 바뀌고 있다. 호텔 산업이 변화하기 시작한 것은 3만 4,000개 도시에서 폭발적으로 성장하는 에어비앤비 때문일 수도 있다. 그렇지만 전 세계를 이동하면서 일하는 사람들의 숫자는 한 해 13억 명을 넘어선다. 결국 글로벌 호텔 체인들은 전 세계를 이동하면서 일하는 사람들을 위한 업무 공간에서 미래의 수익을 찾고 있다고 한다.

지구화된 현대 사회에서 자본과 상품은 가장 빠르게 진화하는 주체이다. 이 자본과 상품이 구체적으로 자리 잡고 구현되는 장소인 도시 역시 아주 빠르게 변화하고 있다. 인류는 오랫동안 소규모 도시 진화 단계의 1.0인 공동체 소도시를 형성해왔지만 서구의 산업혁명 이후 등장한 2.0의 산업화 도시를 거쳐, 20세기 이후의 도시화 속도는 이제까지 경험하지 못한 속도로 진행되고 있다.

지금은 인류의 50퍼센트 이상이 도시에 살고 있다. 그중에서 중국은 도시화가 가장 빠르다. 현재 중국의 도시화 비율은 52퍼센트를 넘는다. 그리고 2025년까지 72퍼센트로 늘린다는 계획을 가지고 있다. 특히 중국은 도시 진화 초기 단계에서 메가 리전Mega Region이나, 하이퍼시티Hypercity(초거대 도시)로 바로 진입하려고 노력하고 있다. 다시 말해 홍콩, 상하이 등의 경우 주변 도시 인구 포함 약

3,000만~5,000만 명 규모의 초거대 도시로 성장하고 있다. 게다가 금융업과 제조업을 함께 갖추고 있으면서 도시의 새로운 미래를 개척하고 있다. 우리나라 인구가 5,000만 명인데 중국 한 도시의 인구가 5,000만 명에 이른다는 것은 상상을 초월한다.

이와 같은 변화는 최근 도시학자들의 주된 관심거리 중 하나이다. 많은 도시학자가 가까운 미래에 인류가 탈국가 시대를 맞으면서 지구는 약 30~50개의 초거대 도시로 재편될 것이라 예측하고 있다. 여기에 범다국적 기업들을 중심으로 범지구화가 진행되고 미국군과 중국군이 주축이 되는 범지구군이 탄생할 수도 있다. 바야흐로 세계는 자본주의를 기반으로 한 상생을 바탕으로 이데올로기적 군비 경쟁과 핵실험을 뛰어넘는 새로운 범지구 정부를 구성하는 단계에까지 이를 수 있다. 이것을 지구화 4.0 시대라고 부른다. 지구의 지식인들은 개별 정부의 이데올로기적 성향에 의해 좌우되는 것만이 아니라 코스모폴리탄적 시각에서 범지구 정부의 출범을 지원하는 것이 필요할 것이다. 과연 이런 시대에 수천 년 전부터 존재했던 그리드 구조가 맞는지 곰곰이 생각해볼 문제이다.

그렇다면 지금 현 상황은 어떨까? 1950년에는 전 세계에 100만 명 이상의 도시가 86개였지만 현재는 약 400개에 달한다. 2015년에는 550개가 넘었을 것으로 예상되고 있다. 실제로 1950년 이후 폭발적으로 증가한 전 세계 인구의 3분의 2가 도시에 흡수되었다. 2050년까지 세계 인구는 약 100억 명으로 늘어날 것이며, 이렇게 늘어난 인구의 95퍼센트는 개발도상국의 대도시 지역에 집중될 것이라고 예측된다.

중국의 도시화는 인류 역사에 유례가 없는 속도이며 2025년이 되면 아시아권에서만 10~11개의 하이퍼시티가 출현할 것으로 예상된다. 결국 세계는 민족국가의 개념이 약화된 블록 경제권을 형성하면서 장기적으로 글로벌 경쟁력을 가진 30~50여 개의 초거대 도시를 중심으로 살아남으리라는 예측도 심심치 않게 나오고 있다. 이러한 현상을 근거로 추론해보면 동아시아에서는 도쿄·요코하마 중심의 도쿄 경제권과 오사카·후쿠오카를 중심으로 하는 간사이 경제권, 홍콩·선전·광저우의 홍콩 경제권, 쑤저우·항저우·상하이의 상하이 경제권, 톈진·베이징의 베이징 경제권, 서울·인천·경기도의 서울수도권 경제권, 부산·울산·거제 등의 부산임해 경제권 등과 몇 개의 추가 경제권으로 재편될 가능성이 높아 보인다.

각 경제권들의 경쟁력은 풀어야 할 문제이다. 2,000만~3,000만 명의 인구를 기반으로 제조업, 서비스업, 금융업이 함께 복합되면서 도시 간 글로벌 경쟁을 피할 수 없다. 그때가 되면 도시 간에 비교우위가 있는 산업과 도시 운영 프로그램이 도시의 국제 경쟁력 분업 구조를 효율화시키면서 도시 성장을 주도할 것이다. 결국 국가 내의 균형 성장도 중요하지만 한편으로는 탈국가 시대에 글로벌 도시 간, 지역 간의 경쟁과 상생 협력이 더욱 중요한 시점이 되는 셈이다. 다시 말해서, 초거대 도시와 지역들은 글로벌 무한경쟁과 협업의 글로벌 프레임워크를 만들어나가고 있다. 중소 도시와 거대 지역의 거대한 그리드 파괴 지역이 강소 기업과 거대 다국적 기업들의 혁신과 상생의 경쟁력을 만들어내는 토대가 되기 때문이다. 결국 기업을 위한 다각적 비즈니스 인프라를 어느 지역이 가장 효율적으로 재구축하느냐의 문제로 귀결된다. 그리드 구조가 단순히 회사 조직에서 만들어지는 업무 공간이나 우리가 쇼핑을 즐기는 상업 공간 따위를 설계하는 용도로만 사용되는 것은 아니라는 말이다.

혁명적 하이퍼루프와 원시티네이션

하이퍼시티와 GAFA 같은 초거대 기업hypercompany의 등장은 초거대 도시의 연결망과 내부 조직 연결망의 새로운 공간 구성을 요구할 것이다. 즉 중요한 것은 속도이다. 우리는 이미 속도가 규모를 이긴다는 것을 알고 있다. 규모가 아무리 크더라도 속도가 담보되지 못한다면 살아남기 어렵기 때문이다. 도시물리학자 제프리 웨스트가 밝혀낸 것처럼 도시는 규모가 커질수록 속도가 더 빨라진다는 것을 눈여겨봐야 한다.

도시 공간의 연결인 파라네트워크는 미래의 경쟁력을 담보하는 중요한 요소이기도 하다. 이러한 관점에서 도시의 지하철 연결망 관계도를 살펴볼 필요가 있다. 서울 지하철의 경우, 1호선이 청량리와 서울역, 수원역을 연결하던 시기에는 서울역과 영등포역, 수원역, 특히 인천으로 갈라지는 환승역의 수요가 많았다. 이때 종각역은 종로서적을 중심으로 만남의 장소였다. 그렇지만 지금은 종로서적이 존재하지 않는다. 종로서적을 기억하고 있는 독자라면 당신은 이미 기성세대에 해당된다. 종로서적이 존재하던 기억을 살려보자. 당시 서울은 종로와 명동을 중심으로 상권이 형성되어 있었다. 이곳에서 거리가 멀어지면 지가가 낮아지고 매출도 줄어드는 일반적 중력 모델이 작동하던 시기였다.

서울에 지하철 2호선이 만들어지면서 상황은 달라졌다. 지금 서울은 지하철 2호선인 순환선을 중심으로 강남, 삼성, 잠실, 왕십리, 시청, 홍대입구, 당산, 사당 등 다핵화된 거점들이 들어서면서 도시의 수요가 주변 외곽 도시들의 교통 연결과 밀접하게 연계되고 있다. 또 지하철 2호선을 중심으로는 대학교들이 연결되어 있다. 한양대, 건국대, 연세대, 이화여대, 경기대, 서강대, 서울대, 홍익대 등이 모두 지하철 2호선과 연결되어 있다. 따라서 젊은 세대들이 모이는 상권은 대부분 지하철 2호선을 중심으로 만들어져 있다. 대표적으로 강남역, 삼성역, 홍대입구역, 왕십리역, 건대입구역 등이다.

전체적인 도시 건축을 생각해보면 아쉬운 점도 있다. 서울을 비롯한 수도권의 경우, 고속도로교통과 철도교통이 잘 연계되지도 않으면서 지하철 1호선과 2호선이 만나는 신도림역이 영등포역과 분리되어 있다. 게다가 KTX 광명역이 서울외곽순환도로에서 직접 연계되지 않으면서 철도 교통 자체의 실효적 경쟁력이 낮아지고 있는 현실이다. 이는 남대문시장과 동대문시장의 경쟁에서 맞춤형 고속버스로 도어투도어door to door 서비스가 편리해진 동대문시장 쪽이 더욱 성장하게 된 것과 마찬가지이다. 결국 역 주변의 관점보다는 보다 확장된 시각에서 도시 공간 구조와 도시 인프라스트럭처의 이음매 없는 연계를 통한 장기적 경쟁력을 대비하는 미래 비전이 중요하다는 말이다.

도시의 모범답안을 쉽게 찾을 수 있다. 일본의 도쿄는 순환선 야마노테 선을 중심으로 신주쿠, 이케부쿠로, 우에노, 도쿄, 시나가와, 시부야 등 다핵화된 거점들을 형성하고 있다. 특히 신주쿠와 도쿄역은 TODTransit Oriented Development 개발의 핵심 거점이 되면서 사철은 물론 국철이 함께 백화점 가로몰 등의 상업 공간, 버스 주차장 등 여타 교통의 편리한 환승 및 다양한 도시 체험의 효율적인 기반을 구축했다.

사실 도시 전체를 운영하는 시스템이 중요한 이유는 따로 있다. 바로 하이퍼시티이다. 도시는 점차 거대해지면서도 더 빠른 속도로 움직이고 그 속도에 의존해 규모를 더 키워가는 순서로 발달하고 있다. 그리고 이제 도시는 한 국가의 크기와도 같아지고 있다. 한마디로 모든 인프라가 모이면서 비즈니스 환경이 조성되면 주변 국가들의 인재들을 빨아들이는 블랙홀과 같은 하이퍼시티가 등장할 수도 있다는 말이다. 가깝게는 일본과 중국에서 등장할 가능성이 높다. 시대적으로도 탈국가 시대의 가속화와 함께 우리가 가진 도시의 장기적 지속 가능성에 대한 의문을 던질 수 있다. 특히 향후 인구가 급격하게 감소하거나 핵 리스크와 같은 전쟁 위험이 증가할 경우, 이러한 의문이 현실화될 가능성도 배제할 수 없다. 예컨대 서울보다 베이징과 상하이, 도쿄는 보다 완벽한 도시 운영 시스템을 구축하면서 주변국의 인재들과 기업들을 수용하려고 할 수도 있다. 이렇게 그리드가 파괴되면 엄청난 파급 효과를 불러올 수 있다.

그렇다면 대안은 과연 무엇일까? 그중 하나는 지금처럼 수도권 또는 충청지역을 포함한 수청권과 비수도권의 대립된 문제로만 파악하며 경쟁하는 것이 아니라 장기적으로 서울, 천안, 아산, 세종, 광주, 창원, 부산, 울산, 충주, 원주의 환영 순환을 연결하는 초순환망 하이퍼루프의 새로운 교통 인프라를 구축하는 것이다. 즉 남한 전체를, 장기적으로는 한반도 전체를 하나의 순환망 또는 8자형 메비우스 순환이 되도록 하는 구조를 형성하는 것이다. 다시 말해 한반도를 하나의 초거대 도시로 재편하는 '원시티네이션One-City-Nation'전략이 중요해진다고 생각한다. 물론 이런 세상은 우리가 살아 있을 때 경험할 수도 있고 아닐 수도 있지만, 인구 폭발로 인한 도시 간 경쟁 가속화와 초거대 도시 탄생은, 단언컨대 우리가 살아 있는 동안 벌어질 것이다.

물론 제아무리 교통과 기술이 발달한다고 하더라도 이와 같은 비전은 아직 기술적으로 불가능하다고 생각할 수도 있다. 그렇지만 과연 그럴까? 우리는 그 미래가 이미 가까이 와 있다고 믿는다. 이쯤에서 일론 머스크의 테슬라를 이야기하지 않을 수 없다. 일론 머스크는 2013년 8월 하이퍼루프라고 불리는 초고속 진공 열차를 구상했다고 발표했다. 이것은 지금까지 구상된 적 없는 초고속 교통을 위한 공기압 튜브이다. 우선 하이퍼루프는 사람 또는 사람이 탄 자동차를 캡슐 형태로 튜브에 탑승시킨다. 튜브 속은 저기압으로 유지되고 공기를 흡입시켜 캡슐 하부에서 분사하는 방식으로 공중부양한다. 여기에서 사용되는 추진기는 전자기 펄스와 고속 전기 모터다. 2013년 일론 머스크가 하이퍼루프를 발표했을 때는 시속 1,290킬로미터로 로스앤젤레스에서 샌프란시스코까지, 즉 자동차로 6~8시간 걸리는 거리를 단 30분 만에 연결할 수 있다고 말했다. 이것은 웬만한 비행기보다 빠른 속도이다.

지금까지 그랬듯이 일론 머스크의 주장은 늘 공학자의 공상에 불과하다고 폄하받은 적이 많았다. 하이퍼루프도 마찬가지였다. 그의 머릿속에는 이미 하이퍼루프를 통해 로스앤젤레스와 샌프란시스코, 뉴욕과 워싱턴 DC, 뉴욕과 보스턴 등을 연결하는 구상이 이미 끝났기 때문에 얼마 전까지만 해도 이것이 가능하리라 믿었던 사람은 일론 머스크를 제외하고 찾기 힘들었을지 모른다. 그렇지만 최근 들어 하이퍼루프가 이미 건설되기 시작했다고 전해지고 있다. 일론 머스크의 제안에 투자자들이 대거 참여했고, 하이퍼루프 테크놀로지스HT와 하이퍼루프 교통 테크놀로지HTT라는 두 회사에서 샌프란시스코에서 로스앤젤레스까지의 구간을 건설하기로 발표했으며, 시험 운행 구간을 건설 중인 것으로 확인되고 있다.

미국 서부에서 하이퍼루프가 건설되면 교통수단으로는 그야말로 인류 최고의 혁명에 해당할 수 있다. 고속열차보다 몇 배나 빠르고 비행기보다 운행 비용은 오히려 더 저렴하기 때문이다. 또 승객이 탑승하는 하이퍼루프 캡슐은 30~120초마다 운행이 가능하기 때문에 현존하는 교통수단이 따라올 수 없다. 문제는 엄청난 건설 비용이다. 그렇지만 이 문제만 해결해나갈 수 있다면 실리콘밸리를 중심으로 한 미국 서부는 더 빠른 속도로 앞서나갈 것이다.

이론상으로 하이퍼루프는 단일 구간으로 최대 1,600킬로미터까지 건설할 수 있다고 한다. 그 정도 구간은 한 번에 진공 설계가 가능하다는 설명이다. 그렇다면 일론 머스크의 하이퍼루프는 한반도 전역을 하나의 도시국가로 만들 수 있다. 범위를 넓힌다면 한국, 중국, 일본은 거대 도시처럼 운영될 수도 있다. 물론 아직은 먼 이야기이다. 그렇지만 이미 기술적으로는 실현 불가능한 일이 아니라는 점을 명심해야 한다.

한국, 중국, 일본을 잇는 초거대 도시가 만들어지기 전에 우리가 먼저 시도할 수 있는 것도 있다. 즉 KTX 등 고속열차의 속도를 높여 주요 거점 도시들이 약 2시간 이내에 연결된다면 한반도 전체가 다핵화된 순환 체제의 '하나의 도시 국가'로 성장할 수 있도록 모든 국가 인프라의 체제 개편을 준비할 수도 있을 것이다. 이것은 반드시 서울의 지하철 2호선처럼 순환선으로 만들어져야 한다. 지금처럼 서울에서 부산까지 갔다가 다시 돌아오는 구조는 시간 낭비일 뿐이다. 노랫말처럼 서울에서 대전, 전주, 광주를 거쳐 부산, 포항, 강릉 그리고 다시 서울로 돌아오는 순환선이어야 한다. 이런 경우에는 각 지역의 특화된 거점 배치 그리고 각 지역의 자원과 인프라 배치는 물론, 동아시아 더 나아가서 지구적 자원의 창조적 재배치와 협력이 필수적으로 연구되어야 할 것이다.

중요한 것은 기존 그리드를 벗어나는 창조적 시각의 스페이스웨어Spaceware 전략이다. 우리는 아직까지 그리드적인 사고방식에 갇혀 있기 때문에 탈구조적인 생각을 하지 못한다는 점을 인정해야 한다. 그렇지만 우리가 그리드를 파괴하기 시작하면 앞으로 해낼 수 있는 일이 우리의 상상을 벗어날 수도 있다. 하드웨어와 소프트웨어가 아니라 공간을 활용하고, 공간을 매개로 창의적인 생각을 만들어 내는 창조적 시각, 즉 스페이스웨어를 만들어야 한다.

급진적인 변화를 공유하라

"작은 변화만 쌓아서는 급진적 변화에 이르지 못한다."

이 말은 보편적으로 우리가 가지고 있는 조직에 대한 운영 방식이다. 리더십에서는 이것을 단속 평형 모델Punctuated Equilibrium Model이라고 부른다. 단속 평형 모델은 장기간 점진적 변화가 이어지다가 갑자기 기존의 틀을 부수는 불연속적 변혁이 닥쳐오는 과정을 표현한 이론이다. 불연속적으로 변화하는 환경에 대응하려면 조직도 연속적, 점진적으로 변화할 것이 아니라 전략, 조직 구조, 프로세스, 경영, 인사 등을 동시에 변혁시켜야 하고, 이는 리더만이 할 수 있다는 인식이 깔려 있다. 이 분야의 전문가 마이클 투시먼Michael Tushman은 리더가 비전을 제시하고, 구조를 만들어야만 급진적 변혁이 일어난다고 주장했다.

그러나 세상이 변했다. 리더들이 구조를 만들던 시대는 지났다.

텍사스 대학교 돈데 플로먼Donde Plowman 교수는 이 통설에 의문을 제기했다. 그리고 조직 변화는 환경이 불안정적일 때 작은 변화들이 다른 작은 변화를 낳게 되고 서로 증폭되면서 상황을 반전시킨다는 새로운 리더십을 발견했다. 여기에서 리더의 역할은 새로운 비전을 제시하고 상황을 역전시켜나가는 것이 아니라, 작은 변화를 응원하고 새로운 의미와 상징을 부여하는 일을 했다는 것이다. 돈데 플로먼 교수 팀은 이 논문으로 『미국경영학회지』 2007년 최우수논문상을 수상했다.

　도시도 마찬가지이다. 도시의 진화와 생존 욕망을 가장 잘 정리한 핵심 개념어들을 살펴보면 플레이스 마케팅, 스페이스 마케팅, 국가 브랜딩, 데스티네이션 브랜딩, 도시 마케팅, 장소 브랜딩 같은 것이 있다. 조금씩 차이는 있지만 기본적으로 더 많은 사람이 그 도시 또는 장소를 찾아오거나 거주하고 싶도록 만들며, 이에 대한 긍정적인 인식이 만들어지도록 하는 다양한 종류의 노력을 통칭하는 것이다. 이들 용어 중 최근에 가장 주목받는 핵심 개념어는 장소 브랜딩이다. 이는 특정 장소의 매력을 상품적 관점에서 보다 체계적으로 증가시킬 목적으로 도입되었다. 이를 위해서는 장소에 대한 잠재적 가능성을 상품성과 결합해 장소의 매력을 증가시키는 것 이외에, 장소의 특별한 아이덴티티 구축을 위한 핵심 가치와 핵심 정신을 만들어가는 전략이 중요한 이슈가 된다. 따라서 특정 장소의 장소 브랜딩이 성공적이기 위해서는 그 장소의 독특한 가치들을 수요자들의 요구에 적절하게 맞추면서도 그 가치를 증대시키는 적극적인 이미지 구축 과정과 이를 지속적으로 유지해 독특한 일관성을 만들어나 가는 것이 중요하다. 또한 현대 도시에서 장소 브랜딩은 관련된 모든 전략적 요소를 통합 결집해 만들어내는 '총체적 경쟁력 구축 과정holistic competitiveness building process'이라고 볼 수 있다. 세포 K. 레이니스토Seppo K. Rainisto는 장소 브랜딩이 성공적으로 진행되려면 리더십의 안정성과 플래닝 그룹의 총체적 기획이 중요하다고 역설한다. 근래에는 특히 상향식 참여적 기획이 더욱 각광받고 있다.

이러한 도시 경쟁력 구축 과정은 공공 디자인, 도시 디자인, 마을 만들기, 도시 재생, 걷고 싶은 거리, 국토 지속성 운동 등 다양한 방식과 유형으로 진행되고 있다. 누가 주도하느냐에 따라 민간 주도, 관 주도 또는 제3섹터에 의한 방식이 있고, 추진 형식에 따라 하향식과 상향식 등으로 분류할 수 있다. 그렇지만 본질은 어떻게 각 장소의 경쟁력을 강화시킬 수 있는 적정한 수단을 구축하고 이를 지속적으로 유지하느냐 하는 문제로 압축된다.

최근 도시와 지역에는 캅스 앤 도너츠Cops & Doughnuts의 사례와 같이 지역을 살리기 위해 창의적인 방식으로 기업과 개인의 참여를 유도해 지역의 이해관계자들이 직접 투자하는 로커베스팅locavesting, 에이미 코르테스Amy Cortese와 산업, 문화, 이벤트 등 다양한 요소와 결합해 새롭게 지역을 살리는 장소 재창안Place Re-inventing이 새로운 대안으로 주목받고 있다. 마을 공동체처럼 재능의 공유, 작은 도서관의 공유, 쓰던 공구의 공유 등을 통해 지역의 커뮤니티를 활성화시켜 동네를 구하고, 에어비앤비처럼 글로벌 네트워크가 형성되면서 장소 전체가 특화된 공유 경쟁력을 통해 주민 중심의 창발적 보텀업 어바니즘이 다양한 방식으로 표출되고 있다.

예컨대 경리단길 근처의 장진우골목이나, 연남동의 동진시장과 어쩌다 가게 등도 대규모 도시 계획에 의한 개발 형식보다는 예술가, 건축가, 디자이너, 식당 사업가 등이 함께 기존 필지의 건물을 개량하며 임대 공간을 작게 나누거나 한정된 예산으로 튀는 아이디어의 개입을 통해 공간의 시인성과 특개성을 강화시키면서 내부의 판매 콘텐츠들이 수익이라는 형식으로 지속성을 만들어주어 이러한 가게들이 모여 골목과 동네를 새롭게 재생시키게 되고 상업적으로도 활성화되는 현상을 주목할 필요가 있다. 성수동의 경우, 고가전철인 성수역 하부에 수제화 공공 임대 매장을 설치해 수제화장터 형성, 공공 브랜딩과 임대료 인하라는 실질적인 혜택이 생산 장인들에게 돌아갈 수 있도록 했다. 또한 상부 전철역 진출입 통행 공간을 활용해 작은 구두 뮤지엄, 수제화 전시 공간과 탑승장 광고판 등을 만듦으로써 보다 적극적으로 수제화 산업을 홍보하도록 했다. 이제 성수동은 서울숲 중심의 사회적 기업들과 커먼 그라운드의 상업 공간들이 선적으로 연결되기 시작하면서 새로운 창조적 활력들을 만들어내고 있다. 단, 임대료가 급격히 상승하면서 창조적인 활력의 주체들이 지역을 떠나야 되는 문제를 해결하는 것이 중요한 과제이다.

이제까지 우리 도시는 '도시 재생'이라는 화두로 여러 지자체에서 도시 재정비 사업을 진행했지만, 주로 2, 3종 주거지화의 지구단위 계획이 중심이 되는 공동주택개발에 편중되어왔다. 특히 불경기에 사업자와 재개발조합의 사업성과 조합의 이익을 고려하지 않을 수 없어 '도시 재생'이라는 본래의 화두는 사라지고, 골목길이 없어진 슈퍼 블록이 고층 아파트 단지로만 대체되고, 도시 경관이 획일화되어가는 위험을 가지고 있었다. 이로써 도시에 살았던 많은 사람의 흔적과 도시의 뒷골목, 그리고 여기에 담긴 이야기와 역사는 사라지고, 도시 정비 사업이라는 명목하에 용적률까지 상향시켜주는 아이러니한 상황까지 발생했다.

그렇지만 작금의 여러 도시는 지역의 특성에 맞는 소규모적이고 점진적인 개량형 도시 재생을 유도하고 있다. 이제 인구 감소 시대를 직면하게 될 우리 도시는 글로벌 도시 구조의 재편에 맞추어 하나의 거대 도시형 구조를 갖추면서 새롭게 진화해야 하는 시점에 있다. 남한 전체가 KTX로 2시간 이내에 연결되는 순환형 교통 체계를 가진 하나의 도시국가를 지향해야 한다. 또한 연결 노드의 중심인 각 중소 도시들은 지역의 골목과 오래된 건물자산에 주목하고, 창의적인 산업과 운영 프로그램을 중심으로 게스트하우스, 이색 식당, 특색 매장, 문화 공간 등으로 활성화시켜가는 것이 중요하다.

이러한 논의는 도시사회학자 앙리 르페브르Henri Lefebvre의 도시의 일상성 개념과도 맥을 같이하며 "도시의 일상생활이 환영과 진실, 권력과 무기력 사이의 교차점"을 보여주듯 거대한 도시의 전략들이 작은 가게를 통해 실천적으로 작동하면서 새로운 생성을 만들어내는 방식이다. 특히 여기에는 다양한 시민, 소가게, 소공인 및 커뮤니티의 참여가 중요하며, 그 주체의 구성도 디자이너, 건축가, 실내 건축가, 조경가, 도시 전문가, 문화 기획자, 산업 관련자 등 다양한 분야의 인력으로 개방되어야 한다. 또한 참여와 협력으로 지역의 새로운 창의적 대안을 만들어내고, 이를 통해 사람들에게 다른 곳에서는 경험할 수 없는 독특함을 각인시키는 장소 재창안형 도시 재생이 필요하다.

Spaceware:

도시 공간과 업무 공간을 매개로 MDMerchandising design,

조직 구성, 공간 구조, 창조 경영, 경영 효율이 함께 관여되는

축적된 또는 실험적 공간 기반 융복합 또는 혁신의 총합 시스템.

하나의 생각이 알려지기 위해서는 20년이 걸리는 법이고,

평가를 거쳐 이해되기까지는 30년을 기다려야 하며,

50년이 지나서야 적용되어 진화 과정에 들어서게 된다.

죽고 난 다음에는 아무 소용이 없다.

이미 너무 늦었고, 모든 것을 다시 시작해야 한다.

유용한 결정을 내리지 못하고 어째서 불행과 파국을 맞으려고 하는가.

『르코르뷔지에의 사유』, 르코르뷔지에Le Corbusier

변화의
구조를
만드는
리더가
되라

PART 5

그리드를 파괴하라

――――― ―――――

"그리드를 파괴하라."

지금까지 우리는 이 한마디를 위해서 수많은 근거와 주장을 제시해왔다. 그리드는 적어도 두 가지 의미를 가지고 있다. 첫 번째는 실제로 기업과 조직 내에 장벽으로 존재하는 구조물의 형태를 말한다. 이것은 구조적으로 만든 물리적인 공간을 포함한다. 실제 당신이 근무하는 사무실의 각 부서마다 존재하는 벽 혹은 각 구성원들사이에 놓여 있는 파티션일 수도 있다. 이 구조물들은 오랫동안 효율성이라는 명분으로 자리하고 있을 것이다. 두 번째는 메타포적인의미이다. 통상적으로 기업 경영자는 항상 그 조직을 관리하고 통제하기 위한 몇 가지 수단을 동원한다. 이것은 눈에 보일 수도 있고보이지 않을 수도 있다. 그렇지만 이것 역시 그리드라고 할 수 있다.

아직까지 물리적인 그리드기 실제로 어떤 영향을 주는지 명확하게 이해되지 않을 수도 있다. 실제 사례로 생각해보면 어떨까. 서울을지로의 대형 건물에 입주한 미국 기업의 AP 지사는 아시아·태평양 지역을 관할하지만 구성원은 5명 정도밖에 안 된다. 지사장을 포함한 모든 구성원이 젊은 세대여서 사내 커뮤니케이션이 빠르다. 그렇기 때문에 적은 인원으로도 많은 일을 해낸다. 머릿속으로 상상해본다면 영화 〈인턴〉에 나오는 회사처럼 분위기도 밝고 활기찰 것이다. 그렇지만 그것은 불과 얼마 전까지 상황이다. 이 회사의 분위기가 지금은 그렇지 않다는 말이다.

최근 이 회사는 같은 건물 내 조금 더 넓은 공간으로 옮기면서 모든 구성원이 개별적 공간을 갖게 한다는 취지 아래 높은 파티션을 설치했다. 지사장도 창가에 자신의 업무 공간을 만들고 그 공간으로 들어가버렸다. 그런데 그때부터 사무실에서 대화가 사라졌다. 우리가 이 책을 쓰고 있을 즈음 그 회사의 지사장에게 파티션을 철거하고 지사장의 공간을 별도의 스터디 공간이나 회의 공간으로 만들면 어떻겠냐는 제안을 했다. 그렇지만 그는 제안을 받아들이지 않은 듯하다.

이 회사가 원래부터 이렇게 된 것은 아니다. 그전에는 작은 공간에 옹기종기 모여 서로 모든 것을 오픈하고 웃고 이야기하며 업무를 보았다. 분위기가 밝아 누가 밖에서 들으면 시끄럽다고 할 정도였으니 말이다. 그렇지만 조금 더 쾌적한 공간으로 옮기면서 자기들의 공간을 얻는 대신 구성원들 간의 대화를 잃어버린 것이다. 서로 대화가 없어지고 분위기가 가라앉은 것은 새로 설치한 파티션과 분할된 공간 때문이라고 추측해볼 수 있을 것이다.

당신은 이 회사의 규모가 작기 때문에 이런 현상이 벌어지는 것 아닐까 의구심이 들 수도 있다. 큰 회사의 건물에 들어설 때를 생각해보자. 보통 천장이 높은 로비에서 경비원들과 안내 데스크를 만난다. 만날 사람의 성명과 부서, 직함을 제시하면 담당자는 직접 전화로 확인한 뒤, 신분증을 요구한다. 어떤 경우는 자필로 적어야 한다. 회사마다 조금씩 다르지만 이런 절차가 없는 회사는 별로 없는 듯하다. 어쨌든 좋다. 담당자를 만나기 위해서라면 이 정도는 감수할 만하다.

출입증을 받고 해당 층으로 올라가면 어떤가? 일단 조용하다. 자리에 선 채로 서로 이야기하는 사람은 별로 없고, 각자 자기 파티션에 틀어박혀서 일만 하고 있을 뿐이다. 자리에 없는 사람들은 회의실에 모여 회의를 하거나 외부 미팅이 있어서 외출한 경우가 대부분이다. 물론 대기업에서는 담당자가 외부로 나가는 일이 그렇게 흔하지 않다. 창가 쪽에는 부서장들이나 팀장들이 앉아 있다. 그들은 대부분 창가를 등지고 앉아 있기 때문에 솔직히 무엇을 어떻게 하고 있는지조차 알 길이 없는 경우가 많다. 지금 이 광경은 대부분의 대기업 사무실에서 살펴볼 수 있는 전형적인 모습이다. 혹시라도 기업에서 이런 형태의 사무실을 만들고 유지하는 것이 당연하다고 생각한다면, 당신은 아마도 태생적으로 관리자이거나 과거에서 타임머신을 타고 지금 이 시대로 온 이방인 아닐까.

현대 사회에서 경쟁 속에 살아가는 기업들은 이 모든 그리드적인 요소들을 파괴해야 한다. 이유는 간단하다. 앞에서 주장한 대로 통제할 수 없는 개인들이 부상했고, 조직이 이들과 함께 성공하기 위해서는 그리드를 파괴해야 한다. 그렇다면 어디서부터 무엇을 해야 할까? 먼저 그리드를 파괴하겠다고 마음먹었다면 물리적인 그리드 구조를 파괴하는 것이 가장 중요할지 모른다. 그렇지만 눈에 보이는 그 일이 쉽지만은 않다. 왜냐하면 구조를 없앤다고 하더라도 그 안에 흐르는 가치철학, 즉 소프트웨어를 모른다면 새로운 구조를 만들더라도 쓸모없는 구조로 전락하기 쉽기 때문이다. 반대로 눈에 보이는 구조는 그대로 둔 채 보이지 않는 그리드를 파괴할 수도 있다. 예컨대 관리와 규제를 위한 각종 제도와 마인드 같은 것들이 해당될 것이다. 그러나 눈에 보이는 구조는 그대로 유지한 채, 보이지 않는 규제만 없앤다면 크게 달라졌다고 생각하기 어려울 것이다. 그럼 도대체 어떻게 하라는 것이냐며 볼멘소리를 할지도 모르겠다.

우선 우리는 그리드를 파괴하는 일이 무척 어렵다는 것을 알고 있다. 그리드는 오랜 기간 동안 기업의 관리와 통제 문화가 생겨나고 시간이 지나면서 진화하고 보완되었기 때문에, 그리드를 파괴하는 것은 문화를 파괴하고 바꾼다는 것과 다르지 않다. 알다시피 문화란 오랜 세월에 걸쳐 개발되어온 일련의 행동방식이기 때문이다. 따라서 어떤 새로운 기회가 생겨나더라도 문화라는 것 때문에 발목 잡히는 경우가 수없이 많다.

1976년 스티븐 새슨Steven Sasson은 자신이 다니던 회사에 보고서 하나를 제출했다. 이 보고서의 제목은 '미래의 카메라The Camera of the Future'였다. 보고서는 메모리 카드, 즉 이미지를 저장해서 전화선을 통해 전송하는 새로운 형태의 사진 저장 기술을 예견한 내용이었다. 그렇지만 이 보고서를 받은 경영진은 난색을 표했다. 한마디로 이런 물건 따위에 신경 쓴다며 볼멘소리를 했다. 그리고 그 회사는 수십 년이 지난 2012년 파산을 선언했다. 이 회사의 이름은 바로 코닥이다. 보통 사람들은 코닥이 필름 카메라 시장만 고집하다가 파산했다고 알고 있다. 사실은 맞다. 그러나 실제 스티븐 새슨과 같은 인물이 새로운 카메라를 예견한 보고서를 만들어서 제출한 사건은 잘 알려지지 않았다.

스마트폰 블랙베리 제조업체인 리서치인모션Research in Motion의 몰락도 기업의 문화가 얼마나 강력한지 잘 보여준다. 2007년 아이폰이 등장했을 때 리서치인모션은 모든 소비자가 실제 키보드가 있는 휴대전화를 원하고, 스마트폰에서 터치하는 키보드는 일시적인 유행에 불과하다고 결론을 내렸다. 그렇지만 리서치인모션의 생각은 완전히 빗나갔다.

그때 리서치인모션이 재빨리 전략을 바꿔서 자신들이 보유한 기술력으로 스마트폰을 만들 수도 있었을 텐데, 왜 그렇게 하지 못했을까? 아직도 궁금하다. 추정컨대, 리서치인모션의 진짜 문제는 소비자와 시장에 대한 자신들의 가정에 한 번도 의문을 제기하지 않았고 사내의 인식을 변화시키려고도 하지 않았을 것이라는 점이다. 물론 훗날 코닥의 사례처럼 몇십 년이 지난 뒤에 실제로 스마트폰을 만들 수 있는 보고서를 리서치인모션 경영진에 제출했을 수도 있다. 가정이다. 그러나 결과는 마찬가지였을 것이다.

이처럼 기업의 문화는 쉽사리 바뀌지 않는다. 이렇듯 정교하게 만든 그리드일수록 기업의 문화는 견고하고 튼튼하다. 조직에서 일해본 사람들은 공감할 테지만, 폐쇄된 조직에서는 새로운 정보를 찾는 것이 매우 어렵고 이를 승인받기란 더 어렵다. 물론 그들도 새로운 것을 추구해야 좋다는 것은 학습 효과로 알고 있다. 기존 관습에서 탈피해 새로운 것을 받아들이면 긍정적인 효과가 많이 나타난다는 사실은 이미 여러 분야에서 입증되었다. 그럼에도 불구하고 새로운 것을 추구하는 건 쉬운 일이 아니다.

그리드를 파괴하는 데 가장 어려운 걸림돌은 바로 구성원들을 믿는 것이다. 말로는 쉽지만, 결코 만만한 일이 아니다. 기업 경영자들은 대부분 자신의 조바심 때문에 모든 변화와 혁신을 막고 있다고 생각할 것이다. 구성원들을 믿고 의지해야 하는데 조바심 때문에 그렇게 하기가 쉽지 않다.

기업이 성장곡선에 오르면 유지하는 늘 똑같은 패턴이 있다. 바로 지속 가능한 성장을 위한 규칙과 절차, 그리고 정책을 만들어내는 것이다. 경영자는 실무에서 물러나 조직을 관리하기 위해 '중간 관리자'를 둔다. 그들을 통제하면 조직을 관리할 수 있으며, 이것을 경영자의 특권이라고 생각하는 것 같다. 그렇지만 경영자가 그렇게 생각하면 구성원들도 같은 패턴으로 움직인다. 구성원들조차 경영진과 직접적으로 대면하려고 하지 않는다. 실제로 모든 조직의 하위 계층으로 내려갈수록 구성원들은 경영진과 논의하기를 꺼려한다. 이것을 구성원들의 잘못만으로 돌릴 수는 없다. 책임은 여전히 최고 경영자에게 있는 것이다.

그리드 파괴로 혁신의 패러다임을 바꿔라

—— —— —— ——— ——

비즈니스계에서는 '패러다임을 바꿔라'라는 말을 지겹도록 들어와 새로울 것도 없어 보일 것이다. 게다가 패러다임paradigm이라는 단어는 지구상에 존재하는 논문과 책에서 가장 많이 인용된 단어에 속할지도 모른다. 그렇지만 지금은 과거 수십 년 동안 경영학자들이 말했던 변화, 혁신, 패러다임 변화와 차원이 다르다.

하버드 대학교 경영대학원 교수 클레이튼 M. 크리스텐슨 교수가 1970년대 초반 대학에 처음 들어갔을 때, 그를 본 사람들은 경영학계에 아인슈타인과 같은 인물이 나타났다고 했다. 그리고 40년이 흘렀다. 크리스텐슨과 함께 거론되던 C. K. 프라할라드Prahalad 교수는 세상을 떠났지만, 그는 2011년『포브스』지 커버스토리에 등장하면서 '지난 50년간 가장 영향력 있는 비즈니스 이론가' 중 한 명에 이름을 올렸다. 2014년에는 허버트 사이먼 상을 수상하고, 2015년에는 에디슨 공로상을 수상하기에 이른다. 마치 경영학에 아인슈타인이 나타났다는 것을 증명이라도 하듯.

크리스텐슨 교수는 인터넷이 상용화되기 시작할 즈음 세상에 모습을 드러냈다. 1997년『이노베이터스 딜레마』, 2003년『이노베이터스 솔루션』이라는 걸출한 경영서를 출간하면서 20세기 말을 흔들었던 '파괴적 혁신 이론'의 창시자이다. 기업은 누군가 나를 파괴하기 전에 자기 스스로 파괴해야만 생존할 수 있다는 이론을 만든 것이다. 아시아를 포함한 전 세계에서 파괴적 혁신 이론은 꽤나 유명세를 탔다. 덕분에 기업에서 혁신을 시도했던 사람들은 '크리스텐슨'이라는 이름을 적어도 한 번은 들어봤을 것이다.

파괴적 혁신이 만들어지고 벌써 십수 년이 지났다. 지금의 세계는 또 다른 양상이다. 10년 전까지만 해도 상대방을 서로 이기겠다면서 경쟁의 압력을 높였지만, 지금 기업들은 상대방을 이기기 위해 경쟁하지 않는다. 그리고 이제 크리스텐슨 교수도 과거 수많은 경영학자가 외쳤던 '혁신'은 혁신적이지 않았다고 말한다. 그는 최근 출간한 『이노베이터 메소드』에서 '역사적으로 볼 때, 경영은 직선이나 직각에 관한 것'이라고 말한다. 즉 문제가 표준에 딱 맞고 상호 의존성이 익히 알려진 경우엔, 오늘날 경영자가 활용하는 기존 비즈니스 기획 툴이 큰 도움이 되었다는 것이다. 반면 그는 "혁신은 불확실함과 비표준적 과정, 즉 곡선이나 비정상적인 각도에 관한 것이라 규정짓고, 현재 나와 있는 경영 서적이나 툴들은 경영자들과 혁신가들이 직면한 새로운 문제점들에 대해 아직 이렇다 할 처방을 내리지 못하고 있다"고 지적한다.

예컨대 넷플릭스Netflix의 CEO 리드 헤이스팅스Reed Hastings는 감독이나 훈련이 거의 필요 없는 명민하고 이타적인 인재들로 회사를 채우는 것이라고 말했다. 그것이 혁신이라는 것이다. 온라인 신발 매장으로 유명했던 자포스Zappos는 고객 응대 서비스가 유명한 회사로 남아 있다. 그렇지만 자포스에는 고객 응대 매뉴얼도 존재하지 않고, 고객 응대 제한 시간도 설정되어 있지 않다. 그들의 고객 응대 사실만 놓고 보면, 말 그대로 가족이나 친구에게 수다 떨듯이 대한다. 이런 자포스의 업무 공간은 자유롭고 활기가 넘친다. 우리는 넷플릭스나 자포스, 앞에서 여러 번 언급한 페이스북의 업무 공간과 픽사, 애플, 아마존, 구글까지 살펴봤다. 물론 크리스텐슨 교수와 같은 훌륭한 학자들은 이 모든 것을 통칭해 '혁신'이라고 부르는지 모르겠다. 그렇지만 어떤 혁신 관련 책이나 경영자를 위한 안내서에도 이렇게 파격적인 공간 구조를 내놓은 적은 아직 없다. 두말할 나위 없이 패러다임이 바뀐 것이다.

'패러다임'이라는 말이 나왔으니 이 말은 어떻게 생겨났는지 살펴보자. 1947년 원래 하버드 대학교 물리학자였던 토마스 쿤Thomas Kuhn은 버클리 대학교에서 철학과 교수로 전공을 바꿨다. 그 후 고대 과학서적을 읽고 연구하다가 고대 과학이 그 이후의 과학과 연결되지 않는다는 사실을 알아차렸다. 과학이란 연속체가 아니라 다른 어떤 것이라는 결론을 내린 것이다. 그래서 토마스 쿤은 15년에 걸쳐서 과학의 변화를 연구했고, 1962년에 『과학 혁명의 구조The Structure of Scientific Revolution』를 펴냈다. 그는 과학의 변화가 사고방식이 전적으로 변화하는 일련의 혁명을 통해 진행된다고 주장했고, 이것을 패러다임이라고 불렀다.

패러다임에 변화가 오면 한동안 안정기를 거치면서 이에 대한 연구가 활발하게 이루어지는 것이 보통이다. 그렇지만 어느 시기가 되면 기존 패러다임과 다른 예외적인 현상이 등장한다. 과학에서는 이런 경우 처음에는 예외적인 현상으로 치부하지만, 예외적인 현상이 계속 연이어 발생하면, 기존 '패러다임'은 위기에 봉착한다. 이때 바로 '패러다임 시프트paradigm shift'가 일어난다. 즉 새로운 패러다임으로 바뀌는 것이다.

지금 우리가 비즈니스 환경에서 목격하는 예외적인 현상들은 혹시 패러다임을 바꾸는 전단계라고 생각할 수 있지 않을까? 스티브 잡스가 픽사에서 크게 성공한 뒤 애플로 복귀해 아이폰과 아이팟 등을 성공시키자 수많은 사람은 '돌연변이'라는 말밖에 달리 설명할 방법이 없었다. 돌이켜보면 스티브 잡스 이후에도 예외적인 현상은 너무 많았다. 온라인 서점으로 시작한 아마존은 이제 지구 전체를 대상으로 거의 모든 상품을 유통시키는 공룡 아마존이 되었고, 대학에서 사용하던 커뮤니티 사이트는 7억 명 이상의 회원 수를 거느리는 페이스북 왕국이 되었다. 12명의 프로그래머가 만든 사진 업로드 프로그램은 원래 게임으로 시작했지만, 결국 인스타그램으로 1억 2,000만 달러에 매각되기도 했다. 인스타그램은 여전히 승승장구 중이다.

구글은 검색 엔진으로 시작했고, 사업이 어려워 매각하려고 한 적도 많았다. 그렇지만 구글은 따라잡을 수 없는 검색 엔진이 된 지 오래이다. 또 일론 머스크가 만든 테슬라, 스페이스엑스, 솔라시티 등의 새로운 업무 방식은 전 세계 자동차 회사들을 충격에 빠뜨리기도 했다. 우리가 스티브 잡스를 돌연변이라고 생각하며 그 현상을 이야기했듯이 지금껏 이야기한 유명인들이 모두 돌연변이일까? 그렇게 설명할 수도 있지만, 돌연변이라고 하기엔 그들이 너무 많아진 것 아닐까? 그러니까 우리는 돌연변이를 만들어내는 구조를 찾아야 한다. 왜냐하면 예외적인 현상들은 셀 수 없이 많고 앞으로는 더 많이 생겨날 것이기 때문이다.

지금 비즈니스 상황은 단순히 예외적이고 앞으로 더 변화해야 한다는 말로는 왠지 부족하다. 지금 앞서가기 시작한 GAFA는 그들의 업무 공간 전략과 구조 전략을 서서히 드러내놓고 있다. 이것을 이상하게 생긴 건물이 등장하는 것으로 봐서는 안 된다. 그들은 패러다임 시프트의 일환으로 보이지 않는 디지털 그리드를 만들어 통제의 효율성을 유지하면서도, 그리드 속에 숨어 있던 더 많은 재능과 창발형 인재들을 발굴해내려 하고 있다. 그러니까 어쩌면 모든 비즈니스는 이제 진짜 '새로운 생산 양식의 비즈니스 플랫폼a business platform in new modes of production'을 만드는 패러다임의 시대가 되었다. 새로운 패스트 패션의 유통, 크라우드펀딩 디자인/생산, 글로벌 협업의 기획/개발 등 다양한 유형의 협업을 통해 경쟁력 있는 집단의 발굴과 참여가 핵심 과제이다.

폴리로 계획적 맥락의 한계를 뛰어넘어라

위키피디아에 따르면 폴리folly란 일반적으로 오래전부터 정원에 지어진 비실용적인 구조물들을 의미한다. 물론 기근 시에 노동 대가를 주기 위한 폴리들이 만들어지기도 했지만, 일반적으로는 실용적인 목적 없이 지어진 작은 건축물을 일컫는다. 그렇지만 건축 분야에서 실용적인 목적으로 용어 그 자체로 해석했을 때 폴리는 다양한 방식으로 규정되거나 열린 플랫폼으로 사용될 가능성이 있는 구조물이다.

현대적 의미의 폴리는 앞서 언급한 것처럼 베르나르 추미가 프랑스 파리에 라빌레트 공원을 설계하면서 120미터의 그리드를 무작위로 뿌려놓은 소위 비표상적 기표의 구조물로 널리 알려지기 시작했다. 추미는 현상설계 공모를 통해 영어 폴리folly와 발음이 같은 광기를 뜻하는 프랑스어 폴리folie의 이중적 의미를 활용했다. 기존 도시가 가진 의미의 한계를 뛰어넘는 건축 장치로 공원을 만든 것이다. 즉 라빌레트 공원이 상암동 난지도의 DMC처럼 역사적으로 구조화된 도시 공간에 놓여 있는 것은 분명하지만, 이를 뛰어넘는 비구조화된 의외성의 도시 장치를 만든 것이다. 현대에 들어와서 폴리는 이처럼 구조적으로 접근하기에는 한계가 많은, 또는 어떤 구조의 일부분이지만 구조의 한계를 넘어서는 공간적 장치물로 해석할 수 있다. 라빌레트 공원 이후에도 폴리는 계속 등장해왔다. 오사카의 폴리나 네덜란드 흐로닝언의 비디오 폴리 등 도시 공간 내에서 추상성과 일상이 만나면서 새로운 생각을 자극하는 다양한 시도가 존재해왔다.

폴리는 정원의 허튼 장식물로 시작되어 도시 공간에 기존의 그리드 구조를 뛰어넘는 새로운 생성을 위한 잠재적 장치이고, 이것이 상업 공간이나 업무 공간, 주거 공간에 침입하면서 기존의 계획적 맥락의 한계를 뛰어넘는 새로운 창의성과 예술적 가능성을 자극하는 도시 공간 장치로 진화하고 있다. 다시 말해 도시에 새로운 활력을 부여하는 장치이거나 기존 업무 공간의 획일화된 위계적 자리 배치를 탈피하는 말랑말랑한 공간, 또는 개인화된 집합주택의 한계를 극복하는 공유 공간과 공유 커뮤니티의 가능성을 열어주는 공간들이 될 수 있는 것이다. 따라서 기존의 그리드 공간 구조에서 새로운 창의성을 유도하고 싶다면 각기 조직에 맞는 맞춤형 폴리를 만드는 것이 필요하다.

그렇다면 폴리의 사례를 어디에서 살펴볼 수 있을까? 개념적으로 어려우니 국내 사례를 살펴보자. 첫째, 광주 폴리이다. 2011년 광주 폴리를 만들어가면서 상업 공간과의 마찰로 많은 논란이 있었지만, 1차 광주 폴리는 대중의 인식에서 사라진 광주읍성의 경계를 어반 폴리를 통해 현재화하고자 했다. 당시 짧은 공사 기간과 예산 등으로 어려움을 겪었지만 광주 장동로터리에 들어선 후안 헤레로스Juan Herreros의 소통의 오두막을 보면 광주 폴리를 실감할 수 있다. 특히 지난 4년 동안 주변 도시 맥락의 변화가 무척 컸다. 또 최근에는 '쿤스트 라운지'라는 예술 카페까지 들어서면서 아시아문화전당 주변이 훌륭한 식사와 만남의 공간이 되고 있다. 2013년 제2차 광주 폴리는 '인권과 공공 공간'이라는 주제로 시민과의 마찰을 피해 공공 공간에 자리 잡고, 폴리에 기능성을 부여하면서 원도심의 새로운 자극과 활력을 주고자 했다.

'틈새 호텔' 폴리는 도시 공간의 틈에 숙박하면서 도시민과의 접촉면을 만들고자 했고, '광주 투표' 폴리는 사람들이 걸어 다니면서 길거리 여론조사가 가능하도록 찬성, 반대, 중립의 거리 투표를 원도심의 유서 깊은 골목인 광주학생독립운동기념회관 자리에 설치했다. 물론 진지한 여론을 만들어내는 공간이라 할 수는 없지만 광주 투표라는 웹 사이트에서 온라인으로 의견을 수렴하고 이를 시민들과 함께 공유하면서 반응을 이끌어내는 도시 장치의 하나로 발전하고 있다. 이는 세계 어디에도 없는 새로운 거리 투표 개념으로 광주의 브랜드를 견인하는 새로운 방향의 도시 공간 장치인 셈이다.

'광주천 독서실' 폴리도 책과 휴식을 매개로 도시와 주민 간의 상호작용을 이끄는 인문학 공간으로 기존 도시 구조와 결합하면서 새로운 쉼터이자 독서 공간으로 인식되고 있다.

결국 도시 공간의 새로운 비일상성과 의외성을 주는 도시 갤러리 요소들이 광주 폴리를 통해 자리 잡으면서 구조화된 도시의 추상성과 건조함을 극복하고 새로운 활력의 창의 도시를 지향하는 구조 전환의 계기를 만들고 있는 것이다. 그렇다면 폴리는 도시에만 필요할까? 그건 분명 아니다. 회사는 물론 상업 공간, 주거 공간에도 그러한 탈그리드 공간들이 필요하다. 앞서 이야기가 GAFA가 다투어 신사업을 지으면서 자신들의 새로운 창의적 활력을 산출하기 위한 공간적 장치로 여러 요소를 도입했듯이, 우리나라에서도 네이버 분당 신사옥의 라이브러리, 현대카드의 1층 로비와 업무 공간 혁신, 포스코그룹의 포레카 등 여러 조직에서 다양한 그리드 파괴 요소를 시도하고 있다. 근본적인 방향은 개인 업무 공간을 보다 콤팩트하게 하고 공유 공간을 늘려나가는 방식이다. 이는 어쩌면 에어비앤비와 쏘카 카셰어링, 코워킹, 셰어하우징 등 공유경제가 함께 새로운 패러다임을 만들어가는 방식의 일환일 수도 있다.

둘째, GS건설의 'G폴리'이다(이 프로젝트는 천의영 교수가 스마트 오피스의 디렉터로 참여했다). 당시 GS건설은 빠른 성장과 규모 확장에 따라 업무 공간을 계속 분할하고 있었다. 전문화와 분업이 자리한 것이다. 지금까지 200년 동안의 비즈니스 역사에서는 전문화와 분업이 조직문화에 자리 잡으면 커뮤니케이션이 늘 활성화되지 못한다는 사실을 염두에 두면 GS건설이 선택할 수 있는 방법은 우리도 짐작해볼 수 있다. 물론 GS건설도 이와 같은 문제를 인식하고 있었다. 건설 부문과 플랜트 부문 간의 소통을 위한 업무 환경의 필요성이 대두되면서, 창신동 신사옥에서는 통합된 조직문화를 시각적으로 보여주는 소통의 공간이 필요하다고 판단했다. 특히 빠르게 변화하는 글로벌 시장 상황에 대응하는 공간 요소로서 관습에 얽매여 있는 고정된 사고에서 벗어나 창의적인 변화와 솔루션을 모색할 수 있는 공간 장치의 시각화가 필요했고 이러한 개념의 일환으로 'G폴리'가 도입된 것이다.

G폴리 공간은 개인적 휴식 공간이자, 아늑한 미팅 공간이다. 또 창발형 토론 공간이면서 감성적 업무 공간으로 변신할 수 있도록 가능성을 열어놓았다. 특히 폴리 지킴이 그룹을 형성해 기존 조직의 업무 틀에 한정되지 않고 공간의 이용 규칙에 대한 관리가 가능하도록 제안했다. 또 직원회의 공간, 식당 공간 등 공용 공간도 회의나 식사시간 이외에 G폴리처럼 다양한 형식으로 활용할 수 있다는 가

능성을 열어놓았다.

GS건설의 G폴리가 추미의 라빌레트 폴리와 광주 폴리에서 통찰을 얻은 것은 분명하다. 앞선 사례들이 없었다면, 스마트한 조직의 통합과 부처별 칸막이를 넘을 수 있는 창의적 집단 지성 영역으로 G폴리를 생각해내는 것이 더 힘들었을 것이다. 그렇지만 모든 일이 그렇듯이 창의적 아이디어만 만든다고 문제가 해결되는 것은 아니다. 최고 의사결정권자의 승인이 필요하기 때문이다. 따라서 이런 개념을 실질적으로 뒷받침하기 위해서는 다른 건설사들 및 대형 설계사무실들의 업무 공간의 규모를 체크할 수밖에 없었다. 결국 기존 개인 업무 공간을 축소해 G폴리를 포함한 다양한 스토리지 공간과, 전화 부스 및 다목적 공유 공간을 마련할 수 있었던 것이다.

셋째, 서울 강남 개포지구 커뮤니티 폴리다. GS건설에서 활용했던 G폴리 개념을 서울 강남의 개포지구 재건축 설계 시 공공 건축가로 참여하면서 커뮤니티 폴리의 가능성을 제안한 것이다. 이 주민 커뮤니티 폴리는 주변 시세의 60~80퍼센트로 운영되어 보다 적극적인 주민 참여가 이루어져 커뮤니티 장소가 될 수 있도록 했고, 다양한 예술 작업을 끌어들이는 예술 폴리, 재건축 이전의 기억을 담는 메모리 폴리, 그리고 친환경 생태를 지향하는 그린 폴리 등 새로운 프로그램을 담아 단지 주민이 주체가 되어 지역과 세계를 함께 연결하는 매개 공간이 되도록 제안했다. 그러나 실현과 운영은 추후 지켜볼 일이다.

알랭 드 보통Alain de Botton은 『행복의 건축』(2006)을 편찬한 이후

2009년 리빙 아키텍처라는 새로운 건축 그룹을 결성하고 살아 있는 건축 작업을 실천하고 있다. 특히 네덜란드 건축가 그룹 MVRDV가 설계한 영국 서포크 해안의 밸런싱 반Balancing Barn은 경사진 지면을 활용해 어느 한쪽으로 치우칠 경우 무너질 수 있다는 평범한 진실을 시각화시키며 작은 게스트 하우스를 제안하고 있다. 건축가는 일과 놀이, 공공성과 가족 사이의 끊임없는 긴장을 요구하는 현대사회에서 균형 있는 삶을 자각시키는 장치로서 새로운 폴리형 반을 제안하고 있어 흥미롭다. 이는 한 도시를 뛰어넘는 집단지성적 제안이라는 점에서 더욱 큰 의미를 부여할 수 있다.

우리가 폴리를 만들어야 하는 이유는 몇 가지가 있다. 첫째, 기업 내부에 폴리를 구축하면 그리드에 갇혀 보이지 않던 커뮤니케이션의 부재를 조금씩 극복할 수 있고, 뜻밖의 조우를 통한 새로운 가능성의 사고를 할 수 있다. 대부분의 회사는 공식적인 커뮤니케이션으로 '회의'를 한다. 물론 여기에는 기업의 경영진들이 공식적 또는 정적인 커뮤니케이션에 의존할 수밖에 없는 이유도 있을 것이다. 특히 다른 대안을 선택했을 때 그 변화는 시간 낭비이고 위험하다고 생각하며, 고비용 구조가 될 것이라고 여기기 때문이다. 따라서 그 대안으로 바로 폴리를 만들면 된다. 폴리는 서열과 형식의 그리드를 파괴하고 그 거점으로 새로운 아이디어의 커뮤니케이션이 만들어지도록 하는 묘한 매력이 있기 때문이다.

그러나 조직 내 커뮤니케이션이란 늘 역동적으로 변화하게 되고 정형적이기보다는 비정형적인 형태로 나타나는 경우도 많다는 것을 간과하면 안 된다. 쉽게 말해 커뮤니케이션은 항상 회의실에서 공식적으로 일어나지 않는다는 말이다. 엘리베이터 안에서도, 정수기 앞에서도, 식사를 하면서도 빈번하게 일어난다. 그렇게 하려면 그리드가 파괴되는 것이 더 효율적일 것이다. 한 가지 기억해둘 것은, 이런 측면에서 그리드를 파괴하는 선택은 늘 좋은 측면만 있는 것은 아니라는 점이다. 즉 기업의 경영진이 모든 커뮤니케이션을 통제하겠다는 것은 영원히 딜레마로 남을 수도 있다.

둘째, 먼저 우리 자신이 솔직해질 필요가 있다. 우리는 모두 급진적인 변화를 좋아하지 않는다. 그렇다고 새로운 것에 강하게 부정적인 태도를 갖는다는 의미는 아니다. 새로운 것이 등장했을 때 딱히 반기지도 않고 원하지도 않는다는 의미이다. 그리드를 파괴하는 측면에서 생각해보자. 솔직히 위계질서를 형성하는 그리드를 전면적으로 파괴하는 일은 초기부터 구성원들을 포함한 기업 임원들의 반대를 각오해야 할 수도 있다. 물론 누군가의 반대를 무릅쓰면서 폴리를 만들어낼 수도 있을 것이다. 그렇지만 기존의 업무와 위계질서에 눌리거나 의식이 바뀌지 않는 한 오히려 그리드가 더 편한 공간이라고 생각할 수도 있다. 쉽게 말해 새로운 폴리 공간을 만든다고 해서 그것이 창고나 먼지만 쌓이는 공간으로 전락할 가능성을 완전히 배제하지는 못한다.

1950년대에 심리학자 제이컵 겟젤스Jacob Getzels와 필립 잭슨Phillip Jackson은 고등학교 학생들의 아이큐를 가지고 창조적인 집단과 창조적이지 않은 집단 사이의 관계를 설명하려고 했다. 그들이 밝혀낸 것은 창조력이 높은 학생들은 아이큐가 높지 않지만 더 재미있고 장난기가 많으며 덜 관습적이고 탈제도적인 사람들이었다는 것이다. 그런데 연구 중에 뜻밖의 사실이 하나 더 밝혀졌다. 학교의 선생님들은 아이큐가 낮고 창조적인 학생들을 좋아하지 않았으며 아이큐가 높고 그들의 기대에 부응하는 성적을 거두는, 다시 말해 덜 창조적인 학생들을 좋아했다는 점이다. 창조적인 것을 거부하고 조직에 순응적이며 대신 똑똑한 사람들을 선호하는 현상, 이것을 '겟젤스-잭슨 효과'라고 부른다.

문제는 겟젤스-잭슨 효과가 어른 세계에서도 그대로 통한다는 것이다. 경제계, 과학계, 정부 분야의 의사결정권자와 권위자들은 모두 자기가 창조를 가치 있게 여긴다고 말한다. 그렇지만 그들의 마인드를 테스트해보면, 실제로 그들은 창조자들을 가치 있게 여기지 않는다. 어른들의 세계에서 '혁신'을 이야기하고 '창조'를 추구하는 것이 대세라고 말하지만, 실제 속마음은 그렇지 않다는 말이다. 물론 인정해야 할 것은 인정해야 한다. 즉 비교적 창조적인 사람들은 관습과 규칙을 잘 따르지 않기 때문에 관리자들은 그들의 행동을 예측하거나 통제하기가 어렵다. 그렇지만 통제하기가 어려워서 싫어하는 것은 아닐 것이다. 사람들이 아무리 입으로 창조를 가치 있게 여긴다고 말하더라도 대부분 내심으로는 통제를 더 가치 있게 여기기 때문이다. 변화를 두려워하고 익숙함을 선호하는 것이다.

이런 측면에서 본다면, 폴리는 적절한 대안이 될 수 있다. 경영진이 그리드를 전면적으로 파괴하는 것이 아니므로 구성원들도 반발하지 않는다. 반대로 구성원들이 경영진에게 제안할 경우에도 마찬가지이다. 큰 파격이 없으니 쉽게 승인될 수 있는 문제 아닌가.

요약해보면, 폴리는 이성과 광기, 지역성과 세계성, 구조화와 비구조화, 일상성과 비일상성의 이진법적 구도를 끊임없이 해체하는 경계 의미를 만들어내는 의미 분화의 도구라고 할 수 있다. 윌리엄 바넷William Barnett 교수의 표현을 빌리면, 혁신의 가장 중요한 비결은 바보스러움foolishness을 허용하고 장려하는 조직문화이다. 결국 인류의 중요한 발명품인 전화기나 인터넷도 처음 등장할 때는 어른들 장난감이나 핵전쟁 시 군사적 커뮤니케이션 유지라는 단순한 출발로부터 시작되었다. 페이스북도 이름을 보면 미인얼굴비교 사이트가 시작이었음을 짐작할 수 있는 것처럼, 사소하게 시작되었지만 그 이후 만들어진 세상의 변화는 누구도 예기치 못했던 새로운 진화의 DNA가 되고 있다. 이것이 우리가 스스로의 폴리를 만들어야 하는 이유이다.

광장에서 일하라

───── ──

그리드를 파괴하기로 결정했다면, 가장 먼저 바뀌어야 하는 것은 우리가 가진 공간에 대한 '인식'이다. 인간에게 공간은 말할 수 없을 만큼 중요하다. 우리는 청각, 시각, 후각으로 자기 공간을 감지하고 일정 범위 안에 들어오는 사람들에게는 경계 태세를 갖춘다. 이는 본능적인 반응이다. 따라서 사람들이 많은 거대 도시에는 항상 공간으로 인한 다툼이 문제가 된다. 아파트 층간 소음 문제는 청각으로 인한 공간 침해이고, 주행 중인 자동차 앞에 끼어드는 것은 시각으로 인한 공간 침해라고 여긴다. 이로 인한 사회문제는 심각하다.

그럼에도 불구하고 그리드를 파괴하고자 한다면 우리가 가진 공간을 먼저 상대방에게 오픈하고 광장으로 나아갈 필요가 있다. 이는 분명히 가치 있는 일일 것이다.

우리가 자주 사용하는 말 중에 '바자회'라는 것이 있다. 여기에서 '바자bazaar'라는 단어는 '시장'을 뜻하는 페르시아어에서 유래되었다. 바자는 우리에게 사람들이 모이는 장면을 연상케 한다. 사람들이 모여서 물건을 사고 농작물이나 수산물을 거래하며 거리 축제에서 함께 어울려 먹고 즐긴다. 그렇다면 광장에서 일하라는 말은 도대체 어떤 의미일까? 이것은 마치 '바자회'를 하는 것과 마찬가지이다. 형식에 관계없이 개인과 팀들이 서로 협력하고 아이디어와 발전계획을 만들고 의견을 교환하며 더 생산적인 계획을 만들어내는 공간이 되는 것이다. 어떤가, 너무 이상적인가? 그렇지만 우리가 생각하는 것보다 많은 곳에서 이미 시작되고 있다.

먼저 스탠퍼드 대학교에는 '스타트엑스'라는 소규모 비영리 단체가 있는데, 이 단체는 창업 아이디어를 가진 스탠퍼드 대학교 대학생, 대학원생 및 박사과정, 연구원 그리고 교수와 졸업생이 스타트업 기업에 투자하고자 하는 사람들과 연결되어 있는 단체이다. 이 단체는 2010년에 만들어졌다. 초기 스타트엑스에는 2,400명이 네트워크에 지원했고, 그중 90개의 스타트업 기업이 탄생하기도 했으니 성공적이었다고 해야 할 것이다. 초기 성공이 가능했던 것은 스타트엑스가 제공하는 바자회를 통해 연결할 수 있었기 때문이다. 이 바자회는 '데모데이'라는 이름으로 되어 있는데, 스타트업 아이디어를 가진 사람이 5분 동안 파워포인트 자료와 스피치를 통해 멘토와 투자자, 고객 등에게 홍보하게 한 것이다. 그런데 이런 발표 과정마저 형식적이라는 의견이 있어 최근에는 서로 이야기하는 형식으로 바뀌었다. 그냥 말 그대로 파티하듯이 모여서 이야기를 나누는 것이다. 그야말로 아이디어 '바자회'가 된 것이다. 즉 광장에서 일한다는 것은 아이디어를 서로 주고받을 수 있는 자유를 가진다는 큰 장점을 가지고 있다.

기업의 경우로 본다면 앞에서도 언급했던 디자인 혁신 기업 IDEO를 이야기할 수 있다. 스탠퍼드 대학교 로버트 서튼 교수는 『성공을 퍼트려라』에 IDEO의 CEO 팀 브라운을 만나 인터뷰했던 기억을 적고 있다. 서튼 교수에 따르면 팀 브라운은 보통 말단직원들이 일하는 접수창구와 같은 곳에서 일한다. 그 자리는 누군가 급하게 들이닥쳐도 막을 수 없는 오픈된 자리이다. 그렇다고 해서 그의 사무실이 없는 것도 아니다. 그저 구성원들 틈에 섞여서 일한다. 다만 중요하거나 긴밀하게 논의해야 할 사항은 회의실이나 자기 사무실에서 논의하는 것이다. 물론 그가 이렇게 '광장'에 나와 일하면서 나머지 임원들도 사무실을 회의실로 공개하고 광장에서 일하고 있다.

팀 브라운이 광장에서 일하는 행동에는 명확한 이유가 있다. 바로 일하고 있는 사람들을 알기 위해 그들을 찾아간 것인데, 꽉 막힌 사무실에서는 아무것도 보이지 않는다는 것이다. 이렇듯 그는 자기 스스로를 회사에서 가장 공개된 사람이라 생각하고 있다. 자신의 공간을 지키면서 '리더 놀이'를 하는 것보다 자신의 공간을 내어준다면 훨씬 더 많은 실익을 얻을 수 있음을 알고 있는 것이다.

광장에서 일하면 자신을 오픈된 공간에 두면서 스스로 주변 공간을 더 인식하게 되고 다른 사람들의 일에 더 관심을 갖게 만드는 효과가 있다. 그리드에 갇혀 있을 때 보지 못한 것들을 보게 된다. 그리드에 있을 때와 광장에 있을 때 행동들을 생각해보자. 먼저 칸막이가 있는 사무실에서 일하는 모습을 상상해보면, 움직이는 동선이 늘 똑같다. 출입문, 탕비실, 회의실, 그리고 보고할 때는 팀장 자리가 전부이다. 그 외에는 더 갈 곳이 없다. 임원이 부르는 경우는 그다지 많지 않으니 임원실은 동선에서 제외해두자. 또 다른 자리에 가서 기웃거리는 경우도 없고, 다른 팀의 자리로 가는 경우도 많지 않다. 예컨대 마케팅 팀에 속한 팀원이 인사 팀 자리에 자주 왔다 갔다 한다면 어떨까? 설상가상으로 마침 인사철이라면 괜한 구설수에 오르기 십상일 것이다. 따라서 우리가 이런 공간에서 일한다면 늘 보는 것만 보고 다니는 곳만 다닌다. 솔직히 이런 생활환경에서 새로운 아이디어를 만들어낼 수 있을까? 우리는 불가능에 가깝다고 생각한다.

반면 광장에서 일하는 경우를 생각해보자. 이것은 그리드에 갇혀 있을 때와 많이 다르다. 우선 자리에 앉아서도 주변 모든 사람에 대한 스캔이 가능해진다. 누가 자리에 있는지 없는지 혹은 어떤 그룹이 회의를 하는지 알 수 있다. 영화 〈인턴〉에서도 일흔 살에 인턴으로 취직한 로버트 드 니로가 CEO인 앤 해서웨이가 어떤 상황인지 볼 수 있었던 것도 그 사무실에 칸막이가 없었기 때문이다. 또 광장에서 우리가 움직일 때는 그리드에서와 비교될 수 없을 만큼 많은 것을 볼 수 있다. 어떤 사람들이 어떤 프로젝트를 하고 있는지 볼 수도 있고 서로 의견을 교환하는 것도 어색하지 않다. 수많은 정보를 입력할 수 있는 것이다. 마치 앞서 이야기한 스탠퍼드 대학교 디스쿨에서 누군가 프로토타입을 만들면 서로 관심을 가져주고 서로 코멘트를 하는 과정과 비슷한 상황이 벌어진다.

여기에서 무주의 맹시inattentional blindness라는 개념을 생각해봐야 한다. '무주의 맹시'는 지각심리학자 아리엔 맥Arien Mack과 어빈 록 Irvin Rock이 만든 개념으로, 무언가 반복적인 행동을 하면서 주변에는 관심을 갖지 않는 우리 뇌의 자연스러운 반응을 말한다. 예컨대 평소에 운전하면서 휴대전화로 통화하면 뇌로 들어가는 감각 정보량이 절반으로 줄어든다. 우리 뇌는 정보의 대부분을 불필요하다고 생각해서 삭제하는 것이다. 이는 우리가 익숙한 길을 걷고 있을 때도 나타난다. 늘 다니던 길만 다니는 사람은 새로운 것을 보지 못한다.

이와 같은 무주의 맹시 작동은 우리의 뇌가 자동적으로 반응하기 때문이다. 반대로 우리가 모든 정보를 받아들이고 기억한다면 인간은 더 피곤한 존재가 되기 때문에 자동적으로 차단해주는 것이다. 즉 인간의 시신경은 눈으로 들어온 정보를 10분의 1로 압축해서 뇌로 보내고, 뇌에서는 다시 300분의 1로 정리된 내용만 기록된다. 뇌

스스로 중요한 정보와 중요하지 않은 정보를 가려내고 저장할 것과 저장하지 않고 버릴 것을 구분하는 것이다.

무주의 맹시 개념을 업무 공간의 그리드와 광장에 적용해보면 어떨까? 그리드에서는 공간의 특성으로 인해 많은 정보에 오픈되지도 않는다. 기껏해야 내 공간 칸막이에 붙어 있는 포스트잇과 컴퓨터의 모니터 화면이 전부일지도 모른다. 늘 그리드만 보고 일해야 한다. 게다가 일어나서 주변을 둘러보아도 답답한 칸막이뿐일 것이다. 그렇지만 광장에서는 더 많은 정보에 오픈되고 새로운 것들을 계속 '뇌'에 주입할 수 있다. 다시 말해서 뇌로 하여금 더 많은 정보에 노출되고 관심을 갖게 함으로써 우리 안에 존재하는 무의식의 창의력을 깨우는 효과가 있다.

뉴욕 시 시청 공관에는 아주 독특한 공간이 있다. 광장에서 일한다는 표현에 딱 맞는 '불펜bullpen'이라는 공간이다. 불펜에 상주했던 한 사람이 『뉴욕』지에 인터뷰를 남겼다. "업무 공간이라고 하기에는 절대 편안한 곳이 아닙니다. 그렇지만 모든 것이 보이는 공간에서 시장이 고위간부들과 회의하는 모습을 보면 개방적 의사소통 모델이라고 하는 것이 말로만 하던 가식이 아니라 진심이라는 것을 이해하게 됩니다. 물론 효과 있다는 사실을 우리 스스로 이해하게 되시요."

불펜을 만든 것은 마이클 블룸버그Michael Bloomberg였다. 그는 시정 활동의 중심으로서 시장인 자신이 가운데 앉고, 51명의 다른 주요 구성원을 주변에 앉게 해 책임의식을 창출하려고 했던 것이다. 작고 시끄러운 방에 모인 구성원들은 낮은 칸막이로 된 공간에서 일해야만 했는데, 칸막이가 낮아 서로 마주보며 일하는 것 같았다. 이 공간에서는 모두 다른 사람이 무슨 일을 하는지 보고 들을 수 있으며, 올바른 일을 해야 한다는, 특히 개방적 의사소통이라는 신성한 신조를 뒷받침해야 한다는 부담을 항상 느꼈다.

마이클 블룸버그 시장은 불펜을 만드는 것에 강한 확신이 있었을 것이다. 그렇게 해야만 서로 협력하고 올바른 일을 지속적으로 해낼 수 있다는 믿음 말이다. 물론 이 방법이 모든 이에게 편안하게 여겨지지는 않을 것이다. 이것이 구성원들에게는 좋을 수도 있고 나쁠 수도 있다. 솔직히 말하자면, 열심히 일하는 사람에게는 더 좋을 수 있고, 일을 피하면서 시간 보내기를 하고 싶다면 나쁠 수도 있다. 그러나 지금은 누가 뭐래도 무한경쟁 시대 아닌가. 칸막이 뒤에 숨어서 지낼 수 있는 시대는 점차 사라져가고 있다.

업무 공간의 구조 변화가 전부는 아니다

─── ─── ─── ─── ───

그리드를 파괴하는 것이 구성원들에게만 부담이 되는 것은 아니다. 리더와 구성원들이 모두 광장으로 나와서 일하면, 구성원들은 왠지 모르게 감시받는 느낌을 받을 수 있다. 그렇지만 리더들에게는 더 큰 숙제가 남는다. 결론은 이것이다. 리더들은 지금까지 가지고 있던 오너십과 특권을 내려놓아야 한다. 그리드를 만들고 통제하겠다는 생각, 자신의 공간을 만들어서 권위를 찾겠다는 마인드, 경영자가 지시를 내리면 아랫사람은 무조건 따라야 한다는 고정관념을 버려야 한다. 이런 마인드가 1980년대까지는 통했을지 몰라도 이제는 아니다.

물론 지금까지 이야기한 것을 단순하게 생각했다면, '업무 공간 구조만 바꾸면 되겠지'라고 생각했을 수도 있다. 그건 명백한 오해이다. 우리가 살아가는 공간은 건축이 제공하는 물리적 공간에 관계와 행위에 의한 비물리적 환경이 결합할 때 만들어진다. 소프트웨어가 중요하다는 말이다. 제아무리 렘 콜하스의 분열증을 바탕으로 공간을 멋지게 바꾼다고 하더라도 그 안에 군건한 '오너십'이 여전히 군림한다면, 그 공간은 오히려 열린 자유의 공간이 아니라, 열린 공간에서 모두를 보며 억압하는 장치가 될 것이다. 그만큼 리더가 마인드를 바꾸고 필요 없는 것을 버려야 한다.

당신의 인식을 바꾸는 데는 몇 가지 장벽이 존재한다. 이 장벽은 당신이 지금까지 그리드를 인식하지 못하고 파괴하지 못하는 이유로 작용할 수도 있다. 첫째, 당신은 알고 있는 것만 믿으려고 한다. '아는 만큼 보인다'는 말이 유행한 적이 있다. 새로운 지식을 습득해야 하고 그만큼 넓은 세상을 볼 수 있을 것이라는 기대가 작동한 슬로건이었다. 몇 년 전에는 이렇게 말하면 꽤 멋져 보였지만 이젠 역설적이게도 한계로 작용한다. 즉 많이 알고 있다면 그만큼 많이 볼 수 있겠지만, 만약 스스로 많이 배우려고 하지 않는다면 어떻게 될까? 영원토록 자신이 알고 있는 것만 옳다고 믿을지 모른다. 물론 이와 같은 우려는 그대로 현실이 된다. 가장 똑똑한 사람들조차 실체에 대한 보다 확실한 견해를 갖는 데 도움이 되는 새로운 정보보다는 이미 생각하고 있는 바를 확증해주는 증거만 애써 찾는 경향이 있다. 아는 만큼 보이고, 아는 만큼 찾는다는 것이 악순환되고 있는 셈이다. 따라서 그리드를 파괴하는 것이나 오너십을 버리는 것에 대해서는 여전히 부정하고 싶은 증거를 찾으려고 할 것이다. 예컨대 지금까지 아무런 문제없이 잘 해왔다면, 왜 그리드를 파괴해야 하는지 또는 왜 오너십을 버려야 하는지 이유를 찾지 못할 수도 있다.

둘째, 당신은 여전히 경영자들의 무리에 속하고 싶어 한다. 이 말은 경영자들이 보통 영유하는 생각이나 현실을 수용하는 것에는 빠르게 움직이지만, 그들과 반대된 생각을 하는 데는 매우 더디다는 뜻이다. 또 자신이 직접 생각하지 않고 무리의 생각을 받아들이는 데 쉽게 만족한다는 의미도 담겨 있다. 우리가 가지고 있는 생각은 스스로 만들어내지 않는다. 개인적, 사회적, 정서적 차원에서 형성되고 만들어지기 때문이다. 따라서 사회적인 인물일수록 더욱 오너십을 포기하려는 생각을 하기 어렵다.

셋째, 당신은 너무 바쁘고, 그로 인해 생각할 여유가 전혀 없다. 뜬금없겠지만, 최근 들어 무언가를 고민하며 깊이 생각해본 적이 있는가? 이것은 모든 현대인에게 쉬운 일이 아니다. 한 가지에 집중하고 있을 때 이메일, 문자, 전화 등 수많은 정보가 우리를 괴롭히기 때문이다. 결국 현대인들은 하나에 집중해서 고민할 시간이 없다. 자료에 따르면 현대인들은 3분마다 한 번씩 집중력을 빼앗기고 있다는 연구조사도 있다.

결국 리더에게 필요한 것은 용기이다. 변화는 본디 위험하다는 생각이 앞서기 때문에 리더는 항상 작은 변화를 추구하려고 하는 것이다. 그래야 티도 나지 않고 리스크도 줄일 수 있다고 생각하는 것이다. 가령 로고나 명칭을 바꾸는 것 정도는 어렵지 않게 선택할 수 있다. 이렇게 작은 변화는 '새로운 개선'으로 알려지지만 큰 변화는 고통의 신호로 여겨진다. 큰 변화는 무언가가 잘못되었다는 의미이자 누군가가 실수했다는 뜻으로 받아들여지는 것이다. 리더에게 용기가 필요한 이유이다.

물론 기업이란 리더 혼자 만들어가는 것이 아니다. 그렇기 때문에 우수한 인재들을 채용했다면, 그것으로 리더의 할 일을 충분히 완수했다고 자찬할 수도 있다. 그러나 우수한 인재를 채용하는 일은 기업의 경영과 발전을 위해 필수적이지만 그것만으로는 충분치 않다. 안타깝게도, 유능하고 의욕적인 직원들을 고용하면 무조건 탁월한 성과가 따라오리라고 믿는 리더들이 너무 많다. 팀과 조직이 효율성을 발휘하기 위해서는 단지 유능한 사람을 많이 모으는 것이 아니라 다양한 지식과 기술을 가진 사람들을 한데 엮어야 한다는 사실을 모르는 것이다. 즉 그들이 능력을 제대로 발휘하기 위해서는 그리드와 같은 공간의 형태가 아니라 보다 자유로운 공간 구조와 창발성이 작동하는 운영 시스템을 만들어내야 한다.

논리가 꼬리에 꼬리를 무는 격이 되었지만, 조직의 탁월함을 유지하고 우수한 인재들이 그들의 재능을 발휘하게 하기 위해서는 리더

스스로 오너십을 내려놓고 새로운 형식의 창발형 오너십으로 바꿀 필요가 있다. 대부분의 리더들은 스스로 오너십을 버리기 위한 준비가 되어 있지 않을 것이다. 버려라, 버려야 산다.

사실 우리는 이 책을 쓰면서 '구성원', '임직원', '직원', '근로자', '노동자'라는 단어를 섞어서 사용했다. 눈치가 빠른 독자라면 알아챘을 것이다. 즉 한 기업에서 급여를 받고 일하는 사람들을 가리키는 말로 이 단어들은 아직까지 혼재되어 있는 듯하다. 우리가 이 단어들을 사용하면서 헷갈리거나 구분하기 어려워서 혼용한 것은 아니다. 분명히 여기에는 우리가 감지할 수 있는 '뉘앙스'가 존재한다. 따라서 가급적 각 사례에 맞는 단어를 사용하려고 노력했다.

뒤풀이하자면, 최근 들어 '구성원'이라는 용어를 사용하는 기업이나 그룹들이 생겨나고 있다. 이들은 임원을 비롯한 모든 직원을 '구성원'이라고 부른다. 그들의 용어 사용을 보면 마치 '한 솥밥을 먹는 사람들'이라는 생각이 든다. 반면 '임직원'이라는 용어를 사용하는 기업도 있다. 소위 '임원'과 '직원'이라는 말이다. 여전히 계급을 나누고 구분 짓는 듯한 뉘앙스를 준다. '직원'이라는 단어는 말 그대로 '내가 월급을 주고 부릴 수 있는 사람'이라는 뉘앙스를 풍긴다.

늘 그렇듯, 작은 차이가 큰 차이를 만들어낸다. 경영진들이 직원을 어떻게 생각하느냐에 따라, 혹은 각 구성원들이 서로를 어떻게 생각하느냐에 따라 그 조직의 운명이 크게 달라질 수 있다. 단순히 매월 꼬박꼬박 들어오는 월급을 받기 위해 마지못해 회사에 다닐 수도 있고, 반대로 서로 협력하고 도와가면서 고객을 위한 '대박' 상품을 만드는 데 시간을 아껴가며 일할 수도 있다. 이런 것은 기업에서 보유한 사내 교육 시스템으로 바꿀 수 있는 문제가 아니다. 바로 그들의 문화이기 때문이다. 앞서도 언급했듯이 문화는 하루아침에 만들어지지 않는다. 오랫동안 쌓인 일들이 더해져 문화가 만들어지고 의식이 형성되기 때문이다.

그렇다면 다시 이 모든 것을 어떻게 바꿀 수 있을까? 오너십을 버려라.

좋은 리더가 되지 말고 나쁜 혁신가가 되라

———— —— —— —— ———— ——

좋은 리더가 된다는 것은 무엇을 의미할까? 부하직원들이 잘 따르고 미래의 변화를 내다볼 줄 알며, 불확실성에 대비해 전략을 세울 줄 알면서도 겸손한 리더를 생각하고 있는가? 안타깝지만, 당신이 생각하는 정답과 현실은 조금 다른 것 같다. 리더십은 시대에 따라 변한다. 지금과 같은 현실에서 좋은 리더가 된다는 것은 곧 나쁜 혁신가가 될 수도 있다는 말이다. 결국 당신이 가진 리더십이 이 시대와 맞는지 계속 확인해야 한다.

우리가 말하는 리더십의 대전제는 그리드를 파괴하고 열린 사고를 갖는 것이 혁신가의 몫이라는 점이다. 그렇지만 우리가 생각하는 좋은 리더는 그동안 기존 그리드 체제를 만들고 유지하는 데는 탁월한 성과를 거두었지만, 그리드를 파괴하고 광장으로 나오는 혁신적인 리더의 모습과는 거리가 멀다고 보고 있다. 왜 그럴까?

'좋은 리더'의 기원은 역시 과거에서 찾을 수 있다. 프레더릭 테일러가 시계를 들고 기계와 인간의 노동 속도와 일 처리 속도를 측정한 시기부터 인구가 폭발적으로 늘어난 시기까지는 상대적 확실성이 존재했다. 몇 가지 조건이 맞다면 최적의 운영 방법을 찾는 것이 경영 일선의 가장 큰 목표였다. 이때부터 비즈니스 전반에서 전문화와 분업이 이루어졌다. 우수한 인재를 채용하고 업무에 필요한 전문성과 비즈니스 상식을 가르치면 사업을 유지할 수 있었다. 여기에서는 말 그대로 좋은 리더가 필요했다. 리더는 커뮤니케이션 능력과 통솔력 그리고 미래를 향한 비전을 제시함으로써 '리더다운' 면모를 보여주면 그만이었다. 신규 사업을 추진할 때도 리더십을 발휘할 수 있었다. 대기업들은 같은 고객에게 같은 전략, 같은 유통 구조, 같은 광고를 제시하면 예측 가능성을 담보로 한 사업을 추진할 수 있었다. 신규 사업을 진행하더라도 사업계획서에 의존할 수 있고, 따라서 사업계획서를 잘 작성하는 것이 중요한 능력 중 하나였을 것이다.

비즈니스 환경이 많이 바뀌었다. 상대적 확실성보다는 모든 것이 불확실한 시대이다. 새로운 비즈니스에서는 대부분 지금까지와 완전히 다른 환경에서 상상된 아이템들이 쏟아져나온다. 지금까지 없었던 상품이기 때문에 고객이 어느 정도 형성될 수 있는지조차 파악할 수 없다. 즉 사업 모델 자체가 다르기 때문에 감을 잡을 수도 없다는 말이다. 공유경제 비즈니스를 생각해보자. 사실 대부분의 기존 거대 기업들은 공유경제를 비즈니스라고 생각하지도 않는 경향이 강하다. 또 이들이 나중에 어떤 위협으로 다가올지도 가늠할 수 없다. 이는 사업을 만드는 조직 자체가 다르고, 시장이 다르고, 생각하는 방법이 다르기 때문이다. BMW는 이미 공유경제 기업에 투자 혹은 제휴를 하면서 사업을 시작했다. 이 사실을 뒤집어보면 BMW라는 거대 조직으로는 스스로 공유경제 비즈니스를 할 수 없다는 것을 방증한다.

게다가 최근에 등장하는 비즈니스 아이템들의 상당수는 그 시장이 존재하는지조차 분간할 수 없다. 물론 아직 조직에서는 이런 경우에도 사업계획서를 쓰라고 강요하는 리더들이 있을 것이다. 단언컨대 30년 경력의 리더라도 전혀 새로운 비즈니스에 대한 사업계획서는 제대로 작성할 수 없을 것이다.

브리검영 대학교 경영대학 교수인 네이선 퍼와 제프 다이어는 "세상이 과거 어느 때보다 불확실하다고 말하는 것은 상투적인 표현이 되어버렸다. 그런데도 지난 30년간 불확실성이 얼마나 증가했는지 아는 사람은 많지 않다. 또한 이러한 불확실성 때문에 대부분 조직의 경영 방식을 바꿔야 한다는 것에 대해서도 잘 모르고 있다. 고객을 창출하는 일은 이전보다 더 복잡하고 불확실한 사안이 되었다"라고 했다.

지금 이 시대에 필요한 리더십이 바뀌고 있다고 주장하는 리더십 전문가와 경영학자들은 수없이 많다. 텍사스 대학교 돈데 플로먼 교수는 구성원들에게 "나를 따르라"고 외쳤던 단속평형 모델은 이미 구형 리더십 모델이 되었다면서, 수평적인 조직을 이끌고 구성원들이 하나씩 만들어나가는 행동에 의미를 붙이는 것만으로도 충분하다고 말했다. 과거엔 보텀업 구조가 불가능하다고 인식되었지만, 이제 시대가 바뀐 것이다. 캐스 선스타인은 『와이저』에서 조직의 구성원들은 이미 답을 알고 있으며, 리더는 자신의 지위와 권위를 이용해서 조직의 의사결정에 영향을 주어서는 안 된다고 언급했다. 그는 이 현상을 '폭포 효과'라고 부르면서, 리더가 절대 하지 말아야 할 목록을 일일이 열거하기도 했다. 잭 웰치는 기업에서 매년 실시하는 계획 수립 행동을 하지 말아야 한다고 '욕설'까지 섞어 강조하기도 했다. 창의적 조직이 되기 위해서는 리더부터 달라져야 한다. 최고의 인재를 모아놓고 창의적인 결과물을 만들지 못하는 것은 전적으로 리더의 책임이다.

따라서 과거의 리더들은 자질 면에서 훌륭한 리더였을 것이다. 그러나 역설적이게도 지금과 같이 불확실성이 증가한 시대에는 과거의 좋은 리더가 곧 나쁜 혁신가가 된다는 논리가 성립되지 않을까? 우리가 알던 리더십을 바꿔야 하는 이유인 셈이다.

리더십을 바꾸는 것은 크게 두 가지 미션으로 요약할 수 있다. 첫째, 의사결정권을 버려야 한다. 과거 전통적인 경영 방식에서는 경영자가 의사결정자가 되는 것이 자연스러웠다. 정보를 분석해 조직의 미래에 영향을 주는 결정을 한다는 것이다. 이를 통해 경영자는 미래를 예측하고, 회사를 성공의 반열에 올려놓는다. 대다수 경영자들은 의사결정이 경영자만 할 수 있는 권한이라고 생각한다. 그러나 불확실성이 존재하는 상황에서는 의사결정을 내릴 수 있는 근거가 희박한 것이 현실이다. 미래가 보이지 않기 때문에 대충 짐작하는 것이 최선의 방법이라고 생각할 수 있겠지만, 운이 좋아 맞는 경우보다는 판단이 틀릴 때가 더 많을 것이다.

둘째, 실수를 인정해야 한다. 지금은 비즈니스 환경에서 불확실성과 상호 의존성이 점점 더 강화되고 있다. 불확실성은 그 무엇도 예측할 수 없다는 말이고, 상호 의존성은 어느 누구도 혼자서는 완전한 사업을 할 수 없다는 의미이다. 누군가는 비즈니스 모델에서 일부분을 차지해야 하고, 서로 협력해야 하는 구조로 점차 이동하고 있는 것이다. 이럴 때는 실수를 인정할 줄 알아야 한다. 물론 리더들의 중압감을 충분히 이해한다. 조직에서는 늘 완벽하길 바라고, 시장 환경은 여전히 불안하며, 무엇을 해도 확실한 안전망이 존재하지 않기 때문이다.

앞서 말했듯이 의사결정권을 포기하면 실수를 인정하는 것이 불가능하지 않다. 최근 들어 린스타트업 운동 내에서 피벗pivot이라는 단어가 회자되고 있다. 피벗은 농구에서 한쪽 발을 바닥에 붙이고 방향을 조정하거나 바꾸는 것을 말한다. 이것은 불확실성에 대비해서 수시로 변화를 시도해야 한다는 의미를 담고 있다. 전략의 전면적인 개편을 뜻하는 것이 아니라 전략의 일부를 수정하면서 올바른 길을 찾아나가는 방법을 말한다. 예컨대 신상품을 만들어 시장에 내놓았을 때 고객의 반응에 따라 가격을 조정해보고 상품의 구성품을 바꾸면서 테스트해보는 것이다. 이는 실수를 인정할 수 있다는 마인드가 전제되어야 한다. 실수를 인정하고 새로운 것을 빠르게 배우겠다는 자세를 가지고 있어야 한다. 그러나 대부분의 관리자들은 자신의 잘못을 찾아내려고 하지 않고 애쓰려고도 하지 않는다. 또한 조직에서는 폭포 효과를 일으켜 조직 내의 집단사고에 대해서도 다양성을 저해하는 경우가 많다. 인정할 것은 인정해야 한다. 지금과 같은 불확실성 시대에 다양성과 상호 의존성을 모두 감안해서 문제를 정확히 예견할 수 있는 리더는 없다.

다양성과 소수자를 존중하라

그리드를 파괴한다는 말은 다양성을 높인다거나 소수자를 존중하는 것과 다르지 않다. 그리드를 파괴하는 것과 다양성을 높이는 것은 불가분의 관계에 있다. 그리드를 파괴하면 다양성이 높아질 것이고, 다양성을 높이겠다고 노력하면 자연스럽게 그리드를 파괴하게 될 것이기 때문이다. 늘 인용되는 말처럼 닭이 먼저냐 달걀이 먼저냐의 문제라고 표현해도 좋다. 어느 쪽을 먼저 선택하든 결과는 동일할지 모른다. 그렇지만 보통 우리는 이 둘을 구분해서 생각하는 데 익숙하다. 업무 공간을 구조적으로 바꾸거나 조직의 다양성을 높이는 것과 같은 기본적인 의식을 바꾸는 문제는 별개라고 생각하는 것이다. 이런 경향도 분화된 지식, 구분된 학문 체계 등이 만들어낸

문화가 아닐지 모른다.

기업에 다양성이라는 화두가 던져진 것은 최근의 일이다. 한마디로 조직에는 다양한 사람이 있어야만 보다 나은 의사결정을 할 수 있는 환경이 조성된다는 것이다. 즉 불확실성이라는 위기 상황을 돌파하기 위해서는 회복 탄력성을 만들어야 하고, 이를 위해서는 다양성을 확보해야 한다는 논리이다. 그렇지만 다양성을 높이기 위해서는 리더 스스로 소수자를 존중하고, 또 소수자가 되어야 한다. 즉 늘 '소수적 감수성'을 유지해야만 한다. 이것은 항상 '촉sense'이 살아 있는 새로운 시대의 리더십이 반드시 갖추어야 하는 미덕일 것이다.

그런데 여기에는 두 가지 문제점이 존재한다. 첫째, 우리는 다양성이라는 말의 의미를 제대로 이해하지 못하고 있다. 이것은 전적으로 다양성이라는 말 자체가 가진 모호함 때문일 수 있다. 다양성이라는 말을 의미론적으로 해석한다면, 이미 대부분의 기업은 다양성을 확보하고 있다고 말할지도 모른다. 적어도 한 기업에는 나이와 경험이 다양한 구성원들이 존재한다고 자부할 것이기 때문이다. 그렇지만 다양성이란 그런 것을 의미하는 것이 아니다. 둘째, '다양성이라는 것이 과연 검증되었느냐' 하는 효과적인 측면이다. 다양성이 확보되어 효과를 본 기업이 도대체 어디에 있느냐는 것이다. 적어도 이 2가지 문제는 짚고 넘어갈 필요가 있다.

첫 번째 문제부터 살펴보자. 대부분의 기업은 다양성을 확보하고 있을까? 이 질문에 답하기 위해서는 보통 기업들의 채용 과정을 생각해보지 않을 수 없다. 우리는 보통 기업들이 인재를 잘 채용하고 해당 기업에 맞도록 제대로 교육하고 있다고 생각하지 않는다. 진실로 기업들이 인재를 정확하게 채용하고 있다면, 지금보다 나은 성적을 거두는 기업들이 더 많아야 한다. 또 인재를 채용하면서 기업 규모가 커질수록 1인당 생산성이 더 증가해야 할 것이다. 그렇지만 현실은 그렇지 못하다. 대부분의 기업들은 규모가 커질수록 오히려 생산성이 더 떨어지게 되어 있다. 아이러니한 현상이다. 부정하고 싶을지 모르지만, 이것은 현실이다.

또 기업들이 인재를 제대로 채용하고 있다면, 특별한 인재 채용 방식이 존재해야 한다. 그렇지만 지금의 인재 채용 방식은 솔직히 200년 전과 다르지 않다. 인재 채용 전략은 대부분의 기업이 비슷하다. 우리가 보통 생각하는 '우수한 인재'의 기준이 그대로 적용되는 것이다. 좋은 대학, 좋은 성적, 좋은 이미지 등이다. 그래서 보통 사람들이 생각하는 우수한 인재가 기업들이 선호하는 인재상인지도 모른다. 우리 사회에서는 이런 것을 '스펙'이라고 한다. 그러나 스펙을 넘어섰다고 해서 문제가 해결되는 것은 아니다. 언젠가 국내 모 그룹의 최종 면접에서 관상가를 옆에 두고 피면접자를 분석했다고 한다. 그야말로 '믿거나 말거나' 같은 이야기지만, 그것은 사실이었다. 결국 대부분의 기업은 평균적인 능력 이상을 갖춘 사람, 또 누구나 '이 정도면 됐어'라고 생각할 만한 스펙을 가진 소유자를 채용하기에 이른다. 솔직해지자.

면접 기술에도 크게 다른 것이 없다. 우리는 대부분 우리와 비슷한 사람을 채용한다. 다시 말해서 면접자들이 가진 면접 스킬은 새로운 것이 없다. 회사마다 자기들은 최고의 인재를 채용한다고 생각하지만, 면접관이라고 해서 지원자의 모든 것을 속속들이 파악해 판단을 내리지는 못한다는 것을 인정해야만 한다. 톨레도 대학교에서는 독특한 연구를 한 적이 있다. 면접관들이 면접 과정에서 10초 안에 상대방을 판단한다는 것이다. 이 연구를 위해서 실제 취업 면접 장면을 동영상으로 촬영했고, 피면접자가 들어와서 인사하고 자리에 앉기까지 10초까지만 제3자에게 보여주었을 때, 10초 동안 면접관들을 촬영한 장면만으로도 면접 결과를 유추할 수 있었다는 것이다. 이 논문은 우리가 인재를 채용할 때 우리와 비슷한 이미지를 가진 사람에게 끌리고, 결국 그를 채용한다는 것이다.

이와 같은 사실들을 이미 알고 있는 기업도 있다. 바로 구글이다. 구글은 한 해 동안 채용 과정에 지원하는 사람이 200만 명에 이른다. 현재 구글의 구성원은 5만 명에 이른다고 하니, 200만 명이라는 지원자는 상상을 초월한다. 이렇게 엄청난 지원자 덕분에 구글은 다른 기업들보다 채용에 더 많은 관심을 가지고 있는 듯하다. 적어도 그들은 인재를 제대로 채용하고 있다고 자부하는 것 같다. 물론 구글의 인재 채용 프로세스를 칭찬만 하는 것은 아니다. 구글의 모토는 '사악해지지 말자'이다. 이미 검색시장에서는 독점 기업에 해당하고 비교할 수 없을 만큼의 자본력과 기술력을 가지고 있으니 구글이 마음먹기에 따라서 전 세계 비즈니스의 판도가 바뀌는 것도 사실이다. 그래서 구글이 가진 알고리즘의 가공할 위력을 두려움의 대상으로 삼는 사람들도 많다.

그렇다면 도대체 '다양성'이란 무엇일까? 우선 채용 분야에서 다양성이 확보되려면 우리와 비슷하지 않은 인재를 어떻게 채용해야 할지에 대한 고민이 해결되어야만 한다. 얼굴 생김새가 다르고 자란 배경이 다르다고 해서 다양성이 확보되는 것은 아니다. 사고의 다양성, 행동의 다양성, 가치관의 다양성 등이 담보되어야 하는 것이다. 또 기업들은 다양성을 강조한다고 말하지만, 대부분 계층별 교육을 실시한다. 사원, 대리, 과장, 팀장, 임원이라는 계층에 따라 다른 교육을 하는 것이다. 이미 앞서 이야기한 것처럼 이런 교육의 패턴은 200년 전에 만들어진 것이라는 점을 다시 이야기하지 않을 수 없다. 인간이라는 동물은 환경에 따라 적응하고 그 환경에서 살아남기 위한 최적의 사고와 행동을 구현하도록 만들어졌다. 초원의 카멜레온만 자신의 피부색을 바꾸는 것이 아니다. 인간은 피부색을 바꿀 수 없지만, 살아남기 위해 생각과 행동을 바꾼다.

이제 두 번째 문제를 생각해보자. 다양성을 확보하면 어떤 효과를 볼 수 있을까? 우리가 알고 있는 비즈니스 역사가 우리를 다양성이라는 대목으로 이끄는 현상은 많다. 앞서 언급한 대로 2003년 2월 1일 미국 우주왕복선 컬럼비아호가 대기권으로 진입하다가 폭발한 사고가 있었다. NASA의 한 연구원은 이미 기체 외부에 있는 세라믹의 일부가 파손된 것을 알고 있었지만, 이를 공개할 수 없을 만큼 조직은 강압적이고 폐쇄적이었다.

최근 인텔은 새로운 공장을 세울 때마다 항상 똑같은 시스템을 복제하는 것으로 유명했다. 이로 인해 인텔은 적어도 성공한 듯 보였을 것이다. 성공한 시스템을 똑같이 복제하고 효율성과 생산성을 강조했으니 말이다. 그렇지만 결과는 어땠는가? 인텔은 모바일 분야에 대한 준비를 제대로 하지 못해 이미 하락의 길을 걷고 있다. 물론 잘 알려지지 않은 기업들이 다양성을 무시해서 실패한 사례는 셀 수 없이 많을 것이다.

그러나 인간은 다양성을 인정하는 데 별로 관대하지 못하다. 아직까지도 기업들은 시간 관리가 곧 사람 관리 혹은 퍼포먼스 관리라고 생각하는 측면이 많다. 최근 국내 S그룹에서는 구성원을 통제하기 위해 첨단기술을 활용하고 있다. 이른바 위치 추적기인 셈이다. 보통 기업들은 출입증을 RFID 카드로 활용하곤 한다. 그런데 이 RFID 카드는 종류에 따라 수십 미터 혹은 수십 센티미터까지 정확하게 측정할 수 있도록 만들어졌다. 그래서 RFID 카드의 위치를 추적하는 것은 기술적으로 어렵지 않다. 실제로 S그룹 사무실에서 혼자 야근하기 위해 남아 있으면 그 자리에만 형광등이 점등되고 화장실에 가기 위해 이동하면 위치에 따라 차례대로 불이 켜진다. 그처럼 관리자는 구성원들의 위치를 실시간으로 파악할 수 있도록 해두었다. 회사가 크다보니 위치 추적기가 아니면 관리가 안 된다고 생각하는 것이다. 관리의 효율성을 위해 만들어놓은 것이라면 칭찬해줄 만하지만, 왠지 섬뜩하지 않은가.

행동경제학에서는 인간이 가진 성향 중에 '정보 편향성'이 있다고 한다. 정보 편향성은 새로 추가되는 정보를 소중히 여겨 찾을 만한 가치가 있다고 생각하는 오류이다. 실제로 우리는 중요하지 않거나 혼란스러울 정도로 정보가 많음에도 불구하고 계속 다른 정보를 찾는 성향이 있다. 이것은 반대로 중요한 것에 몰두하는 노력을 회피하는 행동이라고 해석될 수도 있다. 어쩌면 우리는 정보 편향성처럼 무조건 더 많은 인재를 모으면 해결된다고 생각하는 것 아닐까. 이미 대부분의 기업이 경험했듯이 사람을 모은다고 해서 문제가 해결되지는 않는다. 그리드는 그리드일 뿐이다. 그리드를 채워 넣는 것이 인재 채용이 되어서는 안 된다.

인간에게는 '분산기억'이라는 것이 있다. 분산기억이란 자신이 활용할 수 있는 리소스의 위치를 정확하게 기억하고, 대신 자신이 동일한 리소스를 가지고 있을 때 그 부분을 비활성화해두는 방법을 말한다. 이를테면 내 주변의 누군가가 특정 분야에 능통하다면 자신은 그 부분을 더 연구하고 터득할 것이 아니라, 그 사람을 활용해서 능력을 극대화하는 것이다. 물론 사람에 대한 것만 해당되지는 않는다. 복잡한 일상의 스케줄을 스마트폰이나 컴퓨터의 일정표에 저장하고 있다면, 나 스스로 기억하지 않고 일정표를 이용하는 식이다.

인간은 분산기억을 오랫동안 활용해왔다. 메모장, 책, 컴퓨터, 스마트폰, 웨어러블까지 확대되고 있다. 조직에서 인재를 활용하는 것도 마찬가지이다. 다양성이 확보되고 그리드가 파괴되어 있다면, 우리는 주변에서 문제를 해결할 구성원들을 찾아낼 수 있는 것이다. 최근 이 능력은 '네트워크 사용 능력'이라고 해석되기도 한다. 자신이 가진 네트워크를 어떻게 활용하느냐에 따라 성공과 실패가 좌우될 수 있는 것이다. 조직에서 네트워크 사용은 그리드를 파괴해야

가능하다. 결론은 하나이다. 다양성을 확보하는 것과 그리드를 파괴하는 것은 불가분의 관계이다. 또한 조직원들이 소수자를 존중하고 스스로 소수자의 감수성을 유지하는 것, 그리고 컬래버레이션과 글로벌 네트워킹을 통해 조직의 경쟁력을 강화하는 것은 이제 선택이 아닌 필수인 셈이다.

조직의 운영 체제를 바꿔라

최근 픽사와 관련한 동영상 하나가 유튜브를 통해 유출되었다. 이 영상에서는 스티브 잡스의 방에 있는 '비밀 공간'이 공개된다. 픽사는 장편 애니메이션 영화를 만드는 스튜디오이다. 클래식한 첩보 영화인 〈007〉 시리즈를 만드는 곳은 아니지만, 그래도 영화를 만드는 곳이라서 그런지. 비밀 공간도 마치 첩보 영화에 등장하는 공간처럼 들어가는 방법이 비밀스럽다.

픽사 본사 건물 스티브 잡스 방에 들어가면 황금빛의 작은 동상이 있다. 이 동상의 목을 뒤로 젖히면 벽에 위치한 책장이 자동으로 열리고 작은 문으로 연결된 비밀 공간이 나타난다. 비밀 공간은 대체로 어둡다. 이곳에 들어가면 작은 바도 있고 책과 사진, 작은 캐릭터 모형들이 즐비하다. 자기만의 놀이 공간을 스스로 만든 것이다. 모든 아이템이 낱낱이 공개된 것은 아니지만, 데스크톱 컴퓨터나 노트북은 보이지 않았다. 즉 이 공간은 전적으로 '비밀스럽게' 혼자 생각하고 고민하던 곳이라고 추측할 뿐이다. 스티브 잡스는 살아 있을 때 애플이 해야 할 일은 고객이 원하는 것을 제공하는 것이라고 했다. 고객은 자신이 원하지만 그것이 무엇인지 모를 수 있기 때문에, 고객이 잘 모르지만 원하는 것을 만들어내야 한다고 수없이 강조했다고 알려져 있다. 적어도 이런 공간에서 스티브 잡스는 이런 고민들을 했을까, 아니면 애플에서 쫓겨나 1,000만 달러에 인수한 픽사에서 은둔형 동굴을 만든 것일까? 이 역시 추측일 뿐이다.

이곳에 들어온 사람들도 그리 많지 않을 것이라고 짐작된다. 비밀의 방 한쪽에는 방명록이 있는데, 이곳엔 유명인사 몇 명이 방문한 흔적이 보인다. 픽사가 보통 사람들이 보기에는 창의적으로 만든 새로운 공간임에도 불구하고 스티브 잡스는 자신만을 위한 더 독특한 공간을 원했던 것이다. 이런 행동도 잡스 스스로 설정한 그리드를 파괴하는 행동 중 하나라고 생각된다.

만약 당신이 스타트업 비즈니스를 시작했다고 가정해보자. 운 좋게도 이 사업이 대박 났다. 몇 년 지나지 않아 많은 직원을 채용하기에 이르렀고, 매출은 전년 대비 수백 퍼센트 증가 추세에 있다. 언론에도 등장하면서 이제는 중소기업을 넘어 성공한 벤처 기업이라고 인식되기 시작했다. 이제 당신은 무엇을 할 것인가? 물론 더 많은 새로운 직원을 뽑고 사무실을 확장하며, 신규 사업을 위해 투자도 받을 것이다. 그런데 새로 입사한 스마트한 인재가 지금까지의 비즈니스 노선을 과감히 버리고 신규 사업에 진출해야 한다고 주장한다면, 당신은 어떻게 할 것인가?

솔직해지자. 집착은 그 무엇도 변화시키지 못한다. 그렇지만 성공 가도에 들어서면 우리는 스스로 과찬하게 되고 안전제일주의에 빠지며 불확실성보다는 스마트한 예측 가능성을 더 신뢰하게 된다. 이런 패턴은 제아무리 똑똑한 경영자라도 늘 겪는 일이다.

캐피털원Capital One이라는 회사를 주목할 필요가 있다. 리처드 페어뱅크Richard Fairbank가 만든 이 금융 회사는 독보적인 성공을 거두었다. 금융 분야는 원래 보수적인 문화가 강한 조직이다. 이것은 금융 회사가 존재하는 거의 모든 나라에서 발견되는 현상일 것이다. 그런데 캐피털원은 이런 조직문화에 과감한 시도를 했다. 위계적인 조직문화를 배격하고 연공서열을 파괴한 것이다.

캐피털원에서는 부하직원이 상사에게 새로운 아이디어를 제시했을 때, 상사가 이를 거절하고 반려할 수 없다. 이 아이디어는 무조건 테스트를 거쳐야 한다. 물론 테스트 결과는 우리가 예상하는 것처럼 두 가지 경우가 존재한다. 새로운 아이디어가 성공했을 경우, 아이디어를 제안한 직원은 포상휴가를 받고 휴가에서 돌아오면 자신의 비즈니스 팀을 꾸려 팀장이 된다. 자신의 아이디어를 더 적극적으로 펼칠 수 있게 만들어놓은 제도이다. 그렇다면 실패할 경우엔 어떻게 될까? 만약 그렇다고 해도 징계는 없다. 이런 조직문화가 만들어지면 조직에서는 상상할 수 없을 만큼 다양한 아이디어들이 쏟아질 것이다. 사실 구글조차 이런 시스템을 도입하지 못했다. 처음 애드센스Adsens를 만들었던 직원도 그 아이디어가 받아들여지지 않아 집에서 혼자 개발하고 회사에 와서 더 높은 상급자에게 시연했다고 알려져 있는 것처럼 말이다.

자포스도 살펴보자. 이 회사는 아마도 온라인 신발 매장으로 전 세계적 유명세를 탄 처음이자 마지막 회사가 될 수도 있다. 자포스가 유명해진 것, 또 자포스가 크게 성공을 거둔 것은 고객 서비스 때문이다. 대부분 온라인 쇼핑몰은 고객센터의 전화번호를 잘 안 보이거나 찾기 어려운 곳에 공지한다. 그렇지만 자포스는 고객센터의 전화번호를 대문에 크게 '딱' 붙여놓았다. 그만큼 자신 있고 필요한 게 있으면 전화부터 하라는 의미로 보인다. 그도 그럴 것이 자포스는 콜센터를 연중무휴 24시간 가동하고, 전화를 받는 상담원들은 마치 친구가 전화를 받듯이 시시콜콜 작은 일에도 함께 이야기해주고 모든 요청을 받아준다. 물론 모든 상품은 무료 배송과 무료 반품이 원칙이다. 어떤 고객은 가족상을 당해 신발을 반품하기로 한 약속을 지키지 못했는데, 자포스에서 오히려 꽃다발을 보내주었다는 이야기는 널리 회자된다.

일반적으로 콜센터 일은 보통 사람들이 선망하는 일이 아니다. 작은 칸막이에 갇혀 '중노동'을 해야 하고 하루 종일 누군가와 말씨름을 해야 한다. 고객들 중에는 소위 말해 '진상 고객'들이 있는데, 그런 사람들을 만나면 마음에 큰 상처를 받기도 한다. 그래서 감정 노동자라는 말이 생겨나지 않았던가. 최근 국내 몇몇 콜센터 운영 기업들을 찾아가서 교육훈련 책임자들과 이야기를 나눈 적이 있다. 그들의 생각은 하나같이 동일했다. 상담원들을 직원으로 생각하지 않는다. 이직률도 높기 때문에 교육시켜봐야 좋은 것도 모르며, 어차

피 나갈 직원들에게 좋은 것을 줘봐야 뭐하겠냐는 말이다. 놀라운가? 이것 또한 리얼이다.

그렇다면 자포스는 도대체 어떻게 이런 직원들을 채용하고 훈련시킨 것일까? 그들은 교육을 시키지 않았다. 게다가 더 두둑한 월급봉투를 준 것도 아니다. 대신 자포스는 직원들이 더 많은 즐거움을 누릴 수 있도록 그들에게 많은 권한을 부여했다. 예컨대 고객 응대 매뉴얼 같은 것도 존재하지 않는다. 고객을 응대하는 시간도 제약이 없다. 또 딱딱한 회의실에서 회의하는 것이 아니라 바에서 회의한다. 그들은 이곳저곳 돌아다니며 음악을 듣고 게임을 한다. 그러다가 자기 자리에 앉아 고객을 응대하는 것이다. 고객을 응대하다가 문제가 생겨도 매니저를 찾지 않는다. 스스로 재량을 갖고 해결한다.

해외 비즈니스 동향에 익숙한 독자라면 아마존닷컴이 12억 달러에 자포스를 인수했다는 것을 알고 있을 것이다. 그들은 제조업을 갖고 있는 것도 아니고 이렇다 할 자산이 있는 것도 아니었다. 물론 보통 사람들이 보기엔 그랬을 것이다. 그렇지만 그들에겐 조직문화라는 더 큰 자산이 있었던 것이다.

물론 조직을 운영하는 OS를 바꾸는 것이 쉽지는 않다. 보통 경영자들은 과거의 성공에 도취되어 편집적인 증상을 보일 수도 있고 과도한 자신감을 가질 수도 있다. 반대로 벼랑 끝에 몰려 아무것도 해낼 수 없을 것 같을 때 자포자기 심정으로 직원들에게 모두 위임할 수도 있다. 물론 모든 것을 위임했다가 벼랑 끝에서 기사회생한 경우를 찾아볼 수도 있다. 적어도 픽사가 그런 경우 아닐까?

대개의 기업들이 풍요로운 상황에서 의도적으로 벼랑 끝으로 내몰리는 상황을 만들어내기도 쉽지 않다. 그러나 그런 행동을 해야만 할 때가 온 것 같다. 이제 그 어떤 MBA 도구로도 위기 상황을 돌파하기 어려운 상황이기 때문이다. 그렇지만 여기서 간과하지 말아야 하는 질문은 OS는 과연 어떤 운영 체제를 의미하는가, 그리고 이것이 누구에 의해 어떻게 작동하는가에 대한 내용, 즉 별다르게 운영되는 체제라도 원활하게 작동하지 않는 것이라면 의미가 없다. 따라서 각 소프트웨어의 프로그램과 충돌이 일어나지 않으면서 새로운 요소를 수용하고, 시간이 느려지지 않도록 꾸준히 자체 업그레이드가 되는 자기 개선형 운영 체제를 만들어야 한다. 이는 자체 시스템을 잘 아는 내부적 시각과 시장의 변화와 객관적인 빅데이터의 흐름을 추적할 수 있는 타자적 시각이 함께 반영되는 체제를 의미한다. 문제는 조직의 거버넌스 구조에 따라 핵심 기획 인력을 어떻게 편성하고, 이들이 이 운영 체제를 작동하도록 룰을 어떻게 정하느냐가 조직의 OS를 바꾸는 가장 중요한 요소일 것이다. 대개는 경쟁력보다 결정권자의 이해관계에 따라 자기 사람을 심거나 자기 지역, 자기 업무의 이해관계를 우선함으로써 본질적인 경쟁력을 약화시키는 시스템으로 변화되는 경우가 간혹 있다. 이는 조직이 와해되거나 절호의 골든타임을 놓치는 최악의 OS 변경 사례가 될 수 있다.

돌연변이의 필요성을 인정하라

"Think different."

다르게 생각하라.

"Simple."

단순함이 최고의 가치이자 아름다움이다.

"Contemplation."

깊이 몰입해서 자신을 바라볼 수 있어야 슬픔을 해소할 수 있고 그것이 진정한 예술의 기능이다.

이 철학들은 시대의 괴짜, 돌연변이로 해석될 수 있는 스티브 잡스와 마크 로스코가 말한 철학의 공통점이다. 최첨단 산업의 리더와 유명 화가의 철학이 동일하다는 것은 아이러니하다.

스티브 잡스는 버려진 아이였다. 버려진 상처 때문에 경쟁을 싫어했고, 그래서 애플이 만든 컴퓨터는 윈도 계열과 경쟁하기 싫어서 독특한 시장에 올인했다는 주장이 설득력 있다. 이런 주장은 스티브 잡스가 버려진 아이라는 상처를 죽을 때까지 벗어버리지 못했을 것이라는 생각으로 이어진다. 보통 사람들은 성공하면 늘 자기 자신을 낳아준 핏줄을 찾는다. 그렇지만 잡스는 자신을 버린 아버지를 끝까지 찾지 않았다.

잡스의 아픈 과거는 그가 자신의 내면을 파고들고 불교와 명상에 심취한 것을 이해할 수 있게 해준다. 텅 빈 공간에서 명상을 하고 다른 서양인과 달리 동양의 방바닥 문화를 즐겨했던 것은 그가 살아온 환경이 말해준다. 결국 그가 유전적으로 돌연변이는 아니었겠지만, '돌연변이'가 될 수 있는 환경을 만들어놓은 듯하다. 즉 늘 소수자의 감수성을 유지했고, 스스로 소수자가 되었던 것이다.

화가 마크 로스코는 이민자였다. 러시아 출신의 미국 화가로 미국 추상 표현주의, 색면 추상화가를 대표하는 화가 중 한 사람이다. 본명은 마르쿠스 로스코비츠Marcus Rothkowitz였으나 유럽에서 나치의 영향력이 확대되면서 이름을 바꾼 것이다.

마크 로스코는 러시아 드빈스크의 유대인 가정에서 태어났다. 1913년 미국으로 이민 와서 예일 대학교에서 공부했지만 인종차별주의에 환멸을 느껴 자퇴하고 만다. 그 후 연령, 학력과 관계없이 배울 수 있는 뉴욕 아트 스튜던트 리그에 입학한다. 로스코는 유럽 화가인 마티스와 몬드리안 등으로부터 색채 영향을 받으며 작품을 만들었다. 그가 관심 있었던 것은 형태, 공간, 색채에 대한 탐구였다. 당시 이와 같은 예술적 행동은 대중적이지 않았다. 따라서 무명 화가로 살면서 생활고에 시달렸고, 부인과 끊임없이 다투다가 결국 이혼했다.

그는 가난을 면치 못했으나 1946년 모티머 브랜트 갤러리에서 열린 개인전이 성공하면서 1961년 존 F. 케네디 대통령의 취임식에 초청받을 정도로 유명인사가 되었다. 이때 갑자기 유명인사가 된 로스코를 두고 비아냥거리는 사람들도 많았다. 로스코는 이런 것을 감당하지 못했고, 결국 1970년 슬럼프와 건강 악화를 비관하며 자살하고 말았다.

스티브 잡스와 마크 로스코는 서로 다르지만 또 많은 부분 닮았다. 버려진 아이와 이민자, 그리고 가난한 생활이 비슷하게 맞닿아 있다. 나중에 유명세와 엄청난 부를 거머쥔 것도 비슷할 정도이다. 이렇듯, 우리가 살아가는 세계는 소수자의 감수성이 창조적 에너지, 즉 뮤테이션을 통해 성장하고 있다.

두 사람의 공통점을 몇 가지로 정리할 수 있다. 첫째, 어린 시절을 비극 속에서 살았다. 좌절을 맛본 것이 창의력의 근간이 되었다고 해석되기도 한다. 둘째, 인문학적인 것과 철학적인 것들의 중요성을 미리부터 인식하고 자신이 만든 창작물들의 기본 원형으로 삼았다. 셋째, 명상을 통해 몰입을 즐겼다. 아마도 정신과 전문의들은 그들이 명상을 인간적 슬픔을 해소하기 위한 과정으로 삼았을 것이라는 분석을 내놓기도 했다. 넷째, 돈을 추구하지 않았다. 돈을 벌기 위해 일을 하지 않았지만, 공교롭게도 둘 다 비슷할 정도로 많은 돈을 벌었다. 스티브 잡스는 11조 원을 벌었고, 마크 로스코는 13조 원을 벌었다. 그야말로 천문학적인 숫자이다. 다섯째, 천재가 늘 겪는 우울증을 겪었다. 혹자는 천재들은 항상 이런 조울증이나 우울증을 겪는다고 주장한다. 여섯째, 복잡한 것을 항상 단순하게 표현하기를 즐겼다. 일곱째, 자신들의 철학으로 전 세계를 변화시킨 혁명가가 되었다.

당신은 '그렇게 대단한 혁명가가 될 필요는 없다'라고 생각할지도 모른다. 물론 그럴 필요가 없을지도 모른다. 200년 전 철학대로 관료제 사회에 등용되기 위해 남들보다 적당히 공부하고 적당히 좋은 회사에 입사하고, 적당히 결혼해서 적당히 노력하다보면 기업의 임원이 될 수 있고, 적당히 괜찮은 노후를 맞이할지도 모른다. 그런데 그조차 가능할까?

"튀는 놈만 살아남는다."

거친 표현이지만, 우리 모두 공감하는 말이다. 성공하기 위해서는 남들과 달라야 한다는 말이다. 구차하지만, 사업을 경영하는 것이나 자기 스스로를 경영하는 것이나, 어느 경우에도 적용되는 말이다. 그러면서도 우리는 남들과 똑같은 사고방식과 행동을 고수한다.

우리는 똑같은 말을 되뇌며 당신을 설득하고 싶지는 않다. 그리드와 탈그리드에 대한 어떤 이야기를 하더라도 결정은 오로지 당신만이 할 수 있기 때문이다. 이 말의 이면에는 이 세상을 살아가는 사람들 중에 '돌연변이'가 아니라면 이해하기 힘든 메커니즘이 있기 때문일지도 모른다.

미국 캘리포니아 주 실리콘밸리 101번 고속도로에는 다음과 같은 광고판이 걸려 있다. "100만 명이 할 수 있는데, 당신의 특별한 것은 무엇인가?" 이 말은 섬뜩함을 느끼게 한다. 솔직히 말해서 지금 우리가 하고 있는 일 중 대부분은 그 누군가가 대신해도 상관없는 일들이다. 대체 가능하다는 말이다. 주민센터에서 주민등록등본을 발급해주는 일도 아르바이트하는 대학생들에게 30분만 알려주면 가능하며, 은행에서 텔러들이 하는 일도 며칠 간만 업무를 숙지하면 충분히 가능한 일들이 많다. 또 기업에서 교육 팀이나 기획, 마케팅 분야의 일도 대체 가능한 인력을 얼마든지 구할 수 있다. 이와 같은 현실을 부정할 수는 없을 것이다. 그래도 남들과 다른 '돌연변이'가 필요 없다고 주장할 수 있을까?

돌연변이의 필요성을 인정하더라도 문제는 또 있다. 당신이 속한 조직은 돌연변이나 괴짜와 같은 존재를 그다지 반기지 않는다는 점이다. 물론 조직은 늘 창의적인 인재가 되라고 말하면서 많은 교육 프로그램을 운영하고 있다. 경영자들은 회의 때마다 창의적인 아이디어를 가져오라며 난리이다. 이를 위해 브레인스토밍을 하기도 하고 각 부서별로 아이디어를 공모하기도 한다.

현실은 우리가 상상하는 것보다 냉정하다. 당신이 새로운 아이디어를 가져오면 늘 거절당하기 일쑤이다. 그다지 반기지 않는 것이다. 최근 들어 창조적인 아이디어가 조직에서 어떻게 거절당하는지 보여주는 수없이 많은 사례가 등장하고 있다. 이것은 동양의 문화나 서양의 문화 모두에서 드러나는 현상이니, 당신이 속한 조직만의 특별한 문제라고 생각하지 않길 바란다.

문제는 이런 현상을 어떻게 극복할 것이냐이다. 이쯤 되면 단순히 업무 공간을 재배치하고 파티션을 없앤다고 문제가 해결되지 않는다는 것을 알고 있을 것이다. 늘 그렇듯 해결 방법은 복합적이다. 아식까지 어떤 행위를 먼저 해야 문제가 해결된다는 완벽한 해답을 내놓은 경우는 없다.

건축의 역사에서 가장 먼저 이와 같은 현상을 알아보고 변화를 가져온 것은 상업 공간이다. 산업혁명 이후 파리나 브뤼셀, 밀라노에 아케이드가 등장한 것은 식민지로부터 축적된 과시적 자본과 도시 공간이 결합되어 나타난 잠재된 상품 욕망의 절묘한 결합이라고 할 수 있다. 식민지에서 몇 년 만에 돌아온 남편은 색다른 상품 꾸러미를 선물한 뒤 다시 떠나버리고 무료해진 젊은 공작부인은 한껏 치장한 채 애완용 이구아나와 함께 아케이드를 걸어 다닌다. 결국 집에 갇혀 있던 로라들은 자신들의 주체적 삶을 찾아 도시로 몰려들고 백화점과 쇼핑몰은 이런 로라들의 해방 공간 역할을 했던 것이다. 따라서 여성 해방과 복합 상업 공간은 상당한 관계를 맺고 있었고, 이는 잠재된 소비자의 욕망을 일깨우는 도시 탈출구로서의 역할을 했을 것이다.

오스트리아 빈의 슈테파노플라츠에서 많은 시간을 보낸 빅터 그루엔Victor Gruen은 이런 주차와 차량 소음으로부터 벗어난 상업적 광장이 미국에 없음을 간파했다. 1952년에 처음으로 시카고 인근에 몰을 만들기 시작했다. 그루엔은 일반적으로 쇼핑몰의 창시자로 알려져 있다. M. 제프리 하드윅M. Jeffrey Hardwick의 책『몰 메이커Mall Maker』에 따르면 원래 그의 생각 속 쇼핑몰은 장사를 목적으로 하는 상업 공간만이 아니었다. 그는 현대 도시를 새롭게 재편하기 위한 수단의 하나로 교외 쇼핑몰 중심의 커뮤니티와 교회까지 포함된 보행전용구의 상업 공공 복합공간을 생각했지만 개발업자들은 돈이 되는 여러 백화점과 잡화점을 모아놓은 상업몰에만 집중하는 한계를 보이며 훗날 그루엔이 이를 후회했다는 이야기도 들린다. 아무튼 그루엔은 1954년 미시간 사우스필드의 노스랜드센터 몰Northland

Center Mall을 필두로 미국 전역에 23개의 몰을 설계했다. 처음 만들어진 쇼핑몰에 한 달에 100만 명이나 되는 사람들이 방문했고, 미국 CBS 방송국에서 그루엔을 출연시켜 〈쇼핑몰의 사회학〉이라는 프로그램을 방영할 정도로 미국 도시 전역에 기이현상을 만들어냈다. 놀라운 것은 1938년 뉴욕 항구에 나치의 압제를 피해 처음 도착했을 때, 그는 영어를 한마디도 못하고 주머니에 단돈 8달러밖에 없는 빈털터리였다는 점이다. 그러나 뉴욕의 보석 가게에서 일하면서 소위 지나가는 행인을 한발 들여놓는 고객으로 바꾸는 원스텝one-step 쇼윈도 개념을 디자인해, 그는 건축 디자이너로 성공을 거두고 미시간, 캘리포니아, 펜실베이니아 등 미국 전역에 쇼핑몰이 도시 구조 속으로 침투할 수 있는 공간 구조를 만들어냈다.

미국을 바꾼 10대 건물의 대표 선수 중 하나가 항상 쾌적한 적정 온도가 유지되는 상업 공간 중심의 쇼핑몰이었음은 모두가 동의하는 듯하다. 이후 저디 파트너십의 존 저디John Jerde를 중심으로 캐널시티하카타Canal City Hakata(1996), 남바파크Namba Parks(2003) 등 세계적인 테마형 상업 명소가 등장하고 국제공항과 교외지역 또는 폐물화된 도심지역의 재생과 도시 활성화 수단으로 복합 상업 쇼핑몰이 활용되고 있다.

현재 전 세계 도시에서 다양한 테마의 복합 쇼핑몰들을 만들어 여러 방식으로 기존 도심 상권을 무력화시키고 있다. 구도심, 원도심, 재래시장을 살리려는 여러 시도가 있어왔지만 자본력, 효율성, 편리함, 그리고 테마 요소를 무기로 반복 학습 체계에 예술적 돌연변이까지 가미한 이들을 이겨내기란 쉽지 않다. 분명한 것은 자본주의 시스템에서 상업 공간만큼 놀랍게 스스로 그리드의 칸막이가 제거되며 돌연변이를 만들어내는 창조적 파괴 시스템도 없다. 돈에 이름이 써 있지 않듯 그만큼 유목적이며 평등한 것이다. 토머스 L. 프리드먼Thomas L. Friedman의 이야기처럼 세상을 평평하게 만드는 요인을 딱 두 가지만 꼽는다면 '자본'과 '디지털'을 들 수 있다. 이것이 이제까지 우리에게 중요했던 그리드를 파괴하는 원동력인 것이다.

새로운 것은 결코 완벽하지 않다

이제 그리드와 관련된 우리의 긴 여정을 마무리할 때가 되었다. 마지막으로 우리가 공유하고 싶은 생각은 완벽주의를 추구하지 말라는 것이다. 대부분 관리자들은 완벽주의를 추구하려고 한다. 그들을 그 자리에 있게 만든 것 또한 완벽주의를 추구하려는 태도였을지 모르니 태생적인 혹은 후천적인 완벽주의를 나무랄 수는 없겠다. 그렇지만 부하직원들이 생각하는 관리자들은 대개 사소한 일들을 꼼꼼히 챙기면서 말도 안 되는 것을 요구하는 사람들로 인식되는 경우가 많다. 본질적인 것을 보지 못하고 본질적이지 않은 사안에 집중하고 관리와 지시를 하려고 한다. 이들에게는 시장을 바라보는 통찰력보다 수십 년간의 경험이 더 중요하다. 그래서 부하직원들이 잘할 것이라고 믿는 관리자는 그렇게 많지 않은 것 같다.

완벽주의의 가장 큰 문제는 새로운 시도 자체를 부정한다는 것이다. 지금까지 잘 해왔고, 큰 문제가 없는데 왜 바꾸느냐는 생각이 다른 모든 것을 압도한다. 물론 그렇게 생각하는 당신이 옳을 때도 있다. 또 완벽주의가 필요한 분야가 있다는 것을 부정하는 것은 결코 아니다. 그렇지만 완벽주의 때문에 조직에서는 창의적인 아이디어를 공유하는 것이 줄어들고 혁신이 줄어들고 있다는 것을 알고 있는가?

솔직히 새로운 것은 결코 완벽하지 않다. 새로운 것을 주장하는 사람조차 그것이 완벽하다고 주장할 수도 없을 것이다. 왜냐하면 새로운 사업계획서가 세상에 존재하지도 않았던 아이템을 파는 것이라면 그 상품을 만들었던 사람도 없고, 사례도 없다. 더불어 시장조사 분석도 할 수가 없을 것이다. 최근에는 이렇게 조사할 수 없는 비즈니스가 훨씬 더 많아지고 있다. 그렇다면 이런 경우 대기업에서는 어떻게 대응하는가? 새로운 아이디어 상품을 내놓으려면 시장조사를 해야 하고 시제품을 완벽하게 만들어야 하며, 투자 대비 수익을 나타내는 자세하고 복잡한 엑셀 자료를 만들어야 한다. 또 내부 직원들을 믿지 못하는 경우라면 대개 비싼 컨설팅 회사가 대신하는 경우도 많다. 과연 그렇게 해서 잘 되는 경우가 얼마나 될까?

인정할 섯은 인정하는 용기가 필요한 시점이다. 관리자는 완벽주의를 버리고 계속 새로운 것을 시도해야만 한다. 물론 그것이 성공하지 못할 수도 있다. 그리드를 파괴하는 전략도 마찬가지이다. 처음부터 완벽하게 그리드가 파괴되고 조직이 제대로 작동할 것이라고 생각하면 큰 오산이다. 세상에 그런 일은 존재하지 않는다. 물론 실패하면 큰 상처를 남긴다. 그러나 실패를 피하려는 것이 가장 우선시된다면 또한 아무것도 시도할 수 없을 것이다. 게다가 실패를 피하려는 스트레스는 오히려 업무 수행을 더 못하게 만드는 결과를 낳는다. 골프 라운딩에서 긴장하면 어떻게 되는지 생각해보면 답은 빤하다. 근육이 긴장하면 늘 헛 땅을 치게 되고 힘이 많이 들어가면 골프공은 내가 원하던 방향으로 날아가지 못한다. 그렇지만 역설적으로 실수를 이해하고 용납하면 성과가 더 나아질 수도 있다.

GAFA를 비롯한 ICT 선두 기업들도 수많은 시행착오를 겪고 자신들에게 맞는 조직문화를 구조적으로 만들고 있는지도 모른다. 처음부터 그들이 알고 있었더라면 창업 초기부터 그와 관련한 문화를 지목하고 거기에 맞는 구조를 설계했을 수도 있다. 그렇지만 그들이 최근 만들고 있는 구조는 언제라도 바꿀 수 있는 유연한 조직이라는 것에 주목해야 한다. 다시 말해서 그리드를 파괴한다는 것은 언제든지 조직의 운영 방법을 바꿀 수 있다는 뜻이다.

2000년대 초반 구글에 두 번이나 입사했던 알베르토 사보이어Alberto Savoia는 구글에 다니면서 애드워즈Adwords라는 히트 상품을 만든 비즈니스 천재지만, 그 후 구글을 그만두고 벤처 회사에 다니다가 다시 구글에 입사했다. 구글에 다시 돌아왔을 때, 그가 맡은 일은 전무후무한 일이었다. 바로 '실패의 법칙'을 연구한 것이다. 실패의 법칙은 한마디로 간단하다. 대다수 새로운 아이디어는 잘 설계되어 실행되더라도 대부분 실패한다는 것이다. 정글 같은 비즈니스 세계는 냉철하다. 5개의 스타트업 중 4개가 실패한다는 것이 정설이다. 새로 창업한 식당도 마찬가지이다. 우리나라와 같은 경우라면 식당 6개 중 1개만 살아남는다는 것이 통계조사에서 밝혀졌다. 물론 실패 이유는 가지각색일 것이다. 아이디어가 좋지 못한 경우도 있고, 아이디어는 좋아도 시장을 잘못 만나는 경우도 있을 것이다. 또 아이디어를 실행한 사람에 따라 결과가 달라질 수도 있다.

어떤 사람들은 정보를 더 많이 모으면 더 나은 의사결정을 할 수 있을 것이라고 생각할 수도 있다. 다행히 인터넷이 상용화된 지 20년 만에 우리는 엄청난 정보를 소유할 수 있게 되었다. 그렇지만 안타깝게도 더 많은 정보는 우리로 하여금 결정을 더 못하게 하는 인간으로 만든다는 점을 부인할 수 없다. 우리 뇌는 수십 가지 정보를 분석하고 그것을 관통하는 최고 적절한 의사결정을 내릴 수 없다. 따라서 더 많은 정보를 얻어서 더 나아진 의사결정을 하겠다는 생각을 하지 않는 것이 도움이 될 것이다.

스티브 잡스는 애플을 지상에서 가장 큰 스타트업이라고 불렀다. 스타트업이 무엇인가? 어떻게 변할지 모르는 세상에서 가장 빠르게 적응해야 살아남는 조직 아니던가. 세계 최고 기업의 사고방식은 보통 사람들이 생각하는 것과 다를 수 있다. 게다가 우리가 알고 있는 대기업들과 비교해본나면 애플의 방식은 인식의 쇼크를 가져올 정도이다. 우리가 알고 있는 대기업들은 거대하고 굼뜬 바보와 같이 움직이기 때문이다.

놀라운 것은 애플처럼 생각하는 회사가 하나뿐이 아니라는 점이다. 아마존도 마찬가지이다. 아마존은 '데이 원DAY one'을 기린다. 아마존 캠퍼스 중 한 건물은 아직까지도 '데이 원'이라는 이름을 달고 있다. 창업했을 때의 첫날을 기억해야 한다는 의미인 셈이다. 페이스북의 마크 저커버그도 이런 대열에서 예외가 아니다. 젊은 나이에 천문학적인 부자가 되었지만, 그는 여전히 야전사령관처럼 2,800명이 함께 일하는 공간에서 칸막이 없이 일한다. 우리 문화에서 성공한 사업가가 어떻게 행동하는지 살펴본다면 그들의 행보가 파격적이라고 생각할 것이다.

그들은 어떤 확신을 가지고 이런 행동을 하고 있는 것일까? 그들은 확신이 없을지도 모른다. 우리는 그들이 조직 운영과 업무 공간에 대해 완벽하게 이해하고 실행한다고 생각하지는 않는다. 오히려 아직까지 실험단계이며 언제라도 바꿀 수 있는 자세를 취하고 있는지도 모른다.

앞서 이야기한 스탠퍼드 대학교의 디스쿨을 기억할 것이다. 스탠퍼드 대학교 내에서 수차례 자리를 이동하면서 자기 공간 없이 만들어진 탓에 변변한 강의장도 없고, 그래서 그들의 공간은 아무것도 없는 공터와 같다. 그런데 이 빈 공간이 반전의 카드가 되었다. 아무것도 없으니 공간이 필요할 때는 크기에 맞게 설계할 수 있고, 이 점이 오히려 디스쿨을 더 창의적인 공간으로 만든 것이다.

당신이 그리드를 파괴하겠다고 마음먹었다면 아마도 앞으로 다가올 상황들이 매우 불편할 것이다. 인간은 원래 불편하고 불확실하며 거북한 상황을 싫어하도록 만들어졌다. 그래서 그런 상황이 주어지면 인간은 끊임없이 정보를 수집하고 나름대로 위안을 찾기 위한 방법을 모색한다. 모르는 사람을 만났을 때도 마찬가지이다. 우리는 처음 만난 불편한 상황을 해소하기 위해 대화를 나누고 공통점을 발견하면 무척 기뻐한다.

노스웨스턴 대학교 찰스 버거Charles Berger가 발표한 불확실성 감소 이론이라는 것이 있다. 인간은 처음 만난 사람에게 불편함을 느끼고 이를 감소하기 위해 강한 압박을 느껴 갖은 노력을 한다. 마찬가지로 당신에게 그리드를 파괴하라는 아이디어는 매우 불편할 수도 있다. 이에 대한 확증을 찾기 위해 동분서주할 수도 있다. 그런데 이 아이디어에 대한 확증을 찾는 데 시간이 얼마나 걸릴까? 수개월 혹은 수년, 아니면 10년이 걸릴 수도 있을 것이다. 그때가 되면 분명 다른 세상이 도래할지도 모른다. 그때가 되면 이미 늦을 수도 있다.

우리는 미래를 단언할 수 없다. 단언할 수 있는 것은 이미 건축 분야에서 몰링을 비롯한 구조 변화가 일어나고 있으며, 실리콘밸리를 비롯해 첨단 ICT 기업들은 이 대열에 동참해서 업무 공간에 대한 테스트를 끊임없이 이어가고 있다는 것이다. 그리고 이 움직임은 지난 200년 동안 이어져온 경영 방법을 크게 바꿀 변곡점이 될 것이다. 물론 이 파급 효과가 얼마나 더 커질지는 아무도 모른다. 이제 시작이기 때문이다. 우리는 당신이 이 거대한 흐름에 동참하기를 바란다.

변화의 세상에서 우리는 무엇을 해야 하는가

프롤로그에서 언급했던 기업 연수원의 강의장 책상 배치 및 애플과 스티브 잡스에 대한 이야기로 마무리하고자 한다. 먼저 대기업의 연수원부터 보자. 사실 대기업들의 연수원을 방문하거나 기업에서 강의할 때 자리 배치를 눈여겨보면, 이들이 항상 만들어놓는 구조가 2인용 책상 세 개를 서로 마주보게 그룹을 만들고 이들을 다시 지그재그로 배치했음을 알 수 있다. 사실 여기엔 그리드를 파괴하고자 하는 구조역학적인 의도가 숨어 있다. 교육 분야에서는 이를 '교육 개혁'이라고 부른다.

원래 학교는 창의성과 다양성보다 '획일성'이라는 측면이 더 강조되는 듯하다. 건물 구조적인 측면에서 본다면 초등학교, 중학교, 고등학교 모두 동일한 개념으로 만들어져 있다. 교사 한 명의 주도로 30~40명의 학생이 수업을 받는 여건상 지금처럼 폐쇄적인 구조가 적합할지 모르겠다. 물론 학교 입장에서는 옆 반과 다른 교육이 이루어지면 안 된다는 관리적 측면도 작용할 것이다.

이렇게 획일화된 학교의 교육 개혁은 영국과 미국에서부터 시작되었다. 영국에서는 1965년 이블린 로우 초등학교가 국가를 대표해서 오픈 형태로 학교 모델을 만든 것이 시작이었다. 이는 학교 전체를 작은 회의실과 역동적인 회사의 업무 공간처럼 꾸민 것이 특징이었다. 미국은 영국보다 조금 늦은 1971년 오픈 형태의 주니타 고등학교가 처음이었다. 이곳에서는 80미터의 대형 공간에 이동형 칸막이를 이용해 새로운 구조를 만들었다. 마치 스탠퍼드 대학교의 디스쿨과 비슷한 형태였다.

일본은 10년 뒤에 영국, 미국과 다른 형태로 시작했다. 즉 재래식 수업을 위한 일반 교실을 만들고 주변에 '오픈 스페이스'와 '다목적 스페이스'를 만들어 학교 개혁을 시작한 것이다. 이는 시간이 지나면서 점차 발전해 1984년에는 '다목적 스페이스 보조'라는 제도를 만들었고, 이후 3년 동안 오픈 또는 다목적 스페이스를 만든 학교가 2,000여 개를 넘어섰다.

일본의 이와 같은 변화는 생각보다 엄청난 개혁이었다. 일본의 획일화된 교육은 1895년에 완성되었고, 그 내용은 일본 문부성이 만든 「학교건축도면 설명 및 설계대요」에 잘 나타나 있다. 이처럼 명문화된 내용까지 바꾸면서 학교를 개혁할 필요가 있었던 것이다.

당시 영국, 미국, 일본의 학교에서 만들어진 오픈 스페이스 혹은 교육 개혁이라고 부르던 이 프로젝트들은 몇 가지 가설을 가지고 있었다. 우선 오픈 스페이스라는 새로운 학습 공간이 개별화와 개성화를 이끌고 학생들로 하여금 보다 창의적인 활동을 하게 할 것이라는 것이다. 물론 당시 교육과 건축 분야에서 모두 궁금해했다. 특히 환경에 따라 인간의 생활과 행동이 달라질 수 있는가에 대한 의

문이 여전히 존재하던 시대여서 새로운 공간을 만든다는 것이 실험적인 시도였고, 이를 통해 '인간 행동'에 대해 조금 더 알게 되기를 원했다.

그로부터 수십 년이 지난 지금, 우리는 어떤 세상에 살고 있는가? 우리는 이미 상업 공간, 학교 공간, 업무 공간, 연수 공간 등 모든 공간이 파괴된 시대를 살아가고 있다. 그렇다면 이제 무엇을 어떻게 해야 할까? 당신은 이미 알고 있는 것을 실행하면 된다. 두려운가? 두려움은 지혜의 또 다른 이름이라고 했다.

두 번째는 우리가 이 책을 시작하면서 이야기했던 애플과 스티브 잡스에 대한 이야기이다. 현재 애플 본사는 실리콘밸리 쿠퍼티노에 위치해 있다. 빌딩 여섯 채가 무리를 이루고 있는데, 이곳이 유명한 인피니티 루프 1번지이다.

여섯 채의 건물에는 각각 IL1부터 IL6까지 이름이 붙어 있다. 'IL'은 인피니티 루프Infinity Loop를 뜻한다. 건물은 모두 4층으로 되어 있고, 콘크리트보다 유리로 마감된 부분이 많아 외관이 깔끔하다. 내부 디자인은 각각 다른 디자이너가 설계했기 때문에 건물마다 느낌이 다르지만, 한 가지 분명한 공통점은 사람들이 서로 부딪치면서 교류하게 만들어졌다는 점이다. 각 공간을 이어주는 모든 복도는 스티브 잡스가 픽사에서 만들었던 것과 같은 공용 공간으로 이어지기 때문에 같은 건물에 있는 사람들은 서로 부딪치지 않는 것이 불가능하다. 우리가 지금껏 이야기한 혁신의 비밀 병기인 것이다. 실제로 애플에서 오래 일한 사람들은 그동안 애플이 만든 혁신이 이런 만남에서 이루어졌다고 장담한다.

문제는 이제부터이다. 애플은 새로운 사옥을 건설하고 있지만, 그토록 원하던 스티브 잡스는 이미 세상에 없다. 스티브 잡스는 새로운 사옥 '스페이스십'을 건설하면서 죽기 전까지 열정을 다했다. 그는 췌장암 판정을 받고 CEO에서 물러나 고문 자리에 있을 때조차 새로운 사옥의 설계도와 모형을 들고 시의회에까지 가서 브리핑하는 열정을 보였다. 새로운 사옥은 그에게 단순한 건물이 아니라, 애플을 다시 혁신하게 만드는 공간이 될 것이라는 그의 믿음을 짐작하게 한다.

스티브 잡스가 살아 있었더라면 새로운 건물을 만들고 그 공간을 어떻게 채울지 살펴볼 수 있을 텐데, 아쉽다.

최근 애플에는 더 이상 혁신이 존재하지 않는다는 우려의 목소리가 높다. 스티브 잡스 이후 팀 쿡Tim Cook 체제로 바뀌면서 이미 시리Siri와 애플 지도가 실패한 것을 확인했고, 혁신의 바닥을 드러낸 것 아닌가 하는 우려가 현실화되고 있다는 지적이 끊이지 않는다. '잡스라면 이럴 때 어떻게 했을까?' 하는 잡스의 유령만 바라는지도 모른다. 게다가 조직 체계도 변하고 있다. 팀 쿡 체제로 들어오면서 MBA를 대거 채용했고, 애플은 혁신보다 숫자 놀이를 하고 있다는 보도가 잇따르고 있다. 또 조너선 아이브Jonathan Ive가 소프트웨어 디자인과 하드웨어 디자인을 총괄하게 되었는데, 스티브 잡스는 생전에 이를 절대 허용하지 않고 대신 부서 간 커뮤니케이션을 주장해 온 점을 생각하면 분명 무언가 달라지고 있다. 이런 상황에서 새로운 건물이 완공된 뒤에는 그 안을 어떻게 운영할까? 이것은 여전히 팀 쿡이 해결해야 할 숙제로 남아 있다.

우리는 이 책을 시작하면서 스티브 잡스와 로스코 채플, 그리고 여기에서 이어진 픽사에서 공간 혁신의 흔적을 찾아 그 궤적을 추적했고, 그리드의 흔적이 인류 역사상 오래전부터 존재해왔던 관리와 통제의 산물임을 설명했다. 그러나 스티브 잡스가 새로운 건물에서 만들어낼 공간 혁신의 완성본을 확인하지 못한 것이 아쉬울 따름이다. 결국 그리드를 파괴하는 공간 혁신의 숙제는 우리가 각자 담당해야 할 몫인지도 모른다.

우리가 지금껏 "그리드를 파괴하라"고 주장한 것은 아직 일어나지 않은 미래의 현상을 예언한 것이 아니다. 우리에겐 예지 능력이 없다. 우리는 이미 상업 공간에서 그리드가 파괴되는 것을 확인했고, 업무 공간에서도 조금씩 변화가 일어나는 것을 살펴볼 수 있었다. 물론 그 움직임이 아직 거대한 물결을 이루지는 않았다. 그러나 예사롭지 않다. 우리는 서울 성수동에 위치한 카우앤독을 설명했지만, 최근 서울 도심에 새로 생겨난 오픈형 업무 공간 임대 회사가 대여섯 곳이나 된다. 실내건축 디자인 기업인 '크리프'도 최근 코워킹 오피스 사업에 뛰어들겠다고 선언했다. 또 미국에서 유명한 오픈형 업무 공간 임대 회사로 잘 알려진 '위워크WeWork'(www.wework.com)는 2016년 상반기에 국내 오픈을 위해 준비 중이라고 한다. 위워크가 카우앤독이 표방하는 업무 공간의 글로벌 브랜드라는 점을 생각해볼 때, 예사롭지 않다.

새로운 트렌드가 일어날 때는 항상 분명한 이유가 존재한다. 물론 여기에는 여러 가지 요인이 복합적으로 작용했을 것이다. 그러나 우리가 주목해야 할 점은 그리드를 파괴하는 기업들이 유독 '잘나가는' 이유이다. 그것은 CEO의 자유로운 실험정신 때문일 수도 있고, 스티브 잡스처럼 직원들에게 다 맡기고 자유롭게 일하게 한 뒤 얻은 보상일 수도 있다. 또 유한킴벌리처럼 신입사원 20명을 채용해야 하는데 공간이 없는 상황을 극복하고 문화를 바꾸기 위해 새로운 방법을 찾았기 때문일 수도 있다. 이유야 어찌 됐든 그들은 그리드를 파괴했고 놀라운 성과를 만들어내고 있다. 이제 스스로 확신을 얻어가는 듯하다. 이쯤 되면 그리드를 파괴하는 속도가 더욱 빨라질 것이다. 지금 당장 이 트렌드에 편승해야 하는 이유이다.

물론 혹자는 그리드가 생겨나고 없어지는 것처럼, 다시 그리드를 만들어내는 '복고 현상'이 일어나지 않을까 하는 우려 섞인 말을 하기도 한다. 물론 그럴 수도 있지만, 그때는 분명 다른 세상일 것이며, 지금부터 수십 년 혹은 수백 년 뒤에는 전혀 다른 세상일 수도 있다. 아니면 그런 세상이 오지 않을 수도 있다.

안타까웠던 점은 그리드를 파괴하고 있는 기업들의 모든 현장을 파악하기 어려웠다는 점이다. 이것은 우리의 한계이기도 하지만, 기업들이 공개를 꺼려한 점도 작용했다. 안타까운 우리 기업의 현주소이다. 예컨대 국내 최대 은행 중 하나인 W은행은 본사 내 일부 층의 파티션을 없애고 커뮤니케이션의 활성화를 추구했다. 그러나 우리가 인터뷰를 요청했을 때는 연말 인사 시즌이어서 이 프로젝트를 추진했던 부행장이 이미 퇴사한 뒤였다. 그의 작은 노력이 조직에서도 인정받고 그 철학이 회사 전체로 확산되었더라면 어땠을까 하는 아쉬움이 남았다.

우리가 이 책에서 공유한 사례들이 변화의 전부는 아니다. 그러나 지금 그리드를 파괴하고자 고민하는 기업들에 실질적인 안내서 혹은 마음의 확신을 얻을 수 있는 기회가 될 수 있었으면 좋겠다. 물론 우리도 이 책을 내면서 많은 도움을 받았다. 무엇보다 큰 도움을 받았던 것은 지금 각계 분야에서 수많은 연구와 조사를 통해 이루어낸 학문적 업적들이다. 그들의 학문적 성과가 없었다면, 물리적 공간과 경영 스타일의 변화를 심리학, 사회학, 철학, 건축학, 도시역사학적으로 설명하지 못했을 것이다.

특히 4장에서는 그리드를 파괴하는 철학이 도시와 국가로도 확장될 수 있음을 강조했다. 그리드를 파괴하는 공간 철학이 단순한 업무 공간 혹은 쇼핑 공간에만 국한되지 않고 확장될 수 있다는 것을 이야기하고 싶었다. 그 관점으로 우리는 우리가 살고 있는 도시와 국가의 미래에 대해서도 다시 한 번 고민해봐야 한다. 쇼핑 공간과 업무 공간뿐만 아니라 도시와 국가도 무한 경쟁 시대에 놓여 있기 때문이다.

『밈노믹스MEMEnomics』의 저자 사이드 돌라바니Said Dawlabani는 지금 인류가 살아가는 사회 진화 모형은 총 8단계 중 7단계 '노랑 밈'에 와 있다고 했다. 또 언젠가는 7단계를 벗어나 8단계로 진입할 것이라고 한다. 그러나 앞으로 펼쳐질 사회 구조는 인류가 한 번도 접해본 적 없는 상생의 구조라는 것이다. 우리는 여기서 한 가지 추측해볼 수 있다. 앞으로 다가올 미래 사회는 적어도 '그리드가 파괴된' 구조일 것이라는 점이다.

— 『플래토 이펙트(Plateau Effect)』, 밥 설리번(Bob Sullivan), 휴 톰슨(Hugh Thompson), 비즈니스맵, 2015.

— 『심플을 생각한다(シンプルに考える)』, 모리카와 아키라(Morikawa Akira), 다산북스, 2015.

— 『생각은 죽지 않는다(Smarter than You Think)』, 클라이브 톰슨(Clive Thompson), 알키, 2015.

— 『제약의 마법(A Beautiful Constraint)』, 애덤 모건(Adam Morgan), 마크 바든(Mark Barden), 세종서적, 2015.

— 『끝까지 해내는 힘(考える力,やり拔く力 私の方法)』, 나카무라 슈지(Nakamura Shuji), 비즈니스북스, 2015.

— 『디스턴스(Distance)』, 이동우, 엘도라도, 2014.

— 『예와 례』, 김정탁, 한울아카데미, 2004.

— 『침묵의 언어(Silent Language)』, 에드워드 홀(Edward Hall), 한길사, 2013.

— 『지식의 반감기(The Half-Life of Facts)』, 새뮤얼 아브스만(Samuel Arbesman), 책읽는수요일, 2014.

— 『구글은 어떻게 일하는가(How Google Works)』, 에릭 슈미트(Eric Schmidt), 조너선 로젠버그(Jonathan Rosenberg), 김영사, 2014.

— 『구글의 아침은 자유가 시작된다(Google Work Rules)』, 라즐로 복(Laszlo Bock), 알에이치코리아, 2015.

— 『세상에서 가장 비싼 그림 100(The Most Expensive Artworks 100)』, 이규현, 알프레드, 2014.

— 『DEO의 시대가 온다(Rise of the DEO)』, 마리아 주디스(Maria Giudice), 크리스토퍼 아일랜드(Christopher Ireland), 마일스톤, 2015.

— 『타인의 영향력(The Power of Others)』, 마이클 본드(Michael Bond), 어크로스, 2015.

— 『미래의 역습, 낯선 세상이 온다(Future Declassified)』, 매슈 버로스(Mathew Burrows), 비즈니스북스, 2014.

— 『와이저(Wiser)』, 캐스 R. 선스타인(Cass R. Sunstein), 리드 헤이스티(Reid Hastie), 위즈덤하우스, 2015.

— 『권력의 종말(The End of Power)』, 모이제스 나임(Moises Naim), 책읽는수요일, 2015.

— 『사고의 오류(Denkfehler, die uns geld kosten)』, 비난트 폰 페터스도르프(Winand von Petersdorff), 파트릭 베르나우(Pattrick Bernau) 외 율리시즈, 2015.

— 『회복하는 힘(Resilience : The Science of Why Things Bounce Back)』 앤드루 졸리(Andrew Zoli), 앤 마리 힐리(Ann Marie Healy), 김영사, 2015.

— 『우리는 무엇을 하는 회사인가(The Moment of Clarity)』, 크리스티안 마두스베르그(Christian Madsbjerg), 미켈 B. 라스무센(Mikkel B. Rasmussen), 타임비즈, 2014.

— 『도시건축의 새로운 상상력』, 김성홍, 현암사, 2010.

— 『위대한 해체(The Great Fragmentation)』, 스티브 사마티노(Steve Sammartino), 인사이트앤뷰, 2014.

— 『연결하는 인간(The Start-up of You)』, 리드 호프먼(Reid Hoffman), 벤 카스노카(Ben Casnocha), 알에이치코리아, 2015.

— 『괴짜처럼 생각하라(Think like a Freak)』, 스티븐 레빗(Steven D. Levitt), 스티븐 J. 더브너(Stephen J. Dubner), 웅진지식하우스, 2015.

— 『공간의 재발견(The Best Place to Work)』, 론 프리드먼(Ron Friedman), 토네이도, 2015.

— 『이노베이터 메소드(The Innovator's Method)』, 네이선 퍼(Nathan Furr), 제프 다이어(Jeff Dyer), 세종서적, 2015.

— 『크리에이티브 시티 메이킹(Creative City Making)』, 찰스 랜드리(Charles Landry), 역사넷, 2009.

— 『인비저블(Invisibles)』, 데이비드 즈와이그(David Zweig), 민음인, 2015.

— 『주목의 심리학(Capivology)』, 벤 파(Ben Parr), 세종서적, 2015.

— 『구글은 빅데이터를 어떻게 활용했는가(People Analytics : How Social Technology will Transform business and What It Tells us about the Future of Work)』, 벤저민 웨이버(Benjamin Waber), 북카라반, 2015.

— 『창조의 탄생(How to Fly a Horse)』, 케빈 애슈턴(Kevin Ashton), 북라이프, 2015.

— 『성공을 퍼트려라(Scaling up Excellence)』, 로버트 I. 서튼(Robert I. Sutton), 허기 라오(Huggy Rao), 한국경제신문, 2015.

— 『2018 인구절벽이 온다(The Demographic Cliff)』, 해리 덴트(Harry Dent), 청림출판, 2014.

— 『만물의 공식(The Fomula)』, 루크 도멜(Luke Dormehl), 반니, 2014.

— 『당신의 시대가 온다(Age of You)』, 인터브랜드(INTERBRAND), 살림, 2015.

— 『왜 지금 지리학인가(Why Geography Matters : More than Ever, second edition)』, 하름 데 블레이(Harm de Blij), 사회평론, 2015.

— 『크리에이터 코드(The Creator's Code: The Six Essential Skills of Extraordinary Entrepreneurs)』, 에이미 윌킨슨(Amy Wilkinson), 비즈니스북스, 2015.

— 『스트레스의 힘(The Upside of Stress)』, 켈리 맥고니걸(Kelly McGonigal), 21세기북스, 2015.

— 『하버드 학생들은 인문학을 공부하지 않는다(In Defense of a Liberal Education)』, 파리드 자카리아(Fareed Zakaria), 사회평론, 2015.